Moitz
Handbuch für Personaldienstleistungskaufleute
in der Zeitarbeit und Personalvermittlung

Rabensteinplatz 1
04103 Leipzig
Tel.: (0341) 22631-0
Fax (0341) 22631-29
Schulung GmbH

Rainer Moitz

Handbuch für Personaldienstleistungskaufleute

in der Zeitarbeit und Personalvermittlung

Schriftenreihe zur Zeitarbeit

Verlag Personal, Recht, Management Ltd.

Bibliographische Information der deutschen Nationalbibliothek
Die Deutsche Nationalbibliothek verzeichnet diese Publikation in der Deutschen National-
bibliographie; detaillierte bibliographische Daten sind im Internet über http://dnb.d-nb.de
abrufbar.

Umschlagskonzeption: Verlag Personal, Recht, Management Ltd.
Autorenbild: © Anne Schellenberger
Satz: Verlag Personal, Recht, Management Ltd.
Druck: Books on Demand GmbH, Norderstedt
Printed in Germany, März 2010

ISBN 978-3-941388-35-2

Geleitwort

Die Zeitarbeitsbranche war in ihren Anfängen geprägt von engagierten, hoch motivierten Gründern und ihren internen Mitarbeitern mit unterschiedlichen beruflichen Biographien. Diese berufliche Vielfalt und das jeweilige hohe fachspezifische Hintergrundwissen garantierten den Kundenunternehmen und auch den externen Mitarbeitern einerseits eine gute Personalauswahl und parallel dazu eine sehr gute Mitarbeiterbetreuung während der Einsätze.

Die Entwicklung weg von der klassischen „Leiharbeit" über die Zeitarbeit zu einer Branche moderner Personaldienstleister stellte im Laufe der Jahre neue Anforderungen an die Branche. Heute wird vor allem seitens der Kundenunternehmen erwartet, dass Personaldienstleister inhaltlich und fachlich kompetente Gesprächspartner auf gleicher Augenhöhe sind. Aber auch die Bewerber und zukünftigen Mitarbeiter, die sich für Zeitarbeit interessieren, erwarten heute einen gut ausgebildeten „Personaler", der fachkundig ihre Fragen beantwortet und der sich als attraktiver Arbeitgeber präsentiert.

Das Thema „Ausbildung" ist aus diesem Grunde heute für die Zeitarbeitsbranche enorm wichtig. Als Bundesvorsitzende des Interessenverbandes Deutscher Zeitarbeitsunternehmen (iGZ) bin ich sehr froh darüber, dass es gelungen ist, ein eigenes Berufsbild zu entwickeln. Der neue Ausbildungsberuf Personaldienstleistungskaufmann/kauffrau (PDK) steigert das Ansehen unserer Branche beachtlich. Seit 2008 ist es möglich, mit einer spezialisierten Ausbildung in die Personaldienstleistungsbranche einzusteigen und damit ihre Qualität zu sichern. Über 1.200 junge Menschen haben die Chance ergriffen und waren Pioniere darin, ein völlig neues Berufsbild zu lernen. Das ist eine Spitzenzahl!

Als Unternehmerin freue ich mich, dass viele Arbeitgeber unserer Branche jetzt noch mehr Zukunftsverantwortung übernehmen. Sie schaffen Ausbildungsplätze und helfen, den Nachwuchs an Fachkräften sicherzustellen. Die Personaldienstleistungsbranche wird zunehmend spezialisierter, die Anforderungen an die Branche immer komplexer. Unternehmer, die das neue Berufsbild fördern, werden der wachsenden Differenzierung gerecht und investieren in ihre eigene Zukunft.

Die Ergebnisse von Azubi-Umfragen des iGZ haben gezeigt, dass die Auszubildenden der Branche ein sehr gutes Zeugnis ausstellen und sich größtenteils - trotz der bisher fehlenden Lernmittel - gut betreut fühlen. Über 70 Prozent der Befragten wurden zudem außerhalb ihres Betriebs in den Bereichen EDV, Akquise, Qualitätsmanagement, Kommunikation und Telefontraining geschult.

Was die Lern- und Lehrmaterialien angeht waren Berufsschulen, Auszubildende und Unternehmer bisher überwiegend auf sich gestellt – für Letztere eher kein Problem, da die Branche Flexibilität zu einer ihrer wesentlichen Eigenschaften zählt. Der Anspruch sollte allerdings sein, deutschlandweit einen Standard an Lernmaterialien zur Verfügung zu haben. Dass sich Literatur, Online-Lernplattformen und Nachschlagewerke zu einem neuen

Berufsbild erst entwickeln müssen, ist naheliegend. Doch mittlerweile gibt es Unterstützung.

Ein wichtiger Baustein ist die vorliegende Publikation von Rainer Moitz. Der Autor ist seit 2006 Dozent in iGZ-Seminaren und -Lehrgängen. Er kann parallel dazu auf eine langjährige Berufserfahrung in der Personaldienstleistungsbranche zurückblicken - sicher eine gute Voraussetzung für die Veröffentlichung dieses Handbuches.

Das Handbuch verdeutlicht die verschiedenen Facetten des Berufsbildes PDK und füllt sie mit Leben. Viele Kapitel werden durch praktische Fallbeispiele und Fragen eingeleitet, wodurch die Herausforderungen des nachfolgenden Fachthemas angesprochen werden. Ebenso werden branchenspezifische Themen in den gesellschaftspolitischen Kontext gestellt und komplizierte Rechtszusammenhänge als „motivierender Einstieg" angesprochen.

Abschließend sei betont, dass der Ausbildungsberuf PDK derzeit zwar überwiegend in Personaldienstleistungsunternehmen angeboten wird, die Ausbildung aber gleichermaßen in Personalabteilungen von Unternehmen absolviert werden kann, die anderen Branchen angehören. Diese branchenübergreifenden Ausbildungsmöglichkeiten stellt Moitz in einem eigenen Kapitel vor.

Ich wünsche allen am Berufsbild „Personaldienstleistungskaufmann/kauffrau" Beteiligten, dass das vorliegende Werk als Startschuss gehört wird und weitere Fachleute motiviert, Lehrmittel für das Thema Personaldienstleistung zu veröffentlichen.

Karlsruhe im März 2010

Ariane Durian
iGZ-Bundesvorsitzende

Vorwort

Dieses Handbuch für Personaldienstleistungskaufleute verfolgt ein ambitioniertes Ziel: es will für diesen neuen Ausbildungsberuf ein anschauliches und praxisbetontes Lernmaterial an die Hand geben, das den hohen Anforderungen des Berufes gerecht wird und dabei in inhaltlicher wie methodischer Hinsicht der Ausgestaltung der Berufsausbildung folgt.

Das Handbuch richtet sich vor allem an die Auszubildenden im Beruf des Personaldienstleistungskaufmanns / der Personaldienstleistungskauffrau. In den Seminaren des Verfassers für Auszubildende wurde wiederholt der Wunsch geäußert, dass die Praxisaufgaben in der Personaldienstleistung und ihre Hintergründe auch in einem ausführlicheren Lernmaterial zur Verfügung stehen sollten. Denn noch ist die vorhandene Literatur zu Zeitarbeit und Personalvermittlung insbesondere für die Ausbildung lückenhaft.

Es sollte also ein Lernbuch entstehen, das die komplexen Aufgabenfelder in den verschiedenen Bereichen der Personaldienstleistung beschreibt und die notwendigen Bezüge zu den operativen, rechtlichen, kaufmännischen und verwaltungstechnischen Grundlageninformationen herstellt.

Vor dem Hintergrund der im historischen Vergleich noch jungen Branche und ihrer äußerst dynamischen und vielseitigen Entwicklung der letzten Jahre gab es für dieses Vorhaben kein vergleichbares Vorbild. Zwar verfügt der Verfasser selbst über eine mehr als zehnjährige Erfahrung im operativen Geschäft der Branche und dabei auch in der Ausbildung des unterschiedlichen Fachpersonals. Dennoch hat erst die mutige und durchaus turbulente Anfangsphase des ersten und zweiten Ausbildungsjahrgangs von PDK-Auszubildenden den entscheidenden Impuls gegeben, das Wagnis eines solchen Handbuches anzugehen.

Der Bogen, der dazu thematisch zu spannen war, ist in einem für die Personaldienstleistung durchaus typischen Maße weit. Die Personaldienstleistungsbranche selbst ist unübersehbar heterogen. Bereits ihre Sektoren aus Zeitarbeit, Personalvermittlung und Personalberatung decken ganz unterschiedliche Leistungen ab. Diese gehen in der dynamischen Weiterentwicklung einerseits teilweise ineinander über und begründen andererseits mancherlei Abgrenzung in jeweils eigenständige Personaldienstleistungsbranchen. Erst recht aber sind die einzelnen Unternehmen, in denen Personaldienstleistungskaufleute ausgebildet und beschäftigt werden können, höchst unterschiedlich in ihrem jeweiligen Portfolio, ihrer Betriebsgröße, ihrer internen Struktur und in ihrer jeweiligen Unternehmenskultur.

Genauso breit gestreut sind die einzelnen Aufgabenfelder für Personaldienstleistungskaufleute, die es in eine bearbeitbare und vor allem lesbare Form zu bringen galt. Dabei sollte die wertvolle Vielfalt der Branchenrealität nicht verloren gehen, ist diese doch eine für den Erfolg der jeweiligen, konkreten Dienstleistung wichtige Voraussetzung. Schließlich richten sich Kundenanforderungen nicht nach den Vorgaben eines Handbuches.

Auf der anderen Seite waren bestimmte Mindestanforderungen der Aufgaben zu beschreiben, die für eine qualitätsorientierte Durchführung der Personaldienstleistung „auf dem Stand der Technik" gelten müssen. Wenn in diesem Handbuch häufig die Worte „muss",

„sollte", „ist verpflichtet zu" benutzt werden, ist dies nicht nur den rechtlichen Vorgaben, die es in der Branche zuhauf gibt, geschuldet. Dahinter steht der Auftrag und die Absicht, ein eigenverantwortliches Verständnis von Qualität der Dienstleistung zu vermitteln, das im erreichten Reifestand dieses bedeutenden, neuen Wirtschaftszweiges unumgänglich ist.

Bei allem Bemühen um die praxisorientierte Detaildarstellung – soweit sie im Rahmen eines Handbuches möglich ist – war es dem Verfasser ein besonderes Anliegen, den Lesern die außerordentliche Lebendigkeit der Personaldienstleistung und ihren reichen Schatz an Möglichkeiten für eine ausfüllende und sinngebende Berufsausübung nahe zu bringen. Auch bei der Ausbildung von Personaldienstleistungskaufleuten ist eine empfehlenswerte Leitlinie der schöne Satz von Antoine de Saint-Exupéry: „Wenn Du ein Schiff bauen willst, so trommle nicht Männer zusammen, um Holz zu beschaffen, Werkzeuge vorzubereiten, Aufgaben zu vergeben und die Arbeit einzuteilen, sondern lehre die Männer die Sehnsucht nach dem weiten endlosen Meer."

Dieses Ziel verfolgen nicht nur alle weiteren Kapitel des Handbuches, sondern besonders das Kapitel 1 zum Wesen der Personaldienstleistung, das zeigen soll, dass Personaldienstleistung etwas Besonderes ist. Denn in der aktuellen öffentlichen Diskussion wird allzu leicht übersehen, dass sich in der Personaldienstleistung wie in einem Kristall zentrale Fragen unserer Zeit wie Individualisierung und Globalisierung, die Zukunft der Arbeit und die zukünftigen Herausforderungen für die Unternehmen konzentrieren.

Natürlich nimmt dennoch entsprechend dem eingangs formulierten Anspruch eines geeigneten Lernmaterials die Darstellung der Aufgabenfelder den größten Raum ein. Dabei wurde darauf geachtet, die Aufgaben möglichst prozesshaft in ihrem jeweiligen Platz im Verfahrensverlauf zu beschreiben. Gerade für Auszubildende und Einsteiger im Unternehmen ist es wichtig zu erfahren, wie ihre Einzelaufgabe mit den anderen Aufgaben im Betrieb zusammenhängen, welche Abhängigkeiten in der Tätigkeit des einen zur Arbeit des anderen und letztlich zum gemeinsamen Erfolg beitragen. Dies ersetzt natürlich kein unternehmensspezifisches Verfahrenshandbuch, kann aber durchaus eine Anregung dazu sein.

Das ausführlichste Kapitel 2 Personaldienstleistungskaufleute in der Zeitarbeit trägt der Tatsache Rechnung, dass die Zeitarbeit den größten Arbeitsbereich innerhalb der Personaldienstleistungen darstellt. Hier werden zugleich die meisten Personaldienstleistungskaufleute ausgebildet und finden aller Voraussicht nach auch ihren perspektivischen Arbeitsplatz. Doch auch das wichtige Arbeitsgebiet der Personalvermittlung sowohl als eigenständige Branche wie als zusätzliche Leistung von Zeitarbeitsunternehmen wird in Kapitel 3 behandelt. Da schließlich auch in anderen Branchen interessante und lohnende Arbeitsfelder für Personaldienstleistungskaufleute bestehen, werden diese in Kapitel 4 angesprochen. Das Kapitel 5 Der Ausbildungsgang Personaldienstleistungskaufmann / Personaldienstleistungskauffrau schildert wichtige Themen, Rechtsgrundlagen und Voraussetzungen des Berufsbildes, das damit vielleicht auch für am Beruf Interessierte Attraktivität erzeugt.

Im Anhang wurden wichtige Rechtsquellen und weitere Hilfen aufgenommen. Dies mag dazu beitragen, dass dieses Handbuch sowohl in der Ausbildung wie später im Arbeitsalltag möglichst oft im wahrsten Sinne des Wortes „zur Hand" genommen wird. Als aus der Praxis der Personaldienstleistung geschrieben kann dieses Handbuch auch für in der Branche bereits tätige Personaldisponenten, Vertriebsspezialisten, Recruiter und Personalfachkräfte von Nutzen sein, wenn es beispielsweise einmal darum geht manche vielleicht im Arbeitsalltag bestehende Unsicherheit auszuräumen.

Dieses Handbuch konnte selbstverständlich nicht allein aus dem Wissen des Verfassers entstehen. Viele Branchenexperten, mit denen der Verfasser das Glück hatte zusammen zu arbeiten, haben durch ihre Kompetenzen zu den Inhalten beigetragen. Dafür, dass der Verfasser solche wertvollen Anregungen über Jahre empfangen, aufbewahren und nun hoffentlich in der gebotenen Güte weiterreichen konnte, sei ein allgemeiner Dank an viele gesagt.

Solche Anregungen kamen auch von zahlreichen Teilnehmern von Seminaren, Workshops und Beratungen, denen der Verfasser dafür ebenfalls zu Dank verpflichtet ist. Der Verfasser ist in der glücklichen Lage eine moderne Seminarmethode anwenden zu können, in der die Teilnehmer in der Regel mehr sprechen als er selbst. Dies hat neben einem hoffentlich erfolgreichen Lernerfolg durch aktives Beteiligen bei den Teilnehmern zu manchem Praxisbeispiel in diesem Handbuch beigetragen.

Als wichtigstem Ideengeber und zugleich verlässlichem Vorbild in der Personaldienstleistung möchte der Verfasser ganz besonders seinem langjährigen Freund und Mentor, dem Bremer Zeitarbeitsunternehmer Volker Homburg danken. Ohne ihn wäre dieses Handbuch nicht entstanden.

Ein solches Handbuch entsteht in der Berufspraxis eines Personalberaters nicht „im Vorbeigehen". Danken will der Verfasser deshalb besonders seiner Lebensgefährtin, die vor allem in der Hochphase der Erstellung im Jahreswechsel 2009/2010 mit viel Zuspruch, Geduld und vor allem anregender Musik zur hoffentlich lebendigen Niederschrift des noch lebendigeren Gegenstandes dieses Buches wesentlich beigetragen hat.

Zu guter Letzt muss sich der Autor bei den Leserinnen entschuldigen. Um der Lesbarkeit keinen Abbruch zu tun, hat der Verfasser nach Möglichkeit die neutrale Geschlechtsform, an mancher Stelle jedoch die männliche Form benutzt. Dies ist eigentlich gerade im Zusammenhang mit PDK-Auszubildenden unentschuldbar, bilden doch die Frauen unter den Auszubildenden fast eine Zwei-Drittel-Mehrheit. Dieser Fauxpas wurde versucht zumindest dadurch auszugleichen, dass die meisten Fallbeispiele in diesem Handbuch durch eine Personaldienstleistungskauffrau repräsentiert werden, deren Name allerdings wie alle in den Fallbeispielen benutzte Namen erfunden und mit realen Personen nicht identisch ist.

Rosenheim im Februar 2010

Rainer Moitz

Inhaltsverzeichnis

Abkürzungsverzeichnis

AGG   Allgemeines Gleichbehandlungsgesetz

AMP   Arbeitgeberverband Mittelständischer Zeitarbeitsunternehmen e.V.

ALG-2   Arbeitslosengeld 2

AÜG   Arbeitnehmerüberlassungsgesetz

AÜV   Arbeitnehmerüberlassungsvertrag

BA   Bundesagentur für Arbeit

BBiG   Berufsbildungsgesetz

BDU   Bundesverband Deutscher Unternehmensberater

BGB   Bürgerliches Gesetzbuch

BGV   Berufsgenossenschaftliche Vorschrift

BPV   Bundesverband Personalvermittlung e.V.

BZA   Bundesverband Zeitarbeit Personal-Dienstleistungen e.V

CGZP   Tarifgemeinschaft Christliche Gewerkschaften Zeitarbeit und PSA

DGB   Deutscher Gewerkschaftsbund

EGZ   Eingliederungszuschuss

IAB   Institut für Arbeitsmarkt- und Berufsforschung

iGZ   Interessenverband Deutscher Zeitarbeitsunternehmen e.V.

IHK   Industrie- und Handelskammer

KMK   Kultusministerkonferenz

KUG   Kurzarbeitergeld

PDK   Personaldienstleistungskaufmann / Personaldienstleistungskauffrau

QMS   Qualitätsmanagementsystem

SGB   Sozialgesetzbuch

TzBfG   Teilzeit- und Befristungsgesetz

TV   Tarifvertrag

VBG   Verwaltungsberufsgenossenschaft

1 Die Personaldienstleistung

Personaldienstleistung ist eines der modernsten Arbeitsfelder in den hochspezialisierten Industrieländern. Ihr zentraler Arbeitsinhalt ist der Mensch in der Arbeitswelt, ihren Erfolg verdankt sie ihrer Eigenschaft als nachgefragte unternehmensorientierte Dienstleistung.

Menschen, die in der Personaldienstleistung arbeiten, tun dies an der entscheidenden Schnittstelle zwischen dem Unternehmen einerseits, das seine Wertschöpfung nur mithilfe der Arbeit von leistungsfähigen Mitarbeitern herstellen kann, und dem einzelnen Arbeitnehmer andererseits, der seine Arbeitskraft einbringen will.

Dass Personaldienstleistung an dieser besonderen Schnittstelle in den letzten Jahren so dynamisch wächst, ist kein Zufall. Dahinter stehen kräftige Entwicklungsmotoren, die bedeutende Veränderungen in der Wirtschafts- und Arbeitswelt vorangetrieben haben. Die Personaldienstleistung gehört zu dem Bereich der unternehmensorientierten Dienstleistungen, deren enormes Wachstum ein für den Übergang von der Industrie- in die Dienstleistungsgesellschaft mitprägendes Kennzeichen geworden ist.

Wie allgemein bekannt hat der Dienstleistungssektor insgesamt etwa Mitte der 70er Jahre erstmals die beiden anderen großen Wirtschaftssektoren der Rohstoffgewinnung und – verarbeitung überholt. Heute sind fast drei von vier Arbeitnehmern in Deutschland in der Dienstleistung beschäftigt. Doch haben nicht allein Dienstleistungstätigkeiten für Privathaushalte so stark an Gewicht gewonnen.

Noch stärker und schneller entwickelt sich die Nachfrage von Unternehmen nach hochwertigen Dienstleistungen, die sie in ihrem Kerngeschäft auf einem äußerst beweglichen, hochgradig vernetzten und globalisierten Markt unterstützen. Einige schlaglichtartige Beispiele – außerhalb der Personaldienstleistung – mögen diese Entwicklung veranschaulichen:

- Da ist das Chemieunternehmen, das für seine Neuentwicklungen längst nicht mehr alle weltweiten Forschungsergebnisse selbst auswerten kann und dafür externes Ingenieur-Knowhow einkauft.
- Da ist der Automobilhersteller, der die Vorprodukte seiner zahllosen Zulieferer längst nicht mehr selbst auf die verlangten Qualitätsanforderungen prüfen kann und dazu externe Qualitätsprüfer einkauft.
- Da ist das Handelsunternehmen, das die Kundengewinnung im umkämpften Wettbewerb längst nicht mehr allein leisten kann und dafür externe Werbeprofis einkauft.
- Da ist das Krankenhaus, das im privatisierten Gesundheitswesen unter harten Kostengesichtspunkten seine Wirtschaftlichkeit längst nicht mehr allein optimieren kann und dafür externe Wirtschaftsberater einkauft.

Allen Beispielen gemeinsam ist, dass für jedes Unternehmen in der Teilnahme am komplexen Wirtschaftsgeschehen neben seiner Kernaufgabe weitere, notwendige Arbeitsbereiche entstehen, für die es nicht mehr selbst oder nur mit kaum noch wirtschaftlichem Aufwand das erforderliche Spezialwissen vorhalten kann.

Denn das Chemieunternehmen produziert im Kern chemische Erzeugnisse, der Automobilhersteller baut Fahrzeuge, das Handelsunternehmen kauft und verkauft Waren und das Krankenhaus heilt Patienten. Für die angeführten Zusatzaufgaben ist ein Spezialwissen erforderlich, das überwiegend außerhalb dieser Unternehmen entsteht und deshalb wesentlich ökonomischer eingekauft als selbst entwickelt werden kann.

Gilt dies auch für die Aufgaben in der Personalarbeit? Man möchte einwenden, dass doch die Prozesse um die Einstellung, die Führung und die Entwicklung von Mitarbeitern schon immer zu den Kernbereichen der Unternehmensführung gehört haben. Musste nicht der Handwerksmeister schon immer fast väterlicher Anleiter und fürsorglicher Arbeitgeber seiner Mitarbeiter sein? Ist nicht die Personalleitung im Unternehmen die kompetente Anlaufstelle für alle Fragen der Personalwirtschaft? Und weiß nicht die Leitung eines Unternehmens am besten, welche Mitarbeiter für welche Aufgaben sie benötigt?

Ja und nein. Ja, denn natürlich wird der Handwerksmeister auch in Zukunft seine eigenen Mitarbeiter für die in der Werkstatt zentralen Funktionen selbst beschäftigen und sich um ihr Wohlergehen sorgen, damit deren Erfahrungswissen ihm auch langfristig erhalten bleibt. Ja, denn natürlich wird die eigene Personalleitung eines Unternehmens auch in Zukunft dafür Sorge tragen, dass die Kernbelegschaften im Unternehmen den für den Unternehmenserfolg so wichtigen Erfahrungsschatz darstellen und weiterentwickeln. Und ja, natürlich wird die Unternehmensleitung auch in Zukunft definieren, wer was an welchem Arbeitsplatz können muss.

Und doch enthalten genau diese Aufgaben eine ganze Reihe von besonderen Einzelanforderungen, für die Personalentscheider externe Unterstützung einholen, um in ihrem Kerngeschäft das Beste leisten zu können. Zu solchen besonderen Einzelanforderungen gehören vor allem eine vom Markt geforderte, größtmögliche Flexibilität, mit der auf ständig sich verändernde Marktbedingungen auch beim Mitarbeitereinsatz reagiert werden kann, der optimale Zugang zu einem komplizierter werdenden Arbeitsmarkt, um jederzeit den immer spezifischer werdenden Mitarbeiterbedarf decken zu können, sowie die Fähigkeit, die für das Kerngeschäft erforderlichen Qualifikationen der Mitarbeiter beständig auf der Höhe der Zeit zu halten. Genau dafür wird Transferwissen der Personaldienstleistung und von zur Verfügung gestellten Mitarbeitern in den Kundenunternehmen genutzt.

Was also ist Personaldienstleistung im Wesentlichen und was muss sie leisten können? Die Antwort auf diese Frage geben im Wirtschaftsgeschehen zehntausende Personaldienstleister täglich in ihrer Arbeit und dieses Handbuch stellt viele dieser Antworten in seinen Einzelkapiteln dar. An dieser Stelle soll dennoch versucht werden, eine mögliche, allgemeinere Antwort zu geben.

Das Wesen der Personaldienstleistung

Personaldienstleistung ist nach dem vorher Gesagten eine hochspezialisierte, externe Leistung, die durch ihr besonderes Knowhow und ihr auf den Kundenbedarf zugeschnittenes Angebot auf dem Markt bestehen muss. Nach ihrem aktuellen Entwicklungsstand in Bezug auf ihr besonderes Fachwissen, der Zahl ihrer Beschäftigten und dem inzwischen starken Grad der Marktteilnahme kann man mit Fug und Recht sagen, dass die Branche der Personaldienstleistung den Übergang aus ihren Anfängen der ersten Entwicklungszeit in den 60er und 70er Jahren in die professionelle Praxis eines bedeutenden Wirtschaftszweiges im Wechsel zum 21. Jahrhundert vollzogen hat.

Zuallererst ist sie Dienstleistung. Viele Skeptiker sind der Ansicht, dass Dienstleistung in Deutschland keinen guten Nährboden habe. Als der amerikanische Ökonom Prof. Dr. Michael Burda in den 80er Jahren von einem deutschen Arbeitsmarktexperten wissen wollte, warum sich der Dienstleistungssektor in Deutschland soviel langsamer entwickelte als in den USA, erhielt er als Antwort: „Die Dienstleistungsgesellschaft würde nie nach Deutschland kommen ... Die Deutschen seien nicht dazu fähig, anderen zu dienen."

Inzwischen wissen wir, dass diese Befürchtung nicht ganz richtig war, die Dienstleistungsgesellschaft ist auch in Deutschland angekommen. Und dennoch wird noch immer viel um die gebotene Wertschätzung von Dienstleistungen gerungen. Ob in der Geringschätzung sogenannter „Mc-jobs" in Arbeitsmarktdiskussionen oder beispielsweise dem noch immer vorhandenen, nichtsdestoweniger überschätzten Leitbild des „industriellen Facharbeiters" – ein modernes Verständnis von Dienstleistung ist in Deutschland noch immer nicht selbstverständlich.

Dabei schätzen wir Dienstleistung selbstverständlich sehr, wenn wir sie dringend benötigen: dem Arzt sind wir unendlich dankbar, wenn er unsere Krankheit behandelt, den Künsten von Köchen werden ganze Fernsehserien gewidmet und Computerexperten bewundern wir ob ihrer Fähigkeiten, wenn sie unseren abgestürzten PC wieder zum Laufen bringen.

Dienstleistung leistet also etwas außerordentlich Wertvolles, wenn sie dem, der sie nutzt, wirklich etwas nützt. Deshalb muss auch Personaldienstleistung in erster Linie darauf ausgerichtet sein, dass sie für ihren Abnehmer nützlich ist und ihm genau die Unterstützung bietet, die er braucht. Dass demnach die Aufgabe, den Bedarf des Kunden richtig zu bestimmen, am Anfang der Dienstleistung steht, wird in diesem Handbuch für den Bereich Zeitarbeit ausführlich in Kapitel 2.5, für die Personalvermittlung in Kapitel 3.2 besprochen.

Nützlich ist die Dienstleistung allerdings auch nur dann, wenn sie den festgestellten Bedarf des Kunden auch wirklich befriedigen kann. Ob sie die dafür notwendige Qualität besitzt, ist bei Dienstleistungen nicht ohne weiteres festzustellen und das macht einen Teil ihrer nicht ungefährlichen Vagheit aus. Während Güter in den allermeisten Fällen materiell recht leicht auf ihre Qualität hin überprüft werden können, sind Dienstleistungen immateriell: man kann sie nicht anfassen (selbst die DVD verrät uns nicht durch bloßes Berühren, ob der Film darauf auch wirklich spannend und unterhaltend ist).

Dienstleistung ist eine Ware, die sich bereits im Verlauf ihrer Herstellung verbraucht. Anders als bei Gütern bleibt in der Regel am Ende kein materielles Ergebnis, das dann leichter zu überprüfen wäre. Die notwendige Qualität von Dienstleistung dennoch zu erbringen, hängt im besonderen Maße vom Dienstleistenden selbst ab. Eine solche anzustrebende

Dienstleistungsqualität zieht sich als roter Faden durch dieses Handbuch und wird ausdrücklich noch einmal in den Kapiteln 2.12 und 3.4 angesprochen.

Die **Nützlichkeit** und **Qualität** der Personaldienstleistung im Besonderen richtet sich auf ihren Kerninhalt Personal. Ob als Zeitarbeitsunternehmen mit den eigenen Mitarbeitern, als Personalvermittlungsunternehmen mit den vorgeschlagenen Bewerbern oder als Personalberater mit den zu betreuenden Personen – immer steht in der Personaldienstleistung der Mensch im Mittelpunkt. Nichts sollte dem Menschen aber so wertvoll sein wie der Mensch. Zu Recht werden deshalb an die Personaldienstleistung hohe Erwartungen des Auftraggebers, von Mitarbeitern und Bewerbern und auch von der Gesellschaft gestellt.

Verantwortung im Umgang mit den anvertrauten Menschen ist damit ein weiterer Begriff, der kennzeichnend für die Personaldienstleistung ist. Nicht jeder Vorbehalt, dem die Personaldienstleistung zu begegnen hat, ist nur durch undifferenzierte Vorurteile genährt. Dahinter steht nicht selten die Sorge, ob der Personaldienstleister wirklich mit der gebotenen Verantwortung an seine Aufgabe herangeht und sie als Leitmotiv darüber stellt.

Denn der Personaldienstleister stellt sich bei allen wirtschaftlichen Prämissen seiner Tätigkeit mit seinem Kerninhalt Personal einem zentralen Thema unserer Zeit: dem Bedürfnis der Menschen nach einer Arbeitstätigkeit, die ihren Lebensunterhalt sichert, sie gesund erhält, zugleich sinnstiftend für ihr Verlangen nach Einbringung von Kompetenz und Leistungsfähigkeit ist und ihnen schließlich berufliche, persönliche und gesellschaftliche Anerkennung verleiht. Diesem Thema auch in moralisch-ethischer Hinsicht gerecht zu werden, ist eine in der Praxis des Berufes täglich neu zu leistende Aufgabe, deren Erfüllung in der Öffentlichkeit nicht selten unterschätzt wird.

Insbesondere dieser letzte Aspekt zeigt, dass Personaldienstleistung ihren Dienst nicht allein am Kundenunternehmen zu leisten, sondern sich gleichzeitig ihren Aufgaben gegenüber Mitarbeitern und Bewerbern zu stellen hat. Nichts wäre falscher als ein Verständnis von Personaldienstleistung, das Mitarbeiter und Bewerber lediglich als unselbständige Schachfiguren auf dem Personalbrett verschieben wollte. Jeder gute Personaldienstleister weiß, dass Menschen ihren eigenen Willen, ihre je persönlichen Fähigkeiten und ihre individuellen – durchaus wechselnden – Ziele haben, die es für eine verantwortliche und erfolgreiche Personaldienstleistung zu berücksichtigen gilt.

Vor allem daraus leitet sich die notwendige Arbeit des Personaldienstleisters ab. Ist der Unterstützungsbedarf von Unternehmen die eine Seite der Medaille, mit der der Personaldienstleister arbeitet, so steht auf ihrer anderen Seite der Mitarbeiter und Bewerber mit seiner spezifischen Arbeitskraft, die er am gegebenen Arbeitsmarkt realisieren will. In der modernen Arbeitsgesellschaft sind jedoch die Zeiten, in denen Arbeitnehmer fast lebenslänglich an einen Arbeitgeber und damit an einen Arbeitsplatz gebunden waren, längst vorbei.

Der Zuwachs an individueller Freiheit, vor allem bei der Ausgestaltung der eigenen Berufsbiografie, hat damit auch eine Kehrseite erhalten: Arbeitnehmer sind heute viel mehr als früher aufgefordert, sich selbst erfolgreich am Arbeitsmarkt zu vermarkten. Ihnen obliegt es als Unternehmer ihrer selbst die eigenen Fähigkeiten und Fertigkeiten richtig einzuschätzen, mit dem vorhandenen Bedarf am Arbeitsmarkt abzugleichen und schließlich immer wieder den geeigneten Arbeitsplatz zu finden und zu gewinnen, um im Beruf erfolgreich zu sein.

Das ist keine leichte Aufgabe und nicht jeder und jede ist im gleichen Maße in der Lage, dies allein zu leisten. Ob einfach oder hoch Qualifizierte – die Anforderungen an diese Selbstvermarktung am Arbeitsmarkt sind besondere und erfordern Knowhow, Marktkenntnisse und Kontakte. So wie zum Beispiel Künstler schon seit langem auf ihren Manager zurückgreifen, so werden auch Personaldienstleister zu Managern ihrer Mitarbeiter beziehungsweise von Bewerbern. Es kann daher nicht verwundern, dass die Personaldienstleistung auch von dieser gesellschaftlichen Entwicklung her einen starken Schub erhält.

Perspektiven

Das bisher Gesagte macht deutlich, dass Personaldienstleistung keine Randerscheinung des modernen Wirtschaftslebens und erst recht kein vorübergehender Trend ist. Im Gegenteil: die beschriebenen Entwicklungsmotoren treiben das dynamische Wachstum der Personaldienstleistungsbranche weiter kräftig an. Und die Informationen in diesem Handbuch werden zeigen, dass dieses Wachstum nicht nur ein quantitatives ist, wenn auch die in folgenden Kapiteln angeführten Zahlen zum Wachstum eine deutliche Sprache sprechen.

Vielmehr wird zugleich sichtbar werden, dass sich die Inhalte der Personaldienstleistung ständig weiterentwickeln. Als im historischen Vergleich der Wirtschaftszweige recht junge Branche hat die Personaldienstleistung in kurzer Zeit zahlreiche Aufgabenfelder erschlossen und erschließt auch weiterhin mutig immer wieder neue Möglichkeiten. In ihrem Anliegen bei der optimalen Organisation von Arbeit mitzuwirken sind äußerst intelligente und kreative Personaldienstleister am Werk, die sich im Bereich der Personalentwicklung immer weiter professionalisieren.

Auf diese Kompetenzen zurückgreifen zu können, ist für die nachfragenden Unternehmen außerordentlich wertvoll und wird immer wichtiger. Die weiteren Kapitel dieses Handbuches beschreiben daher, welche besonderen Kompetenzen Auszubildende in der Personaldienstleistung dazu erwerben müssen und können.

2 Personaldienstleistungskaufleute in der Zeitarbeit

Derzeit, zu Beginn des Jahres 2010, befindet sich der zweite Jahrgang von Auszubildenden zum Personaldienstleistungskaufmann / zur Personaldienstleistungskauffrau im ersten Ausbildungsjahr. Die ersten Auszubildenden, die seit 2008 diesen neuen Beruf erlernen, absolvieren gerade ihr zweites Ausbildungsjahr. In diesem Jahr werden die ersten Auszubildenden, die eine verkürzte Ausbildung durchlaufen, ihre Abschlussprüfung absolvieren und sicherlich sehr schnell einen Arbeitsplatz finden.

Die Wahrscheinlichkeit, dass dieser Arbeitsplatz in der Zeitarbeit eingenommen werden wird, ist außerordentlich groß. Über 9000 originäre Zeitarbeitsunternehmen in Deutschland sowie weitere cirka 6000 Unternehmen, die ebenfalls Arbeitnehmerüberlassung betreiben, stellen mit Abstand das wichtigste Einsatzfeld für Personaldienstleistungskaufleute dar. Nicht von ungefähr war es daher vor allem die dynamisch wachsende Zeitarbeitsbranche in Deutschland, die diesen neuen Beruf hervorgebracht und maßgeblich bei der Gestaltung der Berufsausbildung mitgewirkt hat.

Der Bedarf an qualifizierten Mitarbeitern, die mit den notwendigen, umfangreichen Fachkenntnissen und einem der Berufsausbildung angemessenen Qualitätsbewusstsein die Organisation des Zeitarbeitsgeschäftes umsetzen und mitgestalten, ist groß. Waren es bisher überwiegend berufliche Quereinsteiger, die im Vertrieb, dem Recruiting, der Disposition und der Personalverwaltung arbeiteten und dazu aufwendig eingearbeitet wurden, so sind die Einstellungschancen für gute Personaldienstleistungskaufleute, die das Geschäft „von der Pike" auf gelernt haben, sehr gut.

Die Aufgaben, die Personaldienstleistungskaufleute in der Zeitarbeit wahrnehmen können, sind dabei außerordentlich vielfältig. Und es ist gerade diese abwechslungsreiche Vielfalt, die vor allem junge Menschen an diesem Beruf anzieht. Dennoch ist mancher Auszubildende nicht wenig überrascht, wie bunt das Leben in der Personaldienstleistung tatsächlich ist. Der tägliche, verantwortliche Umgang mit vielen Menschen – auf Mitarbeiter- wie auf Kundenseite – macht die Berufsausübung in der Zeitarbeit zu einem hoch spannenden, lebendigen Arbeitsleben, in dem jeder Tag neue Überraschungen bergen kann.

Nichtsdestoweniger sind die Anforderungen hoch. Die folgenden Kapitel zur Personaldienstleistung in der Zeitarbeit zeigen die höchst unterschiedlichen Aufgabenfelder und damit verbundene Anforderungen auf und geben Hinweise zu der notwendigen, vertiefenden Beschäftigung mit diesen Aufgaben. Die unterschiedlichen Funktionen, die Personaldienstleistungskaufleute dabei in der jeweiligen betrieblichen Realität einnehmen können, hängen nicht zuletzt von der unterschiedlichen Arbeitsteilung im Unternehmen und den persönlichen Fähigkeiten des jeweiligen Mitarbeiters ab.

2.1 Die Branche Zeitarbeit

Fallbeispiel 1:

Es war keine leichte Aufgabe, die Frank Schuster übernommen hatte. Das vor drei Jahren eröffnete Zweigwerk, für das der neue Werksleiter nun die Verantwortung trug, produzierte Zubehörteile just-in-time für einen Automobilhersteller direkt vor Ort. Es hatte enormer Anstrengungen bedurft, die erste Riege guter Mitarbeiter in der Region zu finden, aber nun war die Mannschaft mit dem modernen Produktionsverfahren vertraut, die Abläufe eingespielt. Der erfahrene Ingenieur Schuster hatte die Werksleitung übertragen bekommen, weil der Hauptkunde signalisiert hatte, dass er binnen kurzem weit mehr als die bisher produzierten Teile aus dem Werk beziehen wolle. Die nächste Produktionsstufe stand an.

Frank Schuster wusste aus Erfahrung: unter den vielen Aufgaben dieser Phase war die produktionsabhängige Gewinnung von Mitarbeitern und die Steuerung ihres variablen Einsatzes eine entscheidende Größe. Mit dem neuen Auftragsvolumen konnte das junge Werk leicht labil werden. Würden zu wenige neue Mitarbeiter eingestellt, ließe sich ein größerer Auftrag nicht bewältigen. Stellte er zuviele Mitarbeiter ein, würden die zu hohen Kosten die riskante Entscheidung für die Vor-Ort-Produktion bedrohen. Frank Schuster hatte in seiner Berufslaufbahn die bitteren Folgen einer unabwendbaren Werksschließung erlebt und wollte diese Erfahrung auf gar keinen Fall in „seinem" Werk wiederholen.

Zusammen mit seinem Produktionsleiter hatte er verschiedene Szenarien durchdacht. Gemeinsam hatten sie am Ende festgestellt, dass die Zahl der benötigten Mitarbeiter während des Jahres beträchtlich schwanken würde. Im besten Falle würden nach einem Auftragsschub zwar insgesamt mehr Mitarbeiter beschäftigt werden können, aber selbst dann würden nicht alle in der Auftragsspitze benötigten Mitarbeiter bleiben können. Hinzu kam, dass der Personalleiter aus der Zentrale ihm zwar punktuelle Unterstützung bei der Gewinnung neuer Mitarbeiter zugesagt hatte. Aber Frank Schuster wusste, dass er in solchen Stressphasen nicht auch noch mehrere hundert Bewerbungsgespräche würde führen können. Und reine Aushilfen kamen für ihn nicht in Betracht, die anspruchsvollen Arbeitsplätze verlangten Einarbeitung, Fachkenntnisse und zuverlässiges Qualitätsbewusstsein.

Ihm war klar, dass er für diese angespannte Situation externe Unterstützung brauchen würde. Jemand, der sich auf den wechselnden Einsatz von zuverlässigen Mitarbeitern verstand, der ein Teil des Auftragsrisikos mit tragen konnte und der mit dem nötigen fachlichen Verständnis für die zu besetzenden Aufgaben die aufwendige Mitarbeiterauswahl übernahm. Frank Schuster hatte bereits gute Erfahrungen mit Zeitarbeit und griff zum Telefon.

Fragen:

1. Vor welchen personalwirtschaftlichen Herausforderungen steht Frank Schuster?
2. Was verspricht er sich von der Beauftragung eines Zeitarbeitsunternehmens?
3. Welche Faktoren haben den Zuwachs von Zeitarbeit seit Jahren begründet?

Die Aufgabe der modernen Zeitarbeit

Zeitarbeit ist im Wechsel vom 20. ins 21. Jahrhundert zu einer unverzichtbaren Größe für die modernen Unternehmen der Industrieländer geworden. Die immer vernetztere Wirtschaft mit ihren globalen Fertigungs- und Absatzmärkten, schnelle Reaktionen auf wechselnde Bedarfe und Absatzbedingungen, kurze Produktzyklen und filigrane Arbeitsteilung verlangen den Unternehmen maximale Beweglichkeit ab. Längst wird nicht mehr in jahrzehntelangen Fertigungszyklen gedacht. Es gilt vielmehr in einem sorgfältig ausgehandelten Verbund aus Zulieferern und Vertriebspartnern erfolgreich Projekte zu realisieren.

Die gewachsene Produktivität und das Arbeiten in Projekten verändert dabei die Organisation von Arbeit gewaltig (siehe Kapitel 1). Insbesondere die früher im Unternehmen vorgehaltenen Personalreserven sind weitgehend abgebaut. Zu den verbliebenen Kernmannschaften, die Kernkompetenzen des Unternehmens verkörpern und absichern, kommen immer häufiger projekthaft organisierte, externe Mitarbeiter hinzu. Zeitarbeit ist damit für viele Unternehmen zur strategisch planbaren Personalressource geworden, auf die zuverlässig und flexibel zugegriffen werden kann.

Zeitarbeit sichert zugleich ab, dass die notwendigerweise viel beweglicheren Mitarbeiter nicht ungesichert und individualisiert im luftleeren Raum schweben. Stattdessen bleiben Zeitarbeitsmitarbeiter auch über den einzelnen Arbeitseinsatz hinaus in sozialversicherungspflichtiger Beschäftigung. Mit dieser Doppelaufgabe – treffend im Begriff „Flexicurity" beschrieben – sind Zeitarbeitsunternehmen die erste Adresse für Mitarbeiter, die einen markterfahrenen Manager ihrer Arbeitskraft suchen, auf die Verlässlichkeit eines durchgängigen Beschäftigungsverhältnisses jedoch nicht verzichten wollen.

Eine beispiellose Erfolgsgeschichte

Kaum eine Branche in Deutschland hat seit den 90er Jahren ein solch dynamisches Wachstum erlebt wie die Zeitarbeit. Seit ihren Anfängen Ende der 60er Jahre war die Zeitarbeit in Deutschlang über 20 Jahre lang eher eine Randerscheinung mit unter 100.000 Beschäftigten. Doch während der 90er Jahre begann ein Beschäftigungsboom, in dem die Zeitarbeit jährlich zunächst mit 25.000, dann 50.000 und schließlich 2006, im Jahr des bisher stärksten Wachstums, um über 100.000 Mitarbeiter jährlich wuchs. Im Jahr 2008 überschritt die Zahl der Beschäftigten erstmals die 800.000er Marke und erreichte im Juli 2008 mit 823.101 Beschäftigten ihren bisherigen Höchststand (siehe Abbildung 1).

Naturgemäß führte der Konjunktureinbruch im Zuge der Bankenkrise Ende 2008 zu einem deutlichen, teilweise dramatischen Beschäftigungsrückgang auch in der Zeitarbeitsbranche. Der von langfristigen Veränderungen in der Wirtschaft angetriebene Entwicklungstrend der Zeitarbeit weist jedoch auch weiterhin nach oben. Auch deshalb rechnen alle Experten damit, dass die Marke von einer Million Beschäftigte in der Zeitarbeit in den nächsten Jahren erreicht wird.

Abbildung 1: Beschäftigte in der Zeitarbeit, Deutschland 1994 – 2009

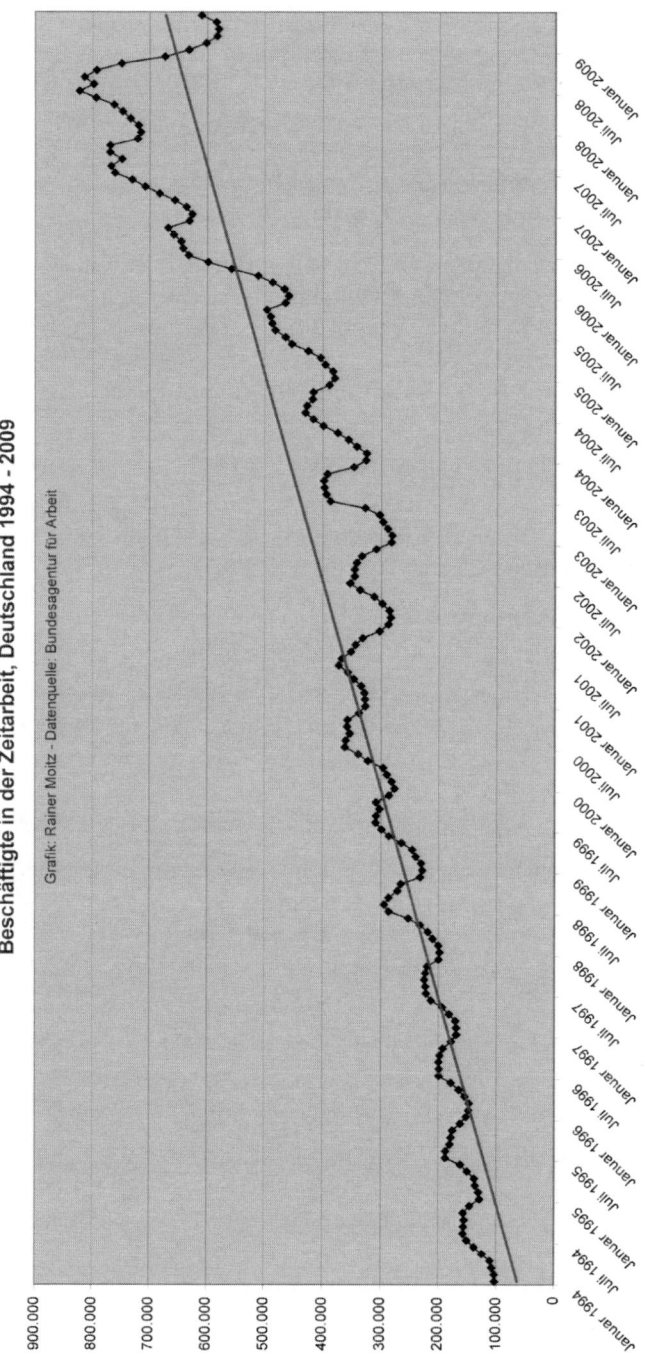

Saisonale und konjunkturelle Beschäftigungsschwankungen

Abbildung 1 zeigt neben dem langjährigen Wachstumstrend zwei weitere Auffälligkeiten. Man sieht deutlich, wie in der schwachen Konjunkturphase zwischen Ende 2001 und 2004 das Zeitarbeitswachstum innehält, um dann ab 2005 mit der guten Konjunktur wieder umso stärker dem langjährigen Trend zu folgen. Der damals erhoffte Effekt der staatlich veranlassten Personal-Service-Agenturen, mit denen ab 2003 unter arbeitsmarktpolitischen Gesichtspunkten die Beschäftigungseffekte der Zeitarbeit im öffentlichen Auftrag genutzt werden sollten, blieb allerdings hinter dieser Dynamik zurück.

Zum Anderen fällt ein typischer saisonaler Effekt in den Beschäftigtenzahlen auf. Während im Frühjahr und Sommer regelmäßig neue Mitarbeiter in die Zeitarbeit aufgenommen werden, sinkt die Beschäftigung zum Winter regelmäßig ab. Allerdings verringert sich dieser Effekt mit zunehmenden Beschäftigungszahlen in relativer Hinsicht. Schwankte die Beschäftigung Anfang der 90er saisonal noch fast um ein Drittel, ist in den letzten Jahren nur noch etwa ein Sechstel saisonbedingt.

In der Zusammenfassung dieser Effekte bewältigt die Zeitarbeit inzwischen einen enormen Anteil an den Bewegungen des Arbeitsmarktes. Dies wurde bisher am deutlichsten zwischen Januar und November 2006, als die Zeitarbeit innerhalb von nur 10 Monaten 210.000 zusätzliche Mitarbeiter beschäftigte.

Durch die Zeitarbeit besetzte Tätigkeiten

Mit dem quantitativen Wachstum der Zeitarbeit geht auch eine immer breitere Diversifizierung der Tätigkeitsbereiche, in denen die Zeitarbeit Mitarbeiter einsetzt, einher. War in den 70er und 80er Jahren die typische Zeitarbeitskraft Helfer, Schlosser, Elektriker oder in einzelnen Fällen auch Sekretärin, so fächert sich seit den 90er Jahren das Spektrum immer weiter auf (siehe Abbildung 2).

Zwar ist auch heute noch etwa jede dritte Zeitarbeitskraft als Helfer eingesetzt. Dabei ist zu berücksichtigen, dass die Beschäftigungschancen von Ungelernten und Geringqualifizierten in konventioneller Beschäftigung stark zurück gegangen sind. Hier fängt die Zeitarbeit das besondere Beschäftigungsrisiko dieser Gruppe im großen Umfang auf, fast jeder zweite sozialversicherungspflichtig beschäftigte Helfer in Deutschland findet inzwischen seinen Arbeitsplatz durch die Zeitarbeit.

Aber bereits heute arbeitet ein weiteres Drittel in nicht produktionsbezogenen Bereichen wie kaufmännischen, Büro- oder Dienstleistungsberufen. Ein deutliches Beispiel sind die Gesundheitsdienstberufe: noch 2003 waren weniger als 3000 Zeitarbeitskräfte in diesem Bereich eingesetzt. Mitte 2009 waren es bereits über 19.000.

Abbildung 2: Beschäftigte in der Zeitarbeit nach Tätigkeit 2008

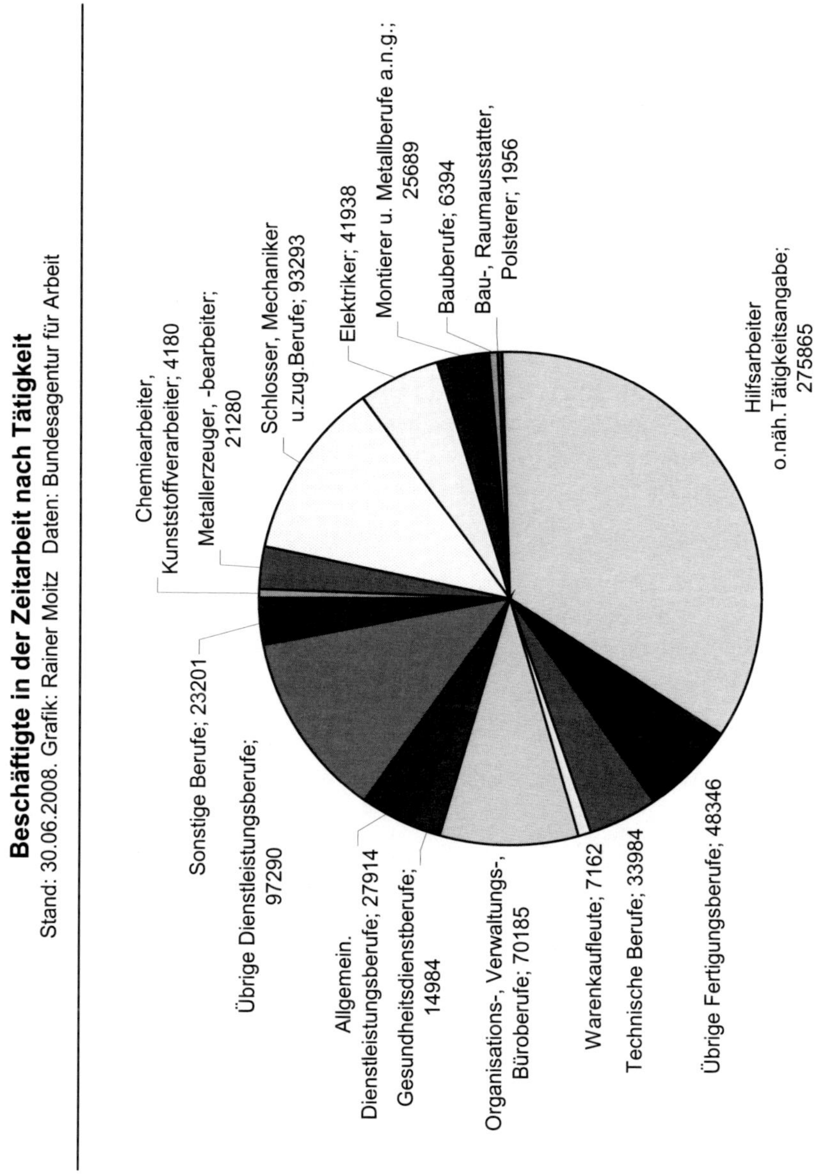

Beschäftigte in der Zeitarbeit nach Tätigkeit

Stand: 30.06.2008. Grafik: Rainer Moitz   Daten: Bundesagentur für Arbeit

- Chemiearbeiter, Kunststoffverarbeiter; 4180
- Metallerzeuger, -bearbeiter; 21280
- Schlosser, Mechaniker u.zug.Berufe; 93293
- Elektriker; 41938
- Montierer u. Metallberufe a.n.g.; 25689
- Bauberufe; 6394
- Bau-, Raumausstatter, Polsterer; 1956
- Hilfsarbeiter o.näh.Tätigkeitsangabe; 275865
- Übrige Fertigungsberufe; 48346
- Technische Berufe; 33984
- Warenkaufleute; 7162
- Organisations-, Verwaltungs-, Büroberufe; 70185
- Gesundheitsdienstberufe; 14984
- Allgemein. Dienstleistungsberufe; 27914
- Übrige Dienstleistungsberufe; 97290
- Sonstige Berufe; 23201

Unternehmensstruktur der Zeitarbeitsbranche

Im Juni 2009 zählte die Zeitarbeitsstatistik der Bundesagentur für Arbeit 9203 Zeitarbeitsunternehmen sowie 6088 Mischunternehmen, die Arbeitnehmerüberlassung im Nebengeschäft betreiben. Für Ende 2008 nennt der AÜG-Bericht der Bundesregierung die Zahl von insgesamt 15.964 Erlaubnisinhabern, die Zeitarbeit betreiben dürfen. Zeitarbeitnehmer werden im Juni 2009 in insgesamt 24.549 Verleihbetrieben (einschließlich Niederlassungen) beschäftigt. Bereits diese hohen Zahlen zeigen ein deutliches Strukturmerkmal der Zeitarbeit in Deutschland. Die große Mehrheit in der Branche bilden kleine und mittelständische Unternehmen.

Entsprechend ist der Konzentrationsgrad der Branche noch immer relativ gering. Laut dem Marktforschungsinstitut Lünendonk beschäftigten 2008 die 25 größten Zeitarbeitsunternehmen mit zusammen knapp 270.000 Zeitarbeitskräften nur etwa ein Drittel aller Zeitarbeitsbeschäftigten in Deutschland. Obwohl die Großen der Branche schon seit Jahren unter anderem durch Unternehmensaufkäufe versuchen ihren jeweiligen Marktanteil deutlich zu erhöhen, gelingt dies nur eingeschränkt. Wie auch die große Zahl von örtlichen Niederlassungen zeigt, ist der Zeitarbeitsmarkt vor allem ein regionales Feld, auf dem Kundenbedarfe und verfügbare Mitarbeiter zusammen gebracht werden.

Treffend lässt sich die deutsche Zeitarbeitsbranche durch eine Dreiteilung beschreiben:

- bundesweit, teilweise global tätige Großunternehmen,
- regionale Filialisten mit einer größeren Zahl von Niederlassungen,
- örtliche, kleinere Unternehmen, die – teilweise als Spezialisten – weniger als 200 Mitarbeiter beschäftigen.

Die Zeitarbeit in der Gesellschaft

Die Zeitarbeit ist in der Diskussion. In den Medien, der Politik, am Stammtisch und in zahllosen Internetforen wird heftig gestritten, welche Chancen oder Gefahren vor allem für die Beschäftigten gesehen werden. Dies darf angesichts der enormen Entwicklung der Zeitarbeit und den dahinter stehenden Veränderungen in der Arbeitswelt, wie oben beschrieben, nicht verwundern.

Veränderungen verursachen Verunsicherung. Die Auflösung früherer, manchmal lebenslanger Beschäftigung bei einem Arbeitgeber verlangt den Menschen viel an Neuorientierung, neuer Flexibilität und Fähigkeit zum arbeitsmarktgerechten Anbieten der eigenen Arbeitskraft ab. Für diese Veränderungen ist die Zeitarbeit ein Kristallisationspunkt, an dem sich die öffentliche Diskussion entzündet. Zwischen der Verteidigung von Besitzständen, wie sie in jahrzehntelangen Tarif- und Arbeitskämpfen erreicht wurden und den immer schneller wechselnden Arbeitsaufgaben, mit denen der Wandel zu flexibleren Beschäftigungsformen einhergeht, müssen sich die Menschen jeweils in jeder Lebenssituation neu entscheiden.

Konsequent forderte der Gesetzgeber im Jahr 2003 deshalb mit der seit Verabschiedung des AÜG wichtigsten Gesetzesänderung von den Arbeitgebern der Zeitarbeit und den Gewerkschaften, für einen gerechten und sozialen Interessenausgleich durch den Abschluss von flächendeckenden Tarifverträgen zu sorgen. Die in der Folge geschlossenen Vereinbarungen haben zu einer deutlich höheren Akzeptanz der Zeitarbeit geführt. Der frühere iGZ-Vorsitzende und Bremer Zeitarbeitsunternehmer Volker Homburg prägte dafür den Satz: „Die Zeitarbeit ist in der Mitte der Gesellschaft angekommen."

Dennoch ist ein durchgängiger Konsens in der Gesellschaft zur Zeitarbeit bisher nicht erreicht. Negativbeispiele wie der Skandal um die illegale Arbeitnehmerüberlassung bei Gerüstbauern in NRW zwischen 2005 und 2009, Entlassungen in größerer Zahl im Zuge der Wirtschaftskrise ab Ende 2008 oder der Fall „Schlecker" in 2009 schüren immer wieder ein latent vorhandenes Misstrauen. Verunsicherte Arbeitnehmer nehmen sensibler und sehr viel schärfer Negativschlagzeilen wahr als die von anderen gemachten guten Erfahrungen mit Zeitarbeit.

Das im Vergleich zu den 70er und 80er Jahren dennoch erheblich bessere Image von Zeitarbeit lässt also noch viele Aufgaben offen. Treffend hat dies die iGZ-Bundesvorsitzende Ariane Durian ausgedrückt: „Wirtschaftliches Handeln schließt menschliches und gesellschaftsgerechtes Handeln nicht aus! Lassen Sie uns daran arbeiten, dass wir als Branche weiter daran arbeiten, noch besser, noch kompetenter, noch anerkannter zu werden." Unter den dazu wichtigen Aufgaben hebt der BZA-Vorsitzende Volker Enkerts hervor: „Das Thema Qualifizierung wird immer wichtiger, da die Anforderungen unserer Kunden steigen. Über mehr Qualifizierungsanstrengungen werden wir mittelfristig auch die Zufriedenheit unserer Mitarbeiter beim Einkommen, ihrem beruflichen Weiterkommen und ihrer Arbeitsplatzsicherheit verbessern." Einem Missbrauch der Zeitarbeit zur Umgehung von Tariflöhnen erteilte der AMP-Vorsitzende Peter Mumme eine Absage: „Wir lehnen die Umgehung von bestehenden Tarifverträgen unter dem Deckmantel der Zeitarbeit ab."

Absehbare Trends der Branchenentwicklung

Die Zeitarbeit wird quantitativ nach Beschäftigtenzahlen und Umsätzen weiter wachsen. In dieser Einschätzung sind sich alle Experten einig. Verbunden mit diesem Wachstum sind zugleich mehrere Trends, die auch in qualitativer Hinsicht in der Zeitarbeit weitere Aufgaben hervortreten lassen werden:

- weitere Diversifizierung der Einsatzgebiete von Zeitarbeit,
- eine zunehmende Spezialisierung auf wachsende Kundenanforderungen,
- mehr berufsfachliche und persönliche Qualifizierung des Zeitarbeitspersonals,
- zusätzliche Personaldienstleistungen über die Arbeitnehmerüberlassung hinaus,
- Erweiterungen der Geschäftsbereiche durch Werk- und Dienstleistungsaufträge,
- häufigere grenzüberschreitende Personalaufgaben im Verbund mit dem Kunden.

Noch wird die Zeitarbeit in vielen Branchen erst stellenweise genutzt. Es zeichnet sich jedoch ab, dass gerade der Dienstleistungssektor in Zukunft ebenfalls stärker auf Zeitarbeitslösungen zurückgreifen wird. Wie beispielsweise im Gesundheitssektor deutlich wird, werden Zeitarbeitsunternehmen dabei neue Fähigkeiten und Branchenkenntnisse erlangen müssen.

In den neuen wie in den bisherigen Einsatzbranchen erwarten die Kunden eine immer stärkere Verzahnung des Personaldienstleisters mit den Besonderheiten des jeweiligen Kundenunternehmens. Eine dafür notwendige Spezialisierung im Zeitarbeitsunternehmen und innerhalb der Branche wird die Fachlichkeit weiter vertiefen.

Sowohl das interne Personal wie die externen Zeitarbeitskräfte benötigen für diese wachsenden Anforderungen neue, zusätzliche Kompetenzen. Auch angesichts des demografischen Wandels müssen vorhandene Fähigkeiten auf sich verändernde Anforderungen immer wieder neu angepasst werden. Es ist damit zu rechnen, dass die Zeitarbeit in den kommenden Jahren neue Qualifizierungsmodelle dafür entwickeln wird, in denen es Elemente einer On-the-job-Qualifizierung und der externen Weiterbildung neu zu organisieren gilt.

Zeitarbeit als Spezialist für die Organisation von Arbeit erhält bereits heute mehr Aufgaben als die reine Personalgestellung. Die Verbindung mit der Personalvermittlung (siehe Kapitel 3), weitere Aufgaben bei der Personalverwaltung, im On-Site-Management und bei Outsourcing-Projekten, die Verzahnung mit konzerneigenen Arbeitnehmerüberlassungen und ähnliches lassen erahnen, dass Zeitarbeitsunternehmen als externe Personalpartner mehr leisten können.

Insbesondere arbeitsintensive Geschäftsbereiche des Kunden, für die der Personaldienstleister wertvolles Knowhow aufgebaut hat, können in vielen Fällen auch komplett als Werk- oder Dienstleistungsauftrag in die Verantwortung des Personaldienstleisters übergeben werden. Der dafür notwendige Aufbau einer eigenen Arbeitsorganisation und der größere Haftungsumfang verlangen jedoch weitergehende und spezialisierte Kompetenzen und Fähigkeiten.

Schließlich wird die Zeitarbeit der fortschreitenden Globalisierung und insbesondere der sich entfaltenden europäischen Freizügigkeit folgen und – gemeinsam mit den international arbeitenden Kunden – vermehrt grenzüberschreitend Personalaufgaben wahrnehmen. Diesen Trend absehend hat beispielsweise der europäische Zeitarbeitsverband Eurociett das European Observatory on Cross-Border Activities within the Temporary Agency Work sector mit initiiert, um Beispiele grenzüberschreitender Arbeitnehmerüberlassung zu erfassen sowie praktische Hilfen zu geben.

2.2 Rechtsvorschriften in der Zeitarbeit

Fallbeispiel 2:

Die junge Personaldisponentin Vera Starke erkannte die Telefonnummer, die im Display ihres klingelnden Telefons aufleuchtete. Einer ihrer besten Kunden rief an. Gespannt, um was es heute gehen würde, nahm sie den Hörer ab. „Zeitarbeit GmbH, mein Name ist Vera Starke, guten Tag. Was kann ich für Sie tun?" „Hallo Frau Starke, Petra Meier hier von der Hausverwaltung Meier, ich habe da eine Frage." „Gern, Frau Meier, wie können wir Ihnen dieses Mal helfen?", antwortete Vera. Sie hatte in der Vergangenheit der Hausverwaltung schon mehrmals Mitarbeiter für die Verwaltung zur Verfügung gestellt, die Aufträge waren immer reibungslos verlaufen. „Ja, also, wir haben da bei einigen unserer Häuser Dachreparaturen vorzunehmen. Und da könnten wir gut noch einen zusätzlichen Helfer gebrauchen, der bei den Handreichungen helfen soll. Haben Sie da jemanden für uns?"

Vera überlegte kurz. Mit den Kaufleuten kannte sie sich aus, aber gewerbliche Helfer? „Ich werde mich da sofort bei uns im Haus erkundigen, Frau Meier. Könnte ich Sie da in ein paar Minuten zurückrufen?" „Ja, gern, ich bin bis heute Mittag erreichbar", anwortete ihr die Kundin. „Eine Frage noch, Frau Meier", setzte Vera nach, „ich bin etwas überrascht, dass Sie diese Arbeiten selbst vornehmen. Soll unser Mitarbeiter denn gelernter Dachdecker sein?" „Nein, nein, Frau Starke. Wir benötigen ja nur einen Helfer für die Handreichungen." „Ich verstehe. Ich frage nur, weil solche Dachreparaturen ja doch fachmännisch gemacht werden müssen. Wer leitet denn bei Ihnen unseren Helfer an?" „Das ist schon geregelt. Wir haben da einen Dachdeckermeister beauftragt. Der ist zuverlässig und hat mit seinem Betrieb schon öfter solche Arbeiten an unseren Häusern ausgeführt. Ihr Helfer wird dem nur zuarbeiten und von ihm angeleitet." „Gut, Frau Meier, ich rufe Sie wie versprochen gleich noch mal an."

Erfreut über den möglichen neuen Auftrag ging Vera nach nebenan in das Büro ihres Niederlassungsleiters, um den Auftrag zu besprechen und Hilfe bei der Wahl des geeigneten Mitarbeiters zu bekommen. Doch was dieser ihr erklärte, versetzte ihrer Freude einen gehörigen Dämpfer. Kurze Zeit später wählte sie die Nummer von Frau Meier und teilte ihr bedauernd mit: „Es tut mir leid, Frau Meier. Leider können wir Ihnen in diesem Fall einmal nicht helfen, so gern wir das täten. Aber das Arbeitnehmerüberlassungsgesetz verbietet uns in diesem Fall, Ihnen den Mitarbeiter zur Verfügung zu stellen."

Fragen:

1. Warum darf Vera Starke in diesem Fall keinen Mitarbeiter zur Verfügung stellen?

2. Welche Unterstützung kann sie zur Lösung rechtlich komplizierter Fälle hinzuziehen?

3. Welche Rechtsvorschriften sind in der Zeitarbeit zu beachten?

Überblick

Trotz der hohen Flexibilitätsanforderungen und entgegen manchem landläufigen Vorurteil unterliegt die Zeitarbeit in Deutschland einer Vielzahl von Rechtsvorschriften, innerhalb deren Grenzen sie ihr Geschäft zu organisieren hat. Diese gut zu kennen und sicher anzuwenden, ist für einen ordnungsgemäßen und erfolgreichen Geschäftsablauf unabdingbar. Dieses Handbuch spricht die wichtigsten Rechtsbestimmungen – vor allem solche aus dem Arbeitnehmerüberlassungsgesetz - an, die im operativen Geschäft der Zeitarbeit am häufigsten relevant werden. Eine erschöpfende Darstellung aller Rechtsbestimmungen würde jedoch den Rahmen eines Handbuches sprengen, in der Ausbildung ist deshalb unbedingt weiterführende Literatur zum Zeitarbeitsrecht im Speziellen und zum Arbeits- und Vertragsrecht im Allgemeinen hinzuzuziehen. Auch kann dieses Handbuch natürlich keine Rechtsberatung zur Einzelfallklärung ersetzen.

Zentrale Bedeutung für die Zeitarbeit hat das „Gesetz zur gewerbsmäßigen Arbeitnehmerüberlassung" – kurz Arbeitnehmerüberlassungsgesetz – AÜG –, mit dem die Arbeitnehmerüberlassung in Deutschland seit 1972 eine Art Gewerbeordnung hat. Seit seiner Verabschiedung wurde das Gesetz mehrfach reformiert, die zu Beginn äußerst restriktiven Bestimmungen wurden nach und nach gelockert. Mit Ausnahme der 1982 aufgenommenen Einschränkung der gewerbsmäßigen Arbeitnehmerüberlassung im Baugewerbe wurden zunehmend Erleichterungen insbesondere bei der Überlassungsdauer und den Befristungsregeln vorgenommen.

Besonders mit der Liberalisierung bei der maximal zulässigen Überlassungsdauer hat der Gesetzgeber die zunehmende Inanspruchnahme der Zeitarbeit reflektiert und diesem wichtigen Personalinstrument mehr Vertrauen entgegen gebracht. War die Überlassung von Mitarbeitern mit dem AÜG von 1972 noch auf maximal drei Monate begrenzt, wurde diese Grenze zunächst 1985 auf sechs Monate, 1994 dann auf neun, 1997 auf zwölf und 2002 auf vierundzwanzig Monate erweitert. 2004 fiel die Beschränkung der Höchstüberlassungsdauer schließlich ganz weg.

Mit der letzten größeren Reform von 2004 fand der Gleichbehandlungsgrundsatz zwischen Zeitarbeitsmitarbeitern und Stammmitarbeitern des Kundenunternehmens Einzug in das Gesetz. Noch größere praktische Relevanz fand allerdings die ersatzweise Anwendung von eigenen Zeitarbeits-Tarifverträgen (siehe Kapitel 2.7). Eine weitere Angleichung der Zeitarbeit als normaler Arbeitgeber erfolgte 2009 in der letzten Gesetzesänderung zur zulässigen Anwendung von Kurzarbeit in der Zeitarbeit.

Neben dem AÜG sind es jedoch noch eine ganze Reihe weitere Rechtsvorschriften, die sowohl speziell für die Zeitarbeitsunternehmen als auch in ihrer wichtigen Rolle als Arbeitgeber zu beachten sind. Insbesondere sind dies:

- das Allgemeine Gleichbehandlungsgesetz
- das Arbeitsschutzgesetz
- das Arbeitnehmerentsendegesetz

- das Arbeitszeitgesetz
- das Aufenthaltsgesetz und seine verbundenen Rechtsvorschriften.
- zur Aufwandsentschädigung BGB § 670, Rechtsprechung und Finanzverwaltung
- die Baubetriebeverordnung
- das Bundesdatenschutzgesetz
- das Bundesurlaubsgesetz
- das Kündigungsschutzgesetz
- das Nachweisgesetz
- das Teilzeit- und Befristungsgesetz

Je nach den besonderen Gegebenheiten im Kundeneinsatz kommen weitere Vorschriften hinzu, so zum Beispiel gewerberechtliche Bestimmungen im Bewachungsgewerbe oder in der grenzüberschreitenden Arbeitnehmerüberlassung die zu beachtenden Bestimmungen des Staates, in den überlassen wird.

Zeitarbeit in der Definition des AÜG

Im Paragraph 1, Absatz 1, Satz 1 AÜG definiert der Gesetzgeber, was Zeitarbeit in Deutschland ist: „Arbeitgeber, die als Verleiher Dritten (Entleihern) Arbeitnehmer (Leiharbeitnehmer) gewerbsmäßig zur Arbeitsleistung überlassen wollen, bedürfen der Erlaubnis."

Anders als in Ländern, in denen das Zeitarbeitsunternehmen lediglich Vermittler der Arbeitskräfte ist, muss demnach in Deutschland das überlassende Unternehmen Arbeitgeber der Zeitarbeitsmitarbeiter sein. Mit dieser Bestimmung wollte der Gesetzgeber die entsprechenden Mitarbeiter stärker schützen, für sie sollte zweifelsfrei feststehen, wer ihr eigentlicher Arbeitgeber ist. Dem Zeitarbeitsunternehmen wurde so eine höhere Verantwortung mit allen Pflichten des Arbeitgebers zugemessen. Das Kundenunternehmen wurde dagegen lediglich als Empfänger der Arbeitsleistung definiert.

Mit der Kennzeichnung „gewerblich" wird die Zeitarbeit von anderen Formen der Arbeitskräfteüberlassung unterschieden. Daher sind nicht erlaubnispflichtig (vergl. AÜG §§ 1, 1a, 1b):

- Abordnungen zu einer zur Herstellung eines Werkes gebildeten Arbeitsgemeinschaft
- Überlassungen im selben Wirtschaftszweig zur Vermeidung von Kurzarbeit oder Entlassungen aufgrund tarifvertraglicher Vorschriften,
- konzerninterne Arbeitnehmerüberlassung,
- Verleih in das Ausland in ein aufgrund zwischenstaatlicher Vereinbarungen gegründetes deutsch-ausländisches Gemeinschaftsunternehmen,
- in Unternehmen mit weniger als 50 Beschäftigten bis zur Dauer von 12 Monaten zur Vermeidung von Kurzarbeit oder Entlassungen (schriftliche Anzeige reicht aus),
- die Überlassung zwischen Betrieben des Baugewerbes unter bestimmten Voraussetzungen.

Dagegen bedeutet die Kennzeichnung „gewerblich" nicht, dass etwa die Überlassung durch gemeinnützige Einrichtungen generell von der Anwendung des AÜG ausgenommen ist. Im

Gegenteil wird spätestens seit 2005 durch eine Mitteilung des Bundesministeriums für Wirtschaft und Arbeit an die Bundesagentur für Arbeit grundsätzlich die Arbeitnehmerüberlassung auch von gemeinnützigen Einrichtungen als gewerbsmäßig und damit erlaubnispflichtig behandelt.

Wichtig ist, dass die Arbeitnehmer „zur Arbeitsleistung überlassen" werden. Die Mitarbeiter werden nicht Beschäftigte des Kundenunternehmens, sondern verrichten dort lediglich ihre Arbeit. Dies begründet zugleich die Haftungsbegrenzung des Zeitarbeitsunternehmens auf die sogenannte Auswahlhaftung (siehe Abgrenzung zum Werkvertrag unten), für das Arbeitsergebnis der überlassenen Mitarbeiter ist das Zeitarbeitsunternehmen nicht verantwortlich.

Schließlich ist die so definierte Zeitarbeit in Deutschland erlaubnispflichtig, die Erlaubnis muss beantragt und kann verweigert bzw. entzogen werden. Die Aufsichtsbehörde überwacht und kontrolliert dabei die Einhaltung der Bestimmungen beim Zeitarbeitsunternehmen (siehe unten).

Erhebliche und berechtigte Kritik gibt es zu den im AÜG nach wie vor verwendeten Begrifflichkeiten „Verleiher", „Entleiher" und „Leiharbeitnehmer". Eingewandt wird vor allem, dass es sich bei der Überlassung zur Arbeitsleistung eben nicht um einen „Verleih" von Arbeitskräften handelt (der Begriff „Leihe" ist im BGB als unentgeltliche Überlassung einer Sache zum Gebrauch definiert). Dementsprechend wird besonders die Bezeichnung „Leiharbeit" und „Leiharbeitnehmer" als diskriminierend vor allem für die in der Zeitarbeit Beschäftigten empfunden. Die Branchenbeteiligten fordern deshalb schon seit langem im Gesetz die im allgemeinen Sprachgebrauch etablierte und präzisere Bezeichnung „Zeitarbeit" und „Zeitarbeitnehmer" aufzunehmen.

Auch in diesem Handbuch wird deshalb in der Regel von Zeitarbeit gesprochen, die Begriffe „Verleiher", „Entleiher", „Leiharbeitnehmer" werden nur zur korrekten Wiedergabe der gesetzlichen Regelungen verwendet.

Verbot des „Kettenverleihs" bzw. des „Verleihs über Dritte"

Aus der Definition des § 1, Absatz, Satz 1 ergibt sich, dass ein Kundenunternehmen die ihm zur Verfügung gestellten Arbeitskräfte nicht an einen Dritten weiterüberlassen kann. Ein solcher „Kettenverleih" ist unzulässig, da das erste Kundenunternehmen nicht Arbeitgeber dieser Mitarbeiter ist. Wie bereits gesagt, will der Gesetzgeber damit sicherstellen, dass der Arbeitnehmer in der Zeitarbeit den Fürsorge- und Schutzbereich seines Arbeitgebers nicht verlässt. Zu einem, bei einem Kettenverleih nachgeschalteten „Endkunden" stünde das Zeitarbeitsunternehmen jedoch nicht mehr in einem bindenden Vertragsverhältnis.

Dieses Prinzip muss deshalb auch im sogenannten „On-Site-Management" beachtet werden. Hierbei übernimmt ein Dienstleister – dies kann, muss jedoch kein Zeitarbeitsunternehmen sein – die Koordinierung und Steuerung der Zeitarbeitseinsätze meist mehrerer Zeitarbeitsunternehmen bei einem Kundenunternehmen. Auch wenn ein solcher „Master" wichtige Aufgaben des Kunden im Zeitarbeitseinsatz übernimmt, ist auch in dieser Formation sorgfältig darauf zu achten, dass der eigentliche Überlassungsvertrag direkt zwischen dem überlassenden Zeitarbeitsunternehmen und dem einsetzenden Kundenunternehmen geschlossen wird.

Abgrenzung Zeitarbeit gegenüber Werk- bzw. Dienstvertrag

Die saubere Abgrenzung zwischen der Arbeitnehmerüberlassung durch Zeitarbeit einerseits und der Ausführung von Werk- bzw. Dienstverträgen andererseits vertieft das Verständnis von Zeitarbeit und kann in mehrerlei Hinsicht von praktischer Bedeutung sein:

Warum ist die Überlassung eines Elektrikers an einen Handwerksbetrieb, der diesen wiederum zur Ausführung von Arbeiten bei seinem Kunden einsetzt, kein verbotener Kettenverleih?

Was muss ein Personaldienstleister, der beispielsweise auf Kundenwunsch seine Mitarbeiter nicht in Zeitarbeitsform überlassen, sondern stattdessen einen Auftrag als Werk- oder Dienstvertrag ausführen will, vor allem in rechtlicher Hinsicht beachten?

Im Gegensatz zur Zeitarbeit, bei der das Zeitarbeitsunternehmen lediglich die Überlassung von Mitarbeitern zur Arbeitsleistung schuldet, wird im Werkvertrag die komplette Herstellung eines Werkes geschuldet. Im Dienstvertrag ist dies die komplette Erbringung einer Dienstleistung. Daraus ergibt sich eine Reihe von Konsequenzen:

Haftungsunterschiede: Im Rahmen der Zeitarbeit haftet das Zeitarbeitsunternehmen für die korrekte, vertragsgemäße Auswahl der Mitarbeiter (Auswahlhaftung), beispielsweise hinsichtlich der erforderlichen und vereinbarten Qualifikationen. Schlechtleistung des Mitarbeiters oder gar durch ihn angerichtete Schäden liegen dabei weitgehend in der Verantwortung des Kundenunternehmens. Der Auftragnehmer eines Werk- oder Dienstvertrages hat dagegen in der Regel für die erfolgreiche Erbringung des vereinbarten Werkes (Ergebnishaftung) bzw. die ordnungsgemäße, vertragsgemäße Erbringung der Dienstleistung zu haften. Dieser Haftungsumfang ist wesentlich größer und kann beispielsweise im Rahmen der gesetzlichen Produkthaftung sogar noch Jahre nach Lieferung geltend gemacht werden.

Weisungsbefugnis: In der Zeitarbeit überträgt das Zeitarbeitsunternehmen den Teil seiner fachlichen Weisungsbefugnis, der zur Ausführung der im Kundenunternehmen vorzunehmenden Arbeiten erforderlich ist, an das Kundenunternehmen. Deshalb dürfen und müssen betriebliche Vorgesetzte des Kunden dem Zeitarbeitsmitarbeiter Arbeitsanweisungen erteilen und seine Arbeit kontrollieren. Demgegenüber hat beim Werks- oder Dienstvertrag nur der Auftragnehmer eine solche Weisungsbefugnis gegenüber seinen Mitarbeitern. Will der Kunde Einfluss auf die Auftragsdurchführung nehmen, muss er dies mit seinem Vertragspartner, dem auftragnehmenden Unternehmen in geeigneter Weise – beispielsweise durch eine Abstimmung mit betrieblichen Vorgesetzten des Auftragnehmers – tun.

Arbeitsorganisation: Zeitarbeitsmitarbeiter können voll in die Arbeitsorganisation des Kundenunternehmens eingegliedert werden. Sie arbeiten in der Regel an Arbeitsplätzen des Kunden und mit dessen Arbeitsmitteln sowie in den vom Kunden bestimmten Arbeitszeiten. Eine solche Eingliederung in der Arbeitsorganisation des Kundenunternehmens ist dagegen beim Werk- bzw. Dienstvertrag ausgeschlossen, soll die Grenze zur Arbeitnehmerüberlassung nicht überschritten werden. Hier arbeiten die Mitarbeiter an durch ihren Arbeitgeber organisierten Arbeitsplätzen sowie mit dessen Arbeitsmitteln und in durch den Arbeitgeber festgelegten Arbeitszeiten.

Abrechnung: Während in der Zeitarbeit die erbrachte Arbeitsleistung in der Regel in Form von Zeitabschnitten (meist Arbeitsstunden) abgerechnet wird, erfolgt die Abrechnung bei Werks- bzw. Dienstverträgen in der Regel nach Arbeitserfolg. Rechnungsgrundlage sind deshalb gelieferte Produkte oder erbrachte Dienstleistungen. Zwar existieren gelegentlich bei Dienstverträgen ebenfalls zeitabhängige Abrechnungsmodi, umso stärker wird jedoch in solchen Fällen auf die Einhaltung der vorgenannten Unterschiede zu achten sein.

Verbot der Zeitarbeit in Betriebe des Baugewerbes

Paragraph 1b, Satz 1 des AÜG legt fest: „Gewerbsmäßige Arbeitnehmerüberlassung in Betriebe des Baugewerbes für Arbeiten, die üblicherweise von Arbeitern verrichtet werden, ist unzulässig." Dieses Verbot der Zeitarbeit im Bauhauptgewerbe muss strikt beachtet werden, seine Einhaltung wird regelmäßig bei den Prüfungen der Aufsichtsbehörde im Zeitarbeitsunternehmen und vor Ort durch die Zollbehörden überwacht.

Auch hierzu ist es hilfreich, die Bestimmungen in ihren einzelnen Teilen präzise zu verstehen und anzuwenden. Zunächst wird das Verbot auf die „gewerbsmäßige Arbeitnehmerüberlassung" beschränkt. Zwischen den Betrieben des Baugewerbes ist die Arbeitnehmerüberlassung unter bestimmten Voraussetzungen (§ 1b, Satz 2 und 3 AÜG) erlaubt.

Die Definition, welche „Betriebe des Baugewerbes" vom Bauverbot betroffen sind, liefert die Baubetriebe-Verordnung. Diese listet in ihrem Paragraph 1 auf, welche Gewerke gewerblich überwiegend Bauleistungen erbringen, Saison-Kurzarbeitergeld (bis 2006: Winterbauförderung) nach der Winterbeschäftigungs-Verordnung in Anspruch nehmen können und dafür die dort vorgesehene Umlage an die durch die Bundesagentur für Arbeit vorgesehenen Einzugsstellen zu zahlen haben. Unter diesen Gewerken finden sich neben den typischen Maurerbetrieben auch beispielsweise Fertigbauarbeiten, Straßenbau, Zimmereien, Dachdecker- und Gerüstbaubetriebe sowie Betriebe des Garten- und Landschaftsbaus. Zur leichteren Kennzeichnung werden diese Betriebe im Sprachgebrauch häufig als Betriebe des „Bauhauptgewerbes" bezeichnet, auch wenn die Verordnung diesen Begriff selbst nicht kennt.

Demgegenüber listet die Baubetriebe-Verordnung im Paragraph 2 diejenigen Gewerke auf, die vom Bauverbot nicht betroffen sind und in denen daher Zeitarbeit zulässig ist. Darunter finden sich beispielsweise Betriebe des Installationsgewerbes wie Klempnereien, Gas-, Wasser-, Heizungs- und Lüftungsbauer, das Elektro- und Schreinerhandwerk sowie Fassaden- und Fußbodenreiniger. Im Sprachgebrauch werden diese Betriebe häufig als „Baunebengewerbe" bezeichnet.

Die Baubetriebe-Verordnung stellt für Personaldienstleister insofern eine erste wichtige Orientierungshilfe zur Einhaltung des Bauverbotes für die Zeitarbeit dar. Dennoch kann die zuverlässige Abgrenzung in der Praxis im Einzelfall schwierig sein. Keinesfalls ausreichend ist die Selbstauskunft des in Frage stehenden Betriebes. Ob dieser nun unwissentlich oder gar wissentlich angibt, nicht dem Bauverbot für die Zeitarbeit zu unterliegen - verantwortlich für die Einhaltung ist letztlich das Zeitarbeitsunternehmen selbst. In Zweifelsfällen kann daher eine entsprechende Anfrage an die für das Saison-Kurzarbeitergeld zuständige Stelle in der Regionaldirektion der Bundesagentur für Arbeit gerichtet werden, die ein Verzeichnis der erfassten Betriebe führt.

Das Bauverbot für die Zeitarbeit umfasst lediglich die Arbeitnehmerüberlassung für „Arbeiten, die üblicherweise von Arbeitern verrichtet werden". Die Überlassung für andere Tätigkeiten wie beispielsweise Büroarbeiten, Konstrukteure oder Ingenieure ist deshalb zulässig. Umgekehrt ist die Überlassung beispielsweise von Maurern, Zimmerern oder Dachdeckern in Betriebe, die nicht zum Bauhauptgewerbe gehören, natürlich ebenfalls zulässig.

In der Praxis kommt es immer wieder zu notwendigen Einzelfallklärungen. Das Bauverbot für die Zeitarbeit stellt eine Einschränkung dar, die von der Bauwirtschaft und der Zeitarbeit seit langem heftig kritisiert wird. Der Wunsch Zeitarbeit auch hier nutzen zu können ist groß und führt gelegentlich zu Anfragen beim Personaldienstleister, die dieser nach sorgfältiger Prüfung am Ende ablehnen muss. Solange die nachvollziehbare Forderung nach Abschaffung des 1982 eingeführten Bauverbots für die Zeitarbeit gesetzlich nicht durchgesetzt ist, gehört die präzise Anwendung zum Grundwissen für Personaldienstleister.

Gleichbehandlungsgrundsatz und Tarifvertragsvorbehalt

Das AÜG schreibt grundsätzlich die Gleichbehandlung von Zeitarbeitsmitarbeitern mit den Arbeitnehmern des Kundenunternehmens (sogenanntes „Equal Treatment") vor. Paragraph 9 AÜG legt in Nummer 2 dazu fest, dass Arbeitsverträge in der Zeitarbeit unwirksam sind, „die für den Leiharbeitnehmer für die Zeit der Überlassung an einen Entleiher schlechtere als die im Betrieb des Entleihers für einen vergleichbaren Arbeitnehmer des Entleihers geltenden wesentlichen Arbeitsbedingungen einschließlich des Arbeitsentgelts vorsehen". Zu den wesentlichen Arbeitsbedingungen gehören das Arbeitsentgelt, aber auch weitere Elemente wie Zuschläge, Arbeitszeiten oder Urlaub. Um dem Zeitarbeitsunternehmen die Gewährung solcher Arbeitsbedingungen zu ermöglichen, wird das Kundenunternehmen in Paragraph 12 AÜG verpflichtet, diese Arbeitsbedingungen anzugeben. Der Zeitarbeitsmitarbeiter hat nach Paragraph 13 AÜG das Recht, beim Kundenunternehmen Auskünfte über dessen Arbeitsbedingungen einzuholen.

Ein solches „Equal Treatment" kann in der Praxis jedoch zu erheblichen Problemen führen:

-   Durch die Vielzahl unterschiedlicher Arbeitsbedingungen und tausender angewendeter Tarifverträge in den Kundenunternehmen ist die Feststellung der vergleichbaren Arbeitsbedingungen mit einem enormen Aufwand in jedem Einzelfall verbunden.
-   Die tatsächliche Vergleichbarkeit mit Mitarbeitern des Kundenbetriebes ist bei Berücksichtigung von Elementen wie Einzelqualifikation, Berufserfahrung, Betriebszugehörigkeit und ähnlichem äußerst schwierig.

- Eine sehr ungleichmäßige, häufig wechselnde Entlohnung kann Motivationsprobleme bei Mitarbeitern verursachen.
- Die jeweiligen Arbeitsbedingungen im Kundenunternehmen sind in der Regel auch ein Ergebnis der jeweiligen Wertschöpfung und des dortigen Interessenausgleichs, das für das Zeitarbeitsunternehmen oft nicht übertragbar ist.
- Die Eigenständigkeit der Zeitarbeit in ihrer Arbeitgeberfunktion und als Branche wird dadurch nur unzureichend widergespiegelt.

Aus solchen und weiteren Gründen hat der Gesetzgeber eine weitere Bestimmung aufgenommen, mit der vom Gleichbehandlungsgrundsatz abgewichen werden kann. Paragraph 9 AÜG formuliert weiter: „ein Tarifvertrag kann abweichende Regelungen zulassen; im Geltungsbereich eines solchen Tarifvertrages können nicht tarifgebundene Arbeitgeber und Arbeitnehmer die Anwendung der tariflichen Regelungen vereinbaren". Damit hat es der Gesetzgeber ausdrücklich den Tarifpartnern der Zeitarbeitsbranche überlassen, eigene Vereinbarungen zu den Arbeitsbedingungen in der Zeitarbeit auszuhandeln und in Tarifverträgen zu vereinbaren. Die ab 2003 geschlossenen Zeitarbeitstarifverträge sind daher in der Praxis in den allermeisten Fällen Grundlage für die geschlossenen Arbeitsverträge (siehe Exkurs zu den Tarifverträgen in Kapitel 2.7).

Der Weg über Tarifvereinbarungen zur Gestaltung von gerechten und sozial ausgewogenen Arbeitsbedingungen in der Zeitarbeit wurde auch durch die 2008 von den EU-Arbeitsministern vereinbarte EU-Richtlinie zur Arbeitnehmerüberlassung bestätigt. Um jedoch auch dauerhaft der Forderung nach Gleichbehandlung zu entsprechen, kommt der weiteren Tarifentwicklung in der Zeitarbeit ein wichtiger Stellenwert zu. Im Mittelpunkt stehen dabei zur Zeit der Drucklegung dieses Handbuches die Vorschläge zu einem eigenen Zeitarbeitsmindestlohn. In der Diskussion stehen auch immer wieder Elemente eines tariflich gestalteten „Equal pay".

Die Erlaubnis zur Arbeitnehmerüberlassung

Da Zeitarbeit in Deutschland nach Paragraph 1 AÜG erlaubnispflichtig ist, stellt die Erlaubnis zur Arbeitnehmerüberlassung eine unverzichtbare Geschäftsgrundlage dar. Sie muss bei der zuständigen Regionaldirektion der Bundesagentur für Arbeit beantragt werden und wird zunächst befristet für ein Jahr erteilt. Sie kann erst unbefristet erteilt werden, wenn das Zeitarbeitsunternehmen seit mindestens drei aufeinander folgenden Jahren erlaubt tätig war. Da hierbei in der Regel auch bereits mehrere Prüfungen stattgefunden haben, kann die unbefristete Erlaubnis zur Arbeitnehmerüberlassung eine gewisse Qualitätsaussage für die ordnungsgemäße Arbeit des Zeitarbeitsunternehmens sein. Ende 2008 besaßen 47 Prozent der Erlaubnisinhaber eine unbefristete Erlaubnis zur Arbeitnehmerüberlassung.

Dagegen kann nach Paragraph 3, Absatz 1 AÜG die Erlaubnis oder ihre Verlängerung versagt werden, „wenn Tatsachen die Annahme rechtfertigen, daß der Antragsteller

1. die für die Ausübung der Tätigkeit nach § 1 erforderliche Zuverlässigkeit nicht besitzt, insbesondere weil er die Vorschriften des Sozialversicherungsrechts, über die Einbehaltung und Abführung der Lohnsteuer, über die Arbeitsvermittlung, über die Anwer-

bung im Ausland oder über die Ausländerbeschäftigung, die Vorschriften des Arbeits-schutzrechts oder die arbeitsrechtlichen Pflichten nicht einhält;

2. nach der Gestaltung seiner Betriebsorganisation nicht in der Lage ist, die üblichen Arbeitgeberpflichten ordnungsgemäß zu erfüllen;

3. dem Leiharbeitnehmer für die Zeit der Überlassung an einen Entleiher die im Betrieb dieses Entleihers für einen vergleichbaren Arbeitnehmer des Entleihers geltenden we-sentlichen Arbeitsbedingungen einschließlich des Arbeitsentgelts nicht gewährt, es sei denn, der Verleiher gewährt dem zuvor arbeitslosen Leiharbeitnehmer für die Überlas-sung an einen Entleiher für die Dauer von insgesamt höchstens sechs Wochen mindes-tens ein Nettoarbeitsentgelt in Höhe des Betrages, den der Leiharbeitnehmer zuletzt als Arbeitslosengeld erhalten hat; Letzteres gilt nicht, wenn mit demselben Verleiher be-reits ein Leiharbeitsverhältnis bestanden hat. Ein Tarifvertrag kann abweichende Rege-lungen zulassen. Im Geltungsbereich eines solchen Tarifvertrages können nicht tarif-gebundene Arbeitgeber und Arbeitnehmer die Anwendung der tariflichen Regelungen vereinbaren."

Die Nichterlangung oder der Verlust der Erlaubnis zur Arbeitnehmerüberlassung kann insofern für das Unternehmen existenziell bedrohlich werden und weitreichende Folgen nach sich ziehen. So sind in einem solchen Fall beispielsweise die geschlossenen Arbeits-verträge unwirksam, an ihre Stelle tritt nach Paragraph 10, Absatz 1 AÜG ein direktes Ar-beitsverhältnis zwischen den betroffenen Zeitarbeitmitarbeitern und dem sie einsetzenden Kundenunternehmen. Die Erlaubnis des Zeitarbeitsunternehmens ist deshalb auch für das Kundenunternehmen wichtig und wird folgerichtig von diesem häufig zur Vorlage einge-fordert.

AÜG-Bestimmungen zum Überlassungsvertrag und zum Arbeitsvertrag

Für den Vertrag zur Arbeitnehmerüberlassung zwischen dem Zeitarbeitsunternehmen und dem Kundenunternehmen schreibt das AÜG im Paragraph 12 insbesondere die Schrift-formerfordernis sowie bestimmte Inhalte vor. Da diese unter kaufmännischen Gesichts-punkten wesentlich zu ergänzen sind, werden die notwendigen Bestandteile des Überlas-sungsvertrags im Kapitel 2.5 im Einzelnen dargestellt.

In der Öffentlichkeit wenig bekannt ist die besondere Überwachung der Arbeitsverträge in der Zeitarbeit durch die Aufsichtsbehörde. Schon bei der Erlaubnisbeantragung müssen Musterarbeitsverträge vorgelegt werden, die auf ihre AÜG-Konformität geprüft werden. Das AÜG schreibt dabei in Paragraph 11, Absatz 1, Satz 1 mit Verweis auf das Nachweis-gesetz als notwendige Bestandteile des schriftlichen Arbeitsvertrages vor:

- der Name und die Anschrift der Vertragsparteien,
- der Zeitpunkt des Beginns des Arbeitsverhältnisses,
- bei befristeten Arbeitsverhältnissen: die vorhersehbare Dauer des Arbeitsverhältnisses,
- der Arbeitsort oder, falls der Arbeitnehmer nicht nur an einem bestimmten Arbeitsort tätig sein soll, ein Hinweis darauf, dass der Arbeitnehmer an verschiedenen Orten be-schäftigt werden kann,

- eine kurze Charakterisierung oder Beschreibung der vom Arbeitnehmer zu leistenden Tätigkeit,
- die Zusammensetzung und die Höhe des Arbeitsentgelts einschließlich der Zuschläge, der Zulagen, Prämien und Sonderzahlungen sowie anderer Bestandteile des Arbeitsentgelts und deren Fälligkeit,
- die vereinbarte Arbeitszeit,
- die Dauer des jährlichen Erholungsurlaubs,
- die Fristen für die Kündigung des Arbeitsverhältnisses,
- ein in allgemeiner Form gehaltener Hinweis auf die Tarifverträge, Betriebs- oder Dienstvereinbarungen, die auf das Arbeitsverhältnis anzuwenden sind,
- die Erlaubnisbehörde sowie Ort und Datum der Erteilung der Erlaubnis nach § 1 AÜG,
- Art und Höhe der Leistungen für Zeiten, in denen der Leiharbeitnehmer nicht verliehen ist.

In der Praxis werden einige dieser Punkte durch die Einbeziehung von Zeitarbeit-Tarifverträgen abgedeckt. Außerdem muss den Mitarbeitern bei Vertragsschluss das „Merkblatt für Leiharbeitnehmer" der Bundesagentur für Arbeit ausgehändigt werden.

Mit Paragraph 11, Absatz 4 wird festgelegt, dass dem Zeitarbeitsmitarbeiter seine Vergütung auch in solchen Zeiten zusteht, in denen er nicht an ein Kundenunternehmen überlassen wird.

Weiterhin haben Zeitarbeitnehmer nach Paragraph 11, Absatz 5 AÜG das Recht, die Arbeit in Betrieben, die bestreikt werden, zu verweigern und müssen durch ihren Arbeitgeber in solchen Fällen auf dieses Recht hingewiesen werden.

Schließlich legt Paragraph 11, Absatz 6 AÜG fest, dass die Tätigkeit des Zeitarbeitmitarbeiters den für den Betrieb des Kundenunternehmens geltenden öffentlich-rechtlichen Vorschriften des Arbeitsschutzrechts unterliegt: „die hieraus sich ergebenden Pflichten für den Arbeitgeber obliegen dem Entleiher unbeschadet der Pflichten des Verleihers".

Anwendung weiterer Rechtsgrundlagen

Neben dem Arbeitnehmerüberlassungsgesetz sind eine Vielzahl von weiteren Rechtsvorschriften umzusetzen, die sowohl für die Zeitarbeit im Speziellen wie für die Arbeitgeberrolle im Allgemeinen gelten. Im Rahmen dieses Handbuchs wird als notwendiger Hinweis und zur Anregung einer vertiefenden Beschäftigung mit solchen Rechtsvorschriften ein jeweiliger Praxisbezug für einige der wichtigsten Vorschriften dargestellt.

Das **Allgemeine Gleichbehandlungsgesetz** wurde frühzeitig von den meisten Zeitarbeitsunternehmen hinsichtlich seiner Auswirkungen insbesondere bei den umfangreichen Rekrutierungsaufgaben sowie im engen Einvernehmen mit den Kundenunternehmen bei der Einhaltung betrieblicher Anforderungen umgesetzt. Zumeist haben dazu die Branchenverbände ihren Mitgliedern nützliche Arbeitshilfen und Merkblätter zur Verfügung gestellt.

Das **Arbeitsschutzgesetz** ist besonders durch die spezielle Konstruktion der Zeitarbeit mit dem Mitarbeitereinsatz in Fremdbetrieben und ihren strukturell bedingten Arbeitsplatzwechseln von besonderer Bedeutung. Die für den Arbeitsschutz zuständige Verwaltungsberufsgenossenschaft hat dazu eigene Vorschriften erlassen und durch die gemeinsam mit der Branche speziell für die Zeitarbeit entwickelten BGI 5020 eine wichtige Arbeitsgrundlage geschaffen. Das Kapitel 2.10 geht wegen der herausgehobenen Bedeutung auf das Thema Arbeitssicherheit ein.

Das **Arbeitszeitgesetz** ist in der Zeitarbeit immer wieder von besonderer Relevanz, wenn es darum geht, die im Kundenunternehmen geforderten Arbeitszeiten zu prüfen und insbesondere die Mitarbeiter vor Überschreitung beispielsweise der zulässigen täglichen oder wöchentlichen Arbeitszeiten oder des Sonntagsarbeitsverbots zu schützen. An diesen Stellen erweist sich der Personaldienstleister nicht selten auch als wertvoller Berater seines Kunden.

Die **Aufwandsentschädigung**, insbesondere die Reisekostenerstattung, die nach § 670 BGB dem Mitarbeiter zusteht, ist bisher aufgrund weitgehend fehlender gesetzlicher und tarifvertraglicher Festlegungen in wichtigen Teilen der Gestaltungsfreiheit des Arbeitgebers überlassen. Hierbei müssen die arbeitsvertraglichen beziehungsweise betrieblichen Regelungen die steuer- und sozialversicherungsrechtlichen Regeln beachten.

Die Bestimmungen des **Bundesurlaubsgesetzes** sind immer wieder zu vergegenwärtigen, wenn die berechtigten Ansprüche der Mitarbeiter mit den Erfordernissen und der Urlaubsplanung sowohl im Zeitarbeitsunternehmen wie im Kundenunternehmen in Einklang zu bringen sind.

Das **Bundesdatenschutzgesetz** ist neben vielen anderen Aspekten seiner Anwendung in der Zeitarbeit insbesondere bei der notwendigen Übermittlung persönlicher Daten der Zeitarbeitsmitarbeiter beziehungsweise von entsprechenden Bewerbern an das Kundenunternehmen zur Auftragsvorbereitung und –abwicklung relevant. Deshalb enthalten in der Regel die Arbeitsverträge und oft schon die Personal- und Bewerbungsbögen die notwendigen Vereinbarungen. Entsprechende Datenschutzverpflichtungen beim internen Personal leiten sich aus dem Gesetz ab.

Das **Arbeitnehmerentsendegesetz**, mit dem wichtige Arbeitsbedingungen für in den dort aufgenommenen Branchen tätige Beschäftigte festgeschrieben werden, verlangt ausdrücklich von der Zeitarbeit deren Einhaltung. Durch die vom Gesetzgeber mit dem Mindestarbeitsbedingungengesetz vorgenommene Öffnung des früher auf das Baugewerbe beschränkten Entsendegesetzes verändern sich die danach maßgeblich zu gewährenden Mindestlöhne beständig. Die sorgfältige und laufende Beobachtung neu aufgenommener oder auslaufender Mindestlöhne durch die Zeitarbeitsunternehmen ist deshalb eine ständige Aufgabe. Zum Zeitpunkt der Drucklegung dieses Handbuches im Februar 2010 sind Mindestlöhne in folgenden Branchen enthalten beziehungsweise stehen zur Aufnahme an:

- Maler- und Lackiererhandwerk
- Wäschereidienstleistungen im Objektkundengeschäft

- Bergbauspezialarbeiten auf Steinkohlebergwerken
- Abfallwirtschaft
- Aus- und Weiterbildung nach dem Zweiten oder Dritten Sozialgesetzbuch (steht zur Aufnahme an)
- Pflegebranche (steht zur Aufnahme an)
- Gebäudereinigerhandwerk (steht zur Aufnahme an)

Das **Kündigungsschutzgesetz** muss trotz einer sich verstetigenden Beschäftigung in der Zeitarbeit bei der immanenten Fluktuation sicher und fehlerfrei angewendet werden. Nicht selten führen Fehler in Form und Inhalt von Kündigungen zu den Unternehmenserfolg belastenden Urteilen der Arbeitsgerichte. Besonderheiten liegen beispielsweise bei der besonders kritischen Prüfung betriebsbedingter Kündigungen in der Zeitarbeit, bei denen der Wegfall von einzelnen, wenn auch wichtigen Kundenaufträgen oftmals als nicht ausreichende Begründung, sondern als typisches Arbeitgeberrisiko der Zeitarbeit angesehen wird. Auch verhaltens- oder personenbedingte Kündigungen sind bei erschwertem Nachweis von zugrunde liegenden Vorkommnissen im Kundenunternehmen gelegentlich schwierig zu handhaben.

Das **Teilzeit- und Befristungsgesetz** wird in seinen Möglichkeiten und Begrenzungen zwar auch für die Teilzeitbeschäftigung genutzt. Im Praxismittelpunkt stehen allerdings häufiger die Befristungsregelungen für Arbeitsverhältnisse in der Zeitarbeit, da auch hier die speziellen Einsatzbedingungen zwischen Kundenanforderung und Mitarbeiterwünschen Gestaltungserfordernisse erzeugen. Dabei finden sachgrundlose Befristungen deutlich leichter ihre Anwendung als Befristungen mit Sachgrund.

Das **Aufenthaltsgesetz** mit seinen verbundenen Rechtsvorschriften ist bezüglich der Ausländerbeschäftigung in der Zeitarbeit besonders streng zu beachten. Immerhin stellen die Paragraphen 15 und 15a AÜG die illegale Beschäftigung von Ausländern für das Zeitarbeitsunternehmen und das Kundenunternehmen ausdrücklich unter Strafe. Dabei ist beispielsweise zu beachten, dass anders als bei anderen Arbeitgebern für die Beschäftigung in der Zeitarbeit nur Ausländer zugelassen sind, die über eine uneingeschränkte Aufenthalts- und Arbeitserlaubnis verfügen. Bei der genauen Abgrenzung und den sich immer wieder ändernden Bestimmungen im Ausländerrecht helfen unter anderem auch die Agenturen für Arbeit.

Wie oben erklärt, ist diese Aufzählung von einschlägigen Rechtsvorschriften nicht vollständig und kann dies im Rahmen eines solchen Handbuches auch nicht sein. Die aufgeführten Beispiele beschreiben die besondere Notwendigkeit sich im Rahmen der Ausbildung und fortwährend bei der Ausübung der Tätigkeit als Personaldienstleister mit den umfangreichen und im beständigen Wandel befindlichen, die Zeitarbeit umgebenden Rechts und der ständigen Rechtsprechung zu beschäftigen. Wichtige Hilfestellungen geben dazu die Branchenverbände ihren Mitgliedsunternehmen sowie auf die Zeitarbeit spezialisierte juristische Berater.

2.3 Aufgabe: Vertrieb

Fallbeispiel 3.

Niederlassungsleiter Werner Sturm hatte sein Team am Morgen zusammen gerufen. Die neue Niederlassung war zwar gut gestartet, vor allem ein Kunde, der am Standort produzierte, hatte für eine erste Auftragsgrundlage gesorgt. Doch ansonsten war es bisher lediglich gelungen ein paar Einzelaufträge zu gewinnen. Für eine dauerhafte Etablierung der Niederlassung würde das nicht ausreichen.

„Kollegen, wir müssen etwas tun. In den letzten beiden Monaten haben wir vier Kunden bedienen können. Bis auf den Auftrag unseres ersten Hauptkunden, der uns zugegebenermaßen ganz schön auf Trab hält, haben wir bisher nur ein paar Mitarbeiter vereinzelt einsetzen können. Wenn wir ehrlich sind, sind diese Aufträge eigentlich mehr zufällig entstanden. Ich denke, wir sollten einmal gemeinsam überlegen, was wir unternehmen können, um unsere Auftragslage einen kräftigen Schritt voranzubringen." Auffordernd sah Scholz seine beiden Disponenten an.

Vera Starke, die als junge Personaldienstleistungskauffrau für den Bereich kaufmännische Berufe in der Niederlassung eingestellt worden war, schlug vor: „Ich finde, wir sind noch viel zu wenig bekannt bei den hiesigen Unternehmen. Unsere Wettbewerber arbeiten hier ja schon länger und ich habe in den letzten Tagen öfter den Satz zu hören bekommen ‚danke, wir arbeiten schon mit einem Personaldienstleister zusammen'. Ich finde, wir brauchen mehr Werbung." Ihr Kollege Peter Schulz, der für die gewerblichen Einsätze zuständig war, warf ein: „Hm, ich weiß nicht. Ob da 'ne Anzeige oder so was wirklich die Firmen überzeugt? Ich komme da eigentlich eher zum Erfolg, wenn ich direkt mit den Leuten rede. Wir müssen halt mehr hin zu den Firmen, raus aus dem Büro!" Vera war nicht überzeugt. „Ja, aber wenn wir dann den ganzen Tag unterwegs sind, wer macht dann hier die Arbeit? Und selbst, wenn wir tagelang Firmen aufsuchen, erreichen wir doch nur einen kleinen Teil von den tausenden Unternehmen hier in der Region. Wie sollen wir denn wissen, dass wir die richtigen besuchen?" Werner Sturm dachte nach. Beide hatten, jeder auf seine Art, recht.

„Hört zu, ich finde beide Vorschläge, die ihr gemacht habt, gut und richtig. Ich schlage vor, dass wir die in einem Akquiseplan für die nächsten zwei Monate zusammen führen, der auch noch ein paar Dinge mehr enthalten kann. Dann können wir festlegen, wer was wann macht und arbeiten uns daran vor. Vera, was meinst du konkret mit mehr Werbung?" …

Fragen:

1. Welche Akquiseinstrumente könnte Vera Starke gemeint haben?

2. Welche besondere Überzeugungskraft misst Peter Schulz dem persönlichen Kundenkontakt zu?

3. Welche Elemente benötigt ein dauerhaft erfolgreicher Vertrieb?

Vertrieb heißt „zum Markt gehen"

Kennen Sie die Geschichte von dem Mann, der einhundert Euro zu verschenken hatte? Enttäuscht, dass niemand das Geld haben wollte, hielt er das Geld dennoch weiter geduldig auf der einsamen Waldlichtung, auf der er stand, in die Höhe.

Sie haben die fähigsten und motiviertesten Mitarbeiter? Gut, aber ohne den dazugehörigen Kunden wird daraus keine erfolgreiche Personaldienstleistung. Mehr noch: Ihre wertvolle Arbeitskraft und die der Zeitarbeitnehmer wird erst mit dem Teil Ihrer Dienstleistung, den wir Vertrieb nennen, lebendig, nützlich und gewinnbringend für alle Beteiligten. Und – nebenbei gesagt – kaum eine Mühe und Anstrengung in der Arbeit eines Personaldienstleisters wird mit Glücksmomenten und persönlicher Befriedigung so nachhaltig belohnt wie ein erfolgreich gewonnener neuer Auftrag.

In jeder Marktwirtschaft heißt Vertrieb zunächst einmal schlicht „zum Markt gehen". Natürlich gäbe es in der oben erwähnten kleinen Geschichte von dem großzügigen Mann sicher eine Menge Leute, die das Geld gut gebrauchen könnten. Schade nur, dass sie kaum von dem Mann auf der einsamen Waldlichtung erfahren werden. Man stelle sich vor, was passieren würde, wenn er das Geld auf einem belebten Marktplatz in die Höhe hielte.

Allerdings zeigt sich dieser Marktplatz nicht an jedem Tag in gleicher Verfassung. So gab es in der Zeitarbeit aufgrund guter Konjunktur und dem starken Trend zugunsten der Zeitarbeit in den letzten Jahren auch Phasen, in denen der Vertrieb sich zeitweise auf die möglichst schnelle Beantwortung von dringenden Anfragen nach qualifizierten Mitarbeitern beschränken konnte. Aber zum Einen zieht eine starke Nachfrage auch einen wachsenden Anbietermarkt nach sich, wie die stark wachsende Zahl der Zeitarbeitsunternehmen in den letzten Jahren zeigt. Zum Anderen gilt es besonders zu Zeiten einer schwächeren Nachfrage – und wie in Kapitel 2.1 dargestellt wechseln sich solche Phasen fast regelmäßig ab – sich im harten Wettbewerb der Anbieter beständig zu behaupten. Ein guter, nachhaltiger Vertrieb findet daher immer die richtige Balance zwischen der sorgfältigen Bestandskundenpflege und der Gewinnung von Neukunden.

In diesem Handbuch werden die Grundzüge von Vertriebsaufgaben und einige beispielhafte Instrumente vorgestellt. In der Praxis sind weiterführende Vertriebstrainings, Verkaufsseminare, persönliche Coachings und eine qualifizierte PR-Unterstützung wichtige Hilfen, um die Fähigkeiten im Vertrieb beständig zu verbessern.

Den Nutzen für den Kunden herausarbeiten

Im privaten Bereich mag es sehr engagierten Verkäufern gelegentlich gelingen, Kunden zum Kauf von Dingen zu bewegen, die diese nicht unbedingt brauchen oder deren vermeintlicher Nutzen sich dann doch nicht einstellt. Im Unternehmensbereich wird man so jedoch keinen Erfolg haben. Auf Kundenseite sitzen in der Regel mindestens ebenso erfahrene Kaufleute, die im eigenen Interesse sorgfältig abzuwägen haben, welchen Nutzen sie durch den Einkauf der externen Personaldienstleistung gewinnen. Einem guten Personaldienstleister gelingt es deshalb das eigene Angebot mit den Augen des Kunden zu sehen und diesem überzeugend deutlich zu machen, worin dessen echter Nutzen genau liegt.

In der oben angesprochenen Geschichte des freigiebigen Mannes mag der Nutzen von einhundert Euro offensichtlich sein. Doch auch für die Beschenkten ist Geld nur ein abstraktes Mittel, mit dem man sich etwas Nützliches kaufen kann. Worin besteht also der konkrete Nutzen von Zeitarbeit für die Kunden?

2008 befragte das Meinungsforschungsinstitut TNS Emnid im Auftrag des iGZ 500 Unternehmen nach ihren Motiven zur Nutzung von Zeitarbeit. Unternehmen, die bereits Zeitarbeit einsetzen, wurden dabei gefragt: „Was sind Ihre entscheidenden Motive, auf Zeitarbeit zurückzugreifen?". Und Unternehmen, die Zeitarbeit bisher nicht nutzen, wurde die Frage gestellt: „Was könnten für Sie die entscheidenden Motive sein, in absehbarer Zeit dennoch auf Zeitarbeitnehmer zurückzugreifen?".

Deutlich an der Spitze stand das Motiv „um kurzfristige Personalausfälle auszugleichen", das von 77 Prozent der Zeitarbeitnutzer genannt wurde. Immerhin 44 Prozent der bisherigen Nichtnutzer sahen darin ein mögliches Motiv.

An zweiter Stelle nannte mit 54 Prozent immer noch eine Mehrheit der Nutzer das Motiv: „um Produktions- und Auftragsschwankungen auszugleichen". Unter den Nichtnutzern sahen 17 Prozent hierin ein mögliches Motiv.

Ein gutes Drittel (37 Prozent) der Nutzer zählte „strategische Überlegungen zur flexiblen Personalplanung" zu ihren entscheidenden Motiven. Bei den Nichtnutzern sahen dies noch 13 Prozent als mögliches Motiv.

„Um externe Kräfte für spezielle Projektarbeiten zu gewinnen" sah noch ein knappes Fünftel (19 Prozent) der Nutzer als bedeutsam an, unter den Nichtnutzern waren dies 12 Prozent.

In diesen vier meistgenannten Motiven zeigt sich, dass der Hauptnutzen von Zeitarbeit in einer besseren Personalsteuerung gesehen wird. Das Motiv „um Personalkosten zu sparen" wird nur noch von 11 Prozent der Nutzer und 6 Prozent der Nichtnutzer genannt.

Die Umfrage zeigt das hervorragende Potential für den Vertrieb in der Zeitarbeit. Ihr vorrangiger Nutzen wird von den befragten Unternehmen klar erkannt. Für den Vertrieb besonders bedeutsam ist bei dieser Umfrage auch die Tatsache, dass 58 Prozent der bisherigen Nichtnutzer von Zeitarbeit solche möglichen Motive für eine Auftragsvergabe nannten.

Neben dem Verteilungswettbewerb im bereits bestehenden Zeitarbeitsmarkt, wo es vor allem um die beste Qualität und angemessene Preise geht, ist deshalb auch die Erschließung neuer Märkte und Unternehmen, die Zeitarbeit bisher noch nicht nutzen, ein lohnendes Ziel. Immerhin nutzten nach einer Erhebung des Instituts für Arbeitsmarkt- und Berufsforschung zum Stichtag 30.06.2008 nur jeder vierte mittelgroße Betrieb (50 bis 249 Beschäftigte) und nur jeder zweite Großbetrieb Zeitarbeitsmitarbeiter. Dennoch gilt es gerade für die Neukundengewinnung langfristig angelegte Vertriebsanstrengungen und gute Angebote zu entwickeln.

Einwände richtig verstehen und nutzen

Personalentscheidungen gehören zu den wichtigsten Gestaltungsbereichen in jedem Unternehmen. Kein Wunder also, dass auch die Entscheidungen für Zeitarbeit von den Unternehmensleitungen sorgfältig bedacht werden. Ein Personaldienstleister muss sich daher auch ernst zu nehmenden Einwänden von Kundenseite stellen und diese überzeugend beantworten können.

Aufschlussreich und exemplarisch für solche Einwände zeigte eine Untersuchung der Handwerkskammer Rhein-Main unter Handwerksbetrieben, was aus deren Sicht gegen eine momentane Nutzung von Zeitarbeit spricht.

Als häufigster Grund gegen den Einsatz von Zeitarbeit wurde von 59 Prozent der Betriebe genannt, dass das „eigene Personal ausreichend" sei. Dieses auch im Zeitarbeitsvertrieb häufig gehörte Argument ist für den erfahrenen Personaldienstleister besonders interessant. Da man weiß, dass die Unternehmen nicht nur in konjunkturell schwachen Zeiten ihre Personalreserven auf ein unbedingt notwendiges Maß gesenkt haben, ist bei diesem Argument der kommende Zeitarbeitsbedarf fast absehbar. Dem Vertrieb muss es deshalb nun darum gehen, den richtigen Zeitpunkt zu treffen, zu dem bei dem betreffenden Unternehmen dieser Bedarf akut wird. Der beständige und freundliche Kontakt zu diesem Unternehmen ist deshalb meist besonders lohnend.

Fast ein Drittel der befragten Betriebe gab als Hinderungsgrund eine „fehlende fachliche Kompetenz der Zeitarbeiter" an. Ein solcher Vorbehalt kann sowohl aus einer tatsächlich selbst gemachten Negativerfahrung als auch aus bloßem „Hörensagen" stammen. Wie auch immer – der Zeitarbeitsvertrieb wird in diesem Fall einen Weg finden müssen, den tatsächlichen Nachweis der fachlichen Kompetenz seiner Mitarbeiter erbringen zu können. Hilfreich können dabei passende und aussagekräftige Mitarbeiterprofile sein, aber auch das Angebot von vorschaltbaren Probeeinsätzen, bei denen sich der Kunde von der geforderten Fachlichkeit der Mitarbeiter selbst und praktisch überzeugen kann. Denn genau dies wünscht sich ein solcher Kunde: fachlich qualifiziertes Personal.

Ein Viertel der befragten Betriebe sah in einer notwendigen „langen Einarbeitungszeit" eine Hürde für den Einsatz von externen Zeitarbeitskräften. Hierbei unterschätzen bisherige Nichtnutzer von Zeitarbeit gelegentlich die besonderen Fähigkeiten von Zeitarbeitsmitarbeitern sich schnell und zuverlässig in neue Anforderungen einzuarbeiten. Dennoch ist natürlich auch dieser Einwand ernst zu nehmen. Jeder Unternehmensleiter ist zu recht stolz auf den hohen Spezialisierungsgrad seines Betriebes. Es lohnt sich insofern, nun genauer hinzuhören und zu fragen, welches die besonderen Anforderungen in diesem Betrieb sind. Damit lässt sich eine genauere Abstimmung des Bedarfes dieses Kunden vornehmen, in dem Einlassen auf seine Betriebsspezifika die eigene Kompetenz sichtbar machen und letztendlich „die Sprache" dieses Kunden sprechen. Gegebenenfalls finden sich dann auch sinnvolle und angemessene Einarbeitungshilfen im Angebot des Personaldienstleisters.

Mehr als ein Fünftel der Betriebe bemängelte in der Befragung „zu hohe Kosten" der Zeitarbeit. Die Erfahrung zeigt, dass bei diesem Einwand häufig eine genaue Kalkulation des Kunden für den Zeitarbeitseinsatz noch nicht erfolgt ist. Gelegentlich wird beispielsweise einfach nur das an die eigenen Mitarbeiter zu zahlende Arbeitgeberbrutto dem Zeitarbeitsverrechnungssatz gegenüber gestellt. Hier kann der Personaldienstleister dem Kunden aufzeigen, dass der Zeitarbeitseinsatz für ihn wirtschaftlich ist, da er nur für tatsächlich geleistete Arbeit, nicht aber für Arbeitsausfälle wie Krankheit, Urlaub oder Feiertage zahlt. Auch der Wegfall der oft unterschätzten eigenen Rekrutierungskosten oder von gelegentlich teuren Einstellungsfehlern ist für den Kunden ein solcher geldwerter Vorteil, der angesprochen werden kann.

Ebenfalls von fast einem Fünftel der befragten Betriebe wurde angegeben, dass Zeitarbeit „nicht zur Unternehmenskultur passe". Dieser Einwand mag überraschen, hat Zeitarbeit doch in den letzten Jahren sehr in ihrem Image als Instrument eines modernen Personalmanagements gewonnen. Umso mehr kann es sich lohnen, diesen Einwand zu hinterfragen. Gelegentlich stellen sich dabei Konstellation im Kundenunternehmen heraus, die sich bei näherem Hinsehen lösen lassen. So kann beispielsweise damit eine ablehnende Haltung des Kundenbetriebsrates gegenüber Zeitarbeit angedeutet worden sein, bei dessen Überzeugung der Personaldienstleister durchaus helfen kann.

Wie man sieht, kann der Vertrieb diese häufigsten und ähnliche Einwände von Kundenseite gegen den Zeitarbeitseinsatz oft am besten beantworten, indem er aufmerksam und ehrlich interessiert zuhört. Erst dadurch finden sich häufig die richtigen Ansatzpunkte, um den für diesen Kunden richtigen Zeitarbeitsnutzen darlegen zu können. Denn – wie gesagt – der Kunde kauft nicht in erster Linie allgemein die Zeitarbeitsdienstleistung, sondern deren konkreten Nutzen für ihn. Nicht selten ist der langfristige, wiederholte und persönliche Kontakt zu einem Personalentscheider ein notwendiger Weg, dessen Vertrauen in die eigene Leistungsfähigkeit zu gewinnen und die richtige Lösung aus dem eigenen Dienstleistungsportfolio für den Kunden zu erarbeiten.

Ran an den Kunden

Sollte es aus dem bisher Dargestellten noch nicht deutlich genug geworden sein, sei es an dieser Stelle noch einmal ausdrücklich gesagt: Zeitarbeit und ihr Vertrieb braucht als konkretes Gegenüber den Kunden. Es mag banal klingen, ist aber in der Praxis der Personaldienstleistung eine immer wieder neu einzulösende Wahrheit: Ohne den beständigen und vielfältigen Kundenkontakt ist Zeitarbeit nicht mehr als eine gute Idee.

Allgemeine Werbemittel wie Anzeigen und Medienwerbung werden dabei zwar insbesondere von großen Personaldienstleistern ebenfalls eingesetzt. Im Vordergrund für die meisten Zeitarbeitsunternehmen stehen jedoch Instrumente des Direktmarketings, mit denen der direkte Kontakt zu potentiellen Kundenunternehmen und den dortigen Entscheidern beabsichtigt wird. Es würde den Rahmen dieses Handbuches sprengen und nebenbei der vorhandenen Kreativität im Vertrieb der Unternehmen nicht gerecht werden, wollte man eine erschöpfende Darstellung aller möglichen Instrumente versuchen. Stattdessen werden im Folgenden drei exemplarische Instrumente besprochen, bei denen typische Aufgaben deutlich werden und die häufig für einen nachhaltigen Vertriebserfolg miteinander verknüpft werden.

Beispiel 1: das Mailing

Briefwerbung als erstes Instrument des Direktmarketings bietet mehrere Vorteile. Eine zu definierende Zielgruppe von Unternehmen (dies können die Unternehmen zum Beispiel eines bestimmten Postleitzahlbereiches oder einer bestimmten Branche oder Unternehmensgröße sein) kann direkt angeschrieben werden. Der Anlass und damit das Thema des Mailings können spezifisch gewählt werden (zum Beispiel der erhöhte Vertretungsbedarf in der bevorstehenden Urlaubszeit oder ein neuer Branchenschwerpunkt des Zeitarbeitsunternehmens). Drittens eignet sich das Mailing besonders für Fälle, in denen mit vertretbarem Aufwand zugleich eine größere Zahl von Adressaten angesprochen werden soll.

Wie jedes andere Instrument ist das Mailing dabei kein Allheilmittel. Seine Begrenzungen liegen in dem – im Vergleich zu anderen persönlichen Kontaktformen – geringen persönlichen Bezug und einem eingeschränktem Feedback durch die Adressaten, weshalb die Erwartungen an einen Rücklauf nicht zu hoch gesteckt sein sollten.

Um seine Vorteile so weit wie möglich auszuschöpfen, gehören zu einem guten Mailing insbesondere die folgenden Arbeitsschritte:

- Ziel der Mailingaktion definieren,
- Zielgruppe bestimmen,
- Anlass / Aufhänger festlegen,
- Professionellen Text verfassen,
- Besondere Argumente für den Adressaten herausstellen,
- Notwendige, organisatorische Maßnahmen absichern (Adressenbeschaffung, Druck, Versand),
- Maßnahmen in der Nachfass-Phase zur Erhöhung des Feedbacks vorsehen,
- Maßnahmen zur Vertragsvorbereitung (zur Erstellung von Angeboten und Vertragsentwürfen) vorsehen,
- Maßnahmen zur Dokumentation der Kontaktinformationen absichern (zum Beispiel Kontaktdatenbank pflegen),
- Kriterien zur Erfolgsbewertung der Aktion definieren.

Beispiel 2: die Telefonakquise

Wie das Mailing ist auch die Telefonakquise ein Instrument zur direkten Ansprache von potentiellen Kunden. Da hierbei jedoch bereits das direkte Gespräch mit einem Entscheider auf Kundenseite angestrebt wird, ist der persönliche Kontakt wesentlich ausgeprägter. Die Gesprächskompetenz des Personaldienstleisters ist gefordert, wenn es darum geht, das

Interesse des Ansprechpartners mit zunächst nur wenigen Worten zu wecken und zu einem weitergehenden Gespräch zu gelangen.

Die Arbeitsschritte können weitgehend den oben zum Mailing genannten entsprechen. Insbesondere das genaue Ziel der Telefonakquise, die geplante Zielgruppe und das konkrete Thema, das angesprochen werden soll, festzulegen, hilft bei der Durchführung. Bis auf Fälle, in denen das telefonische Nachfassen nach vorangegangenen Mailings oder eine callcenter-ähnliche Telefonakquise beabsichtigt ist, wird die rein quantitative Zahl von möglichen Kontakten oft geringer als beim Mailing sein.

Dafür jedoch kann es bei der Telefonakquise deutlich häufiger gelingen, etwas über den konkreten, akuten oder absehbaren Personalbedarf des Unternehmens zu erfahren und eventuell bereits konkrete Angebote vorbereiten zu können. Weitergehende Informationen zum eigenen Angebot können nachgereicht und eine erneute Kontaktaufnahme für passende Zeitpunkte vereinbart werden.

Die sorgfältige Kontaktdokumentation – beispielsweise durch eine gut gepflegte Kontaktdatenbank – ist bei der Telefonakquise besonders wichtig. Oft bedarf es mehrerer Telefonate, bis der richtige Ansprechpartner erreicht oder ein günstiger Zeitpunkt zur Besprechung von weitergehenden Details gefunden wird. Eine computergestützte Wiedervorlage hilft dann, kein wichtiges Nachfassen zu versäumen.

Einschränkend gilt für die Telefonakquise, dass sie sehr gute Kommunikationsfähigkeiten am Telefon erfordert, da – anders als beispielsweise beim Kundenbesuch – nur die Sprache eingesetzt werden kann. Insbesondere die für den Kunden unvorbereitete Kaltakquise per Telefon verlangt dazu vom Personaldienstleister eine hohe Frustationsschwelle, da er nicht damit rechnen kann, mit jedem Anruf gleich auf einen bereitwilligen Zuhörer zu treffen.

Beispiel 3: der Kundenbesuch

Gut vorbereitet kann der persönliche Besuch des Personaldienstleisters im Kundenunternehmen eine besonders hohe Erfolgsquote erreichen. Insbesondere bei vorher vereinbarten Besuchsterminen, aber nicht selten auch „auf-gut-Glück" kann der Personaldienstleister auf einen interessierten Gesprächspartner stoßen, der bereit ist über konkrete Personalanforderungen zu sprechen. In vielen Fällen gelingt es, zugleich auch mögliche Arbeitsplätze zu besichtigen und wertvolle Details für ein passgenaues Angebot aufzunehmen.

Noch besser als am Telefon kann der Personaldienstleister eine persönliche, Vertrauen schaffende Beziehung zum Ansprechpartner des Kunden aufbauen und mit seiner Person überzeugen. Denn nichts wäre falscher als den Vertrieb der unternehmensorientierten Dienstleistung Zeitarbeit als einen rein technischen Vorgang misszuverstehen. Offenheit, persönliche Integrität und Verlässlichkeit, überzeugende Kompetenz und das richtige Gespür für die dem Gesprächspartner angemessene Kommunikation sind Elemente einer erfolgreichen Vertriebspersönlichkeit, die im direkten Kundenkontakt das entscheidende Quäntchen Überzeugungskraft bedeuten können.

Als dennoch zeitaufwändige Form des Direktmarketings sollten Kundenbesuche durch den Zeitarbeitsvertrieb sorgfältig vorbereitet sein. Hilfreich sind insbesondere vorher vereinbarte Besuchstermine, Vorinformationen über das Kundenunternehmen und seine Tätigkeitsschwerpunkte sowie vorbereitete Unterlagen wie beispielsweise eventuell passende Mitarbeiterprofile oder Vertragsmuster. Die wichtigen Informationen, die bei dem Kundenbesuch gewonnen wurden, und besonders getroffene Vereinbarungen sollten selbstverständlich anschließend wiederum in einer Kontaktdatenbank oder anderen geeigneten Formen dokumentiert werden.

Die Bestandskundenpflege

Die oben dargestellten Vertriebsformen gelten selbstverständlich nicht nur für die Gewinnung von Neukunden. Die Bestandskunden sorgfältig und beständig auch in vertrieblicher Hinsicht zu betreuen, zählt zu den wichtigsten Aufgaben des Vertriebs in der Personaldienstleistung. Hier hat der Personaldienstleister bereits wertvollen Aufwand in die Gewinnung investiert und überzeugende Leistungen erbracht. Sich immer weiter mit dem Geschäft des Kunden zu verzahnen und gewonnenes, kundenspezifisches Knowhow bei dessen Personalanforderungen umsetzen zu können, bringt Folgeaufträge und vertieft das wichtige Vertrauensverhältnis mit dem Kunden.

Viele Zeitarbeitsunternehmen entwickeln dabei ein differenziertes Kundenranking, das mit Kriterien wie Umsatzvolumen, erzielten Ergebnissen und Perspektiven für das Folgegeschäft bei Gestaltung der vertrieblichen Kundenbetreuung unterstützen kann.

Sowohl für ein etwaiges Kundenranking als noch mehr für eine immer sachgerechte Ansprache des aktuellen oder ehemaligen Kunden ist auch hier die detailgerechte Dokumentation vergangener Aufträge und Kontakte eine wichtige Hilfe für den Vertrieb. Mit diesen Informationen kann der Kunde gelegentlich an die erfolgreiche Unterstützung im Personalbedarf erinnert und zu Fortsetzung oder Ausbau der Geschäftsbeziehung motiviert werden.

Der Lohn erfolgreicher Arbeit: Empfehlungsmanagement

Nichts ist so erfolgreich wie der Erfolg. Diese alte Vertriebsweisheit gilt selbstverständlich auch in der Personaldienstleistung. Ist Ihr Kunde mit Ihrer Leistung zufrieden gewesen, wird er sie möglicherweise auch gern anderen als zuverlässiger Personalpartner empfehlen. Gelegentlich geschieht das zwar auch ohne Ihr Zutun oder Wissen, wenn Ihr Kunde etwa im eigenen Branchen- oder Kollegenkreis über gute Erfahrungen mit Ihnen berichtet.

Machen Sie sich dies jedoch auch aktiv zu Nutze. Holen Sie Referenzen oder Empfehlungsschreiben Ihrer Kunden regelmäßig nach erfolgten Aufträgen oder zumindest einmal jährlich ein. Zufriedene Kunden, die über Ihre erbrachten Leistungen berichten und Ihre Zuverlässigkeit bescheinigen, können eines Ihrer wertvollsten und überzeugendsten Vertriebsmittel sein.

Marketing in der Zeitarbeit

Der Begriff Marketing umfasst alle Aktivitäten eines Zeitarbeitsunternehmens, mit dem es seine Leistungen auf einen bestimmten Markt und die entsprechende Zielgruppe definiert, diese mit den vielseitigen Instrumenten seiner Kommunikationspolitik an die Zielgruppe heranträgt und schließlich den Erfolg dieser Aktivitäten misst. Die notwendige Ausarbeitung eines so verstandenen Marketings kann in diesem Handbuch nur ansatzweise angesprochen werden. Im hart umkämpften Zeitarbeitsmarkt mit seiner Vielzahl von Anbietern und differenzierten Tätigkeitsfeldern ist ein den Möglichkeiten des jeweiligen Unternehmens angepasstes Marketing allerdings eine wichtige Unterstützung des Vertriebs.

Im Marketing wird in der Regel von einer zunächst vorzunehmenden Ist-Analyse ausgegangen, mit der die Bedürfnisse der Zielgruppe, die gegebene Situation des Wettbewerbs und die mögliche Positionierung des eigenen Unternehmens durch die Selbst- und Fremdwahrnehmung festgestellt werden. In der Planungsphase werden diese und ähnliche Punkte konkretisiert und durch eine oder mehrere Zielbestimmungen überprüfbar gemacht. Dazu gehören beispielsweise die Erarbeitung einer Corporate Identity, also eines ausdrücklichen und dokumentierten Selbstverständnisses, die Festlegung von Unique Selling Propositions (USP), also die Herausarbeitung von herausgehobenen Leistungsmerkmalen, mit denen sich das Unternehmen vom Wettbewerb unterscheidet, sowie gegebenenfalls eine Spezialisierung in den zu erbringenden Leistungen. In Maßnahmen wie aussagekräftigen Unternehmensbroschüren, einprägsamen Elementen zur unverwechselbaren Wiedererkennung, Werbemitteln, Presse- und Öffentlichkeitsarbeit sowie möglichen Events findet das Marketing schließlich seinen sichtbaren Ausdruck. Auf der höchsten Stufe gelingt es dabei, die eigene Leistung zu einer echten „Marke" zu machen. Ein Marketing-Controlling überprüft schließlich die Wirksamkeit solcher Investitionen und gibt Hinweise auf mögliche Verbesserungen.

Ob hierbei die Unterstützung von externen Beratern und Agenturen einzuholen ist, hängt von den Möglichkeiten des jeweiligen Unternehmens ab. Immer geht es jedoch darum – wie im Eingang dieses Kapitels angesprochen – die nützliche Leistung an den Kunden zu bringen.

2.4 Aufgabe: Recruiting

Fallbeispiel 4:

Damit hatte die junge Personaldienstleistungskauffrau Vera Starke nicht gerechnet. Auf die Stellenanzeige, die sie kürzlich geschaltet hatte, waren bisher nur zwei annähernd passende Bewerbungen eingegangen. Für den neuen Geschäftsbereich Logistik, den ihr Zeitarbeitsunternehmen ausbauen wollte, benötigte sie dringend fähige Speditionskaufleute. Durch eigene Vorerfahrungen im elterlichen Betrieb kannte sie sich zwar recht gut in diesem Berufsfeld aus und wusste, dass nicht jeder Bewerber geeignet sein würde. Und doch hatte sie sich von einem Inserat, das einen vielversprechenden und interessanten Job in Aussicht stellte, mehr versprochen.

Einige Bewerbungen, die darauf eingegangen waren, wiesen nicht einmal den erforderlichen Berufsabschluss auf. Unter den beiden zunächst interessanten Bewerbungen hatte Vera eine engagierte Speditionskauffrau gefunden, die jedoch aus familiären Gründen nicht für die vorgesehene Vollzeitstelle in Frage kam. Ein Speditionskaufmann, der bereits zum Vorstellungsgespräch erschienen war, schien ihr dagegen nicht sonderlich motiviert zu sein, außerdem lagen seine Berufserfahrungen schon außerordentlich lange zurück.

Bei der Agentur für Arbeit hatte Vera erfahren, dass trotz der großen Nachfrage in diesem Segment noch einige Fachkräfte arbeitsuchend waren. Ob sich darunter noch geeignete Bewerber würden finden lassen? Vera hatte inzwischen den Eindruck, dass sie für diese spezifische Position weit mehr Bewerber gewinnen und sorgfältig sichten müsse, um wirklich passende Kandidaten zu finden. Die Vorgaben für geeignetes Personal, die sie von einigen potentiellen Kundenunternehmen aus der Logistikbranche erhalten hatte, waren durchaus anspruchsvoll. Nicht jeder Bewerber würde beispielsweise die geforderten Englischkenntnisse mitbringen oder sich tatsächlich mit den von Kundenseite aus angesprochenen Zollbestimmungen auskennen. Und die geforderte Flexibilität als Zeitarbeitskraft mit wechselnden Einsätzen würde auch nicht jeder besitzen.

Eine Stellenanzeige war also offensichtlich nicht genug. Vera nahm sich vor am Nachmittag mit ihrem erfahreneren Kollegen Ideen zu sammeln, wie sie deutlich mehr Bewerber mit ihrem Stellenangebot ansprechen und die besten Kandidaten identifizieren könnte. Sicher gäbe es dafür mehr als einen Weg.

Fragen:

1. Welche Wege kann Vera Starke zur Gewinnung geeigneter neuer Mitarbeiter gehen?

2. Wie kann sie sicherstellen, dass in Frage kommende Bewerber den Anforderungen gerecht werden?

3. Mit welchen Kompetenzen bei der Mitarbeiterauswahl unterstützt der Personaldienstleister seine Kunden?

Die Kernkompetenz des Personaldienstleisters in der Mitarbeiterauswahl

Zufriedene Kunden verlassen sich auf ihren Personaldienstleister, wenn es darum geht anspruchsvolle Arbeitsplätze mit den richtigen Mitarbeitern zu besetzen. Tatsächlich kommt es vor, dass ein guter Personaldienstleister Mitarbeiter für den Kundeneinsatz findet, die das Kundenunternehmen bisher vergeblich gesucht hat. Und auch Arbeitsuchende erleben nicht selten, dass ihre Anstellung bei einem Zeitarbeitsunternehmen sie an Arbeitsplätze von Kundenunternehmen führt, bei denen sie sich sogar selbst schon einmal – allerdings erfolglos – beworben haben. Wie ist das zu erklären?

Gute Personaldienstleister verfügen sowohl über ein differenziertes und professionelles Instrumentarium im Recruiting als auch über ein ausgeprägtes Gespür für das manchmal nicht offensichtliche Leistungspotential eines Bewerbers. Gute Fachkenntnisse im jeweiligen Berufsfeld, eine geübte Anwendung von Personalauswahlverfahren und durch Lebens- und Berufserfahrung gewonnene Menschenkenntnis sind dafür wichtige Voraussetzungen.

In der Zeitarbeit – etwa im Vergleich mit der reinen Personalvermittlung – kommt hinzu, dass das Zeitarbeitsunternehmen dem Kunden wertvolle Teile des Arbeitgeberrisikos abnimmt. Sind Fehlentscheidungen bei der Mitarbeiterauswahl im Kundenunternehmen oft mit zeit- und kostenaufwändigen Folgen verbunden, erhält der Kunde mit der Zeitarbeit passende Mitarbeiter mit weit geringerem Risiko.

Um das entsprechende Arbeitgeberrisiko jedoch auch tragen und die hohen Kundenerwartungen erfüllen zu können, ist die Kernkompetenz des Personaldienstleister in der Mitarbeiterauswahl eine entscheidende Erfolgsgröße des Geschäftes. Und zugleich gibt diese Kompetenz immer wieder zu besonderer Freude Anlass, wenn gerade neue Mitarbeiter die in sie gesetzten Erwartungen besonders gut erfüllen und dabei oftmals vorher arbeitslose Bewerber durch die Zeitarbeit wieder eine befriedigende Arbeit und neues Selbstwertgefühl erhalten. Denn dies ist der Kern der Zeitarbeit: der unvergleichlich vielseitige, verantwortliche und sorgsame Umgang mit Menschen, ihren Fähigkeiten und Eigenarten, ihren Motivationen und ihrer in jedem Fall besonderen Individualität.

Attraktivität als Arbeitgeber für Bewerber ausstrahlen

Es ist durchaus noch nicht lange her, dass Arbeitsuchende ihre früheren Zeitarbeitserfahrungen im Lebenslauf verschwiegen und stattdessen ihre Einsatzstationen bei Kundenunternehmen anführten. Kaum ein anderer Punkt drückt den deutlichen Imagegewinn der Zeitarbeit in den letzten Jahren so sichtbar aus, wie die Tatsache, dass heute in der Regel die Zeitarbeitserfahrung im Lebenslauf als Zeichen für Flexibilität, Motivation und vielseitige Berufserfahrung hervorgehoben und von Personalverantwortlichen geschätzt wird.

Zeitarbeit hat Arbeitsuchenden viel zu bieten. Ihr positives Image als Arbeitgeber und Sprungbrett in interessante Tätigkeiten ist eine wertvolle Hilfe im Recruiting. Dennoch ist nicht jeder potentielle Bewerber sofort überzeugt, dass eine Anstellung in der Zeitarbeit ein wertvoller Karriereschritt sein kann. Gegen manches am „Stammtisch" genährte Vorurteil und einzelne, oft nur über Dritte berichtete Negativerfahrungen muss sich der Personaldienstleister im Recruiting immer wieder als attraktiver Arbeitgeber behaupten.

Hinzu kommt, dass das einzelne Zeitarbeitsunternehmen seine Arbeitgeberqualität fortwährend auch im Wettbewerb der Branche um die besten Mitarbeiter beweisen muss. Bewerber nehmen sensibel wahr, welche besonderen Vorzüge ein einzelner Arbeitgeber der Branche gegenüber anderen bietet. Dabei können unterschiedliche Punkte das entscheidende Gewicht bekommen. Manche Bewerber finden große Zeitarbeitsunternehmen attraktiv, weil sie beispielsweise von einer besonders hohen Chance auf attraktive Einsätze ausgehen. Andere schätzen das besondere Vertrauensverhältnis in kleineren Unternehmen, wo man den Chef persönlich kennt und gelegentlich besonders familiär betreut wird. Wieder andere Bewerber suchen einen Arbeitgeber, der besondere Fachkompetenz in ihrem Tätigkeitsfeld beweist, während manche sich auf das durch persönliche Empfehlung gestärkte Renommee eines alteingesessenen Anbieters verlassen. Der eine Bewerber vergleicht schlicht die angebotene Vergütungshöhe, während der andere besonders die zuverlässige und pünktliche Lohnzahlung schätzt.

Welche besonderen, von jedem Zeitarbeitsunternehmen spezifisch herauszustellenden Vorteile es sind, die auf Bewerber anziehend wirken, ist in einer kontinuierlichen Imagewerbung für das Recruiting zu transportieren. Vertrauen baut sich langsamer als Misstrauen auf. Deshalb ist die positive Imagewerbung durch sowohl öffentliche PR-Maßnahmen wie persönliche Empfehlung eine langfristige Aufgabe, bei der sich Kontinuität und beharrliche Präsenz am Arbeitsmarkt besonders auszahlt.

Wie sich seit 2003 zeigt, hat auch der Abschluss der zwischen Arbeitgebern und Gewerkschaften ausgehandelten Tarifverträge (siehe auch Kapitel 2.7) viel zum positiven Image bei Bewerbern beigetragen. Hier kann die Zeitarbeit heute an das Grundvertrauen von Arbeitnehmern in Tarifverträge als Ergebnis eines gerechten Interessenausgleichs anknüpfen. Der gut sichtbare Ausweis des jeweils in Anwendung kommenden Tarifvertrages wird von Bewerbern deshalb dankbar wahrgenommen.

Zusätzlich setzen viele Zeitarbeitsunternehmen auf die Attraktion übertariflicher Leistungen wie qualifikationsabhängige Stundenlohnzuschläge, Leistungsprämien, großzügige Auslöseregelungen für auswärtige Einsätze oder eine betriebliche Zusatzversorgung. Die Möglichkeit, über solche Angebote die Mitarbeiter am gemeinsam erarbeiteten Unternehmenserfolg teilhaben zu lassen, lässt viel Spielraum für eine entsprechende Gestaltung zwischen monetären Extraleistungen und erreichbarer Wertschöpfung.

Rekrutierungswege

Dennoch kann sich auch ein renommiertes Zeitarbeitsunternehmen nicht allein darauf verlassen, dass Bewerber von sich aus den Kontakt suchen. Sehr viel ausgeprägter als konventionelle Arbeitgeber gehen Zeitarbeitsunternehmen aktiv auf potentielle Bewerber zu und nutzen dabei vielfältige Rekrutierungswege. Einige solcher Rekrutierungswege werden hier

– auch als Anregung zu einer weitergehenden Beschäftigung mit der Methodik – besprochen.

Die Stellenanzeige

Nach wie vor schauen Arbeitsuchende in die Stellenmärkte der Tageszeitungen, um interessante Arbeitsangebote zu finden. Die Stellenanzeige im traditionellen Printmedium wird deshalb von vielen Zeitarbeitsunternehmen genutzt, um potentielle Bewerber auf sich aufmerksam zu machen. Je nach angestrebter Zielgruppe werden dabei Fließsatzanzeigen in Anzeigenblättern, aufwändiger gestaltete Anzeigen in regionalen Tageszeitungen oder – insbesondere bei besonders qualifizierten Stellenangeboten – in überregionalen Blättern oder Fachzeitschriften geschaltet. Dies dient nicht nur dem Besetzungszweck einer konkreten Stelle, sondern auch der wiederholten, sichtbaren Präsenz am jeweiligen Arbeitsmarkt.

Auch Stellenanzeigen in bekannten Internet-Stellenportalen werden seit einigen Jahren von etlichen Personaldienstleistern genutzt. Hierbei spielt die Abwägung, welche Bewerbergruppen sich in welchen Anzeigenquellen informieren, eine wichtige Rolle. Ob die beim Printmedium wie im Internetportal aufzuwendenden Kosten gerechtfertigt sind, wird von Fall zu Fall unterschiedlich zu beurteilen sein.

Die Stellenvermittlung der Agenturen für Arbeit und Arbeitslosengeld 2-Träger

Die Einbeziehung der Stellenvermittlung von örtlichen Agenturen für Arbeit und den für Arbeitslosengeld 2-Empfänger zuständigen Argen oder Optionskommunen ergibt schillernde Erfahrungen. Stießen noch in den 90er Jahren Zeitarbeitsunternehmen bei den damaligen Arbeitsämtern nicht selten auf erhebliche Vorbehalte und daraus resultierende Hindernisse für eine Zusammenarbeit, wird dort die Branche inzwischen als wichtiger Arbeitsmarktmotor und ernst zu nehmendes Arbeitgeberklientel angesehen. Die daraus sich ergebenden, weitergehenden Möglichkeiten zur Zusammenarbeit werden gesondert in Kapitel 2.8 angesprochen.

Hier ist die öffentliche Stellenvermittlung als Rekrutierungsweg anzusprechen, denn die überwiegende Zahl von Arbeitsuchenden ist dort registriert. Mit den Mitteln der öffentlichen Arbeitsverwaltung ergeben sich insbesondere drei Instrumente, mit denen Bewerber gefunden werden können. Mit geringem Aufwand können Zeitarbeitsunternehmen eigene Stellenangebote in die Online-Stellenbörse der Bundesagentur für Arbeit einstellen. Hierbei entscheidet das Zeitarbeitsunternehmen im Rahmen der Nutzungsbedingungen weitgehend selbst, welche Informationen potentielle Bewerber zum Stellenangebot finden. Sollen aktiv entsprechende Bewerbervorschläge durch die öffentlichen Arbeitsvermittler veranlasst werden, ist ein geeigneter Ansprechpartner bei der Agentur für Arbeit oder dem Arbeitslosengeld 2-Träger zu kontaktieren. Eine gut entwickelte Zusammenarbeit kann dabei die Trefferquote von zeitnahen Vorschlägen deutlich erhöhen. Registrierte Zeitarbeitsunternehmen können außerdem in der von der Arbeitsverwaltung gepflegten Bewerberdatenbank selbst aktiv recherchieren und darüber gefundene, interessante Bewerber kontaktieren. Bei all diesen Bewerberrecherchen verlassen sich erfahrene Personaldienstleister allerdings weniger auf ein vermeintlich ausreichendes „Matching" der automatisierten Datenbank, sondern legen die Bewerbersuche im System eher breiter an, um dann mit der eigener Auswahlkompetenz näher zu selektieren.

Zusammenarbeit mit Weiterbildungs- und Beschäftigungsträgern

Weitere, wertvolle Partner bei der Bewerbersuche können Einrichtungen der beruflichen Weiterbildung und Beschäftigungsträger sein. Die dort in Ausbildung oder Beschäftigungsprojekten befindlichen Arbeitsuchenden werden immer häufiger aktiv von Personaldienstleistern auf die Möglichkeit einer Anschlussbeschäftigung angesprochen. Eine entsprechende Zusammenarbeit mit den Trägern kann in der regelmäßigen Übermittlung von Stellenangeboten zum Aushang oder anderweitiger Bekanntgabe oder auch in der gelegentlichen Präsenz durch Praxisvorträge oder Arbeitgebergespräche im Rahmen der Ausbildung oder des Beschäftigungsprojektes bestehen.

Die Trefferquote auf diesem Weg ist in den letzten Jahren mit einer steigenden Weiterbildungsqualität und stärkeren Vermittlungsorientierung der Träger gewachsen. Dadurch sehen sich inzwischen die Träger durchaus umworben von einer Vielzahl von Personaldienstleistern und setzen auf eine entwickelte, langfristige und vertrauensvolle Zusammenarbeit, in der die Schaffung von Win-win-Situationen zwischen dem Träger und dem Zeitarbeitsunternehmen im Mittelpunkt steht.

Kontakt-Events zur Bewerberansprache

Für einen Bewerber ist eine gezielte Bewerbung bei einem Arbeitgeber in der Regel bereits eine überdachte Entscheidung, an der ein Stellenanbieter oft nur wenig aktiven Anteil hatte. Deshalb können niedrigschwellige Angebote zum unverbindlichen Kennenlernen eine sinnvolle Ergänzung im Recruiting sein. Solche Kontakt-Events können Einzelveranstaltungen wie beispielsweise ein „Tag der offenen Tür" sein, den manche Personaldienstleister anbieten, oder auch die Beteiligung im Rahmen einer messeartigen Jobbörse oder ausgewiesenen Zeitarbeitsmesse. Oft besteht durch solche Events eine zusätzliche Möglichkeit zur PR-Arbeit, die die Reichweite solcher Veranstaltungen attraktiv erhöhen kann. Dennoch ist gerade hier das Verhältnis von Aufwand zu Nutzen natürlich sorgfältig abzuwägen, gelegentlich aber auch schlicht zu erproben.

Die Direktansprache von Beschäftigten

Headhunting-Maßnahmen finden sich in der Zeitarbeit deutlich seltener als in der Personalvermittlung und werden deshalb im entsprechenden Kapitel 3 angesprochen. Dennoch ergeben sich auch für die Zeitarbeit Situationen, in denen die Direktansprache von beschäftigten Kandidaten sinnvoll und vertretbar sein kann. Hierunter sind weniger Abwerbungsmaßnahmen, die wie in jeder Branche auch in der Zeitarbeit vorkommen, gemeint. Häufiger ergeben sich solche Gelegenheiten durch die gute Marktkenntnis des Personaldienstleisters bei notwendigen Personalreduzierungen konventioneller Arbeitgeber oder bevorstehenden Betriebsschließungen. Gelegentlich erhalten Zeitarbeitsunternehmen im Rahmen einer besonders vertrauensvollen Zusammenarbeit von Kundenunternehmen Hinweise auf Kandidaten, die das Kundenunternehmen aus verschiedenen Gründen nicht selbst einstellen kann, jedoch gern über die Zeitarbeit einsetzen würde.

Mund-zu-Mund-Propaganda und Mitarbeiterempfehlungen

Ein besonders wertvoller und gelegentlich unterschätzter Rekrutierungsweg ist die Mund-zu-Mund-Propaganda, über die Arbeitsuchende vom Mitarbeiterbedarf des Zeitarbeitsunternehmens erfahren. Dabei werden dem Arbeitsuchenden häufig besonders positive Erfahrungen mit dem Arbeitgeber mitgeteilt, entsprechend hoch ist die Bewerbermotivation.

Wie bereits angesprochen ist das Zeitarbeitsgeschäft im hohen Grad regional geprägt. Bewerber, die über Dritte von attraktiven Arbeitseinsätzen, guter Betreuung und zuverlässigen Lohnzahlungen des Zeitarbeitsunternehmens vor Ort erfahren haben, erscheinen manchmal als Glücksfall in einer drängenden Engpasssituation, sind aber in der Regel tatsächlich das Ergebnis einer qualitätsorientierten Arbeit und der Tatsache, dass darüber im Verwandten- und Bekanntenkreis gesprochen wird. Erfahrende Personaldienstleister haben diesen wertvollen Weg deshalb bewusst im Blick und fördern ihn mit entsprechenden Aufforderungen an ihre Mitarbeiter. Denn entsprechende Mitarbeiterempfehlungen ergeben sich nicht immer und zwangsläufig, Mitarbeiter scheuen gelegentlich das persönliche Risiko, das in ihren Augen bei einer nicht erfolgreichen Empfehlung bestehen könnte.

Der Bewerberpool

Zeitarbeit ist ein ausgesprochen schnelllebiges Geschäft. Oft wird die Zeitarbeit zu Hilfe gerufen, wenn im Kundenunternehmen ein Personalproblem bereits akut geworden ist. Die Vorlaufzeiten für die notwendige Mitarbeiterauswahl sind deshalb häufig sehr kurz. Dennoch wird wie angesprochen vor allem Qualität gefordert. Diesen Spagat zwischen schneller und dennoch sorgfältiger Reaktion auch bei Neueinstellungen leisten zu können, setzt vor allem eine gute Vorbereitung voraus. Qualifizierte Bewerberpools gehören in den meisten Fällen zu den besonderen Merkmalen, die die Leistungsfähigkeit guter Zeitarbeitsunternehmen ausmachen.

Um den Anforderungen eines qualifizierten Bewerberpools in der Zeitarbeit gerecht zu werden, sollte dieser insbesondere:

- einen schnellen Zugriff auf neue, benötigte Mitarbeiter bieten,
- kontinuierlich durch ein dauerhaftes Recruiting aufgebaut werden,
- geprüfte und motivierte Bewerber enthalten,
- deren wichtigste Daten in einer sorgfältig gepflegten Kartei oder Datenbank aufnehmen,
- durch aktuelle Abfragen die Verwendbarkeit und Verfügbarkeit der enthaltenden Bewerber sicherstellen.

Deutlich wird damit, dass etwa ein großer, ungeordneter Stapel von Bewerbungsunterlagen noch längst keinen brauchbaren Bewerberpool darstellt. Das richtige Verständnis eines nachhaltigen, qualitätsorientierten Arbeitens erweist sich gerade bei der sachgerechten

Behandlung und Prüfung eingegangener Bewerbungen. Positive Ergebnisse können dann im Bewerberpool aufgenommen werden, negativ beurteilte Bewerbungen sollten entsprechend beantwortet und tatsächlich auch erledigt werden. Es sollte nicht übersehen werden, dass unter Arbeitsuchenden völlig ausbleibende Antworten auf ihre Bewerbung leider oft für negativen Gesprächsstoff sorgen. Dass dabei in Anbetracht der AGG-Bestimmungen von expliziten Ablehnungsbegründungen abgesehen wird, ist dem gelegentlichen Missbrauch sogenannter „AGG-Hopper" geschuldet.

Instrumente zur Eignungsfeststellung in der Mitarbeiterauswahl

Sehr erfahrene Personalentscheider zeigen manchmal phänomenale Fähigkeiten bei einer kurzen Einschätzung von Kandidaten. Selbst ein kurzer Gang durch den Warteraum, in dem ein Bewerber sitzt, gibt ihnen bereits Hinweise auf dessen Person. Dieser geübte Blick ist in der Regel durch ein jahrelanges Training im Umgang mit manchmal tausenden Bewerbern entstanden. Doch selbst mit einem solchen „sechsten Sinn" bewahren sich erfahrene Personaldienstleister ihre notwendige Unvoreingenommenheit als Voraussetzung dafür, auf den ersten Blick nicht sichtbare Leistungspotentiale von Bewerbern zu erkennen und deshalb jede Bewerbung sorgfältig und sachbezogen zu prüfen.

Und dies erst recht, wenn es darum geht festzustellen, welche Fähigkeiten und Kompetenzen ein Bewerber im Einzelnen mitbringt und welchen Anforderungen er oder sie gewachsen sein kann. Personaldienstleister wenden deshalb eine ganze Reihe von Instrumenten zur Eignungsfeststellung in der Mitarbeiterauswahl an. Auch dazu sollen in diesem Handbuch einige Beispiele angesprochen werden, die auf die notwendige Vertiefung mit weiteren Informationsquellen neugierig machen sollen.

Die Sichtung von Bewerbungsunterlagen

Mit den Bewerbungsunterlagen geben Bewerber dem Personaldienstleister in formaler und inhaltlicher Hinsicht erste Informationen über ihre Qualifikationen, bisherigen Werdegang und Berufserfahrungen sowie durch vorhandene Arbeitszeugnisse über Aussagen früherer Arbeitgeber. Oft finden sich darin bereits wichtige Ansatzpunkte für die weitere Bewerberprüfung, wenn beispielsweise Details der Qualifikation, besondere Stationen im Lebenslauf oder Aspekte der persönlichen Lebenssituation weiter zu vertiefen sind.

Manche Personaldienstleister nehmen – insbesondere im Helfersegment – dennoch auch Bewerbungen ohne entsprechende Bewerbungsunterlagen an, wissend, dass trotz zahlreicher Bewerbungstrainings mancher Arbeitsuchende vielleicht berufsfachlich kompetent, aber ungeübt in Bewerbungsverfahren ist. In solchen Fällen, aber auch generell wird deshalb regelmäßig ein auf die Fragestellung des jeweiligen Zeitarbeitsunternehmens abgestimmter Bewerbungsbogen vorgelegt, mit dem die wichtigsten Daten für den weiteren Bewerbungsprozess erfasst werden. Oft wird dabei auch gleich das Einverständnis für die Weiterverarbeitung der persönlichen Daten eingeholt.

Das Vorstellungsgespräch

Im Mittelpunkt der allermeisten Bewerbungsverfahren steht das persönliche Vorstellungsgespräch. Denn trotz noch so guter Bewerbungsunterlagen geht es immer darum festzustellen, welche Person sich bewirbt, welche Motivation er oder sie für die zu besetzende Stelle mitbringt und welche Erwartungen tatsächlich an ihn oder sie gerichtet werden können.

Angesichts der zahlreichen Literatur zu möglichen Inhalten, Methodiken und auch Rechtsgrenzen des Vorstellungsgesprächs einerseits und seiner notwendig individuell zu gestaltenden Durchführung seien hier zehn wichtige Merksätze angeführt:

1. Das Vorstellungsgespräch ist vor allem ein Gespräch.
2. Ein gutes Gespräch ist keine Einbahnstraße.
3. Daten sind nicht alles, ohne persönlichen Eindruck ist alles nichts.
4. Es geht um etwas, nehmen beide dies ernst?
5. Sie haben etwas anzubieten, was bietet der Bewerber an?
6. Alle Bewerber haben Stärken, kein Bewerber ist ohne Schwächen.
7. Konfrontieren Sie, schwierige Punkte sind oft fruchtbar.
8. Bereiten Sie sich vor und lesen Sie die Unterlagen!
9. Schreiben Sie mit und halten Sie wichtige Punkte fest!
10. Routine ist gut – und gefährlich. Denken Sie an kontinuierliche Verbesserung!

Tests, Arbeitserprobungen und Assessments

Selbst in den besten Vorstellungsgesprächen lässt sich nicht immer zweifelsfrei prüfen, welche Qualitäten Bewerber wirklich haben. In der Praxis stellt sich gelegentlich manches lediglich Behauptete oder im Gespräch noch nicht Sichtbare noch einmal ganz anders dar. Deshalb sind Formen einer erweiterten Vorstellung wie Praxistest, Arbeitserprobungen bis hin zu Assessments ebenfalls wertvolle Bestandteile einer professionellen Mitarbeiterauswahl. Auch hierzu gibt es zahlreiche und lohnende Fachliteratur.

Insbesondere unterstützen solche Instrumente das Recruiting in Zeiten eines Überangebotes an Arbeitskräften:

- durch die qualifizierte Sichtung einer größeren Zahl von Bewerbern
- eine Objektivierung persönlicher Eindrücke
- als Qualitätsnachweis der Personalauswahl gegenüber Kunden.

Aber auch in Zeiten einer Verknappung des Arbeitskräfteangebotes

- ermöglichen sie die Identifizierung von Leistungsstärken unter „schwachen" Bewerbern,
- transportieren sie den Leistungsgedanken,
- können sie Motivationen bei Bewerbern verstärken und
- verifizieren sie Leistungsmerkmale von noch „unsicheren" Kandidaten.

Um dies leisten zu können, sollten Tests, Erprobungen und Assessments in jedem Falle folgende Kriterien erfüllen:

- größtmögliche Praxisnähe,
- klar beschriebene Aufgabe,
- messbares Ergebnis,
- eindeutiges Feedback an Bewerber,
- definierter Platz im Bewerbungsprozess.

Eine besondere Bedeutung für die Zeitarbeit haben dabei Arbeitserprobungen, die meist in vertraulicher Kooperation mit einem Kundenunternehmen durchgeführt werden. Als erweiterte Vorstellung sind diese durchaus noch vor einer Einstellung im Rahmen eines sogenannten Einfühlungsverhältnisses möglich. Wichtig zur aussagekräftigen Dokumentation der Erprobungsergebnisse sind dabei Bewertungsbögen, die es mit dem Kunden abzustimmen gilt.

Das AGG im Bewerbungsverfahren

Das Allgemeine Gleichbehandlungsgesetz (AGG) ist zur Vermeidung von Diskriminierungen bereits im Bewerbungsprozess zu beachten. Glücklicherweise sind die vor Verabschiedung des Gesetzes befürchteten Missbrauchsfälle und eine damit einhergehende Bürokratisierung des Verfahrens begrenzt geblieben. Dazu haben frühzeitige Vorbereitungen der Arbeitgeber durch Merkblätter, Verfahrensanpassungen und Fortbildungen, auf die an dieser Stelle verwiesen werden soll, besonders beigetragen.

Insbesondere die durch das AGG definierten Diskriminierungsmerkmale Rasse oder ethnische Herkunft, Geschlecht, Religion oder Weltanschauung, Behinderung, Alter, oder sexuelle Identität sollten jedem Personaldienstleister jederzeit bewusst sein. Mit der durch das AGG bestimmten Beweislast, nach der der Arbeitgeber eine auch nur durch Indizien behauptete und vermeintliche Diskriminierung beweiskräftig widerlegen muss, ist die strikte Einhaltung des AGG ein Grundstandard des Recruitings auch in der Zeitarbeit.

2.5 Aufgabe: Auftragsannahme und Vertrag zur Arbeitnehmer-überlassung

Fallbeispiel 5:

Kaum hatte Vera Starke am Morgen das Büro betreten und ihre Jacke aufgehängt, klingelte das Telefon auf ihrem Schreibtisch. Leicht gehetzt und noch nicht ganz da nahm sie den Hörer ab und meldete sich: „Zeitarbeit GmbH, mein Name ist Vera Starke. Guten Tag. Was können wir für Sie tun?" „Müller, hallo", klang es aus der Leitung, „sagen Sie, wir benötigen übermorgen zusätzlich zwei Schweißer bei uns. Können Sie uns da helfen und was kostet das bei Ihnen?"

Vera zuckte innerlich leicht zusammen – die Schweißer betreute normalerweise ihr Kollege und der war heute Vormittag auf Kundenbesuch. Einen Herrn Müller kannte sie auch nicht. „Ja, ähm, Herr Müller, also ich denke schon, dass wir Ihnen da helfen können. Wir werden sofort prüfen, ob wir zwei Schweißer für Sie verfügbar haben. Kann ich Sie gleich noch mal deswegen zurückrufen?" „Hm, gut, aber sagen Sie uns bitte möglichst rasch Bescheid. Ich sage gleich dazu, dass wir noch bei anderen Zeitarbeitsunternehmen nachfragen werden. Wir haben da wirklich Druck und ich muss sicherstellen, dass wir die beiden Schweißer bekommen. Und ich muss dann auch Ihren Verrechnungssatz wissen, wir müssen da vergleichen." „Selbstverständlich, Herr Müller. Sagen Sie mir bitte noch Ihren Firmennamen und Ihre Telefonnummer? Wir melden uns dann wirklich so schnell wie möglich!"

Ein Eilauftrag von einem Neukunden! Nachdem Vera aufgelegt hatte, wählte sie mit fliegenden Fingern die Handynummer ihres Kollegen Peter Schulz. Mit den Schweißern kannte sie sich noch nicht gut aus, hoffentlich konnte ihr Peter per Handy helfen. „Hallo Peter, ich habe hier eine Anfrage von einem Herrn Müller, der übermorgen zwei Schweißer braucht. Haben wir da jemanden? Ich brauche außerdem für das Angebot den Verrechnungssatz!" „Nun mal der Reihe nach, Vera, wie sind denn die Details?" „Äh, ja, das waren die Details, mehr hat mir Herr Müller nicht gesagt." „Aha. Ich fürchte, Vera, da müssen wir für ein Angebot einiges mehr wissen – Schweißverfahren, was wird geschweißt, geforderte Zertifikate, was müssen die Mitarbeiter noch können, wie lange und wohin soll's gehen, Arbeitszeiten und noch einiges andere mehr. Hör zu: nimm Dir unseren Auftragsannahmebogen und geh den bitte noch mal gründlich mit Herrn Müller durch. Dann sprechen wir wieder und klären gemeinsam unser Angebot."

Fragen:

1. Welche Probleme hatte Vera Starke bei der Annahme dieses Auftrages?

2. Welche Details gilt es bei einem neuen Auftrag in der Regel aufzunehmen?

3. Welche Maßnahmen können Vera Starke bei der Auftragsannahme unterstützen?

Den Bedarf des Kunden exakt erfassen

Zeitarbeit ist immer dann von echtem Nutzen, wenn die richtigen Mitarbeiter zur richtigen Zeit am richtigen Ort zu den angemessenen Konditionen gestellt werden. „Passgenau" ist der in der Branche am häufigsten benutzte Begriff dafür. Was genau aber ist passgenau? Ein Schreiner etwa, der seine Fenster ausschließlich per „Pi mal Daumen" bauen würde, hätte sicher beim Einbau ein Problem mit der Passgenauigkeit.

Was also beim Handwerker das korrekte Aufmaß mit Winkel und Zollstock ist, findet in der Zeitarbeit seine Entsprechung in der exakten Auftragsannahme. Dabei gilt es heraus zu finden, was genau der Kunde braucht. Und egal, ob es sich dabei um einfache Tätigkeiten oder hochkomplexe Aufgaben im Kundenbetrieb geht – es ist fast immer eine ganze Reihe von Details, die den Kundenbedarf erst exakt bestimmbar macht. Dass der Schweißer zusätzlich Zeichnungen lesen können muss, die Krankenschwester der katholischen Kirche angehören, der Helfer höhentauglich sein und die Fremdsprachenkorrespondentin mit ins Ausland reisen soll – solche Details können einen Auftrag noch einmal in einem völlig neuen Licht erscheinen lassen.

Nur selten wird sich ein Kunde davon überzeugen lassen, dass es an seiner ungenauen Auftragsbeschreibung gelegen habe, wenn der Auftrag nicht richtig besetzt wurde. Zu Recht muss er sich darauf verlassen können, dass der professionelle Personaldienstleister ihm die richtigen und vollständigen Fragen zur Klärung seines Bedarfs stellt. Machen Sie es also wie der zuverlässige Schreiner und nehmen Sie „exakt Maß".

Dem Kunden bei der Formulierung des Auftrages helfen

In der Regel hat der Kunde eine mehr oder weniger präzise Vorstellung seines Bedarfs. Mit den nötigen Detailfragen helfen Sie ihm, Ihnen diese Vorstellung Schritt für Schritt mitzuteilen. Die oft zu Beginn genannte Tätigkeits- oder Berufsbezeichnung gibt meist nur eine grobe Einordnung für die genauen Aufgaben und die dafür erforderlichen Qualifikationen, die die Mitarbeiter erfüllen sollen. Manches mag dem Kunden aus seiner betrieblichen Sicht vielleicht sogar selbstverständlich und nicht erwähnenswert erscheinen. Für Sie als externer Dienstleister sind die Details des Arbeitsplatzes und der Arbeitsbedingungen aber von größtem Interesse.

Auch kann der Kunde nicht unbedingt wissen, was für Sie als Arbeitgeber Ihrer Mitarbeiter und unter Zeitarbeitsaspekten wichtig ist. Besonderheiten bei den Arbeitszeiten, Einarbeitungserfordernisse, gewerberechtliche Beschränkungen, Abrechnungsverfahren – solche Auftragsdetails werden häufig erst durch die aktive Auftragsannahme des Personaldienstleisters zur Sprache gebracht.

Vor allem aber ist die sorgfältige Auftragsannahme ein Paradebeispiel für die Kommunikationsanforderungen, denen Sie gerecht werden müssen. Sie sind nicht einfach nur passiver „Empfänger" für den Kunden, der Ihnen als „Sender" Informationen übermittelt. In der durch Sie gut entwickelten Kommunikation mit dem Kunden entsteht durch ein Wechselspiel aus gegenseitiger Frage und Antwort ein gemeinsames und bestätigtes Verständnis des endgültigen Auftrags. Und wie in jeder Kommunikation schaffen Sie zugleich eine besondere Beziehung zwischen sich und dem Kunden, die eine wichtige Grundlage für die weitere Zusammenarbeit legt. Auch deshalb sollten Sie immer in Erfahrung bringen, mit wem Sie dabei sprechen. Ist Ihr Ansprechpartner der Entscheider, der Ansprechpartner Ihrer Mitarbeiter, ein beauftragter Einkäufer? Mit wem müssen Sie gegebenenfalls noch Kontakt aufnehmen, um wichtige Einzelheiten zu klären?

Scheuen Sie sich dabei nicht, den Kunden zeitlich und fachlich in Anspruch zu nehmen. Selbst ein ungeduldiger Kunde, der vielleicht unter Zeitdruck steht, wird durch Ihre sorgfältigen und angemessenen Fragen in seinem Vertrauen bestärkt, in Ihnen den richtigen Ansprechpartner für sein Problem gefunden zu haben. Denn Sie bewahren ihn davor, am Ende falsch bestellt und vergeblichen Aufwand getrieben zu haben. Erweisen Sie sich also bereits bei der Auftragsannahme als professioneller, vertrauenswürdiger und zuverlässiger Personaldienstleister.

Das Wichtigste zum Schluss: Ihre Kommunikation mit dem Kunden mag erstklassig gewesen sein. Haben Sie jedoch versäumt, das Erfahrene und Vereinbarte schriftlich zu dokumentieren, ist im schlimmsten Fall alles umsonst gewesen. Ob es nun Ihr Kollege ist, der den Auftrag anschließend weiter zu bearbeiten hat und der auf Ihre detailgetreue Information angewiesen ist oder Sie selbst es sind, der sich drei Stunden später nach zwischenzeitlich anderen Aufgaben nicht mehr an jedes Detail erinnert: was Sie schon während der Auftragsannahme schriftlich festgehalten haben, geht nicht mehr verloren.

Grunddaten der Auftragsannahme

Unabhängig von den Besonderheiten jeden Auftrages gibt es in der Regel Grunddaten, die bei der Auftragsannahme immer aufzunehmen sind:

- Datum, Uhrzeit
- Gesprächspartner
- Firma
- Adresse
- Telefon
- Email
- Auftragsbezeichnung
- Tätigkeit
- Erforderliche Qualifikationen
- Anzahl der Mitarbeiter
- Gefährdungsbeurteilung
- Erforderliche Vorsorgeuntersuchungen
- Erforderliche Arbeitskleidung / Arbeitsmittel
- Einsatzbeginn
- Einsatzdauer
- Einsatzort
- Melden bei

- (Sicherheits-)Einweisung durch
- Wöchentliche Arbeitszeit
- Tägliche Lage der Arbeitszeit
- Auswärtiger Einsatz (Anfahrt, ggf. Übernachtungsregelungen)
- Zeitnachweis
- Aufgenommen durch:

Je nach Auftragsspezifik sind weitere Details aufzunehmen, insbesondere zu den Besonderheiten der Tätigkeiten oder geforderten Qualifikationen, der Arbeitsplätze und -umgebung, von Organisationsdetails des Kundenunternehmens und weiterer Arbeitsbedingungen. Weitere Einzelheiten über bereits getroffene Vereinbarungen zum Angebotsprozedere oder der Vertragsgestaltung können hinzu kommen.

Auftragserfassungsbogen und Anforderungsprofil

Trauen Sie sich zu, jederzeit und unter allen Belastungsumständen eine solche Vielzahl von Details ohne Zögern und versiert aus dem Kopf abklären zu können? Wenn ja, sind Sie entweder sehr erfahren oder ein Roboter. Aber auch erfahrene Personaldisponenten stellen ihre Fragen nicht einfach aus dem Bauch heraus. Im Gegenteil – sie zeichnen sich durch in langer Erfahrung eingeübte und bewährte Frageroutinen aus, mit denen sie den Kundenbedarf sehr strukturiert erfassen.

Solche Strukturen werden erlernt und durch die wiederholte Anwendung trainiert. Ein auf die üblichen Fragen des jeweiligen Zeitarbeitsunternehmens abgestimmter Auftragserfassungsbogen ist die verlässliche Grundlage des notwendigen Trainings. Mit ihm wird erreicht, dass dem Kunden wirklich immer die wichtigsten Fragen zum Auftrag gestellt werden. Im Zeitarbeitsunternehmen gibt es damit zugleich eine gemeinsame Verständigung darüber, welche Daten für die Auftragserfassung als notwendig angesehen werden.

Damit die strukturierte Auftragserfassung tatsächlich in jeder Situation – sowohl für neue Mitarbeiter wie in Stresssituationen – erfolgen kann, liegt der Auftragserfassungsbogen (Kundencheckliste, Auftragsformblatt – es gibt viele Namen dafür) stets griffbereit an gut zugänglicher Stelle am Schreibtisch und in der Auftragsmappe für den Kundenbesuch bereit. Schließlich hat auch der Schreiner seinen Zollstock stets dabei, wenn er zum Aufmaß zu seinem Kunden fährt.

Eine weitere wichtige Hilfe für die präzise Auftragserfassung kann ein zusätzliches Anforderungsprofil sein, das dem Kunden zur Beschreibung seines Mitarbeiterbedarfs zur Verfügung gestellt wird. Auch mit diesem Formblatt wird dem Kunden gezeigt, welche Daten sein Personaldienstleister von ihm benötigt. Insbesondere bei einer längerfristigen Zusammenarbeit mit einem Kunden mit wechselnden Personalanforderungen hilft das Anforderungsprofil den notwendigen und stetigen Informationsfluss sicher zu stellen und effektiv zu gestalten.

Die Arbeitsplatzbesichtigung vor Ort

„Ein Bild sagt mehr als tausend Worte." Diese alte und bewährte Wahrheit trifft auch und im besonderen Maße auf die Auftragserfassung zu. Machen Sie sich beim Kunden vor Ort ein konkretes Bild von den zu besetzenden Arbeitsplätzen, den Tätigkeiten, den verwendeten Arbeitsmitteln, der Arbeitsumgebung und der Arbeitsorganisation. Meist lernen Sie dabei zugleich wichtige Ansprechpartner des Kunden persönlich kennen und wissen, mit wem Sie im weiteren Auftragsverlauf kommunizieren werden.

In der Regel wird die Arbeitsplatzbesichtigung vor dem eigentlichen Einsatzbeginn der Mitarbeiter durchgeführt. Oft zeigen sich dabei weitere Details der Anforderung, die bei der Auswahl der richtigen Mitarbeiter helfen können. In seltenen Fällen – beispielsweise bei dem geplanten auswärtigen Einsatz von Montagemitarbeitern – wird eine persönliche Arbeitsplatzbesichtigung durch den betreuenden Disponenten nicht möglich sein. In solchen Fällen sollte zumindest ersatzweise eine Arbeitsplatzbeschreibung durch den Kunden sowie ergänzend durch den eingesetzten Mitarbeiter so schnell wie möglich erfolgen. In jedem Fall werden die Ergebnisse der Arbeitsplatzbesichtigung in einem geeigneten Protokoll festgehalten, das zugleich für Folgeeinsätze eine wertvolle Grundlage bietet.

Übrigens ist die Arbeitsplatzbesichtigung ein wichtiger Bestandteil der Arbeitssicherheitsaufgaben des Zeitarbeitsunternehmens. Lesen Sie mehr dazu im Kapitel 2.10.

Die Bonitätsprüfung

In den meisten Fällen wird das Zeitarbeitsunternehmen nach der erbrachten Leistung bezahlt. Selbst bei durchaus üblichen Zwischenabrechnungen geht das Unternehmen dabei in eine Vorleistung. Jeder Auftrag ist damit auch ein finanzielles Risiko, das je nach Auftragsvolumen erheblich sein kann. Ein Kunde, der nach einem Auftrag nicht zahlt, stellt nicht nur einen empfindlichen Zahlungsausfall dar, sondern kann seinen Dienstleister im Extremfall in gefährliche Bedrängnis bringen. Umso wichtiger, dass dieses meist unumgängliche Risiko nach Möglichkeit gemindert wird. Vor allem diesem Zweck dient die obligatorische Bonitätsprüfung, die insbesondere bei Neukunden vor der Auftragsannahme immer erfolgen sollte.

Dabei werden mit Hilfe von Wirtschaftsauskunfteien die wichtigsten Unternehmensdaten des Kunden geprüft und Aussagen über dessen bisherige Zahlungsmoral eingeholt. Das Auskunftsrecht des nachfragenden Zeitarbeitsunternehmens ergibt sich aus dem Geschäftsanbahnungszweck und wird vertraglich mit der Wirtschaftsauskunftei geregelt. Diese berät in der Regel auch über die Aussagekraft und Reichweite der gegebenen Informationen.

Rahmenverträge und Lieferantenbedingungen

Für beide Seiten – für den Kunden wie für das Zeitarbeitsunternehmen – stellt die gründliche Geschäftsanbahnung eine durchaus aufwändige Aufgabe dar. Beide Partner sind bestrebt den jeweils größtmöglichen Vorteil bei Qualität und Konditionen zu erzielen. Bei einer komplexen Leistung, wie sie die Personaldienstleistung darstellt, kann es deshalb beiderseits von großem Vorteil sein, eine längerfristige Zusammenarbeit über den einzelnen Auftrag hinaus einzugehen.

Diesem Ziel dienen Rahmenverträge, in denen in der Regel eine solche längerfristige Vereinbarung und die zugrunde gelegten Konditionen niedergelegt werden. Sie können – müssen jedoch nicht – zugleich eine Alleinstellung des Personaldienstleisters bei der Belieferung des Kunden enthalten. Entsprechend ihres herausgehobenen Charakters, den verbundenen, langfristigen Verpflichtungen und Qualitätsanforderungen bedürfen Rahmenverträge natürlich einer besonders sorgfältigen Vorbereitung. Eine im Einzelauftrag vielleicht gerade noch hinnehmbare Ungenauigkeit hätte bei einer Rahmenvereinbarung langfristige und möglicherweise fatale Folgen.

Aus ähnlichen Erwägungen – der Sicherung von Verlässlichkeit und Qualität – haben größere Kundenunternehmen gelegentlich ausführliche Lieferantenbedingungen niedergelegt, die mit zur Auftragsgrundlage vereinbart werden. Auch diese sind sorgfältig bei der Auftragsannahme zu prüfen und gegebenenfalls zum Auftrag mit dem Kunden zu besprechen.

Verrechnungssätze definieren

Jede Leistung hat ihren Preis. Und diesen reguliert der Markt. In diesen beiden Sätzen lässt sich der höchst komplexe Prozess der Preisfindung in der Zeitarbeit zusammenfassen. Zugleich stecken in diesen Merksätzen eine Vielzahl von Variablen, die es bei der Preisfindung fein auszutarieren gilt, wenn der beste Preis zwischen Anbieter und Nachfrager gefunden werden soll.

Dieses Handbuch ersetzt kein Lehrbuch für kaufmännisches Rechnen und kann auch die unterschiedlichen, originären Kalkulationsmethoden der einzelnen Unternehmen nicht allgemeinverbindlich abbilden. Dennoch lassen sich einige Faktoren benennen, die in einen marktgerechten Verrechnungssatz eingehen. Dies sind in der Regel:

als Grundfaktoren:

- die Lohnkosten der eingesetzten Mitarbeiter (Arbeitnehmerbrutto, Lohnnebenkosten, Personalkosten für unproduktive Zeiten wie z.B. Urlaub, Arbeitsunfähigkeit)
- die Kosten für die Erbringung der Dienstleistung (interne Personal- und Verwaltungskosten, Kosten für Rekrutierung, Anlagen, Kapital, Versicherungen, Werbung und ähnliches)
- der Unternehmensgewinn

als auftragsspezifische Variablen:

- die Dauer des Einsatzes
- die Anzahl der bestellten Mitarbeiter bzw. das Volumen der zu leistenden Arbeitsstunden
- die Kurzfristigkeit bzw. Planbarkeit des Mitarbeiterabrufs

als marktstrategische Variablen:

- mögliche Abschläge unter Vertriebsgesichtspunkten
- mögliche Zuschläge unter Exklusivitätsbedingungen.

Das Ergebnis der Preisfindung muss sich dabei nicht in jedem Fall in einem einfachen Verrechnungssatz niederschlagen, sondern kann durch eine entsprechende Preisgestaltung in einer Kombination aus Basissatz, auftragsspezifischen Zu- oder Abschlägen und ausgewiesenen Tätigkeitszuschlägen bestehen.

Es wird deutlich, dass aus diesen Gründen und einer sich beständig verändernden Marktsituation oft auf festgelegte Preislisten verzichtet wird. Dennoch arbeiten viele Unternehmen mit sorgfältig vorbereiteten Preisvorgaben, die insbesondere die Personaldisponenten bei der Auftragsannahme und Preisverhandlung unterstützen. Gelegentlich wird für abgesicherte Verhandlungsspielräume auch ein sogenannter Deckungsbeitrag 1 und 2 definiert.

Die richtigen Mitarbeiter anbieten

In der Auswahl der richtigen Mitarbeiter, die die vom Kunden angeforderte Arbeitsleistung erbringen können, erweist sich eine Kernkompetenz des Personaldienstleisters. Durch das richtige „Matching" bringt der Personaldienstleister den Kundenbedarf und das Leistungspotential der passenden Mitarbeiter zusammen. Entscheidende Voraussetzung beim Personaldienstleister hierfür ist die genaue Kenntnis der oben beschriebenen Details der Kundenanforderung einerseits und der ausgewogenen Mischung der Mitarbeitereigenschaften aus Fachkompetenz, Erfahrungshintergrund, persönlichen Voraussetzungen und Verfügbarkeit.

In Ausnahmefällen – wenn etwa die Anfrage des Kunden zunächst noch allgemeiner Art oder erst in größerer Frist zu erfüllen ist – kann zwar auch ein Angebot ohne konkreten Mitarbeiter erfolgen. In dem meisten Fällen geht es jedoch darum, dem Kunden passende Mitarbeiter für seinen Bedarf vorzuschlagen und damit die Kundenentscheidung für die Auftragserteilung zu ermöglichen.

Vorrangig wird zugunsten einer optimalen Kapazitätsauslastung aus den bereits beschäftigten Mitarbeitern ausgewählt. Sind darunter keine passenden oder verfügbaren Mitarbeiter, sind Neueinstellungen vorzubereiten und dazu in der Regel zunächst der bereits erschlossene Bewerberpool (siehe Kapitel 2.4) zu sichten. Auch hier erweist sich die Leistungskraft eines Personaldienstleisters, wenn er über ein gut strukturiertes Recruiting und eine breite Organisationsstruktur, beispielsweise mit mehreren Niederlassungen und einem größeren Bewerberpool verfügt. Besonders in Fällen einer schwierig zu bedienenden Nachfrage ist die optimale Zusammenarbeit der internen Mitarbeiter und Abteilungen des Personaldienstleisters an dieser Stelle zu aktivieren.

Der eigentliche Mitarbeitervorschlag kann je nach Anforderung des Kunden unterschiedlich gestaltet werden. Wichtigstes Instrument ist in der Regel ein aussagekräftiges Mitarbeiterprofil, das der Personaldienstleister dem Kunden zur Verfügung stellt und im Idealfall aus einer gut gepflegten Datenbank schnell und effektiv erstellen kann. Oftmals kommen weitere Unterlagen wie geforderte Zertifikate, CVs und Belege über Vorerfahrungen hinzu. Unter Datenschutzaspekten ist bei der Übermittlung solcher personenbezogenen Daten an den Kunden die Zweckgebundenheit zur Auftragsanbahnung zu beachten und eine entsprechende Vereinbarung mit den Mitarbeitern und Bewerbern hilfreich.

Zusätzliche Überzeugungskraft und einen wertvollen Beitrag für ein erfolgreiches Matching schafft darüber hinaus eine persönliche Mitarbeitervorstellung beim Kunden. Dabei kann der Kunde sich ein umfassendes Bild über die Eignung des vorgeschlagenen Mitarbeiter bzw. Bewerbers machen. Der Mitarbeiter bzw. Bewerber seinerseits erhält selbst einen Eindruck von den an ihn gestellten Anforderungen und kann einen aktiven Beitrag zur Auftragsvorbereitung erbringen. Nimmt der Personaldienstleister ebenfalls an der persönlichen Mitarbeitervorstellung teil, erhält er eine wertvolle Rückmeldung über den Erfolg seines Matchings. Oft ist er dabei sogar aktiver Moderator, um bei der Vorstellung die Passgenauigkeit von Bedarf und Mitarbeiterpotential herauszuarbeiten.

Sind nicht bereits Regularien für eine etwaige Direkteinstellung des vorgestellten Mitarbeiters / Bewerbers vereinbart, kann eine entsprechende Vereinbarung zur Mitarbeitervorstellung mit dem Kunden regeln, ob und gegebenenfalls unter welchen Konditionen der Kunde sich für eine Direkteinstellung ohne vorherige Überlassung des Mitarbeiters / Bewerbers entscheiden kann.

Das Angebot und die Auftragsbestätigung

Hat der Kunden Ihnen seinen Bedarf mitgeteilt, erwartet er zu Recht eine verbindliche und entscheidungsreife Antwort, um sich für eine Auftragserteilung entscheiden zu können. Dies kann – insbesondere in Fällen einer bereits entwickelten Zusammenarbeit – zwar bereits der übermittelte Vertragsentwurf für die Arbeitnehmerüberlassung sein, der nur noch beiderseits unterzeichnet werden muss. In vielen Fällen ist vorher jedoch ein schriftliches Angebot zu erstellen, das die wichtigsten Festlegungen zum Auftrag und der durch den Personaldienstleister erbringbaren Leistung erhält. Da das schriftliche Angebot bereits die Zusage einer erbringbaren Leistung enthält, ist es ebenso sorgfältig vorzubereiten wie der Überlassungsvertrag selbst. Angebotene Mitarbeiterqualitäten und Konditionen lassen sich in der Regel kaum nachverhandeln. Auch deshalb sollte im Unternehmen geregelt sein, wer Zeichnungsberechtigung für Angebote besitzt.

Umgekehrt ist es für den Personaldienstleister und seine verlässliche Auftragsvorbereitung hilfreich, wenn er den Kunden um eine schriftliche Auftragsbestätigung bittet. Beides – Angebot und Auftragsbestätigung – sichert die erfolgte Kommunikation bei der Auftragsannahme zwischen dem Kunden und dem Personaldienstleister ab und vermeidet Missverständnisse.

Der Vertrag zur Arbeitnehmerüberlassung

Wie im Kapitel 2.2 bereits erwähnt, verlangt das AÜG für den Vertrag zwischen Kunde und Zeitarbeitsunternehmen die Schriftform. Der schriftliche Vertrag zur Arbeitnehmerüberlassung (AÜ-Vertrag) ist aber auch unter Gesichtspunkten eines ordnungsgemäßen

kaufmännischen Verkehrs zwischen den beteiligten Unternehmen die richtige und angemessene Form der verbindlichen Vereinbarung. Er legt im komplexen Geschäft der Arbeitnehmerüberlassung die zahlreichen Details fest, die für eine möglichst reibungslose Einhaltung der gegenseitigen Vertragspflichten der Partner wichtig sind.

Grundsätzlich enthalten AÜ-Verträge Festlegungen insbesondere zu folgenden Punkten
(die mit * gekennzeichneten Punkte müssen nach dem AÜG enthalten sein):

- Name und Anschrift des Verleihers und Entleihers *
- Erklärung des Verleihers über Erlaubnis nach § 1 AÜG *
- Erklärung des Verleihers zur Anwendung eines Zeitarbeit-Tarifvertrages, anderenfalls
  Verpflichtung des Entleihers zur Mitteilung über die vergleichbaren Arbeitsbedingun-
  gen *
- Beginn und Ende des Vertrages (Ende kann offen gehalten werden)
- Kündigungsfrist des Vertrages
- Anzahl der zu überlassenden Mitarbeiter
- besondere Merkmale der vorgesehenen Tätigkeit *
- erforderliche berufliche Qualifikationen *
- ggf. weitere Tätigkeitsanforderungen
- Einsatzort
- wöchentliche, gegebenenfalls tägliche Arbeitszeit
- tägliche Lage der Arbeitszeit
- durch den Verleiher zu stellende Arbeitsmittel
- Preis / Verrechnungssatz und entsprechende Gestaltungen
- Verpflichtungen zum Arbeitsschutz des Verleihers und des Entleihers
- erforderliche arbeitsmedizinische Untersuchungen
- Form und Abwicklung des Leistungsnachweises (z.B. Stundenzettel)
- Regelung der Übernahme von Mitarbeitern durch den Entleiher
- Haftungsumfang und Gewährleistung
- Rechnungsstellung und Zahlungsvereinbarung
- Gerichtsstand
- Ort, Datum der Vertragsschließung
- Unterschriften

Diese Auflistung erhebt keinen Anspruch auf Vollständigkeit. Selbstverständlich sind je
nach Unternehmensspezifika weitere oder weniger Bestandteile möglich. Gegebenenfalls
kann der Personaldienstleister außerdem Allgemeine Geschäftsbedingungen anfügen, der
Kunde kann seine Lieferantenbedingungen zum Vertragsbestandteil machen.

Erfahrungsgemäß sollten insbesondere die besonderen Merkmale der vorgesehenen Tätigkeit und der erforderlichen beruflichen Qualifikationen sorgfältig und möglichst konkret
benannt werden. Zum einen werden diese Punkte als AÜG-obligatorisch regelmäßig durch
die Aufsichtsbehörde geprüft. Zum anderen definieren sich an diesen Stellen die vertragsgemäße Mitarbeiterauswahl des Personaldienstleisters und seine Auswahlhaftung.

Die Vereinbarungen zum Arbeitsschutz werden gelegentlich in zusätzlichen Arbeitschutzvereinbarungen niedergelegt. Wegen ihrer besonderen Bedeutung wird zu deren Inhalten auf das Thema Arbeitssicherheit in Kapitel 2.10 verwiesen.

Auch die korrekte Zeichnungsberechtigung bei den Vertragsunterschriften erweist sich immer wieder als Überraschungsmoment, da hier nicht nur die eigene Vollmacht beim Personaldienstleister zu regeln ist, sondern auch diejenige des Kunden geklärt sein sollte. Nicht selten erfährt der Personaldienstleister erst durch die Kundenunterschrift von der Person des eigentlichen Entscheiders.

Der AÜ-Vertrag kann, muss jedoch nicht in einem einzigen Dokument zusammen gefasst sein. Gerade bei größeren Aufträgen oder im Falle von Rahmenvereinbarungen kann ein Vertragsdokument die grundsätzlichen Anforderungen der Arbeitnehmerüberlassung enthalten, in weiteren Dokumenten werden dann im Verlauf die darauf fußenden Einzelbestellungen sowie Art, Umfang und Zuordnung der entsprechenden Mitarbeiter für den jeweiligen Zeitabschnitt und die zu besetzenden Arbeitsplätze vereinbart.

Entsprechend den Regeln des oben angesprochenen geschäftlichen Verkehrs zwischen Kunde und Personaldienstleister ist der richtige Zeitpunkt für den Abschluss des AÜ-Vertrages vor dem Einsatzbeginn der gestellten Mitarbeiter. Dies sichert ab, dass wirklich alle wesentlichen Details der vertraglichen Vereinbarung zweifels- und missverständnisfrei festgehalten und bestätigt sind. Der Vertrag kann zwar in besonderen Fällen – insbesondere bei sehr kurzfristiger Bestellung – auch nach Einsatzbeginn geschlossen werden. Dies sollte aber der Ausnahmefall bleiben. Insbesondere bei Konflikten zwischen Auftraggeber und Auftragnehmer kann der nachträglich vorgelegte, schriftliche AÜ-Vertrag belastet, im Extremfall sogar verhindert werden.

2.6 Aufgabe: Einstellung und Kündigung

Fallbeispiel 6:

Vera Starke hatte sich bei diesem Elektroinstallateur besonders viel Mühe gegeben. Der neue Auftrag war sehr kurzfristig eingegangen. Da alle in Frage kommenden Mitarbeiter im Einsatz waren, hatte sie alle Hebel in Bewegung setzen müssen, um einen neuen Mitarbeiter einstellen zu können.

Gestern endlich hatte sie einen erfahrenen Facharbeiter gefunden, der im Prinzip alle Qualifikationen mitbrachte. Sie hatte alle Details mit dem Bewerber besprochen und ihn am gleichen Tag noch bei dem Kunden vorgestellt. Beide waren übereinstimmend der Meinung, dass die Arbeit zu bewältigen wäre und der Einsatz gleich heute beginnen könnte. Anschließend war sie mit dem Elektroinstallateur den Arbeitsvertrag durchgegangen, hatte ihm den Tarifvertrag auseinandergesetzt und seine nicht wenigen Fragen geduldig beantwortet. Schließlich hatten sie den Arbeitsvertrag unterschrieben und sich die Hand auf eine gute Zusammenarbeit gegeben.

Zufrieden mit dem gestrigen Tag wollte sich Vera heute auf ihre nächsten Aufgaben konzentrieren, da klingelte ihr Telefon. „Hallo Frau Starke, wir warten hier seit drei Stunden auf Ihren Mitarbeiter. Ist da was dazwischen gekommen oder kommt der noch?" Vera fiel aus allen Wolken, versicherte dem Kunden, dass sie sich sofort um das Problem kümmern und sich gleich wieder melden würde. Mehrmals wählte sie die Nummer des Elektroinstallateurs, doch vergeblich. ‚Wo kriege ich jetzt so schnell einen Ersatz her?', dachte sie und raufte sich die Haare.

Endlich am Nachmittag erreichte sie den Elektroinstallateur. „Ja, wissen Sie, Frau Starke, ich hab' mir das heute Morgen dann doch noch mal anders überlegt. Ich habe da gestern noch ein anderes Angebot bekommen, das muss ich mir erst mal ansehen, ob ich nicht doch da lieber anfangen will.", antwortete dieser ihr am Telefon lapidar. Vera traute ihren Ohren nicht. „Aber Sie haben doch gestern den Arbeitsvertrag bei uns unterschrieben", hielt Vera ihm vor. „Ja, aber wissen Sie, das ging mir eigentlich zu schnell. Ich muss da noch mal drüber nachdenken", erhielt sie zur Antwort. Vera war enttäuscht. So viel Arbeit hatte sie in die Sache gesteckt und nun das. Der Verwaltungsaufwand war schon ärgerlich genug, aber viel mehr wog die Tatsache, dass sie nun erneut um den Auftrag würde kämpfen müssen.

Fragen:

1. Wie kann Vera Starke die Situation arbeitsrechtlich lösen?

2. Welchen Stellenwert hat die Motivation eines Bewerbers bei der Einstellung?

3. Welche Arbeitsschritte sind bei der Einstellung und Beendigung von Arbeitsverhältnissen vorzunehmen?

Die Einstellung – Entscheidungspunkt für Bewerber und Arbeitgeber

Schon manches Mal wurde sie mit dem Ja-Wort bei einer Heirat verglichen – die Entscheidung für einen Arbeitsvertrag machen sich Bewerber und Arbeitgeber in der Regel nicht leicht. Und auch wenn diese Entscheidung vielleicht nicht ganz die Tragweite einer Eheschließung hat, so will sie dennoch ebenfalls gut bedacht und vorbereitet sein. Denn sie begründet ein wechselseitiges Vertragsverhältnis, in dem beide Partner wichtige Rechte und Pflichten haben.

Für Bewerber winkt mit dem neuen Arbeitsverhältnis eine wichtige Grundlage für die Sicherung des eigenen Lebensunterhalts und zugleich eine für viele notwendige und sinnstiftende Tätigkeit, die das eigene Selbstwertgefühl stützt. Beide Motive finden in der Zeitarbeit einen wichtigen Niederschlag, denn fast zwei Drittel der Neueingestellten in der Zeitarbeit waren vorher arbeitslos. Jeder Zehnte war vorher bereits länger als ein Jahr arbeitslos und für jeden Zwölften ist das Arbeitsverhältnis bei einem Zeitarbeitsunternehmen sogar das erste Arbeitsverhältnis überhaupt in der Berufsbiografie. Doch geht ein Arbeitsuchender mit der Unterschrift unter den Arbeitsvertrag eben auch eine Verpflichtung ein, seine Arbeitskraft dem Arbeitgeber zuverlässig zur Verfügung zu stellen und die in ihn gesetzten Erwartungen auch zu erfüllen. Da kommt es durchaus vor, dass ein Bewerber in letzter Sekunde zurückschreckt oder – im Extremfall – dann doch nicht zur Arbeit erscheint.

Auch für das Zeitarbeitsunternehmen ist die Einstellung eines neuen Mitarbeiters immer ein besonderer Vorgang. Verlässliche und fähige Mitarbeiter im Kundeneinsatz sind seine wichtigste Erfolgsgrundlage im hart umkämpften Geschäft. Ob das Zeitarbeitsunternehmen die Erwartungen seines Kunden erfüllen kann, erweist sich letztlich erst im Einsatz des konkreten Mitarbeiters, dieser repräsentiert seinen Arbeitgeber beim Kunden mit seiner Arbeitskraft. Die Bindung des Mitarbeiters an den Arbeitgeber Zeitarbeit ist dabei in Deutschland – wie im Kapitel 2.2 dargestellt – sehr viel stärker ausgeprägt als in anderen Ländern. Die Verantwortung, die das Zeitarbeitsunternehmen als Arbeitgeber der Mitarbeiter wahrzunehmen hat, verlangt besonders sorgsame Einstellungsentscheidungen.

Die notwendige Sorgfalt bei der Bewerberauswahl wurde bereits im Kapitel 2.4 angesprochen. Ob jedoch die Motivation des Bewerbers wirklich so hoch wie im Bewerbungsverfahren ist, zeigt sich gelegentlich erst bei der Einstellung, die damit zur „Nagelprobe" für die Bereitschaft des Bewerbers wird. Erfahrene Personaldienstleister sind deshalb an diesem Punkt auch auf Überraschungen gefasst.

Arbeitsvertrag und Eingruppierung

Im Kapitel 2.2 wurde bereits auf die im AÜG vorgeschriebene Schriftlichkeit des Arbeitsvertrages und seine notwendigen Inhalte eingegangen. Besondere Bedeutung hat in der Praxis die richtige Bezeichnung der Tätigkeit, für die der Mitarbeiter eingestellt wird. Sie sollte einerseits so konkret wie möglich sein, da sie mit der korrekten Eingruppierung in eine Entgeltgruppe korreliert. Andererseits sollte sie so allgemein wie nötig gehalten werden, um die gewünschte Spannbreite der durch den Mitarbeiter leistbaren Einsätze abzudecken. Die dafür gewählte Bezeichnung sollte mit dem neuen Mitarbeiter besprochen werden, denn mit seiner Unterschrift erklärt der Mitarbeiter, dass er die für die vorgesehene Tätigkeit notwendigen Voraussetzungen mitbringt und sie ausführen kann. Insbesondere die zeitarbeitstypische Bereitschaft zum wechselnden Einsatz an unterschiedlichen Arbeitsplätzen sollte missverständnisfrei geklärt sein.

Auch die Eingruppierung sollte offen und ehrlich verhandelt werden. Aus verständlichen Gründen plädieren Bewerber in der Regel für eine möglichst hohe Eingruppierung. Und insbesondere in Fällen eines knappen Arbeitskräfteangebotes ist auch mancher Personaldisponent versucht, Bewerber mit einer hohen Entgeltgruppe oder besonderen, außertariflichen Zulagen für den Arbeitsvertrag zu gewinnen. Aber meist kommen tätigkeitsbedingt zwei oder drei Entgeltgruppen in Betracht, der sich daraus ergebende Spielraum sollte vor allem aus zwei wichtigen Gründen geprüft werden: Zum einen ist vor Beginn der Einsätze noch nicht zweifelsfrei abzusehen, wie hoch die Leistungsfähigkeit des neuen Mitarbeiters wirklich ist. Und zum anderen kann schon der zweite Einsatz geringere Anforderungen stellen, für die dann die zu Beginn vereinbarte Entgeltgruppe zu hoch gewählt war. Auch unter den im Kapitel 2.7 vorgestellten Tarifverträgen ist aber eine spätere Herabstufung außerordentlich schwierig, während ein Mehr bei der Vergütung später jederzeit und problemlos vereinbart werden kann.

Für alle Spielräume gilt jedoch, dass sie sich in jedem Fall im Rahmen der durch die anzuwendenden Tarifverträge vorgesehenen Eingruppierungsregeln bewegen müssen. Eine etwa generell zu niedrig angesetzte Eingruppierung von Arbeitsverträgen, die den dann tatsächlich ausgeführten Einsätzen nicht entspricht, wird regelmäßig bei Kontrollen der Aufsichtsbehörde gerügt.

Befristung von Arbeitsverträgen

Soll der Arbeitsvertrag nicht unbefristet geschlossen werden, sind die Bestimmungen des Teilzeit- und Befristungsgesetzes (TzBfG) zu beachten. Diese gelten grundsätzlich wie für jedes konventionelle Arbeitsverhältnis auch in der Zeitarbeit und sind in der arbeitsrechtlichen Literatur vielfach und gut beschrieben. Daher sei an dieser Stelle auf solche vorhandenen Quellen verwiesen und nur auf einige, besonders praxisrelevante Punkte eingegangen.

Für Befristungen mit einem Sachgrund nach Paragraph 14, Absatz 1 TzBfG sieht die Rechtsprechung für die Zeitarbeit recht enge Grenzen. Insbesondere die Befristung aus einem der ansonsten häufigsten Gründe, dem vorübergehenden betrieblichen Bedarf, wird häufig als unzulässig angesehen, wenn nämlich aus dem vorübergehenden Bedarf des Kunden der Befristungsgrund abgeleitet wird. Liegen dagegen Gründe für eine Befristung in der Person des Mitarbeiters, wenn beispielsweise Studierende ihre Beschäftigung in den Semesterferien auf eigenen Wunsch befristen möchten, steht einer Befristung nichts im Wege.

Die Befristung ohne Sachgrund nach Paragraph 14, Absatz 2 TzBfG, die für Beschäftigte ohne Vorbeschäftigung beim gleichen Arbeitgeber bis zu einer Gesamtdauer von zwei

Jahren bis zu dreimal verlängert werden darf (Tarifverträge enthalten zum Teil abweichende Bestimmungen), findet in der Zeitarbeit leichter ihre Anwendung. Auch die erleichterten Befristungsregelungen für ältere Arbeitnehmer und bei Neugründungen nach Paragraph 14, Absatz 2a und 3 TzBfG können genutzt werden.

Ist der schriftliche Arbeitsvertrag nach dem AÜG ohnehin obligatorisch, kommt bei Befristungen hinzu, dass diese in jedem Fall vor dem Arbeitsbeginn schriftlich vereinbart werden sollten, um ihre Wirksamkeit nicht zu gefährden.

Die Beendigung von Arbeitsverhältnissen

Vorausgeschickt sei in Anlehnung an das Fallbeispiel im Kapiteleingang, dass ein Arbeitsverhältnis, das gar nicht begonnen wurde, auch nicht gekündigt werden muss. Tritt auch nach geschlossenem Arbeitsvertrag ein Arbeitnehmer die Arbeit nicht an, gilt das Arbeitsverhältnis als nicht zustande gekommen. Eine entsprechende Mitteilung dazu an den Bewerber vermeidet dabei Missverständnisse.

Nichtsdestotrotz gehört auch die korrekte Beendigung von Arbeitsverhältnissen mit zur ordentlichen Durchführung der Personaldienstleistung. Denn auch wie jedes andere konventionelle Arbeitsverhältnis ist der Arbeitsvertrag in der Zeitarbeit in der Praxis letztlich eine „Ehe auf Zeit", in der ganz unterschiedliche Umstände zu ihrem Ende führen können.

Zwar ist in den letzten Jahren die Dauer der Arbeitsverhältnisse in der Zeitarbeit deutlich gestiegen, fast jeder zweite Zeitarbeitnehmer wird inzwischen länger als drei Monate beschäftigt und nicht wenige Mitarbeiter feiern inzwischen 10- oder 25-jähriges Betriebsjubiläum. Dennoch gilt auch in der Zeitarbeit, dass Arbeitgeber und Arbeitnehmer in der Regel längst nicht mehr für ein ganzes Arbeitsleben miteinander verbunden bleiben. Etwa ein Drittel der Zeitarbeitsbeschäftigten geht im Anschluss in ein anderes Arbeitsverhältnis über und wird oft vom Kundenbetrieb als bewährte Kraft übernommen. Dieser „Klebeeffekt" ist eine wichtige arbeitsmarktpolitische Funktion der Zeitarbeit, die viele Vorteile für Kunden, Mitarbeiter und Zeitarbeitsunternehmen erfüllt.

Doch auch andere Faktoren können zur Beendigung des Arbeitsverhältnisses führen. Eigenkündigungen von Mitarbeitern und arbeitgeberseitige Kündigungen sind der Ausdruck einer enormen Bewegung am Arbeitsmarkt, die es verantwortlich zu handhaben gilt. Dass der in Deutschland ausgeprägte Kündigungsschutz uneingeschränkt auch in der Zeitarbeit gilt und der oft erhobene „Hire-and-fire"-Vorwurf in der Regel nicht greift, erlebt jeder Personaldienstleister hautnah.

Eigenkündigungen von Mitarbeitern erfolgen dabei oft wenig planbar und nicht selten ohne Einhaltung der vorgeschriebenen Kündigungsfristen. Personaldienstleister müssen Mitarbeiter jedoch auch in solchen Fällen nicht selten darauf hinweisen, dass auch die Eigenkündigung eines Mitarbeiters – wie gesetzlich vorgeschrieben – zu ihrer Wirksamkeit schriftlich erfolgen muss.

Häufig wird übersehen, dass die Beendigung des Arbeitsverhältnisses im gegenseitigen Einvernehmen zwischen Arbeitnehmer und Arbeitgeber vereinbart werden kann. Diese Möglichkeit vermeidet regelmäßig eine ganze Reihe von Schwierigkeiten, die durch unnötige Konflikte hinsichtlich der einzuhaltenden Fristen, rechtssicheren Kündigungsgründe oder formaler Fehler für die Kündigungswirksamkeit entstehen können. Auch die Arbeitsverwaltung hat inzwischen den Weg der einvernehmlichen Aufhebung von Arbeitsverträgen erleichtert und die Vorschriften für Sperrzeiten bei anschließend eintretender Arbeitslosigkeit gelockert.

Ist eine Kündigung durch den Arbeitgeber jedoch unumgänglich, sind die Spielregeln des deutschen Kündigungsschutzes peinlich genau einzuhalten. Personaldienstleister sollten hierzu die umfangreiche Rechtsliteratur zum Kündigungsrecht sowie die zuverlässige Unterstützung der rechtsberatenden Berufe regelmäßig nutzen. Im Rahmen dieses Handbuches sollen einige Punkte – auch als Anregung zur weiteren Beschäftigung – Erwähnung finden.

Ohne Aufträge kann auch der großzügigste Personaldienstleister keine Mitarbeiter beschäftigen. Ist also eine betriebsbedingte Kündigung unumgänglich, gilt auch für das Zeitarbeitsunternehmen, dass vor einer Kündigung alle alternativen Möglichkeiten, insbesondere nachweisbare Versuche für eine anderweitige Beschäftigung des Mitarbeiters ausgeschöpft sind. Die Arbeitsgerichte verlangen dabei regelmäßig von Zeitarbeitsunternehmen, dass zunächst versucht wird, andere Aufträge zu generieren, um die Beschäftigung des Mitarbeiters fortzuführen. Der Wegfall eines Auftrages allein wird meist als nicht ausreichend als Kündigungsgrund verworfen.

Führen solche Bemühungen nicht zum Erfolg, ist die im Kündigungsschutzgesetz vorgeschriebene Sozialauswahl durchzuführen. Unter den vergleichbaren Mitarbeitern ist dabei die Dauer der Betriebszugehörigkeit, das Lebensalter, die Unterhaltspflichten und die Schwerbehinderung von Arbeitnehmern abzuwägen. Dieses Verfahren, das in der meist sehr heterogenen Mitarbeiterzusammensetzung eines Zeitarbeitsunternehmens oft zu Detailschwierigkeiten führt, macht gelegentlich anwaltliche Hilfe erforderlich. Sind gar Entlassungen im größeren Umfang notwendig, sind die Informationspflichten gegenüber der Bundesagentur für Arbeit wahrzunehmen.

Verstößt ein Mitarbeiter schuldhaft gegen seine arbeitsvertraglichen Pflichten, kann eine verhaltensbedingte Kündigung notwendig werden. Bis auf sehr gravierende Ausnahmen – wenn etwa strafrechtliche Delikte vorkommen, in denen eine außerordentliche Kündigung gerechtfertigt sein kann – wird vor einer ordentlichen Kündigung der Arbeitgeber in der Regel dem Mitarbeiter Gelegenheit geben müssen, sein Fehlverhalten zu korrigieren. Die dazu vorgesehene Abmahnung als arbeitsrechtliches Instrument soll den Mitarbeiter auf das konkrete Fehlverhalten hinweisen und ihn zu einer Verhaltensänderung bewegen. Die Abmahnung ist also nicht in erster Linie eine Kündigungsvorbereitung, sondern ein alternatives Mittel, um eine Kündigung vom Mitarbeiter abzuwenden.

Eine personenbedingte Kündigung schließlich kann notwendig werden, wenn etwa der Mitarbeiter dauerhaft nicht mehr in der Lage ist, seine arbeitsvertraglichen Pflichten zu erfüllen. Am Beispiel einer dauerhaften, krankheitsbedingten Leistungseinschränkung wird deutlich, dass durch den Kündigungsschutz auch an eine solche Kündigung hohe Anforderungen gestellt werden, wenn zuvor durch den Arbeitgeber eine gesicherte, langfristige Prognose zur Leistungseinschränkung zu erstellen ist und alternative Beschäftigungsmöglichkeiten auszuschöpfen sind.

In der Zeitarbeit kommt als besondere Schwierigkeit hinzu, dass einige solcher, die Kündigung begründende Faktoren nicht im eigenen, sondern nur im Kundenbetrieb nachgewiesen werden können. Die zusätzlichen Nachweisschwierigkeiten des entfernten Arbeitseinsatzes treffen gelegentlich den Personaldienstleister, wenn etwa dauerhafte Leistungsschwächen oder arbeitsvertragliches Fehlverhalten nicht durch eigenes Bezeugen belegt werden können.

Welcher Grund auch immer zu einer arbeitgeberseitigen Kündigung führen kann – die formale Korrektheit im Kündigungsverfahren muss jedenfalls eingehalten werden. Kündigungsschutzklagen sind leider immer wieder allein dadurch erfolgreich, dass vermeidbare Fehler beispielsweise bei der Kündigungsübermittlung vorkommen. Die vorgeschriebene Schriftlichkeit der Kündigung wurde bereits angesprochen. Dazu gehören die klare Zeichnungsberechtigung des Kündigenden und die gesicherte Zustellung an den zu kündigenden Mitarbeiter, die im besten Fall durch persönliche Übergabe mit Empfangsbestätigung erfolgen sollte.

Auch die einzuhaltenden Kündigungsfristen des Kündigungsschutzgesetzes müssen in der Zeitarbeit strikt eingehalten werden. In der Probezeit sehen die verbreiteten Tarifverträge verkürzte Kündigungsfristen vor, auf die im Kapitel 2.7 eingegangen wird.

Das Arbeitszeugnis

Neben weiteren, notwendigen Unterlagen bei der Beendigung von Arbeitsverhältnissen wie die abschließende Lohnabrechnung, die vorgesehenen Sozialversicherungsmeldungen und –bescheinigungen gehört das Arbeitszeugnis zu den wichtigen Abschlussaufgaben des Personaldienstleisters. In der Regel hängt es dabei von der Beschäftigungsdauer des Mitarbeiters ab, ob ihm mindestens ein einfaches Arbeitszeugnis zu Art und Dauer der Tätigkeit oder ein qualifiziertes Zeugnis zusätzlich zu Leistung und Verhalten im Arbeitsverhältnis auszustellen ist. Aufgrund der inzwischen sehr umfangreichen Rechtsprechung zum Thema Arbeitszeugnis ist dabei eine Vielzahl von Gestaltungsregeln zu beachten, zu denen hier aus Platzgründen auf die einschlägige Fachliteratur verwiesen wird.

Die korrekte und wohlwollende Formulierung des Arbeitszeugnisses sollte jeweils vom Personaldienstleister als willkommene Aufgabe verstanden werden, weist er damit doch für andere Arbeitgeber, denen der Mitarbeiter das Arbeitszeugnis vorlegen wird, auf seine in der Regel erfolgreiche Zusammenarbeit mit dem Mitarbeiter hin.

2.7 Exkurs: Tarifverträge in der Zeitarbeit

Fallbeispiel 7:

Vera Starke erläuterte der Mitarbeiterin den neuen Einsatz: „Die Arbeit wird Ihnen sicher gefallen, Frau Ludwig. Es geht bei dem Kunden um die Fakturierung und die vorbereitenden Buchhaltungsarbeiten für den Steuerberater. Da können Sie Ihre Kenntnisse gut einbringen. Und die Buchhaltungssoftware kennen Sie auch, wie ich in Ihren Unterlagen gelesen habe." „Klingt gut", erwiderte Frau Ludwig, „wissen Sie, die Belege zu buchen im letzten Einsatz war ja ganz ok, aber wenn ich ehrlich bin, hab' ich mich schon darauf gefreut, mal wieder selbständiger zu arbeiten. Die Buchhaltung ist nun mal meine Leidenschaft und wenn's dann mal ein bisschen schwieriger wird, macht's doch mehr Spaß." „Fein, dann kann es ja los gehen. Hier ist Ihre Einsatzmitteilung, der Kunde möchte, dass Sie gleich nächste Woche anfangen, die stehen dort schon ziemlich unter Druck."

„In Ordnung. Ach, wenn wir schon gerade davon sprechen, Frau Starke. Kann ich davon ausgehen, dass ich mit diesem Einsatz dann auch eine Lohnstufe höher rutsche? Da wird ja dann doch etwas mehr von mir verlangt als im letzten Einsatz. Ich war ja damals bei der Einstellung schon mit der einfachen Entgeltstufe einverstanden, die Sie mir für die Belegbuchung vorgeschlagen haben. Aber wenn ich da jetzt meine Fachkenntnisse einbringen kann …?" Vera sah in die erwartungsvollen Augen, die auf sie gerichtet waren und überlegte kurz. „Wissen Sie, Frau Ludwig, ich muss das kurz mit unserem Niederlassungsleiter besprechen, wie wir das handhaben können. Ich rufe Sie dann heute Abend an und sage Ihnen Bescheid."

Vera war sich als Neuling noch nicht ganz sicher in den tariflichen Angelegenheiten. Ihr Niederlassungsleiter hatte ihr kürzlich empfohlen keine voreiligen Zusagen zu machen. Also besprach sie die Sache mit ihrem Vorgesetzten. Sie erklärte ihm, dass der neue Einsatz in der Tat höhere Anforderungen an Frau Ludwig stelle und ob da nicht die Höhergruppierung gerechtfertigt sei. „Schon richtig", erklärte ihr dieser, „aber was machen Sie, wenn Frau Ludwig anschließend wieder in die Belegbuchung geht? Sie können sie ja dann nicht einfach wieder herabstufen, wenn sie erstmal in der höheren Entgeltgruppe ist. Unser Tarifvertrag hat für solche Fälle aber glücklicherweise eine gute Lösung, mit der Sie Frau Ludwig den ihr zustehenden Lohn zahlen können. Schauen Sie sich die Regelung noch einmal sorgfältig an." Vera nahm den Tarifvertrag zum wiederholten Male zur Hand.

Fragen:

1. Wie kann Vera Starke den zeitweise höherwertigen Einsatz tarifvertraglich richtig behandeln?

2. Wie sehen die Eingruppierungsregelungen des anzuwendenden Tarifvertrages aus?

3. Welche Elemente des Arbeitsverhältnisses regeln die Tarifverträge?

Die Tarifverträge – ein wichtiger Entwicklungsschritt in der Zeitarbeit

Mit der 2004 wirksam gewordenen AÜG-Reform hat die Tarifvertragsgeschichte der Zeitarbeit einen starken Impuls erhalten. In nur wenigen Monaten entstanden zwischen den Tarifvertragsparteien zum ersten Mal Flächentarifverträge, die heute auf die übergroße Mehrheit der Arbeitsverhältnisse in der Zeitarbeit Anwendung finden.

Bis zu diesem Zeitpunkt gab es in der Branche nur wenige, einzelne Tarifverträge. Arbeitgeber und Gewerkschaften standen sich äußerst skeptisch gegenüber, Gespräche fanden nur selten statt. In den meisten Zeitarbeitsunternehmen mussten die Vergütungen und die weiteren Arbeitsbedingungen jeweils einzeln ausgehandelt werden. Für Bewerber war kaum nachvollziehbar, mit welcher Vergütung sie in diesem oder jenem Unternehmen rechnen konnten. Diese unbefriedigende Situation hat sich mit dem Abschluss der Flächentarifverträge grundlegend verändert.

Die Entscheidung des Gesetzgebers, den Tarifvertragsparteien mehr Verantwortung bei der Gestaltung der Arbeitsbedingungen in der Zeitarbeit zu übertragen, und nur in solchen Fälle, in denen eine entsprechende Vereinbarung nicht gelingt, das in Kapitel 2.2 angesprochene „Equal Treatment" anzuwenden, hat wertvolle Früchte getragen. Auch in der aktuellen Entwicklung der Tariflandschaft zeigt sich, dass ein ernsthafter Interessenausgleich zwischen Arbeitgebern und Gewerkschaften in Form von verlässlichen Tarifverträgen der Zeitarbeit, den Arbeitsverhältnissen und dem Image der Branche gut getan hat.

Die Struktur der Zeitarbeit-Tarifverträge

Neben einer Reihe von Haustarifverträgen und kleineren Verbandstarifverträgen, auf die wegen ihrer Spezifik hier nicht näher eingegangen werden kann, finden zur Zeit der Drucklegung dieses Handbuchs vor allem drei Flächentarifverträge Anwendung in der Zeitarbeit:

- das zwischen dem Bundesverband Zeitarbeit Personaldienstleistungen e.V. als Arbeitgeberverband und der Tarifgemeinschaft des DGB abgeschlossene Tarifwerk (BZA-DGB-TV)
- das zwischen dem Interessenverband Deutscher Zeitarbeitsunternehmen e.V. als Arbeitgeberverband und der Tarifgemeinschaft des DGB abgeschlossene Tarifwerk (iGZ-DGB-TV)
- das zwischen dem Arbeitgeberverband Mittelständischer Personaldienstleister e.V. und der Tarifgemeinschaft Christliche Gewerkschaften Zeitarbeit und PSA abgeschlossene Tarifwerk (AMP-CGZP-TV).

Diese Tarifwerke gelten nicht nur für die jeweiligen Mitglieder dieser Verbände, sondern werden zusätzlich von sehr vielen Unternehmen in ihren Arbeitsverträgen durch Inbezugnahme zur Grundlage gemacht.

Alle drei Tarifwerke bestehen aus jeweils mehreren Tarifverträgen, in der Regel mindestens:

- ein Manteltarifvertrag, der allgemeine Arbeitsbedingungen regelt,
- ein Entgeltrahmentarifvertrag, der grundlegende Bestimmungen zu den Entgelten enthält sowie
- ein Entgelttarifvertrag, in dem die konkreten Entgelte der zugeordneten Entgeltgruppen festgelegt sind.

Vereinzelt kommen Tarifverträge zur Beschäftigungssicherung sowie Tarifverträge für Mindestarbeitsbedingungen in der Zeitarbeit, auf die weiter unten eingegangen wird, hinzu.

Konflikte um die Zeitarbeit-Tarifverträge

Trotz und gerade wegen der außerordentlich großen Bedeutung, die die Tarifverträge in der Branche besitzen, gibt es eine Reihe von Konflikten, die sich an ihnen entzünden. Die Aufgabe zur Schaffung von fairen und gerechten Arbeitsbedingungen in der Zeitarbeit, die zugleich vom Markt getragen werden können, fordert unterschiedliche, teilweise gegensätzliche Interessen heraus.

Es gehört zum Wesen von Tarifverträgen, dass in ihnen diese jeweiligen Interessen zum Tragen kommen und im besten Falle ein gemeinsamer Konsens gefunden wird. Diese positive Funktion von Tarifverträgen hat in Deutschland eine lange Erfolgsgeschichte und wird deshalb auch in der Zeitarbeit bislang von fast allen unmittelbar Beteiligten befürwortet.

Dennoch ist der Vorrang von Branchentarifverträgen vor gesetzlichen Regelungen nicht unumstritten. Insbesondere vorhandene Unterschiede in der Entlohnung von Zeitarbeitsbeschäftigten gegenüber Beschäftigten in besonders wertschöpfenden Branchen wie der Metall- oder Chemieindustrie führen immer wieder zu Diskussionen einem gesetzlichen Gleichbehandlungsprinzip den Vorrang gegenüber tarifvertraglichen Regelungen zu geben. Vieles spricht jedoch dafür, diesen Ausgleich durch die verantwortlichen Tarifpartner gestalten zu lassen.

Dabei spielen auch Konflikte der Tarifpartner im jeweiligen Arbeitgeber- und Arbeitnehmerlager eine Rolle. Wie in der oben angegebenen Übersicht der drei Branchentarifverträge bereits erkennbar wurde, teilt sich das Arbeitgeberlager in gleich drei Arbeitgeberverbände mit unterschiedlicher Mitgliederstruktur. Auf der Arbeitnehmerseite stehen sich zwei Gewerkschaftsverbände gegenüber, die insbesondere um die Berechtigung und Zuständigkeit zum Abschluss von Tarifverträgen für die jeweils vertretenen Arbeitnehmer streiten.

Einen Höhepunkt der Auseinandersetzung im Arbeitnehmerlager bildete zuletzt der Streit um die Tariffähigkeit des CGZP vor dem Landesarbeitsgericht Berlin-Brandenburg. In seiner Beschwerdeentscheidung im Dezember 2009 bestätigte das LAG die Entscheidung der Vorinstanz, wonach der CGZP tarifunfähig für die Zeitarbeit sei. Damit würde das AMP-CGZP-Tarifwerk seine Wirksamkeit verlieren. Da zum Zeitpunkt der Drucklegung dieses Handbuches eine endgültige Entscheidung des Bundesarbeitsgerichtes noch nicht abzusehen ist, werden in der folgenden Darstellung der drei Tarifwerke auch die Regelungen des in Anwendung befindlichen AMP-CGZP-TV einbezogen.

Auch um die bestehenden Tarifwerke von BZA-DGB und iGZ-DGB gibt es anhaltende Auseinandersetzungen. Nach deren Kündigung durch den DGB suchen die Tarifpartner seit geraumer Zeit nach neuen Tarifvereinbarungen, deren endgültige Festlegung zum Zeitpunkt der Drucklegung dieses Handbuches noch nicht feststand.

Die Tarifverträge sind also im fortwährenden Fluss. Für die unmittelbare Arbeit des Personaldienstleisters bedeutet dies, sich laufend auf dem neuesten Stand des Tarifvertrags-Knowhows halten zu müssen. Dies reicht von der Grundsatzentscheidung zum anzuwendenden Tarifvertrag über die Beachtung der sich verändernden Tarifdetails, insbesondere der veränderlichen Entgelthöhen, bis hin zu den einzuhaltenden Rahmenbedingungen wie beispielsweise für bestimmte Einsatzbranchen festgelegte Mindestlöhne. Die Tarifvertragsexperten der Arbeitgeberverbände unterstützten deshalb ihre Mitgliedsunternehmen mit aktuellen Informationen und Tarifseminaren.

Im Rahmen dieses Handbuches sollen – als motivierender Einstieg – einige Regelungsbereiche der wichtigsten Tarifverträge angesprochen und die weitere Beschäftigung mit diesen Regelungen im Detail angeregt werden.

Regelungsbereiche der Zeitarbeit-Tarifverträge

Die Tarifverträge regeln insbesondere folgende Arbeitsbedingungen:

- die Vergütung nach entsprechenden Entgeltgruppen
- verschiedene Zuschlagsarten zur Grundvergütung
- die Arbeitszeit und Arbeitszeitkonten
- den Urlaub
- Kündigungsfristen
- Zusatzleistungen

Diese Aufstellung erhebt keinen Anspruch auf Vollständigkeit, enthalten sind im Detail weitere Regelungen, die der Personaldienstleister zu beachten hat. Im Detail finden sich in den verschiedenen Vertragswerken außerdem beachtenswerte Unterschiede, die hier nur beispielhaft angesprochen werden können.

Die Vergütung nach entsprechenden Entgeltgruppen

Die Vergütung der Zeitarbeitsmitarbeiter gehört sicherlich zu den wichtigsten Regelungsbereichen und ist bei Einstellungsgesprächen regelmäßiger Anlass zur Vorstellung des angewendeten Tarifvertrages und seiner Erläuterung gegenüber dem Bewerber. Hier zeigt sich zugleich ein besonderer Vorzug der Tarifverträge, denn mit ihrer Wirksamkeit hat sich die Akzeptanz der Zeitarbeitsvergütungen gerade im Einstellungsgespräch deutlich erhöht.

Die in den entsprechenden Entgelttarifverträgen enthaltenen Vergütungstabellen sind dabei sorgfältig mit den in den Entgeltrahmentarifverträgen festgelegten Entgeltgruppen zu lesen.

Dabei ist insbesondere darauf zu achten, dass die richtige Eingruppierung nicht vorrangig von der beim Bewerber vorhandenen Qualifikation auszugehen hat, sondern von den in der vorgesehenen Tätigkeit verlangten Anforderungen. So kann ein Bewerber durchaus über eine höhere Qualifikation besitzen, sind die Anforderungen in der konkreten Tätigkeit jedoch geringer, wird in der Regel auch die Eingruppierung niedriger vorzunehmen sein.

Die Entgeltgruppen in allen drei Tarifwerken sind durch eine entsprechende Beschreibung der Tätigkeitsanforderungen gekennzeichnet. Da die konkreten Tätigkeiten in der Zeitarbeit sehr vielseitig und einer außerordentlich großen Zahl von Berufsbezeichnungen zuzuordnen sind, haben sich die Tarifvertragsparteien auf bestimmte Anforderungsmerkmale verständigt, die es genau zu beachten gilt. Als Beispiel für die Komplexität dieser Merkmale und ihre Unterschiede im Detail mag die unten stehende Tabelle mit Auszügen zu den Entgeltgruppen für Facharbeiter und Fachangestellte der drei Tarifwerke dienen.

Zwar beziehen sich in den aufgeführten Beispielen alle drei Entgeltgruppen in den Tarifwerken auf Tätigkeiten unterhalb der Meister- und Technikerausbildung, für die in der Regel eine abgeschlossene Berufsausbildung erforderlich ist. Doch zeigen sich bei näherem Hinsehen wichtige Differenzierungen, deren genaue Zuordnung erst die richtige Eingruppierung ergibt.

So ist beispielsweise für den Aufstieg von den in der ersten Zeile genannten Entgeltgruppen in die nächst höhere Entgeltgruppe Mindestvoraussetzung, dass die Tätigkeit eine mehrjährige Berufserfahrung im geforderten Beruf erfordert beziehungsweise selbständig auszuführen oder besonders schwierig ist.

Zum Aufstieg von den in der zweiten Zeile genannten Entgeltgruppen in die nächst höhere Entgeltgruppe muss die Tätigkeit mindestens Spezialkenntnisse beziehungsweise spezielle Qualifikationsmaßnahmen beziehungsweise eine spezielle Berufsfortbildung erfordern.

Selbst innerhalb der hier gegenübergestellten Entgeltgruppen sind die konkreten Kennzeichnungen nicht absolut gleich, dies schlägt sich auch in den zugeordneten, unterschiedlichen Entgelten der Entgelttarifverträge nieder.

Tabelle 1:   Beispiele für Entgeltgruppen

BZA-DGB-TV	iGZ-DGB-TV	AMP-CGZP-TV
Entgeltgruppe 3 Tätigkeiten, für die Kenntnisse und Fertigkeiten erforderlich sind, die durch eine Berufsausbildung vermittelt werden. Diese Kenntnisse und Fertigkeiten können auch durch mehrjährige Tätigkeitserfahrung in der Entgeltgruppe 2 erworben werden.	**Entgeltgruppe** 4 Ausführung von Tätigkeiten, für die eine abgeschlossene, mindestens dreijährige Berufsausbildung und entsprechende aktuelle Arbeitskenntnisse und Fertigkeiten erforderlich sind.	**Entgeltgruppe** 3 Ausführen von Tätigkeiten, für die grundsätzlich eine Berufsausbildung oder entsprechende Arbeitskenntnisse und Fertigkeiten mit Erfahrung Voraussetzung sind.
Entgeltgruppe 4 Tätigkeiten, für die Kenntnisse und Fertigkeiten erforderlich sind, die durch eine mindestens dreijährige Berufsausbildung vermittelt werden und die eine mehrjährige Berufserfahrung voraussetzen.	**Entgeltgruppe** 5 Selbstständige Ausführung von Tätigkeiten, für die eine abgeschlossene, mindestens dreijährige Berufsausbildung, entsprechende aktuelle Arbeitskenntnisse und Fertigkeiten und mehrjährige fachspezifische Berufserfahrung erforderlich sind.	**Entgeltgruppe** 4 Ausführen von schwierigeren Tätigkeiten, für die eine einschlägige Berufsausbildung oder eine vergleichbare nachweislich erworbene fachliche oder praktische Qualifikation erforderlich ist.
Entgeltgruppe 5 Tätigkeiten, die Kenntnisse und Fertigkeiten erfordern, die durch eine mindestens dreijährige Berufsausbildung vermittelt werden. Zusätzlich sind Spezialkenntnisse erforderlich, die durch eine Zusatzausbildung vermittelt werden sowie eine langjährige Berufserfahrung.	**Entgeltgruppe** 6: Selbstständige Ausführung von Tätigkeiten, für die eine abgeschlossene, mindestens dreijährige Berufsausbildung, entsprechende aktuelle Arbeitskenntnisse und Fertigkeiten, mehrjährige fachspezifische Berufserfahrung sowie zusätzliche spezielle Qualifikationsmaßnahmen erforderlich sind.	**Entgeltgruppe** 5 Ausführen von schwierigen Tätigkeiten, für die eine einschlägige Berufsausbildung mit Berufserfahrung oder eine spezielle Berufsfortbildung mit mehrjähriger Berufserfahrung erforderlich ist.

In der Praxis sind für eine korrekte Eingruppierung diese Kennzeichnungen präzise umzusetzen. Dennoch ergeben sich bei der Vielfalt von Tätigkeiten in der Zeitarbeit häufig Spielräume, die in der Verhandlung mit den betreffenden Mitarbeitern durchaus genutzt werden sollten. Eine tarifehrliche Eingruppierung gehört allerdings zum Standard einer qualitätsorientierten Zeitarbeit und kann durch die Aufsichtsbehörde geprüft werden.

Verschiedene Zuschlagsarten zur Grundvergütung

Mit den unterschiedlichen tariflichen Zulagen ergibt sich ein weiteres Gestaltungsfeld, das der Personaldienstleister in der sicheren Anwendung der Tarifverträge beherrschen muss. Um Missverständnisse zu vermeiden, sei vorausgeschickt, dass die hier angesprochenen tariflichen Zulagen nicht mit außertariflichen Zulagen verwechselt werden dürfen, die viele Zeitarbeitsunternehmen oft als freiwillige Zusatzleistungen und zumeist als Leistungshonorierung .gewähren. Dagegen haben auf die tariflichen Zulagen Mitarbeiter einen Rechtsanspruch, der eingefordert werden kann.

Die Tarifverträge kennen Zuschläge, die sich auf die Tätigkeit, die Einsatz- bzw. Beschäftigungsdauer und die Arbeitszeit beziehen. Wegen der Besonderheit der Zeitarbeit, in der die Tätigkeiten auch hinsichtlich der Anforderungen wechseln können, kommt besondere Bedeutung der tätigkeitsbezogenen Zulage zu. Alle drei Tarifwerke ermöglichen es durch diese Zulage, eine vorübergehende, höherwertigere Tätigkeit so zu vergüten, als ob der Mitarbeiter während dieses Einsatzes in der entsprechenden höheren Entgeltgruppe eingestuft wäre (teilweise eingeschränkt in einzelnen Tarifwerken). Hierbei ist das Kriterium des vorübergehenden Einsatzes zu betonen, bei einer dauerhaft höherwertigen Tätigkeit ist der Mitarbeiter selbstverständlich in die entsprechend höhere Entgeltgruppe einzustufen. Dagegen sehen die Tarifverträge eine Herabstufung bei niedrigwertigerer Tätigkeit – auch aufgrund der arbeitsrechtlichen Schwierigkeiten – nur für besondere Ausnahmefälle vor.

Bezüglich der Einsatzdauer sehen BZA-DGB-TV und iGZ-DGB-TV verbindlich eine einsatzbezogene Zulage vor, die ab einer bestimmten Dauer des Einsatzes (beim iGZ-DGB-TV gekoppelt mit einer bestimmten Beschäftigungszeit) zu zahlen ist. Im AMP-CGZP-TV ist in den ersten Beschäftigungsmonaten noch (Stand Januar 2010) eine prozentuale Vergütungsabsenkung möglich.

Geregelt sind in allen drei Tarifwerken außerdem die Zuschläge für Mehrarbeit, für Nachtarbeit und für die Arbeit an Sonn- und Feiertagen. Hierbei sind Besonderheiten aufgrund spezifischer Festlegungen für bestimmte Einsatzbranchen und die dort üblichen Zuschlagsgestaltungen zu beachten.

Bis auf einzelne Bestimmungen im BZA-DGB-TV sind die Erstattungen für Mehraufwändungen, die Mitarbeitern durch Einsätze entstehen, tarifvertraglich weitgehend nicht geregelt und daher gegebenenfalls einzelvertraglich zu vereinbaren. Der BZA-DGB-TV enthält dazu noch (Stand Januar 2010) die Besonderheit einer Verrechnungsmöglichkeit mit dem Tarifentgelt innerhalb bestimmter Grenzen.

Die Arbeitszeit und Arbeitszeitkonten

Mit der tarifvertraglichen Arbeitszeit wird festgelegt, in welchem Umfang Mitarbeiter ihre Arbeitskraft dem Arbeitgeber mindestens zur Verfügung stellen und zu welcher Mindestabnahme sich der Arbeitgeber gegenüber dem Mitarbeiter verpflichtet. Aufgrund der häufigen Unterscheide hinsichtlich der Arbeitszeiten in den Einsatzbetrieben haben sich die

Tarifvertragsparteien jeweils auf eine Mindestarbeitszeit für Vollzeitbeschäftigte verständigt, die einheitlich einem rechnerischen Äquivalent von 35 Wochenstunden entspricht.

Dem Zeitarbeitscharakter entsprechend werden Lage, Beginn und Ende der täglichen Arbeitszeit den Bestimmungen und Erfordernissen im Kundenbetrieb angepasst. Zur Handhabung der je nach Kundenbetrieb unterschiedlichen Arbeitszeiten sehen alle drei Tarifverträge die Führung von Arbeitszeitkonten vor, mit denen Mehr- und Minderarbeitsstunden erfasst werden. Die Tarifverträge sehen dabei unterschiedliche Ober- und Untergrenzen, bis zu denen Plus- und Minusstunden im Arbeitszeitkonto geführt werden können, vor.

Aus gutem Grund haben sich die Tarifvertragsparteien darauf verständigt, dass Guthabenstunden aus Arbeitszeitkonten der Mitarbeiter vorrangig durch Freizeit auszugleichen sind. Hierüber soll die besonders beschäftigungssichernde Funktion von Arbeitszeitkonten aktiviert werden. Denn mit dem Ansammeln von Plusstunden können Mitarbeiter aktiven und gezielten Einfluss auf ihr Beschäftigungsrisiko nehmen. Findet ihr Arbeitgeber einmal keinen Anschlusseinsatz, ist er zur Lohnfortzahlung verpflichtet, kann jedoch die beschäftigungslose Zeit selbstverständlich nicht unbegrenzt finanzieren. Die Entscheidung, wie lange ein einsatzfreier Mitarbeiter im Unternehmen gehalten werden kann, kann der Mitarbeiter durch ein gut gefülltes Arbeitszeitkonto selbst beeinflussen.

Auch deshalb sollte der Personaldienstleister den von Mitarbeitern immer wieder vorgetragenen Wunsch zur frühzeitigen Auszahlung von Plusstunden sorgfältig mit den Mitarbeitern besprechen und hierbei die tariflichen Regelungen und ihre Funktion erklären. Häufiger Anlass dazu ist die in der Regel mit der Monatsabrechnung erstellte Übersicht zum Arbeitszeitkonto, deren korrekte Führung erfahrungsgemäß von Mitarbeitern besonders kritisch geprüft wird und aufgrund der Komplexität der tariflichen Regelungen gelegentlich Anlass für Nachfragen gibt.

Der Urlaub

Auch beim Urlaub zeigen sich die Vorteile der Tarifverträge in der Zeitarbeit insbesondere für die Mitarbeiter. Alle drei Tarifwerke gehen – bis auf die Anwendung in der Probezeit – über den gesetzlichen Mindestanspruch des Bundesurlaubsgesetzes hinaus und gewähren mit zunehmender Betriebszugehörigkeit mehr Urlaubstage. Im Unterschied zum Bundesurlaubsgesetz, das die Zahl der Urlaubstage in Werktagen (alle Tage außer Sonn- und Feiertagen) bemisst, gehen die Tarifverträge bei der Bemessung von Arbeitstagen aus.

Die Kündigungsfristen

Der ausgeprägte Kündigungsschutz in Deutschland gilt – wie in Kapitel 2.2 bereits angesprochen – auch in der Zeitarbeit. Bezüglich der Kündigungsfristen aus Paragraph 622 BGB nutzen die Tarifverträge die Tariföffnungsklausel lediglich für die Probezeit in den ersten sechs Beschäftigungsmonaten. Nach der Probezeit werden in allen drei Tarifwerken die gesetzlichen Kündigungsfristen angewandt.

Als Beispiel für die unterschiedlich ausdifferenzierten Vereinbarungen seien hier die Einzelregelungen zu den Kündigungsfristen in der Probezeit angeführt.

Tabelle 2: Kündigungsfristen in der Probezeit

BZA-DGB-TV	iGZ-DGB-TV	AMP-CGZP-TV
1. bis Ende 2. Woche: 1 Tag (bei Neueinstellungen möglich)	1. bis Ende 4. Woche: 2 Tage	1. bis Ende 2. Woche: 1 Tag
1. bis Ende 3. Monat: 1 Woche	5. Woche bis Ende 2. Monat: 1 Woche	3. Woche bis Ende 1. Monat: 2 Tage
4. bis Ende 6. Monat: 2 Wochen	3. bis Ende 6. Monat: 2 Wochen	bis Ende 2. Monat: 3 Tage
		bis Ende 3. Monat: 1 Woche
		4. bis Ende 6. Monat: 2 Wochen

Arbeitgeber und Arbeitnehmer können also in der Probezeit die Entscheidung für das Arbeitsverhältnis etwas leichter korrigieren, wenn sich herausstellt, dass die gegenseitigen Erwartungen nicht erfüllt werden. Diese – für beide Vertragsparteien – wichtige Funktion der Probezeit sollte also bewusst und verantwortlich wahrgenommen werden.

Zusatzleistungen

Zusatzleistungen sollen in der Regel die Bindung von Mitarbeitern an ihren Arbeitgeber erhöhen und geben diesem dazu einen monetären Gestaltungsspielraum. Alle drei Tarifwerke benennen solche Zusatzleistungen. Im Detail gibt es einzelne Unterschiede bei der Gewährung von:

- Jahressonderzahlungen in Form von Urlaubs- und Weihnachtsgeld,
- Jubiläumsprämien,
- vermögenswirksamen Leistungen,
- sowie bei der auf Wunsch der Mitarbeiter möglichen Entgeltumwandlung zur betrieblichen Altersversorgung.

Trends der Tarifentwicklung in der Zeitarbeit

Die oben angesprochene, wichtige Funktion der Tarifverträge in der Zeitarbeit bei der Weiterentwicklung und Sicherung fairer und gerechter Arbeitsbedingungen findet ihren Niederschlag in der kontinuierlichen Auseinandersetzung um die Fortschreibung der Tarifverträge. Personaldienstleister achten deshalb besonders auf die Ergebnisse der Tarifverhandlungsrunden hinsichtlich der zu gewährenden Entgelthöhen und vieler weiterer Tarifdetails.

Insbesondere der Anspruch auf Mindeststandards in der Entlohnung und die bevorstehende Öffnung im europäischen Binnenmarkt im Bereich der Zeitarbeit ab 2011 hat das Thema Mindestlöhne in der Zeitarbeit akut werden lassen Gemeinsam haben dazu die Tarifpartner BZA, iGZ und DGB-Tarifgemeinschaft einen Mindestlohntarifvertrag vereinbart und die Aufnahme in das Entsendegesetz vorgeschlagen. Auch der CGZP hat sich für einen tarifvertraglich gestalteten Mindestlohn in der Zeitarbeit ausgesprochen. Dagegen gibt es nach wie vor nicht wenige Gegner eines allein gesetzlich festgelegten Mindestlohns. Ob der Vorschlag eines gemeinsam von allen Tarifvertragsparteien ausgehandelten Mindestlohns von Erfolg gekrönt sein wird, stand zum Zeitpunkt der Drucklegung dieses Handbuches noch nicht fest.

Ungeachtet dessen wird auch die Forderung nach einer stärkeren Gleichbehandlung von Zeitarbeitsmitarbeitern mit den Mitarbeitern in den Einsatzbetrieben lauter. Die Vorschläge zu dieser Frage reichen von einem weitgehenden, gesetzlichen „Equal Treatment" über einzelvertragliche Regelungen in Arbeitnehmerüberlassungsverträgen bis hin zu eigenen tarifvertraglichen Regelungen in der Zeitarbeit beispielsweise im Form von Branchenzuschlägen.

Vieles spricht dafür, dass der eingeschlagene Weg der tarifvertraglichen Gestaltung in der Zeitarbeit vor dem Hintergrund der guten Erfahrungen in der Tarifgeschichte Deutschlands viele Vorteile für alle Beteiligten bietet. Personaldienstleister tun deshalb gut daran, die Entwicklung sorgfältig zu beobachten und aktiv mitzugestalten.

2.8 Exkurs: Zusammenarbeit mit der Arbeitsverwaltung

Fallbeispiel 8:

Vera Starke war fast versucht aufzugeben. Die Anforderung für einen Datenbankprogrammierer, die ihr der Softwarehersteller aufgegeben hatte, schien kaum erfüllbar. „Sie können das gern versuchen", hatte ihr der dortige Personalleiter gesagt, „aber wir suchen selbst schon seit Monaten ohne Erfolg einen qualifizierten Mitarbeiter. Wir würden ja einen Zeitarbeitseinsatz gern als möglichen Weg ausprobieren – wenn Sie uns denn jemand Geeigneten bringen können."

Vera hatte alle Hebel in Bewegung gesetzt, aber der Arbeitsmarkt für qualifizierte Programmierer schien leergefegt. Hinzu kam, dass die geforderte Datenbanksprache ausgesprochen selten war. Ein einziger Bewerber stand zur Diskussion, der immerhin über zehn Jahre Erfahrung in der Programmierung vorweisen konnte. Allerdings war die Datenbanksprache, in der er sich auskannte, schon etwas veraltet und wurde kaum noch nachgefragt. Eine passende Weiterbildung hatte er trotz längerer Arbeitslosigkeit bisher nicht absolvieren können, zeigte aber eine gute Auffassungsgabe und war begierig auf die Aufgabe.

Vera fasste sich ein Herz und sprach erneut mit dem Personalleiter und dem Leiter der Datenbankabteilung des Kunden. Beide lasen das Mitarbeiterprofil und die Unterlagen, die sie zu dem Bewerber mitgebracht hatte. „Grundsätzlich scheint Ihr Bewerber da durchaus wertvolle Kenntnisse zu besitzen", meinte der Abteilungsleiter, „wir wären auch vielleicht in der Lage, ihn in die neue Datenbanksprache einzuarbeiten. Aber das wird sicher einige Zeit dauern, bis er da wirklich sattelfest ist." Der Personalleiter überlegte. Schließlich schlug er vor: „Also, Frau Starke, wir sprechen gern einmal mit Ihrem Bewerber. Eine Direkteinstellung dieses Bewerbers bei uns käme derzeit nicht in Betracht. Aber wenn Sie das Risiko tragen wollen, ist das eine Überlegung wert. Vielleicht lohnt in diesem Fall eine längere Einarbeitung. Dann müssten Sie uns allerdings bei den Konditionen deutlich entgegenkommen, denn dieser Mitarbeiter wird ja nicht von Anfang an volle Leistung bringen."

Vera atmete auf. Sie war fest entschlossen, die Möglichkeit, die sie mit ihrem Bewerbervorschlag eröffnet hatte, zu nutzen. Und sie hatte auch schon eine Idee. Dazu würde sie noch einmal mit dem Bewerber und mit der Agentur für Arbeit sprechen müssen. Sie war gespannt, ob beide mit ihrem Vorschlag einverstanden sein würden.

Fragen:

1. Welche Möglichkeiten hat Vera Starke, die längere Einarbeitung des Bewerbers zu realisieren?

2. Welche Förderungsmöglichkeiten der Arbeitsverwaltung können in der Zeitarbeit genutzt werden?

3. Welche Anforderungen in der Zusammenarbeit mit der Arbeitsverwaltung gibt es?

Vom ungeliebten Konkurrenten zum Top-Kunden der Arbeitsverwaltung

Die Zusammenarbeit zwischen Zeitarbeitsunternehmen und der öffentlichen Arbeitsverwaltung hat ihre eigene, wechselvolle Geschichte. Immerhin hatte noch in den 60er Jahren die damalige Bundesanstalt für Arbeit die ersten Ansätze für Zeitarbeit in der Bundesrepublik sogar per Strafantrag als Verstoß gegen ihr Vermittlungsmonopol bekämpft. Erst das 1972 verabschiedete Arbeitnehmerüberlassungsgesetz setzte die Rechtmäßigkeit von Zeitarbeit durch. Doch selbst noch in den 90er Jahren war eine vertrauensvolle Zusammenarbeit zwischen Zeitarbeit und Arbeitsverwaltung keine Selbstverständlichkeit, Misstrauen und Vorbehalte verursachten immer wieder Reibungsverluste.

Auch wenn heute nicht in jedem Fall solche Vorbehalte ausgeschlossen sind, so wurden doch gemeinsam wichtige und wertvolle Fortschritte erreicht. Mit dem starken Beschäftigungszuwachs in der Zeitarbeit, ihrem gewachsenen, positiven Image und einer gestiegenen Arbeitgeberorientierung der Arbeitsverwaltung ist die Zeitarbeit zu einem Top-Kunden der Arbeitsverwaltung aufgestiegen. „Wir nehmen Zeitarbeit als Weg aus der Arbeitslosigkeit daher sehr ernst", sagte 2007 Frank-Jürgen Weise, Vorstandsvorsitzender der Bundesagentur für Arbeit (BA), und sah „darin eine sinnvolle Flexibilisierung am Arbeitsmarkt und derzeit auch einen Motor für neue Jobs".

Dieses neue Verständnis von Zeitarbeitsunternehmen schlägt sich auch in ihrer Aufwertung als reguläre Arbeitgeber, die die Unterstützung der Arbeitsverwaltung in Anspruch nehmen können und sollen, nieder. Heinrich Alt, Vorstandsmitglied der Bundesagentur für Arbeit erklärte ebenfalls 2007: „Die Maxime der BA, Zeitarbeitsunternehmen grundsätzlich wie alle anderen Unternehmen zu behandeln, ist in internen Besprechungen der Agenturen und Arbeitsgemeinschaften / Jobcentern (sog. Grundsicherungsträger für die erwerbsfähigen Hilfebedürftigen) thematisiert worden. Die Bundesagentur für Arbeit möchte ihre Zusammenarbeit mit den Zeitarbeitsunternehmen sogar noch intensivieren."

Solche wertvollen Entwicklungsschritte gilt es im konkreten Alltagsgeschäft der Personaldienstleister mit Leben zu füllen. Dass hierbei die festgelegten Regeln zu beachten und ein gegenseitiges Verständnis für die jeweilige Rolle in der partnerschaftlichen Zusammenarbeit zu entwickeln sind, soll hier an einigen Beispielen verdeutlicht werden.

Geregelte Zusammenarbeit beim Recruiting

Die Unterstützungsmöglichkeiten von Arbeitsagenturen und ALG-2-Trägern bei der Bewerbersuche von Zeitarbeitsunternehmen wurden bereits in Kapitel 2.4 angesprochen. In vielen Fällen verfügen Zeitarbeitsunternehmen dazu bereits über eine gut entwickelte Zusammenarbeit mit ihren persönlichen Ansprechpartnern in den örtlichen Agenturen für Arbeit bzw. Jobcentern. Seit 2007 kann diese Zusammenarbeit auf eine verlässliche, vertragliche Grundlage gestellt werden, in der Regeln verbindlich vereinbart werden.

Die Kooperationsverträge, die die Bundesagentur für Arbeit den Zeitarbeitsunternehmen dazu vorschlägt, besagen in ihrer Präambel: „Durch diese Kooperation soll auf dem Gebiet der Zeitarbeit eine einheitliche und reibungslose Zusammenarbeit der regionalen Agenturen für Arbeit und der (Zeitarbeitsfirma) sichergestellt werden. Damit soll das Zusammenführen von Bewerbern mit Arbeitgebern der Zeitarbeitsbranche optimiert werden. Es ist Grundsatz der Bundesagentur für Arbeit, Zeitarbeitsunternehmen wie alle anderen Unternehmen zu behandeln."

In den Musterverträgen werden folgende Regeln für die Zeitarbeitsunternehmen vorgeschlagen:

- Stellenangebote werden nur bei tatsächlichem und aktuellem Einstellungsbedarf gemeldet
- die Meldung eines Stellenangebots erfolgt nur in einer Agentur für Arbeit (Zuständigkeit nach Sitz der meldenden Niederlassung des Zeitarbeitsunternehmens)
- Stellenangebote werden unter Beschreibung eines ausführlichen Qualifikationsprofils, Angabe des erzielbaren Arbeitsentgelts sowie Angabe des ersten regionalen Einsatzortes und ggf. des Arbeitgebers (Entleiher) abgegeben
- Stellenangebote werden geschlossen, wenn kein konkreter Bedarf mehr besteht
- Stellenangebote werden über technische Lösungsmöglichkeiten gemeldet (Nutzung gemeinsamer Arbeitgeber-Account, HR-BA-XML-Schnittstelle)
- Zeitnahe Rückmeldung über Ergebnisse von Vermittlungsvorschlägen, ggf. mit Informationen zu konkreten Ablehnungsgründen des Unternehmens oder des Bewerbers
- Angebot von Hospitationsmöglichkeiten für Vermittlungsfachkräfte der Agenturen für Arbeit zur Optimierung des Dienstleistungsangebots der Agenturen in Bezug auf die spezifischen Belange der Zeitarbeitsbranche

Für die Agenturen für Arbeit sollen dabei folgende Regeln gelten:

- Telefonische Erreichbarkeit (Arbeitgeber-Hotline sowie Präsenz während der Servicezeiten)
- Persönliche Ansprechpartner
- Qualifizierte Erstreaktion/Vermittlungsvorschläge innerhalb von 48 Stunden (2 Arbeitstage)
- Interessen- und Eignungsprüfung der Bewerber
- Information zu Förderleistungen
- Rückmeldung bei Online-Anfragen zu anonymisiert veröffentlichten Bewerbern (Kunden der BA) in der Jobbörse innerhalb von 24 Stunden (1 Arbeitstag) – wenn Stellenangebot in der AA vorliegt –
- Entwicklung alternativer Besetzungsstrategien
- Nutzung eines gemeinsamen Arbeitgeber-Account zur Online-Übermittlung von Stellenangeboten an die BA mit der Möglichkeit der Übernahme in die Betreuung
- Nutzung der HR-BA-XML-Schnittstelle zur Anbindung des Personalverwaltungssystems (des/der Zeitarbeitsfirma) an die Job-Börse der BA zum automatischen Import von Stellenangeboten in die Job-Börse

Unter diesen Regeln führt gelegentlich die Festlegung zur Benennung des Entleihers zu Konflikten, weshalb darauf hinzuweisen ist, dass diese „gegebenenfalls" und damit nicht als generell verpflichtend anzusehen ist.

Die Erfahrungen mit solchen Kooperationsverträgen, Konflikte und Reibungspunkte werden durch die „Koordinierende Stelle Zeitarbeit" der Bundesagentur für Arbeit (Zentrale Auslands- und Fachvermittlung (ZAV), Villemombler Str. 76, 53123 Bonn) ausgewertet, an die sich Zeitarbeitsunternehmen bei Bedarf wenden können. Auch die Zeitarbeitsverbände stehen zur Weiterentwicklung der Zusammenarbeit mit der Bundesagentur für Arbeit regelmäßig in Kontakt und geben Erfahrungen ihrer Mitglieder weiter.

Förderung der Beschäftigung in Zeitarbeitsunternehmen

Zeitarbeit hat in den letzten Jahren in quantitativer wie in qualitativer Hinsicht eine wichtige Rolle für den Arbeitsmarkt und die (Re-)Integration von Arbeitslosen in sozialversicherungspflichtige Beschäftigung erhalten. Annähernd zwei von drei Neueingestellten in der Zeitarbeit waren vorher arbeitslos, etwa jeder Zehnte war vorher sogar länger als zwölf Monate arbeitslos. Zeitarbeitsunternehmen erweisen sich damit als Arbeitgeber, die häufig Arbeitssuchenden eine Chance geben, die diese bei konventionellen Arbeitgebern seltener finden.

Die Einstellung und Beschäftigung von Arbeitslosen mit Hemmnissen zu fördern und die damit oft verbundenen, erhöhten Risiken und Aufwändungen des Arbeitgebers zu mindern, ist Ziel von Förderungen der Arbeitsverwaltung, die auch Zeitarbeitsunternehmen offen stehen. Zu unterscheiden ist dabei zwischen solchen Förderungen, die die Einstellung von Arbeitslosen erleichtern sollen, und solchen, die die bestehende Beschäftigung sichern und drohende Arbeitslosigkeit verhindern sollen.

Oft sind Förderungsinstrumente mit Ermessensentscheidungen der Arbeitsverwaltung verbunden. Auch deshalb sollten die Förderungsanträge jeweils sorgfältig und vor allem für den jeweiligen Einzelfall spezifiziert formuliert werden. Missbrauchsvorwürfen – besonders bezüglich einer etwa pauschalen, unbegründeten Inanspruchnahme von Förderungen – kann dann angemessen begegnet werden. Auch sind die entsprechenden Förderanträge grundsätzlich vor der Einstellung bzw. Umsetzung zu stellen – ein Umstand, der im oft sehr schnelllebigen Zeitarbeitsgeschäft immer wieder zu Problemen führen kann.

Die Förderbestimmungen zu den einzelnen Instrumenten sind in der Regel recht detailliert und können im Rahmen dieses Handbuches nicht umfassend dargestellt werden. In den Zeitarbeitsunternehmen wird meist ein eigenes Knowhow zu den Förderinstrumenten aufzubauen und zu den sich laufend verändernden Bestimmungen auf dem Laufenden zu halten sein. Einige wichtige Förderinstrumente werden dennoch hier beispielhaft kurz vorgestellt:

Für Arbeitslose, die bei einem Zeitarbeitsunternehmen eingestellt werden sollen, kann – wie bei anderen Arbeitgebern auch – unter bestimmten Umständen ein **Eingliederungszuschuss** (EGZ) zum Arbeitsentgelt gezahlt werden, wenn die Vermittlung des Arbeitslosen durch besondere Hemmnisse erschwert und eine anfängliche Minderleistung (etwa durch noch fehlende Kenntnisse oder Erfahrungen bzw. durch erhöhte Einarbeitungserfordernisse) beim Arbeitgeber zu erwarten ist. Für die Höhe und die Dauer des gewährten Eingliederungszuschusses ist die Darstellung der zu erwartenden Minderleistung entscheidend. Zeitarbeitsunternehmen müssen dazu eine genaue Arbeitsplatzbeschreibung des ersten Einsatzortes darlegen. Auch eine etwaige Veränderung der Tätigkeit während des EGZ-Bezuges muss gemeldet werden, ein bloßer Wechsel des Einsatzbetriebes bei gleichbleibender Tätigkeit ist dagegen nicht meldepflichtig. Für schwerbehinderte, ältere oder jüngere Arbeitslose gelten erweiterte Regelungen hinsichtlich der Anwartschaften sowie Dauer und Höhe des möglichen EGZ.

Sollen dem arbeitslosen Bewerber vor seiner Einstellung notwendige, auf den Arbeitsplatz bezogene Kenntnisse und Fertigkeiten vermittelt werden, können auch durch Zeitarbeitsunternehmen zum Beispiel im Verbund mit dem geplanten Einsatzbetrieb **Trainingsmaßnahmen** mit Bewerbern unter bestimmten Voraussetzungen durchgeführt werden. Während der Trainingsmaßnahme, für die enge Grenzen der zeitlichen Dauer gelten, wird der Bewerber noch nicht Mitarbeiter des Zeitarbeitsunternehmens oder Einsatzbetriebes, sondern erhält weiterhin Leistungen zum Lebensunterhalt. Er muss jedoch durch das Zeitarbeitsunternehmen im Rahmen einer entsprechenden Vereinbarung zur Trainingsmaßnahme verbindlich und angemessen betreut werden. Da die Trainingsmaßnahme der Vermittlung von Kenntnissen und Fertigkeiten dient, sollten die Qualifizierungsschritte konkret beschrieben werden. Selbstverständlich kann die Trainingsmaßnahme keine gewerbliche Arbeitnehmerüberlassung sein, da der Bewerber noch kein Mitarbeiter des Zeitarbeitsunternehmens ist.

Auch Elemente der sogenannten **freien Förderung** können vor einer Einstellung im Zeitarbeitsunternehmen den Arbeitslosen unterstützen, wenn etwa Aufwändungen im Bewerbungsverfahren erstattet oder Hilfen zur Förderung der Mobilität oder bei Bewältigung von persönlichen Hemmnissen gewährt werden.

Bei der Beschäftigungssicherung von bereits beschäftigten Mitarbeitern, die von Arbeitslosigkeit bedroht sein können, kann die Förderung von notwendigen Anpassungsqualifizierungen eine wichtige Rolle spielen. Neben **Bildungsgutscheinen**, die an enge Voraussetzungen geknüpft sind, steht das Programm **„Weiterbildung Geringqualifizierter und beschäftigter älterer Arbeitnehmer in Unternehmen" (WeGebAU)** auch Zeitarbeitsunternehmen offen. Gerade in der Zeitarbeit kann eine längerfristige Weiterbildung von Mitarbeitern mit vielseitigen Problemen bei Organisation und Finanzierung verbunden sein. Hier können die Möglichkeiten solcher Förderungen neue Wege erschließen, wenn eine entsprechende Qualifizierungsplanung und geeignete Kooperationspartner vorhanden ist.

Insbesondere in Zeiten eines besonderen, konjunkturell bedingten Auftragsrückganges können seit Anfang 2009 auch Zeitarbeitsunternehmen für ihre vom Auftragsrückgang betroffenen Mitarbeiter **Kurzarbeitergeld** (KUG) bei der zuständigen Agentur für Arbeit beantragen. Mit der dazu wichtigen AÜG-Änderung hat der Gesetzgeber eine wichtige Gleichstellung der Zeitarbeit mit konventionellen Arbeitgebern vorgenommen. Es ist zu hoffen, dass diese für die Zeitarbeit befristete Neuregelung, die nach den bisherigen Erfahrungen einen positiven Effekt für die in der Zeitarbeit von der Wirtschaftskrise besonders bedrohten Mitarbeiter hat, dauerhaften Bestand haben wird.

Der **Vermittlungsgutschein** als Förderinstrument bei der Vermittlung von Arbeitslosen in Beschäftigungsverhältnisse wird in Kapitel 3 behandelt.

2.9 Aufgabe: Personaldisposition im Einsatz

Fallbeispiel 9:

„Ja, Frau Lukas, ich verstehe ja, dass Sie sich um Ihr Kind kümmern müssen, wenn es krank ist. Aber gibt es denn gar niemand, der Ihnen da helfen kann?" Vera Starke suchte nach einem Ausweg aus der vertrackten Situation. Sie hatte die junge Küchenhelferin vor drei Monaten eingestellt, weil sich in dem Altenheim, das Vera mit Personal unterstützte, die Einsatzmöglichkeit für eine Halbtagskraft in der Mittagsvorbereitung ergeben hatte. Frau Lukas hatte schon früher in der Küche gearbeitet und sich bei der Einstellung und im bisherigen Einsatz sehr engagiert gezeigt.

Natürlich hatte Vera mit der jungen Mutter vor der Einstellung über deren Situation als Alleinerziehende gesprochen. Frau Lukas hatte ihr geschildert, dass sie endlich wieder arbeiten wolle, nachdem ihre vierjährige Tochter nun in den Kindergarten gehe und ihr zuhause die Decke auf den Kopf falle. Wegen ihrer zeitlichen Einschränkung auf die Vormittagsstunden habe sie jedoch bisher keine Stelle gefunden, weil meist auch bei den Teilzeitstellen mehrmals in der Woche am Nachmittag oder Abend gearbeitet werden müsse. Vera hatte vorsorglich gefragt, ob Frau Lukas die Betreuung ihrer Tochter auch für den Fall abgesichert habe, dass diese einmal nicht in den Kindergarten gehen könne. Frau Lukas hatte ihr versichert, sie habe da eine Freundin, die ihr Hilfe zugesagt habe, sollte ihre Tochter einmal krank werden.

Nun hatte Frau Lukas Tochter den Arm im Gips und musste mindestens eine Woche zuhause bleiben. Die Freundin habe inzwischen einen Job gefunden und könne nicht einspringen. Frau Lukas hatte deshalb bei Vera um eine Woche Urlaub gebeten, um sich um ihre Tochter kümmern zu können. Doch als Vera die Leiterin des Altenheimes um Verständnis für den bevorstehenden Ausfall ihrer Mitarbeiterin bat, hatte diese fast getobt. Sie habe schon genug Ärger mit den Krankheitsausfällen ihrer eigenen Mitarbeiter und wenn nun nicht einmal mehr Verlass auf das Zeitarbeitsunternehmen sei, werde sie sich wohl nach einem anderen Anbieter umsehen müssen.

Vera war hin und her gerissen. Einen Ersatz für Frau Lukas konnte sie dem Altenheim nicht sofort zur Verfügung stellen, doch hatte sie auch Verständnis für die Situation der jungen Küchenhelferin. Einerseits stand Frau Lukas in der Probezeit die Inanspruchnahme ihres Urlaubs noch nicht zu, andererseits wäre ja auch eine Freistellung mit oder ohne Lohnfortzahlung zu prüfen. Ob sich statt strikter Ablehnung ein Kompromiss finden ließe?

Fragen:

1. Wie kann Vera Starke die scheinbar verfahrene Situation lösen?

2. Welche Verantwortung tragen Personaldisponenten als betriebliche Vorgesetzte?

3. Wie können Personaldisponenten ihre Rolle zwischen der Verpflichtung gegenüber ihren Kunden und der Verantwortung gegenüber ihren Mitarbeitern ausfüllen?

Der Personaldienstleister zwischen Kunde und Mitarbeiter

Mit dem Einsatzbeginn ihrer Mitarbeiter wird die besondere Verantwortung von Personaldienstleistern in der Zeitarbeit im Vergleich zu anderen Personaldienstleistern deutlich sichtbar. Denn als Dienstleister ihres Kunden und Arbeitgeber ihrer Mitarbeiter müssen sie gleich zwei Rollen vollverantwortlich ausfüllen, deren Anforderungen sich gelegentlich scheinbar widersprüchlich gegenüberstehen können.

Dabei spitzen sich Interessengegensätze nicht selten im operativen Geschäft noch deutlicher als innerhalb konventioneller Beschäftigungsformen zu. In seinem freieren Verhältnis zu den Zeitarbeitsmitarbeitern formuliert der Kunde seine Anforderungen gegenüber dem Zeitarbeitsunternehmen oft prägnanter und offener als gegenüber den eigenen Mitarbeitern. Zeitarbeitsbeschäftigte wiederum unterstehen dem Kundenbetrieb nur bedingt und richten ihre Erwartungen daher zuallererst an den Personaldienstleister als ihrem eigentlichen Arbeitgeber. In ihrer verantwortlichen Mittlerfunktion zwischen Kunde und Mitarbeiter sind deshalb Personaldienstleister in der Zeitarbeit im besten Sinne des Wortes aktiv gestaltende Akteure des Personalgeschehens.

Nichts wäre also falscher, als sich nach ausführlicher Auftragsvorbereitung und erfolgter Mitarbeiterauswahl während des eigentlichen Einsatzes nur noch als Personalverwalter misszuverstehen, der lediglich Figuren auf einem Schachbrett hin und her zu schieben habe (wobei auch die dazu gehörigen Verwaltungsaufgaben nicht gering zu schätzen sind, wie im Kapitel 2.11 gezeigt wird). Ob Kunden plötzlich den Einsatz unabgesprochen ändern, eine vorgesehene Einarbeitung nicht so recht funktioniert, Aversionen von Stammmitarbeitern des Einsatzbetriebes gegen „die Externen" laut werden, Mitarbeiter plötzlich mit ihren Arbeitsbedingungen hadern oder von privaten Problemen eingeholt werden – die Aufgaben des Personaldienstleisters im Einsatz sind so bunt wie das Leben selbst und fordern Nerven, unendlich viel Kommunikation und Kompetenz in der Personalführung.

Zu berücksichtigen ist auch, dass schon ein einzelner Betrieb in der Regel eine eigene Welt für sich darstellt und das Arbeitsleben darin je nach Größe der Vielfalt einer Familie, eines Ortteils oder einer ganzen Stadt entsprechen kann. Der Personaldienstleister bewegt sich aber mit seinen Mitarbeitern gleich in einer Vielzahl unterschiedlicher Betriebsumgebungen. Die dabei vorkommende Vielfalt von Situationen und Einzelfällen ist durchaus bändefüllend und im Rahmen dieses Handbuches selbstverständlich nicht abbildbar. Einige typische Bereiche sollen dennoch angesprochen werden.

Die Kundenbetreuung im Einsatz

Unternehmen müssen heute sehr viel schneller auf Veränderungen und unvorhergesehene Auftragssituationen reagieren. Es ist ein hervorragender Ausweis der Vorteile von Zeitarbeit, dass sie gerade deshalb von vielen Unternehmen zur Verbesserung der Flexibilität genutzt wird. Erfahrene Personaldienstleister wissen daher, dass sich die Details des jeweiligen Auftrages auch während des Einsatzes immer wieder ändern können.

Je intensiver ihr Kontakt und die persönliche Kommunikation zum Kunden während des gesamten Einsatzes ist, desto früher erfahren sie von solchen Veränderungen und können in vielen Fällen unliebsame Überraschungen vermeiden. Ein Personaldisponent, der erst Wochen später vom zwischenzeitlichen Arbeitsplatzwechsel seines Mitarbeiters beim Kunden erfährt, sollte beispielsweise seine Besuchsfrequenz im Kundenbetrieb erhöhen.

Der oft gehörte Satz: „Solange ich nichts vom Kunden höre, scheint alles gut zu laufen" hat sich schon in manchem Fall als fatale Fehleinschätzung erwiesen, wenn dadurch Fehlentwicklungen übersehen werden und das Problem sich am Ende zu einem kaum noch lösbaren ausgewachsen hat. Die unterschiedlichen Ansprechpartner auf Seiten des Kunden schätzen es dagegen durchaus, wenn ihr Personaldienstleister sich beständig über den Fortgang des Auftrages informiert und sich frühzeitig bei Bedarf einschaltet.

Besonders zu Beginn des Einsatzes erweist sich in der Praxis, inwieweit der Mitarbeiter den Anforderungen tatsächlich gewachsen ist und ob seine Integration in die Arbeitsorganisation des Kunden erfolgreich verläuft. Auch bei noch so guter Vorbereitung des Einsatzes können sich am konkreten Arbeitsplatz neue Fragen ergeben und beispielsweise Einarbeitungsprobleme entstehen. Manche verdeckte Unklarheit – bei den Fertigkeiten des Mitarbeiters wie bei den Anforderungen des Kunden – wird nun offenbar und verlangt nach zügiger Klärung. Vielleicht ist der Mitarbeiter dem hohen Arbeitstempo der vor Ort eingespielten Mannschaft nicht sofort gewachsen? Oder hat der Kunde in seiner zugespitzten Personalknappheit übersehen, dass er zusätzliche Anleitungsressourcen für den neuen, externen Mitarbeiter vorhalten muss? Entstehen gar Reibereien zwischen den Stammmitarbeitern des Einsatzbetriebes und den Zeitarbeitsmitarbeitern, weil letztere als vermeintliche Konkurrenten geschnitten und einer Zusammenarbeit Steine in den Weg gelegt werden?

Nichts ist unmöglich im realen Zeitarbeitsgeschäft. So ist es schon vorgekommen, dass die Stammmitarbeiter des Einsatzbetriebes in eigenen Dienstbesprechungen über Produktionsveränderungen informiert wurden, die Zeitarbeitsmitarbeiter jedoch aufgrund fehlender Beteiligung plötzlich fehlerhaft arbeiteten. Oder es wurden aufgrund zusätzlicher Mitarbeiterausfälle beim Kunden den eingesetzten Zeitarbeitsmitarbeitern allzu häufige Schichtwechsel abverlangt, bei denen noch dazu die gesetzlich vorgegebenen Ruhephasen nicht mehr eingehalten wurden.

Man mag gegen diese Beispiele einwenden, dass solche Vorgänge aufgrund der Integration von Zeitarbeitsmitarbeitern in die Arbeitsorganisation des Kundenunternehmens und des ihm übertragenen Weisungsrechtes in dessen Verantwortung fallen. Richtig ist daran, dass in vielen solcher Fälle die formale Haftungsbeschränkung des Zeitarbeitsunternehmens auf die Auswahlhaftung (siehe Kapitel 2.2) greift, soweit es um Minderleistungen, Fehler oder gar kostenträchtige Schäden durch Zeitarbeitskräfte geht.

Dennoch geht es in der Kundenbetreuung während des Einsatzes gerade darum, solche Störungen nach Möglichkeit gar nicht erst entstehen zu lassen oder zumindest frühzeitig abwenden zu können. Personaldienstleister können ihren Kunden in vielen Fällen zum Beispiel bei der angemessenen Einarbeitung der Mitarbeiter, bei der Gestaltung der Arbeitsbedingungen – insbesondere bezüglich der Arbeitszeiten – und bei Konflikten in Personalfragen beraten und unterstützen.

Erst recht muss der Personaldienstleister jedoch eingreifen, wenn im Kundeneinsatz die Gefahr droht, dass gegen rechtliche Bestimmungen verstoßen würde. So kann ein hoher Arbeitsanfall oder Termindruck beim Kunden und ein an sich lobenswertes Engagement der Zeitarbeitsmitarbeiter zwar durchaus einmal dazu verleiten, die zulässigen Grenzen der täglichen oder wöchentlichen Arbeitszeit zu überschreiten. Spätestens an einer solchen Stelle muss aber der Personaldienstleister als verantwortlicher Arbeitgeber seiner Mitarbeiter intervenieren und korrigierend wirken. Schließlich muss er als Arbeitgeber für solche arbeitsrechtlichen Verstöße gerade stehen und alles ihm Zumutbare unternehmen, um seiner Sorgfalts- und Fürsorgepflicht genüge zu tun. Über die rechtlichen Konsequenzen hinaus beweist sich an solchen Stellen zugleich der Qualitätsanspruch des Personaldienstleisters, mit dem er seine langfristig erfolgreiche Arbeit mit Kunden und Mitarbeitern gestaltet.

Ergibt sich dagegen eine begründete Unzufriedenheit des Kunden mit dem eingesetzten Mitarbeiter, kann – nach Ausschöpfung aller anderen Mittel – auch ein Mitarbeiteraustausch anstehen, den der Personaldienstleister entscheiden muss. Er wird sich dazu beim Kunden und Mitarbeiter genau informieren, aus welchen Gründen der Mitarbeiteraustausch notwendig wird – auch deshalb, um einen besser geeigneten Mitarbeiter identifizieren und die weiteren Einsatzmöglichkeiten des bisherigen Mitarbeiters richtig beurteilen zu können. Dabei ergeben sich durchaus Fälle, wo weniger die fachliche Eignung des bisherigen Mitarbeiters (selbst wenn diese zunächst vordergründig behauptet wird) den Mitarbeiteraustausch notwendig macht. Nicht selten sind es eben auch persönliche Animositäten oder andere Störungen, die nicht anders als durch einen Mitarbeiteraustausch gelöst werden können.

Nicht zuletzt bietet die kontinuierliche Kundenbetreuung während des Einsatzes Gelegenheit auch über weitere Mitarbeitereinsätze zu sprechen und zusätzliche Einsatzmöglichkeiten mit dem Kunden zu eruieren. Auch ein etwaiges Übernahmeinteresse des Kunden an einem bewährten Mitarbeiter kommt hierbei nicht selten zur Sprache und kann konditionell gestaltet werden.

Für die Situation nach Auftragsende beugt der beständige Kontakt während des Einsatzes beispielsweise Reklamationsansprüchen des Kunden – seien diese nun berechtigt oder unberechtigt – oft erfolgreich vor. Wer als Personaldienstleister jederzeit gut informiert über den Verlauf der Mitarbeitereinsätze ist, wird Einwänden von Kunden bei der Rechnungsstellung oder Zahlungsaufforderung wesentlich souveräner entgegentreten können.

Die Kommunikation mit dem Kunden während des Einsatzes ist also unbedingt groß zu schreiben. Der Personaldienstleister sollte es sich in der Kundenbetreuung deshalb zur eigenständigen Aufgabe machen, den Kontakt zum Kunden während des Einsatzes regelmäßig telefonisch und – in vertretbaren Abständen – durch persönliche Besuche zu pflegen. Wo immer möglich, sollten dabei auch die Arbeitsplätze der Mitarbeiter besucht und kurze Gespräche – auch mit den jeweiligen Anleitern der Mitarbeiter – geführt werden. Die wesentlichen Inhalte dieser Kontakte sind in geeigneten Protokollen oder in der Kontaktverwaltung der Zeitarbeitssoftware zu dokumentiert.

Personaldienstleistungskaufleute als betriebliche Vorgesetzte

In der Funktion als Personaldisponenten werden Personaldienstleistungskaufleute regelmäßig betriebliche Vorgesetzte ihrer Mitarbeiter. Dabei kann und soll durch den Arbeitgeber festgelegt werden, ob der Personaldisponent lediglich Weisungsbefugnis für die ihm unterstellten Mitarbeiter erhält oder ob er auch Zeichnungsberechtigung für Einstellung, Abmahnung oder Kündigung hat.

Für den einen oder die andere kann die Funktion bedeuten, dass er oder sie zum ersten Mal in seiner Berufsbiografie in die Vorgesetztenrolle eintritt. In der Regel ist damit ein Perspektivwechsel verbunden. War man vorher vielleicht einfach Kollege, so nimmt man nun Arbeitgeberfunktionen war. Ist diese Rolle neu, so entwickelt fast jeder ein neues, durchaus unterschiedliches Selbstverständnis. Die Bewegungsmöglichkeiten reichen dabei von einem Extrem – etwa der Versuchung zu einer „Verbrüderung" mit den unterstellten Kollegen, um vielleicht noch immer „als einer der ihren" zu gelten – bis zum anderen Extrem – zum Beispiel einer übertrieben harten Haltung, die „jetzt einmal den Hammer kreisen lassen will", etwa um als Vorgesetzter akzeptiert zu werden.

Es gibt viele Führungsstile. Welcher nun erlernt und sich zu eigen gemacht werden kann, hängt von mehreren Faktoren ab. Darunter kann die Unternehmens- und Führungskultur im eigenen Betrieb prägend sein, die Persönlichkeit des Personaldisponenten ist ein weiterer Pol und schließlich wirken die Erwartungen, Haltungen und Gewohnheiten der unterstellten Mitarbeiter mit. Dieses Handbuch will keinen bestimmten Führungsstil empfehlen, es gibt auch zu diesem Thema zahlreiche Fachliteratur, die zu Rate gezogen werden kann. Wie angedeutet, muss jedoch der erfolgreiche Führungsstil im jeweiligen Unternehmen gefunden und entwickelt werden.

Zumindest aber ergibt sich mit der Besonderheit der Zeitarbeit, in der betriebliche Vorgesetzte und unterstellte Mitarbeiter eben nicht täglich im gleichen Betrieb zusammenarbeiten, ein durchgängiges Merkmal. Das Mitarbeitergespräch – neben den stärker formalen, arbeitsrechtlichen Instrumenten – gewinnt einen unvergleichlich höheren Stellenwert als in konventionellen Arbeitsverhältnissen, bei denen beispielsweise das Vormachen, das Arbeiten im Team und der berufsfachliche Austausch als Führungsinstrumente stärker genutzt werden können. Im Gespräch dagegen die verschiedenen Aspekte einer Mitarbeiteraufgabe oder eines Personalproblems zu analysieren, mit dem nötigen Gespür für die Anforderung einerseits und die Bedürfnisse des Mitarbeiters andererseits Lösungsmöglichkeiten herauszuarbeiten und die gefundene Lösung überzeugend zu kommunizieren – diese Schritte des Mitarbeitergesprächs gilt es in der Personaldisposition täglich und mit jedem Mitarbeiter neu zu realisieren.

Dass sich Personaldisponenten dabei oft einerseits als „Hans-Dampf-in-allen-Berufsfragen" und andererseits gelegentlich als „Sozialarbeiter", der mit nahezu allen menschlichen Gegebenheiten umzugehen hat, empfinden, darf nicht überraschen. Unvoreingenommenheit, Offenheit für jede Situation, Flexibilität und Kreativität bei Problemlösungen und Einfühlungsvermögen in die Persönlichkeit der Mitarbeiter sind dabei wichtige Eigenschaften von Personaldisponenten, die es zu trainieren gilt. Sie helfen zugleich, in der Hektik des Alltagsgeschäfts und seinen Stressbedingungen, in denen oft mehrere Anforderungen zugleich zu erfüllen sind, im Mitarbeiter immer wieder den Menschen zu sehen, dem es gerecht zu werden gilt.

Dass dabei auch Personaldisponenten letztlich nur Menschen mit Grenzen sind, die sich nicht zwischen den Polen Arbeitgeber, Mitarbeiter und Kunde zerreiben lassen dürfen, muss gelegentlich allerdings auch thematisiert werden. Im Disponententeam oder beim eigenen Vorgesetzten auch einmal seelischen Ballast abwerfen zu dürfen und sich neue Stärkung und Sicherheit abzuholen, sollte zur Kultur eines Führungsteams gehören. Dies tut dennoch der Tatsache keinen Abbruch, dass Personaldisponenten als Vorgesetzte in der Regel mehr leisten müssen als Mitarbeiter ohne Führungsaufgaben.

Personalführungsaufgaben im Einsatz

Personalführung beginnt schon mit der sorgfältigen und fachlich abgesicherten Auswahl des geeigneten Mitarbeiters für eine gegebene Aufgabe. Ist der ausgewählte Mitarbeiter den Anforderungen nicht gewachsen, haben Personaldisponenten dafür den entsprechenden Teil ihrer Führungsverantwortung zu tragen. Dieser Grundsatz gilt selbstverständlich auch während des Einsatzes. Mit den Mitarbeitern kontinuierlich Kontakt und sich hinsichtlich ihrer Arbeit und den Bedingungen auf dem Laufenden zu halten, entspringt nicht nur der Verantwortung des Personaldisponenten für den Auftrag, sondern auch seiner Fürsorgepflicht für die ihm unterstellten Mitarbeiter.

Auch hierbei ist die Besonderheit der Zeitarbeit mit den entfernten Einsätzen der Mitarbeiter im Kundenbetrieb prägend. Regelmäßige Mitarbeitergespräche und Besuche an ihrem Arbeitsplatz gehören grundlegend zu einer qualitätsorientierten Personaldienstleistung in der Zeitarbeit und zahlen sich durch einen dauerhaften Erfolg der Einsätze aus. Auch das notwendige Vertrauen zwischen Disponent und externem Mitarbeiter und die erreichbare Bindung zum Arbeitgeber Zeitarbeit hängt im besonderen Maße vom intensiven Kontakt und der nicht unerheblichen Investition in Mitarbeitergespräche ab.

Die Anlässe dafür sind letztlich zahlreich gegeben. Bereits angesprochen wurden die besonders sensible Anfangsphase eines Einsatzes, in der sich häufig Klärungserfordernisse ergeben können, sowie vorkommende Einsatzveränderungen oder Konflikte im Kundenbetrieb. Neben vielen organisatorischen Aspekten geht es dabei oft auch darum, den eigenen Mitarbeitern den Rücken und ihre Motivation zu stärken. Denn den Mitarbeitern wird in den wechselnden Arbeitsumgebungen viel abverlangt. Ihren Disponenten dabei als Unterstützung zu erleben, an den man sich jederzeit bei aufkommenden Problemen wenden kann, hat schon manchen Mitarbeiter vor einem verfrühten Aufgeben bewahrt.

Neben den Einsatzdetails ergeben sich immer wieder auch Anlässe für Gespräche, die das Arbeitsverhältnis betreffen. Fragen zur Eingruppierung oder ihrer Anpassung, zur Arbeitszeit oder zum Arbeitszeitkonto und anderen tariflichen oder arbeitsvertraglichen Aspekten können eine gute Gelegenheit sein, einen Mitarbeiter einmal ins Büro zu bitten und ausführlich miteinander zu sprechen.

Dabei kann deutlich werden, dass Mitarbeiter in der Zeitarbeit gelegentlich übersehen, wer ihr eigentlicher Arbeitgeber ist. So kann es vorkommen, dass ein Mitarbeiter seinen Urlaubswunsch ganz selbstverständlich mit dem Kundenbetrieb besprochen, den Urlaubsantrag bei seinem eigenen Arbeitgeber aber schlicht vergessen hat. Oder es stellt sich bei solchen Gelegenheiten heraus, dass ein Mitarbeiter zwar fleißig Überstunden erarbeitet, wegen einer scheinbar gutmeinenden Absprache im Kundenbetrieb den dazu gehörenden Freizeitausgleich jedoch nicht mit seinem Disponenten geklärt hat. Mitarbeitergespräche können da manche Überraschung ergeben.

Ein ergiebiges Thema von Mitarbeitergesprächen kann die erreichbare Weiterentwicklung von Mitarbeitern sein. So bringt beispielsweise fast jeder Einsatz einen Kompetenzgewinn für den Mitarbeiter mit sich. Mit der Zeit können sich dabei Fähigkeiten zeigen, die durch ihre Dokumentation oder eine begleitende Weiterbildung aufgewertet werden können. Eine solche Personalentwicklung ist in der Zeitarbeit besonders angesichts knapper Personalressourcen am Arbeitsmarkt ein wichtiges, zukunftsweisendes Feld, das steigende Leistungen und Qualität sichern kann. Hierbei die Ambitionen und Lernpotentiale von Mitarbeitern genauer kennen zu lernen, ist für vorausschauende Personaldisponenten besonders wichtig.

Schwierige Mitarbeitergespräche haben oft belastende Probleme im privaten Umfeld von Mitarbeitern zum Inhalt. Sei es, dass solche Probleme sich auf die Arbeitsfähigkeit des Mitarbeiters auswirken, sei es, dass jemand einfach ein entlastendes Gespräch mit seinem vertrauenswürdigen Disponenten sucht – auch bei solchen Problemen ist ein offenes Ohr der Personaldisponenten gefragt. Schulden, familiäre Probleme oder Suchtgefahren sind immer wieder kehrende Beispiele, die sich negativ auf die Leistung von Mitarbeitern auswirken können und verantwortlich besprochen werden sollten.

Insbesondere nach eingetretener Arbeitsunfähigkeit können Rückkehrgespräche ein gutes Instrument sein, um etwaige Auswirkungen auf die zukünftige Beschäftigung, mögliche Leistungsminderungen oder Gefahren am Arbeitsplatz zu thematisieren. Gerade bei solchen Gesprächen zeigt sich häufig, inwieweit Mitarbeiter an einer vertrauensvollen Zusammenarbeit und notwendigen Lösungen interessiert sind und mitwirken können.

Schließlich können sich natürlich auch Anlässe ergeben, die arbeitsrechtliche Konsequenzen beinhalten. So haben beispielsweise bei arbeitsvertraglichen Pflichtverletzungen eines Mitarbeiters in der Regel die Personaldisponenten die Pflicht auf den Mitarbeiter einzuwirken und ihn etwa im Rahmen einer Abmahnung zu einem vertragskonformen Verhalten anzuhalten. Die Abmahnung als gleichzeitiger Verzicht des Arbeitgebers auf eine Kündigung mit einem sorgfältigen Mitarbeitergespräch zu verbinden kann diese Verhaltensänderung häufig nachhaltiger bewirken als ein bloßes Schriftstück.

Sollte einmal eine arbeitgeberseitige Kündigung unumgänglich sein, ist auch hierzu in der Regel ein Personalgespräch der beste Weg zum formal korrekten Aussprechen der Kündigung, der Vereinbarung von notwendigen Verfahrensschritten zur Beendigung des Arbeitsverhältnisses und nicht zuletzt zur anzustrebenden Einhaltung eines menschlich korrekten Umgangs miteinander.

Auf Anlässe im Zusammenhang mit dem Arbeitsschutz sowie der Personalverwaltung wird in den folgenden Kapiteln 2.10 und 2.11 gesondert eingegangen.

2.10 Aufgabe: Arbeitssicherheit in der Zeitarbeit

Fallbeispiel 10:

In Vertretung ihres Disponentenkollegen hatte Vera Starke einen zusätzlichen Mitarbeiter als Schweißer bei einem Automobilzulieferer zur Verfügung gestellt. In diesem Arbeitsbereich, den sie wegen des Urlaubs ihres Kollegen nur vorübergehend bearbeitete, war sie jedoch noch nicht wirklich sattelfest. Als sie am dritten Einsatztag die Nachricht erhielt, dass ihr Mitarbeiter mit einer Augenverletzung von der Arbeit zum Arzt gehen musste, erschrak sie und fragte sich, ob sie selbst vielleicht etwas Wichtiges übersehen habe.

Im Gespräch mit dem Mitarbeiter und dem Fertigungsleiter des Kundenbetriebes erfuhr sie, dass dem Mitarbeiter beim Überprüfen der frisch geschweißten Naht ein kleines Stück Schlacke ins Auge geschossen war. Glücklicherweise war das Auge nicht nachhaltig verletzt worden, doch der Mitarbeiter musste für drei Tage arbeitsunfähig geschrieben werden. Natürlich sprach Vera den Fertigungsleiter darauf an, wie so etwas passieren könne. Dieser erklärte ihr, dass seine Mitarbeiter angewiesen seien, die vorgeschriebene, visuelle Nachprüfung der Schweißnaht immer mit Schutzbrille vorzunehmen. Erfahrene Mitarbeiter wüssten, dass heiße Schlacke gefährlich sei und verhielten sich entsprechend vorsichtig. „Bei uns gehört dieser Punkt zu unserer Sicherheitseinweisung der Mitarbeiter dazu", hatte der Fertigungsleiter gesagt, „ich bin davon ausgegangen, dass auch Sie Ihre Mitarbeiter entsprechend unterweisen."

Vera hatte geantwortet, dass jeder Mitarbeiter bei ihr eine Grundunterweisung erhalte. Über die speziellen Gefahren des jeweiligen Arbeitsplatzes und entsprechende Vorkehrungen mit einer arbeitsplatzbezogenen Sicherheitsunterweisung aufzuklären, läge aber in der Verantwortung des Kundenbetriebes, das AÜG schreibe dies auch vor. „Hat denn unser Mitarbeiter diese Sicherheitsunterweisung bei Ihnen nicht erhalten?", fragte Vera. „Das muss ich erst nachprüfen", entgegnete der Fertigungsleiter.

Nachdenklich ging Vera nach dem Gespräch zu ihrem Niederlassungsleiter, um sich mit ihm zu besprechen. Sie fragte sich, ob da noch Lücken beim Arbeitsschutz in ihrem Arbeitsprozess bestünden.

Fragen:

1. Wie kann Vera Starke für die Zukunft das Risiko solcher Unfälle verringern?

2. Welche Verantwortung tragen Zeitarbeitsunternehmen und Kundenbetrieb beim Thema Arbeitssicherheit?

3. Wie kann ein Arbeitssystem im Zeitarbeitsunternehmen gestaltet werden, um der Verantwortung im Arbeitsschutz gerecht zu werden?

Arbeitssicherheit – keine Zusatz-, sondern Querschnittsaufgabe

„Sicher, gesund und erfolgreich" – so überschreibt die Verwaltungsberufsgenossenschaft ihren Leitfaden Zeitarbeit. Die Sicherheit für Mitarbeiter, Kunden und Personaldienstleister gewährleisten. Die Gesundheit bei der Arbeit erhalten. Den Erfolg bei der gemeinsamen Anstrengung erreichen. Dies kann ein gutes Leitbild für einen Personaldienstleister sein, wie die vielseitigen Aufgaben erfüllt werden können.

War der Arbeitsschutz früher von einer schier unübersehbaren Zahl von Einzelvorschriften, Ge- und Verboten geprägt, in der man sich allzu schnell in kaum noch handhabbaren Details beispielsweise dieses oder jenes Zentimeters einer vorgeschriebenen Geländerhöhe verlieren konnte, so konzentriert sich das Thema Arbeitssicherheit heute mehr und mehr um den Begriff des verantwortlichen Handelns.

Verantwortung im Sinne eines ethischen, rechtlichen und wirtschaftlichen Einstehens für die Konsequenzen des eigenen Handelns ist ein guter Ausgangspunkt, um sich als Personaldienstleister dem Thema Arbeitssicherheit zu nähern. Schon in den vorangegangenen Kapiteln dieses Handbuches wurde wiederholt von der Verantwortung des Personaldienstleisters als Arbeitgeber gesprochen. Dieser rote Faden soll immer wieder aufzeigen, dass die Kategorien von Wirtschaftlichkeit, Qualität und Mitarbeiterfürsorge keine Gegensätze, sondern gemeinsame, miteinander verbundene Pole einer modernen Personaldienstleistung sind.

Man könnte es auch anders herum formulieren: Eine schlecht geführte Zeitarbeit, in der Mitarbeiter zu schaden kommen, Personaldienstleister rechtlich zur Rechenschaft gezogen werden und der wirtschaftliche Schaden das Geschäft verhagelt, könnte sicherlich kaum erfolgreich genannt werden. Experten in Sachen Arbeitssicherheit wie der Duisburger Zeitarbeitsunternehmer und Verbandsvertreter Martin Gehrke weisen deshalb immer wieder zu Recht darauf hin, dass das Thema Arbeitssicherheit nicht in eine gesonderte Schublade gehört, sondern sich als Querschnittsaufgabe durch den gesamten Geschäftsprozess ziehen sollte. Dies wird an einigen Punkten weiter unten gezeigt.

Rechtliche Grundlage des Arbeitsschutzes

Das Arbeitsschutzgesetz gilt selbstverständlich auch für Zeitarbeitsunternehmen und sagt sehr klar in seinem Paragraph 3, Absatz 1: „Der Arbeitgeber ist verpflichtet, die erforderlichen Maßnahmen des Arbeitsschutzes unter Berücksichtigung der Umstände zu treffen, die Sicherheit und Gesundheit der Beschäftigten bei der Arbeit beeinflussen. Er hat die Maßnahmen auf ihre Wirksamkeit zu überprüfen und erforderlichenfalls sich ändernden Gegebenheiten anzupassen. Dabei hat er eine Verbesserung von Sicherheit und Gesundheitsschutz der Beschäftigten anzustreben."

Aufgrund der Besonderheit in der Zeitarbeit ist hier außerdem das Arbeitnehmerüberlassungsgesetz zu beachten, das im Paragraph 11, Absatz 6 formuliert: „Die Tätigkeit des Leiharbeitnehmers bei dem Entleiher unterliegt den für den Betrieb des Entleihers geltenden öffentlich-rechtlichen Vorschriften des Arbeitsschutzrechts; die hieraus sich ergebenden Pflichten für den Arbeitgeber obliegen dem Entleiher unbeschadet der Pflichten des Verleihers."

Und schließlich legt Paragraph 15, Absatz 1 des Arbeitsschutzgesetzes für die Mitarbeiter fest: „Die Beschäftigten sind verpflichtet, nach ihren Möglichkeiten sowie gemäß der Unterweisung und Weisung des Arbeitgebers für ihre Sicherheit und Gesundheit bei der Arbeit Sorge zu tragen."

Allen drei beteiligten Seiten im Überlassungsprozess obliegen damit festgelegte Pflichten im Arbeitsschutz. Diese werden neben den genannten und weiteren Gesetzen in einer Reihe von Verordnungen (wie z.B. die Arbeitsstättenverordnung, die Betriebssicherheitsverordnung oder die PSA-Benutzungsverordnung) weiter konkretisiert. Hinzu kommen Vorschriften der Verwaltungsberufsgenossenschaft VBG als gesetzliche Unfallversicherung (wie z.B. die BGV A 1 Grundsätze der Prävention, die BGV A 2 Betriebsärzte und Fachkräfte für Arbeitssicherheit (zur Zeit in Überarbeitung) oder die BGV A 4 Arbeitsmedizinische Vorsorge – seit 2009 ersetzt durch die Verordnung zur arbeitsmedizinischen Vorsorge (ArbMedVV) vom 18. Dezember 2008).

Leitfaden für die Gestaltung der Arbeitsorganisation BGI 5020 der VBG

Alle diese Bestimmungen wurden zusammengefasst in dem „Leitfaden für die Gestaltung der Arbeitsorganisation in Zeitarbeitsunternehmen" BGI 5020 der VBG. Eine entsprechende Information für den Kundenbetrieb stellt die vergleichbare BGI 5021 bereit. Doch sind diese Leitfäden weit mehr als eine Vorschriftensammlung. Unter maßgeblicher Mitarbeit von Verbänden der Zeitarbeitsbranche wurden damit praxisnahe Hilfestellungen für die Arbeit in Zeitarbeitsunternehmen und Kundenbetrieben erstellt, die einen Schwerpunkt auf präventive Wege des Arbeitsschutzes legen.

Mit der BGI 5020 liegt quasi ein „Stand der Technik" für die Arbeitssicherheit vor, der von jedem Personaldienstleister in der Zeitarbeit zur Kenntnis genommen und entsprechend umgesetzt werden muss. Ein besonderer Wert dieses Leitfadens liegt in seiner Gestaltung, die von einem durchgängigen Arbeitssystem im Zeitarbeitsunternehmen und im Kundenbetrieb ausgeht und die Arbeitssicherheit als integrativen Bestandteil aller Prozessabläufe innerhalb dieser Arbeitssysteme versteht. Diese umfassen auf der Seite des Zeitarbeitsunternehmens die Personaldisponenten als Personalentscheidungsträger, die Arbeitsorganisation, die Arbeitsmittel und die Arbeitsumgebung. Im Arbeitssystem des Kunden sind dabei die Zeitarbeitsmitarbeiter sowie die Arbeitsorganisation, die Arbeitsmittel und die Arbeitsumgebung des Kunden erfasst.

Zur Betriebsorganisation des Zeitarbeitsunternehmens stellt die BGI 5020 hilfreiche Vorlagen für die verschiedenen Bereiche vom Unternehmensleitbild über Aufgaben und Verantwortlichkeiten, den kontinuierlichen Verbesserungsprozess und die Mitarbeiterbeteiligung bis hin zur sicherheitstechnischen und betriebsärztlichen Betreuung sowie die Notfallvorsorge und Dokumentation bereit. Als Beispiel im Bereich Betriebsorganisation soll hier die Anforderung für Personaldisponenten als Personalentscheidungsträger zitiert werden:

„Für jede Einstellung, Überlassung (Auftragsannahme und Disposition) und Betreuung von Mitarbeitern werden Personen eingesetzt, die angemessen befähigt sind. Dazu gehören:

- Sozial- und Führungskompetenz,
- betriebswirtschaftliche und kaufmännische Kompetenz,
- fachliche Kompetenz über die zu betreuenden Berufs- und Arbeitsbereiche und
- Kenntnisse im Arbeitsschutz."

Zur fachlichen Kompetenz der Personalentscheidungsträger fordert die BGI 5020:

„Fachliche Kompetenz der Personalentscheidungsträger bedeutet: Kenntnisse über die zu betreuenden Berufs- und Arbeitsbereiche verfügen bzw. erwerben. Diese werden durch eine entsprechende Berufsausbildung und/oder eine gründliche Einarbeitung durch fachkundige Personen (z. B. qualifizierte Personalentscheidungsträger, Fachkraft für Arbeitssicherheit, Betriebsarzt) sichergestellt. Gemeinsame Arbeitsplatzbesichtigungen und Weiterbildung in arbeitsbereichsbezogenen Seminaren erweitern diese Kenntnisse."

Im Rahmen dieses Handbuches können nicht alle Elemente und Ansatzpunkte für den Arbeitsschutz in der Prozesskette des Überlassungsprozess dargestellt werden. Mit der BGI 5020 kann hier auf eine gute und praxisnahe Quelle verwiesen werden. Dennoch sollen hier einige Beispiele aufgezeigt werden, wie Arbeitssicherheit als integrativer Bestandteil im Arbeitsprozess von Personaldienstleistern in der Zeitarbeit verstanden werden kann.

Auftragsannahme, Arbeitsplatzbesichtigung und Gefährdungsbeurteilung

Arbeitssicherheit beginnt bereits bei der Auftragsannahme. Denn die im Kapitel 2.5 beschriebene, detailgenaue Aufnahme des Kundenbedarfs, der Tätigkeitsanforderungen und der Arbeitsplatzdetails ergibt bereits wichtige Hinweise auf mögliche Gefahren und Risiken für die Gesundheit der einzusetzenden Mitarbeiter. Eine entsprechende Arbeitsplatzbesichtigung und gegebenenfalls zusätzliche Informationen des Kunden oder der zu Rate zu ziehenden Fachkraft für Arbeitssicherheit mündet in einer für den Einsatz wie für die Arbeitssicherheit wertvollen Arbeitsplatzbeschreibung, die zugleich eine erste Gefährdungsbeurteilung darstellen soll.

Mitarbeiterauswahl und Sicherheitsunterweisung im Zeitarbeitsunternehmen

Auch die adäquate Mitarbeiterauswahl sichert ab, dass der einzusetzende Mitarbeiter die notwendigen Qualifikationen, Fertigkeiten und Erfahrungen besitzt, um die Tätigkeit sicher, gesund und erfolgreich ausführen zu können. Mit der dokumentierten Sicherheitsunterweisung wird gewährleistet, dass der Mitarbeiter auch im Kompetenzbereich Arbeitssicherheit über aktuelle Kenntnisse verfügt. Die Unterweisungshilfen der VBG sind hierfür ein effektives und rechtssicheres Instrument.

Einsatzvorbereitung mit Persönlicher Schutzausrüstung und Vorsorgeuntersuchung

Auch für die Zurverfügungstellung der Persönlichen Schutzausrüstung (PSA) ist der Arbeitgeber verantwortlich. Eine adäquate, schadensfreie und saubere PSA schützt den Mitarbeiter nicht nur vor Gefahren, sondern weist ihn außerdem beim Kunden als ordentlich betreuten Zeitarbeitsmitarbeiter aus. Bei Besonderheiten von notwendiger PSA, die etwa gegen tödliche Gefahren oder bleibende Gesundheitsschäden schützen soll und deshalb eine einweisungspflichtige Unterweisung und Übung erfordert, sollte unbedingt der Kundenbetrieb einbezogen und mit ihm gegebenenfalls eine gesonderte Vereinbarung zur Verfügungstellung solcher PSA durch das Kundenunternehmen getroffen werden.

In der Einsatzvorbereitung sind für die Tätigkeit erforderliche Vorsorgeuntersuchungen zu klären und durchzuführen. Welche Vorsorgeuntersuchungen für die Tätigkeit erforderlich sind, kann in der Regel der Kundenbetrieb bzw. die Fachkraft für Arbeitssicherheit angeben. Die Anlage 8 der ehemaligen BGV A 4 enthält eine entsprechende Auflistung der G-Untersuchungen, die durch die in der neuen ArbMedVV festgelegten Untersuchungen zu bestimmten Gefahren ersetzt wurden. Das Untersuchungsergebnis gehört mit zur Eignungsfeststellung des Mitarbeiters, erst damit kann gesichert davon ausgegangen werden, dass er den gesundheitlichen Belastungen der Tätigkeit gewachsen ist. Die Aufnahme in der entsprechenden Vorsorgekartei sichert zugleich die Verwendungsmöglichkeit in weiteren, vergleichbaren Einsätzen.

Arbeitsplatzbezogene Sicherheitsunterweisung durch den Kundenbetrieb

Die arbeitsplatzbezogene Sicherheitsunterweisung, bei der der Mitarbeiter über die spezifischen Gefahren, über die konkreten Verhaltensweisen und Sicherungsmaßnahmen zum Arbeitsschutz sowie über die Notfalleinrichtungen informiert wird, kann naturgemäß vor Ort in der Regel nicht durch den Personaldienstleister erfolgen. Sie ist dem Kundenbetrieb durch eine entsprechende Arbeitsschutzvereinbarung zu übertragen. Um Missverständnisse zu vermeiden, sollte die erfolgte Durchführung dennoch auch im Zeitarbeitsunternehmen dokumentiert sein.

Besonders dieser Punkt gibt in der Praxis immer wieder Anlässe für den Personaldienstleister, entsprechende Verfahrensabsprachen mit dem Kunden zu präzisieren und gegebenenfalls nachzubessern. Der Personaldienstleister erfährt dabei oft weitere, wichtige Details der Tätigkeitsanforderung, des Arbeitsplatzes und der Arbeitsumgebung, die ihm in der weiteren Disposition von großem Nutzen sein können.

Arbeitssicherheitsaufgaben während des Einsatzes

Veränderungen der Tätigkeit oder des Arbeitsplatzes während des Einsatzes können immer wieder mit einer Veränderung der Gefährdungen einher gehen. Wie schon in Kapitel 2.9 angesprochen, ist der enge und beständige Kontakt mit dem Kundenbetrieb und dem Mitarbeiter eine wichtige Voraussetzung auch für das frühzeitige Erkennen solcher neuen Gefährdungssituationen. So können zum Beispiel zusätzliche Unterweisungen, Vorsorgeuntersuchungen oder PSA erforderlich werden. Insbesondere die Frage, ob der Mitarbeiter für die veränderte Tätigkeit wirklich geeignet ist, muss wieder neu auch hinsichtlich der Arbeitssicherheit geprüft werden.

Maßnahmen im Falle eines Arbeitsunfalles

Neben den Maßnahmen der Notfallversorgung, die in der Regel im Kundenbetrieb geleistet wird, bestehen für den Personaldienstleister vor allem Aufgaben zur Aufklärung des Unfallherganges und seiner Ursachen. Dabei ist auch zu klären, ob eine entsprechende Untersuchung im Kundenbetrieb erforderlich ist. Gegebenenfalls ist der Betriebsarzt oder die Fachkraft für Arbeitssicherheit hinzuzuziehen. Diese Informationen sind insbesondere für präventive Maßnahmen, die der Personaldienstleister zu veranlassen hat, entscheidend.

Schließlich ist eine Unfallanzeige an die zuständige Berufsgenossenschaft durch den Personaldienstleister und den Kundenbetrieb zu erstellen, wenn der Unfall eine mehr als drei Tage dauernde Arbeitsunfähigkeit oder gar den Tod des Mitarbeiters verursacht hat. Dagegen sollten auch geringfügige Verletzungen in das Verbandbuch beim Zeitarbeitsunternehmen eingetragen werden.

Einsatzauswertung

Eine Auswertung zum Einsatzende mit dem Kunden und dem eingesetzten Mitarbeiter kann zusätzliche Erkenntnisse über Gefahren und Risiken der entsprechenden Arbeitsplätze und Tätigkeiten erfassen. Damit können eine gute Grundlage für Präventionsmaßnahmen bei weiteren Einsätzen gelegt sowie eventuell neue Erkenntnisse über die Einsatzmöglichkeiten des Mitarbeiters und den Personalbedarf des Kunden gewonnen werden.

Arbeitssicherheitsseminare für Personalentscheidungsträger und PDK-Azubis

Mit ihren nicht unerheblichen Beiträgen an die Berufsgenossenschaft finanzieren die Zeitarbeitsunternehmen auch deren umfangreiche Präventionsunterstützung. Nicht allein deswegen sollten die kostenfreien und ergiebigen VBG-Seminare für Personalentscheidungsträger und PDK-Auszubildende regelmäßig genutzt werden.

2.11 Aufgabe: Personalverwaltung

Fallbeispiel 11:

Tim Martens war sauer. Immer liefen bei ihm alle Schwierigkeiten zusammen. Der junge Personaldienstleistungskaufmann war für die Kontrolle der Stundenzettel, die Vorbereitung der Rechnungsstellung und die Führung der Arbeitszeitkonten zuständig. Diesmal waren schon wieder die Stundenzettel von drei Mitarbeitern überfällig und die Kollegin aus der Fakturierung lag ihm schon deswegen in den Ohren.

Er ging ins Büro von Vera Starke, die in der Disposition für die drei Mitarbeiter zuständig war. „Vera, die Stundenzettel von den drei Mitarbeitern sind immer noch nicht da", sprach er Vera an, „hast du schon angerufen und deswegen nachgefragt?" „Mach ich gleich, Tim, ich muss nur erst noch dieses Angebot fertig machen", antwortete Vera.

Tim verdrehte die Augen. Man musste schon gute Nerven in diesem Job haben. Es gab so vieles, das ineinander greifen musste, und wenn an einer Stelle etwas hakte, bekam man das sofort an drei anderen Stellen zu spüren. Besonders bei den Stundenzetteln kam es immer wieder zu Verzögerungen.

Später teilte ihm Vera mit: „Die drei sagen, dass der Gruppenleiter nicht da ist, um seine Unterschrift drunter zu setzen und sonst wolle die niemand unterschreiben." „Ja, und wann kommt der wieder?" Vera zuckte die Achseln. „Angeblich ist er die ganze Woche weg. Die drei können ja nichts dafür. Sollen sie denn die Stundenzettel schon mal ohne Unterschrift reinreichen?" „Nein, nein", erwiderte Tim, „dann reklamiert hinterher wieder die Firma, wenn sie die Rechnung bekommt. Das hatten wir ja schon mal. Und für die Lohnabrechnung muss ich dann auch zweimal prüfen. Kannst du nicht mal mit der Firma sprechen, ob es da nicht einen besseren Weg gibt?"

Vera nickte: „Hör zu, ich muss morgen früh ohnehin zu dem Kunden und spreche mit dem Personalleiter. Beim letzten Mal sprach er davon, dass sie eine automatische Zeiterfassung im Betrieb einführen wollen. Da gibt es ja auch noch ein paar Fragen zu. Vielleicht lässt sich das ja dadurch klären." „Ok, aber die Stundenzettel brauche ich trotzdem so schnell wie möglich. Wäre schön, wenn du das morgen gleich klären könntest."

Fragen:

1. Warum ist für Tim Martens Aufgaben die pünktliche Vorlage der Stundenzettel so wichtig?

2. Wie kann das Verfahren um die Abrechnung der geleisteten Arbeitsstunden flüssig gestaltet werden?

3. Welche Aufgaben stellen sich insgesamt in der Personalverwaltung?

Die Personalverwaltung als Rückgrat der Zeitarbeit

Geht es in der Personaldisposition um höchste Flexibilität, die nach außen gerichtete Kundenorientierung und eine bewegliche Mitarbeiterführung, so gibt die Personalverwaltung als Rückgrat der Zeitarbeit dem gesamten Prozess die notwendige Stabilität und Verlässlichkeit. Fehlerfreie Rechnungen, zuverlässige und pünktliche Lohnabrechnungen und nicht zuletzt die jederzeit überprüfbare Erfüllung der zahlreichen, behördlich auferlegten Pflichten zur Dokumentation der Geschäftsvorgänge sind nur einige Prüfsteine, mit denen der Personaldienstleister die Qualität seiner Arbeit nach außen unter Beweis stellen muss.

Auch nach innen trägt die zuverlässige und sorgsame Personalverwaltung wesentlich zur erfolgreichen Geschäftsführung des Zeitarbeitsunternehmens bei. Je flexibler und unvorhersehbarer das operative Geschehen wird, umso stabiler und verlässlicher muss die Personalverwaltung Sorge dafür tragen, dass keine wichtigen und notwendigen Geschäftsvorgänge vernachlässigt werden. In der Personaldisposition werden die notwendigen Verwaltungsvorgänge gelegentlich als zusätzliche - und nicht selten ungeliebte - Aufgaben verstanden. Tatsächlich stellen diese Aufgaben ganz im Gegenteil eine unverzichtbare Arbeitserleichterung dar, wenn man nämlich den gesamten Arbeitsprozess im Blick hat. Gehen beispielsweise einzelne Details in Aufträgen oder bei der Mitarbeiterführung wegen unvollständiger Dokumentation verloren, so wird der nachfolgende Arbeitsaufwand umso größer.

Auch aus dieser Erkenntnis heraus ist die Berufsausbildung der Personaldienstleistungskaufleute ein wichtiger Entwicklungsschritt in einer immer weiter voranschreitenden Professionalisierung der Zeitarbeit. Eine stabile und detailgenaue Personalverwaltung schafft für Kunden und Mitarbeiter die wertvolle Transparenz in allen Vorgängen, ohne die die für den Erfolg so wichtige Vertrauensbeziehung kaum aufgebaut werden kann.

Personaldienstleistungskaufleute bringen in dieser Hinsicht ganz unterschiedliche persönliche Fähigkeiten mit. Zeichnen sich die einen durch ausgeprägte Kommunikationsfähigkeiten, eine starke Vertriebsorientierung oder eine große Offenheit für den Umgang mit Bewerbern und Mitarbeitern aus, so zeigen andere eine besondere Eignung für die detailgenaue Dokumentation, das zuverlässige Bearbeiten von betriebswirtschaftlichen Aufgaben oder ein tieferes Verständnis von Verwaltungsvorgängen und konzeptionellen Arbeitsinhalten.

Dennoch – in allen Arbeitsfeldern, die für Personaldienstleistungskaufleute in den vorangegangenen Kapitel vorgestellt wurden, finden sich immer wieder wichtige Vorgänge der Personalverwaltung, die bearbeitet werden müssen und auf die dort jeweils beispielhaft hingewiesen wurde. Zu Recht bilden also in der Ausbildung von Personaldienstleistungskaufleuten die Aufgaben der Personalverwaltung einen besonderen Schwerpunkt.

Denn ob Personaldienstleistungskaufleute nun stärker in den betrieblichen Funktionen des Vertriebs, des Recruitings oder der Disposition arbeiten oder stärker in den Verwaltungsbereichen eingesetzt werden – in jedem Fall ist die Beherrschung von Personalverwaltungsaufgaben Voraussetzung und unumgänglicher Bestandteil.

Zu den einzelnen Inhalten der Personalverwaltung gibt es gute und umfassende Fachliteratur sowie zahlreiche Informationsschriften und Bildungsangebote aus den juristischen, betriebswirtschaftlichen, finanztechnischen, steuer- und sozialversicherungsrechtlichen sowie im engeren Sinne personalwirtschaftlichen Fachbereichen, die dieses Handbuch nicht ersetzen kann. Auch die zusätzlich für die Zeitarbeit spezifischen Verwaltungsaufgaben lassen sich hier nicht vollständig beschreiben. Die im Folgenden aufgeführten Beispiele für Aufgaben der Personalverwaltung sollen die konkrete Bedeutung dieser Bereiche aufzeigen und zur notwendigerweise vertiefenden Beschäftigung mit diesen Aufgaben anregen.

Ausfertigung und Kontrolle von Überlassungs- und Arbeitsverträgen

Schriftliche Verträge mit Kunden und Mitarbeitern sind nicht nur in den rechtlichen Bestimmungen für die Zeitarbeit vorgeschrieben, sondern gehören zum Standard eines sauberen und fehlerfreien kaufmännischen Verkehrs. Auf ihre Inhalte wurde bereits in den entsprechenden Kapiteln dieses Handbuches eingegangen. Doch wie erreicht man, dass diese klare und unwiderlegbare Anforderung auch wirklich im hektischen Alltagsgeschäft umgesetzt wird?

Hier sichert die strukturierte, verantwortliche Personalverwaltung mit ihren Kontrollarbeitsschritten ab, dass alle Verträge mit den notwendigen Festlegungen verfasst und unterschrieben werden und zugleich alle Dokumente, die damit verbunden sind, vorliegen. Eine gute und verbindliche Zusammenarbeit im Team des Zeitarbeitsunternehmens ist hierbei genauso wichtig wie die kontinuierliche Kommunikation mit Kunden und Mitarbeitern. Auch im weiteren Prozessverlauf im Auftrag und in der Mitarbeiterführung hat die sorgfältige Wahrnehmung der damit verbundenen Dokumentationspflichten immer wieder ihre Relevanz, wenn sich zum Beispiel Fakturierung und Lohnbuchhaltung auf die darin festgehaltenen Vereinbarungen verlassen können müssen.

Die korrekte Führung von Personalakten

Die Personalakten eines Zeitarbeitsunternehmens repräsentieren sein wertvollstes Gewicht im Geschehen des Personaldienstleistungsmarktes: die Arbeitskraft und Leistungsfähigkeit seiner Mitarbeiter. Entsprechend sorgfältig sollten sie behandelt werden, denn sie enthalten neben anderem die wichtigsten Grundlagen für die Einnahmen und Ausgaben des Unternehmens. Aber auch unter den Gesichtspunkten des Akteneinsichtsrechts der Mitarbeiter und der Kontrollen durch die Aufsichtsbehörde verfügt ein gutes Zeitarbeitsunternehmen immer auch über gute Personalakten.

Die konkreten Anforderungen sind zahlreich. Schon aus einer (keineswegs vollständigen) Aufzählung des notwendigen Inhalts wird deutlich, wie viele Einzelarbeitsschritte dazu gehören: Personalstammblatt, Bewerbungsunterlagen, Qualifikationsnachweise, Bewerberfragebogen, Arbeitserlaubnis/-berechtigung, Arbeitsvertrag, Nachweis über Aushändigung des Merkblattes für Leiharbeitnehmer, Nachweis Arbeitsschutzunterweisung, Nachweis über durchgeführte arbeitsmedizinische Untersuchungen, Aushändigungsnachweis für Ausrüstungsgegenständen / Sicherheitsbekleidung, Lohnsteuerkarte, Meldungen an Finanzamt, Rentenversicherungsträger, Krankenkasse, Berufsgenossenschaft, Einsatz- / Arbeitszeitnachweise, Lohnberechnungen / -abrechnungen, Arbeitsunfähigkeitsbescheinigungen, Abmahnungen, Kündigung / Aufhebungsvertrag, Herausgabe der Arbeitspapiere, Abmeldungen bei Finanzamt, Rentenversicherungsträger, Krankenkasse, Berufsgenossenschaft, sämtliche Korrespondenz das Arbeitsverhältnis betreffend.

Alle diese einzelnen sowie weitere, hier nicht aufgeführte Punkte müssen erstellt, aufgenommen und auf ihre Vollständigkeit, Fehlerfreiheit und Gültigkeit überprüft werden. Dazu gehört personalwirtschaftliche Fachkompetenz genauso wie Genauigkeit und manchmal eben auch die nötige Hartnäckigkeit, bis alles beisammen ist.

Arbeitszeitnachweise

Zeitarbeit wird in der Regel nach den durch die Mitarbeiter geleisteten Stunden beim Kunden abgerechnet. Und auch die Vergütung der Mitarbeiter erfolgt maßgeblich nach den vorgelegten und bestätigten Arbeitszeitnachweisen. Diese Nachweise – je nach betrieblichen Besonderheiten auch Stundenzettel, Leistungsabrechnung, Stundennachweis, Stempelkarte etc. genannt – bilden damit einen harten Kern des betriebswirtschaftlichen Unternehmenserfolges.

Zugleich gehen aus ihnen viele weitere, wichtige Bestandteile der Personaldienstleistung hervor. Zusätzlich geleistete Stunden in Form von Mehrarbeit, Arbeitsausfälle, Arbeit zu besonderen Zeiten wie in der Nacht oder an Sonn- und Feiertagen sind darin erfasst. Selbst mancher Arbeitsplatzwechsel wird gelegentlich durch den Arbeitszeitnachweis offenbar.

Je nach vertraglicher Regelung sind für die Beibringung der Arbeitszeitnachweise die Mitarbeiter und/oder der Kunde verantwortlich. Und besonders hierbei können sich zahlreiche Reibungspunkte ergeben, wenn etwa die eigenen Mitarbeiter diesen Teil ihrer arbeitsvertraglichen Pflichten nicht ernst genug nehmen, Kundenmitarbeiter ihre notwendige Mitwirkung vernachlässigen oder gar der Dokumentenfluss im eigenen Unternehmen hakt.

In der Tatsache, dass in kaum einem anderen Verwaltungsbereich der Zeitarbeit so viele Nachfragen, Erläuterungen und Korrekturen erforderlich sind wie bei der Behandlung der Arbeitszeitnachweise, wird die hohe Bedeutung ihrer korrekten Bearbeitung deutlich.

Vorbereitung der Fakturierung

Mit der Rechnungsstellung an den Kunden und ihrer Begleichung findet die Personaldienstleistung ihr letztlich angestrebtes Ergebnis. Die Vorleistungen, die das Zeitarbeitsunternehmen dazu in der Regel bereits geleistet hat, lassen meist keinen Aufschub zu und Verzögerungen oder gar Fehler können das Betriebsergebnis gefährden.

Die Personalverwaltung liefert dazu die einzelnen Berechnungsgrundlagen wie die angesprochenen Arbeitszeitnachweise, die vertraglich vereinbarten Konditionen hinsichtlich Verrechnungssatz und etwaig angefallener Zu- oder Abschläge oder weitere Rechnungspositionen. Korrekte Rechnungen gehören ebenfalls zum Qualitätsausweis guter Personaldienstleister beim Kunden, dieser kann erwarten, dass sein Vertrauen in den Dienstleister nicht durch Fehler in der Abrechnung gestört wird. Sollte es dennoch zu Reklamationen kommen, muss die Personalverwaltung in der Lage sein, die notwendigen Antworten in kürzester Zeit bereit stellen zu können.

Lohnabrechnung und Arbeitszeitkonten

Das Gleiche gilt für die pünktlichen und fehlerfreien Lohnabrechnungen der Mitarbeiter und die Führung der Arbeitszeitkonten. Ungeachtet einer noch so sorgsamen und aufwändigen Mitarbeiterbetreuung – Lohnabrechnung und Arbeitszeitkonto sind die harten Prüfsteine, an denen die meisten Mitarbeiter ihren Arbeitgeber messen. Noch stärker als in konventionellen Beschäftigungsverhältnissen nehmen Mitarbeiter ihren Arbeitgeber in der Zeitarbeit besonders hierbei höchst sensibel wahr und reagieren entsprechend, wenn sie tatsächliche oder vermeintliche Fehler entdecken.

In den durchaus zahlreichen Gesprächen, die die Personalverwaltung dazu mit Mitarbeitern zu führen hat, erweist sich immer wieder, dass die besondere Komplexität der Lohnabrechnungen und Arbeitszeitkonten in der Zeitarbeit viel Klärungs- und Erklärungsbedarf mit sich bringt. Auch deshalb gehört zu diesem Aufgabenbereich nicht nur höchste Genauigkeit, sondern auch Geduld und Kommunikationsfähigkeit.

Statistiken und behördliche Meldungen

Wie jeder andere Arbeitgeber hat auch das Zeitarbeitsunternehmen zahlreiche Melde- und Dokumentationspflichten, die einen nicht unerheblichen Teil der Personalverwaltung ausmachen. Die Meldungen an Finanzämter, Rentenversicherungsträger, Krankenkassen und Berufsgenossenschaft pünktlich, fehlerfrei und vollständig zu erbringen, vermeidet unnötige Reibungsverluste, die durch ansonsten entstehende Nachfragen, Nachforderungen und Korrekturen entstehen können.

Dazu gehören auch die statistischen Meldungen, die nach Paragraph 8, Absatz 1 AÜG vorgeschrieben und an die Aufsichtsbehörde zu richten sind. Die von der Aufsichtsbehörde vorgesehenen Meldeformulare verlangen Auskünfte zu:

1. Zahl der (überlassenen) Leiharbeitnehmer am Stichtag (getrennt nach Männern und Frauen)
2. Zahl der Leiharbeitnehmer, die im Laufe des Kalenderhalbjahres erstmals ein Arbeitsverhältnis zum Verleiher begründet haben (Zugang), nach Art der vorangegangenen Beschäftigung (getrennt nach Männern und Frauen)
3. Zahl und Dauer der im Kalenderhalbjahr beendeten Arbeitsverhältnisse zwischen Verleiher und Leiharbeitnehmern (getrennt nach Männern und Frauen)
4. Zahl der (überlassenen) Leiharbeitnehmer nach Berufsbereichen und Staatsangehörigkeit zum Ende des Kalenderhalbjahres (getrennt nach Männern und Frauen)

Selbstverständlich gehört zu diesem Aufgabenbereich auch die Erstellung betriebsinterner Übersichten zu Einzelumsätzen, Kostenaufstellungen, operativen Ergebnissen, ertragsmindernden Faktoren und vieles andere mehr, die für die kaufmännische Geschäftsführung des Unternehmens erforderlich sind.

Diese Beispiele für Aufgaben in der Personalverwaltung sind nur ein kleiner Einblick in das große Arbeitsfeld. Es kann nicht oft genug darauf hingewiesen werden, dass diesem Arbeitsbereich in der Ausbildung der Personaldienstleistungskaufleute besondere Aufmerksamkeit zukommen muss. Denn gerade gutes und effektives Verwaltungshandeln muss und kann erlernt werden.

2.12 Exkurs: Qualität und Zertifizierung in der Zeitarbeit

Fallbeispiel 12:

Vera Starke kam bei ihrer Arbeit in der Disposition gelegentlich schon mal ins Schwimmen. Besonders wenn es wie heute wieder von allen Seiten auf sie hereinprasselte. Zwei ihrer Mitarbeiter hatten sich am Morgen krank gemeldet, die Sicherheitsunterweisung für die Ersatzmitarbeiter musste noch durchgeführt werden, ein Kunde benötigte dringend ein Angebot und ein wichtiger Bewerber saß im Warteraum und scharrte ungeduldig mit den Füßen.

Zu allem Überfluss hatte nun auch noch ihr Kollege Tim Martens immer noch ausstehende Stundenzettel bei ihr angemahnt. Zum wiederholten Mal wusste Vera nicht mehr, wo ihr der Kopf stand. Natürlich freute sie sich, dass sie ihren erfahrenen Dispo-Kollegen in solchen Situationen um Hilfe bitten konnte. Irgendwie hatte sie manchmal das Gefühl, dass dem die Arbeit einfach glatter von der Hand ging. Klar, der machte das ja schon seit Jahren und war nie um eine Antwort verlegen. Und doch hatte auch er so seine Macken. Vera war zum Beispiel aufgefallen, dass der erfahrene Dispo-Kollege seine ganz eigene Auffassung bei der Bearbeitung von Bewerberakten hatte. In seinen Schränken gab es Berge davon und sie hatte sich gelegentlich erst da durch wühlen müssen, um bestimmte Bewerber zu finden.

„Sag mal, Peter", rief Vera zu ihrem Kollegen hinüber, „wie war das noch mal? Weisen wir die Zuschläge für den auswärtigen Einsatz im Angebot gesondert aus oder nur den Verrechnungssatz?" Peter Schulz blickte von den Unterlagen des Bewerbers, den er gerade von Vera übernommen hatte, auf und seufzte. „Ach, Vera", grinste er, „hatten wir das nicht letztens erst? Klar schreiben wir die rein, sonst kann der Kunde unser Angebot ja nicht vollständig bewerten und fragt dann doch wieder nach. Mach dir doch einfach mal ne Liste, in die du so was rein schreibst, dann brauchst du da nur reinschauen."

Vera grummelte. Checklisten und Merkzettel hatte sie sich schon eine Unmenge geschrieben und trotzdem ergaben sich immer noch viele Detailpunkte, die sie nachfragen musste. Sie hatte das Gefühl, dass manches im hektischen Arbeitsalltag mal so und mal so gemacht wurde. Natürlich wollte sie ihre Arbeit gut machen, aber ginge es nicht noch besser?

Fragen:

1. Wie kann Vera Starke mehr Sicherheit in ihre Arbeitsabläufe bringen?

2. Welchen Beitrag leistet die Dokumentation von Verfahrensabläufen im Unternehmen?

3. Welches Verständnis von Qualität kann in der Arbeit von Personaldienstleistern zugrunde gelegt werden?

Qualität als Ergebnis und Prozess

Der Begriff der Qualität der Personaldienstleistung wird in diesem Handbuch häufig verwandt. Es geht dabei um Qualitätsanforderungen von Kunden, um die Qualität einer adäquaten Mitarbeiterauswahl, um Qualität im Umgang mit Mitarbeitern und Bewerbern, um Qualität im Arbeitsschutz, der Personalverwaltung und bei der Einhaltung von gesetzlichen Bestimmungen. Doch was ist eigentlich Qualität? Kann sie gemessen oder anderweitig nachgewiesen werden? Oder ist sie gar nur ein abstrakter Anspruch, der am Ende einem Marktgesetz von Wirtschaftlichkeit zu opfern wäre?

Insbesondere die letztere Frage weist daraufhin, dass im allgemeinen Sprachgebrauch häufig ein Gegensatz zwischen „hochwertiger" und „kostengünstiger" Qualität gemacht wird. Ein solcher Gegensatz ist jedoch für die Frage nach Qualität ein ungeeigneter Ansatzpunkt. Ist die Qualität der Personaldienstleistung dasjenige, was ein Kunde zur Erfüllung seines Bedarfes benötigt, geht es um unabdingbare Eigenschaften der Leistung, an der auch ein geringerer Preis keine Abstriche machen darf. Diesen Zusammenhang drückt der bewährte Grundsatz „Qualität hat ihren Preis" zugespitzt aus.

Diesen Qualitätsbegriff macht sich zum Beispiel die Deutsche Gesellschaft Qualität, die bei der Erarbeitung der DIN-Normen maßgeblich mitgewirkt hat, zueigen und definiert Qualität als „die Gesamtheit von Eigenschaften und Merkmalen eines Produktes oder einer Tätigkeit, die sich auf deren Eignung zur Erfüllung gegebener Erfordernisse beziehen". Die Qualität der Personaldienstleistung kann damit verstanden werden als die Gesamtheit aller Eigenschaften, die die Personaldienstleistung in der Erwartung des Kunden haben muss. Anders ausgedrückt: Weist die Personaldienstleistung Mängel auf, kann sie den geforderten Nutzen für ihren Kunden nicht erbringen. Eine Dienstleistung aber, die sich als nicht nützlich erweist, kann sich am Markt nicht erfolgreich behaupten.

In diesem Verständnis von Qualität wird Personaldienstleistung also an ihren Ergebnissen gemessen. Und erweitert man den Kundenbegriff – für die Personaldienstleistung durchaus zulässig – vom einsetzenden Kundenbetrieb auch auf eingesetzte Mitarbeiter und Bewerber, so lässt sich sagen: Die Qualität der Personaldienstleistung entscheidet über die Zufriedenheit von Kundenbetrieb und Mitarbeiter und damit über Erfolg oder Nichterfolg des Unternehmens.

Im modernen betriebswirtschaftlichen Verständnis kommt ein zweiter Qualitätsbegriff hinzu: die Prozess- oder Verfahrensqualität. Dahinter steht die Erkenntnis, dass zur Erreichung der Ergebnisqualität Voraussetzungen geschaffen werden müssen, die im Prozess der Personaldienstleistung liegen. Erst wenn alle Verfahrensschritte richtig und möglichst reibungslos ineinandergreifen, kann das optimale Ergebnis erreicht werden. Und umgekehrt: gibt es in einzelnen Verfahrensschritten ernsthafte Störungen, ist auch das Ergebnis und damit der Unternehmenserfolg gefährdet.

In diesem zweiten Verständnis der Prozess- oder Verfahrensqualität spielt das Qualitätsbewusstsein und die Verhaltensqualität der beteiligten Mitarbeiter eine wichtige Rolle. Man kann davon ausgehen, dass die geforderte Qualität dann am besten erreicht werden kann, wenn die beteiligten Mitarbeiter ein klares Verständnis der Qualitätsanforderungen besitzen und sich nach einem solchen, definierten Qualitätsbewusstsein verhalten. Dies setzt voraus, dass im Unternehmen für alle Mitarbeiter sichtbar und überprüfbar ist, wie und mit welchen Qualitätsanforderungen die einzelnen Arbeitsschritte ausgeführt werden sollen.

Eigenverantwortliche Qualität des Personaldienstleisters

In modernen Qualitätsmanagementsystemen (QMS) geht man zu Recht davon aus, dass neben externen Prüfungen (die weiter unten angesprochen werden) vor allem die eigenverantwortlichen Qualitätsbemühungen des Unternehmens im Mittelpunkt stehen. Was das Unternehmen selbst unternimmt, um die Qualität seiner Leistungen zu sichern, ist letztlich entscheidend. Insofern braucht es nicht erst eine externe Qualitätsprüfung, um eigene Standards für eine gute Dienstleistungsqualität aufzustellen und danach zu arbeiten.

Die Schaffung einer kompromisslosen Kundenorientierung, die Sicherung der notwendigen Qualifikation und Kompetenz aller internen und externen Mitarbeiter und die Gewährleistung angemessener Verfahren und Arbeitsmittel sind Punkte eines eigenverantwortlichen Qualitätsmanagements, das jeder Personaldienstleister selbst aufbauen und entwickeln kann.

Dies beginnt bei der sorgfältigen Beachtung aller gesetzlichen Bestimmungen und den dazu zu schaffenden Verfahren zur Umsetzung und Selbstkontrolle. Es setzt sich fort bei der fehlerfreien Umsetzung der vertraglichen Verpflichtungen gegenüber Kunden und Mitarbeitern. Und es kann münden in die schriftlich niedergelegte Aufstellung eigener Qualitätskriterien und dazu gehöriger Prozessdokumentationen oder Verfahrenshandbücher, auf die alle Mitarbeitern jederzeit zurückgreifen können, um sich qualitätsbewusst zu verhalten.

Unabhängig von externen Qualitätszertifizierungen wird beim Nachweis der so erfüllten Qualität auf die unmittelbare Zufriedenheit von Kunden und Mitarbeitern gesetzt. Denn auch ein „guter Ruf" bei Kunden und Mitarbeitern als Ausdruck eines hohen Renommees kann ein ausgezeichnetes Gütesiegel sein.

Die Rolle der Verbände

Auch die Zeitarbeitsverbände als Selbstorganisation der Zeitarbeitsunternehmen tragen zur Sicherung der Qualität in der Zeitarbeit bei. So leisten beispielsweise die von den Verbänden abgeschlossenen Tarifverträge einen wichtigen Beitrag sowohl zur Ergebnis- als auch zur Prozessqualität. Mit den Tarifverträgen existieren wichtige Standards für die erforderlichen Arbeitsbedingungen der Zeitarbeitsmitarbeiter, an die sich die Mitgliedsunternehmen und Tarifanwender halten müssen. Die tariflichen Schlichtungsstellen der Tarifpartner sind dabei ein wertvolles Kontroll- und Korrekturorgan, das das tariftreue Verhalten der Zeitarbeitsunternehmen unterstützen kann.

Auch die weiteren Dienstleistungen der Verbände an ihre Mitglieder mit der Rechtsberatung, einer Image stärkenden Öffentlichkeitsarbeit, eigenen Weiterbildungsangeboten sowie der politischen Lobbyarbeit tragen zu einer nachhaltigen Stärkung der Qualität in der Branche bei. Die Ausbildung der Personaldienstleistungskaufleute selbst ist ebenfalls ein Ausfluss dieser qualitätsorientierten Verbandsarbeit. Nicht wenige Zeitarbeitsunternehmen schätzen deshalb ihre Verbandsmitgliedschaft als Ausweis ihrer an Qualität orientierten Arbeit und weisen diese in ihren Unternehmensunterlagen sichtbar aus.

Die positive Rolle der Verbände bei der Qualitätssteigerung wird Anfang 2010 unter anderem auch im 11. AÜG-Bericht der Bundesregierung hervorgehoben. Darin heißt es zum Rückgang der Beanstandungszahlen und entsprechend geringer Widerrufe von AÜ-Erlaubnissen: „Während im Jahr 2005 die Zahl der Widerrufe noch deutlich über den jährlichen Zahlen des vorangegangenen Berichtszeitraums lag, hat sich die Zahl der jährlich widerrufenen Erlaubnisse seitdem halbiert. Nach den Angaben der Regionaldirektionen der Bundesagentur für Arbeit ist diese Entwicklung auf verschiedene Ursachen zurückzuführen: die seit dem 1. Januar 2004 wirksamen gesetzlichen Deregulierungen (Wegfall der Höchstüberlassungsdauer, des Befristungs-, Synchronisations- und Wiedereinstellungsverbots), die wirtschaftliche Entwicklung der Branche im Berichtszeitraum und die Einbindung der Zeitarbeitsbranche in ein branchenspezifisches Verbandswesen, die zu einer Standardisierung der geschäftlichen Rahmenbedingungen geführt hat."

Die Gewerkschaften als Interessensvertreter der Arbeitnehmer sind– nach langer Zeit einer ablehnenden Haltung gegenüber der Branche – inzwischen ebenfalls aktiv interessiert an einer qualitätsorientierten Gestaltung der Zeitarbeit. Im Kern zeigt sich dies in der differenzierten Verhandlung der Tarifverträge und einem schrittweisen Aufeinanderzugehen bei der Anerkennung der zeitarbeitsspezifischen Gestaltungsbedingungen.

Hinzu kamen in der Vergangenheit mehrere Ansätze eines gewerkschaftlich definierten Gütesiegels, zuletzt 2008 in Form eines „Fairness-Abkommens", dass die IG Metall in einigen Bundesländern den Zeitarbeitsunternehmen vorschlug. Darin sollte die Anwendung von DGB-Tarifverträgen, die Möglichkeit zur kundenbezogenen Vereinbarung eines Equal Pay und die Nichtbehinderung der Bildung von Betriebsräten festgeschrieben werden. Während BZA und iGZ sowie einige Zeitarbeitsunternehmen sich diesem Abkommen, verbunden mit der Möglichkeit zur bevorzugten Beurteilung durch Kundenbetriebsräte, anschlossen, gingen anderen solche Eingriffe in ihre unternehmerische Gestaltungsfreiheit zu weit.

Externe Qualitätssiegel und Zertifizierungen

Geht man von der eingangs gestellten Frage, was Qualität ist und wie man sie messen kann, aus, so spielen im Wirtschaftsleben externe Qualitätssiegel inzwischen eine herausgehobene Rolle. Ob ISO-Normen in der Industrie, Produktgütesiegel im Handel oder zum Beispiel die „Stiftung Warentest" für private Konsumgüter – der anbieterunabhängige Nachweis von Qualität ist für viele Einkäufer zu einer wichtigen Richtschnur für Kaufentscheidungen geworden.

Bereits die Forderung eines Kundenbetriebs an den Personaldienstleister zur Vorlage der AÜ-Erlaubnis und von Unbedenklichkeitsbescheinigung von Krankenkasse und Finanzamt zeigt, dass Zeitarbeitskunden sich nicht allein auf die Vertriebsaussagen des Personaldienstleisters verlassen wollen. Die Subsidiaritätshaftung des Entleihunternehmens ist ein gutes Beispiel dafür, dass Zeitarbeitskunden ein hohes Interesse daran haben, dass ihr Dienstleister schon den ganz grundlegenden Qualitätsanforderungen genügt.

Mit der zunehmenden Vernetzung der Wirtschaftsabläufe und den komplexer werdenden Produktionsketten kommt vermehrt jedoch auch die Kundenanforderung einer ausgewiesenen Zertifizierung der Qualität des Personaldienstleisters auf. Manche Einkaufsbedingungen von Kundenunternehmen enthalten bereits entsprechende Vorgaben. Damit ist es nicht mehr allein der Bereitschaft eines Personaldienstleisters zu einer solchen externen Qualitätsprüfung überlassen, manchen Kunden kann er nur noch mit einem solchen Qualitätssiegel bedienen.

Doch während in anderen Wirtschaftszweigen Qualitätssiegel bereits eine teilweise lange Geschichte und hohe Spezifizierung haben, stehen solche Zertifizierungen in der Zeitarbeit noch relativ am Anfang. Unterschiedliche Zertifizierungs-Anbieter versuchen sich in einer näheren Bestimmung dessen, was Qualität in der Zeitarbeit im Einzelnen sein soll und messen dementsprechend unterschiedliche Kriterien.

Gemeinsam ist es jedoch den unterschiedlichen Gütesiegeln, dass in der Regel:

- ein bestimmter, mehr oder weniger großer Kriterienkatalog aufgestellt wird,
- das zu zertifizierende Unternehmen eine eigene Dokumentation zu den aufgestellten Kriterien zu erstellen hat,
- externe Prüfer durch ein oder mehrere Audits sowohl die Dokumentation als auch die gelebte Wirklichkeit auf die Einhaltung der Kriterien überprüfen.

Das daraufhin erteilte Gütesiegel soll - nach Möglichkeit mit einem großen Wiedererkennungs- und Vertrauenswert – gegenüber Kunden und/oder Mitarbeitern die Qualität des Personaldienstleisters deutlich ausweisen.

Ohne Wertung und in der im Rahmen dieses Handbuches notwendigen Kürze werden hier einige auf dem Markt befindliche Gütesiegel aufgeführt, die Auflistung erhebt dabei keinen Anspruch auf Vollständigkeit:

- DIN EN ISO 9000:2005, ISO 9001:2008, ISO 9004:2009:
  Diese branchenunabhängigen und verbreiteten Qualitätsnormen stellen einen Standard in der Qualitätsbewertung dar und können von unterschiedlichen Zertifizierungstellen bescheinigt werden. ISO 9000 regelt dabei die Grundlagen und Begriffe von Qualitätsmanagementsystemen, ISO 9001 beschreibt deren Anforderungen und ISO 9004 regelt das „Leiten und Lenken für den nachhaltigen Erfolg einer Organisation".

- RAL Gütezeichen Personaldienstleistungen:
  Noch sehr neu ist seit Anfang 2010 dieses Gütezeichen durch das RAL Deutsches Institut für Gütesicherung anerkannt worden. Entwickelt wurde es durch die Gütegemeinschaft Personaldienstleistungen e.V. Landsberg, es enthält einen umfangreichen Kriterienkatalog für die beiden Teilbereiche P1 „Personalüberlassung" und P2 „Personalvermittlung" und legt besonderen Wert auf die Bewerber-, Mitarbeiter- und Kundenbetreuung.
- IQZ Qualitätssiegel Zeitarbeit:
  Einen weniger umfangreichen Kriterienkatalog mit harten und weichen Anforderungen stellt dieses Gütesiegel der I.Q.Z. Initiative Qualitätssiegel Zeitarbeit GmbH, Sindelfingen auf. Ein besonderer Stellenwert wird dabei unter anderem auf die Anwendung von DGB-Tarifverträgen gelegt, die Unterstützung von Gewerkschaften soll gewonnen werden.
- SCP – Sicherheits Certifikat Personaldienstleistungen:
  Dieses bereits seit einigen Jahren existierende Zertifikat bescheinigt dem Personaldienstleistungsunternehmen ein SGU-Managementsystem (Sicherheit, Gesundheits- und Umweltschutz) und besteht aus einem Pflichtfragenkatalog sowie einem Punktesystem aus Ergänzungsfragen. Mehrere Zertifizierungsstellen sind eigens dafür akkreditiert und prüfen entsprechend zu qualifizierende Mitarbeiter.
- AMS-Dienstleister – Arbeitsschutz mit System:
  Seit kurzem bescheinigt dieses Qualitätssiegel der Verwaltungsberufsgenossenschaft dem Personaldienstleistungsunternehmen die Anforderungen an den systematischen und wirksamen Arbeitsschutz zu erfüllen und beschreibt dabei sieben Prozessschritte. Die Einzelheiten dazu sind in der BGI 5023 niedergelegt.

Weitere, weniger formale Auszeichnungen der Qualität von Personaldienstleistern stellen Arbeitgeberwettbewerbe wie das „Top Job"-Gütesiegel, mit dem 2008 unter anderem zehn Personaldienstleistungsunternehmen ausgezeichnet wurden, dar.

Kompetenzentwicklung und Qualifizierung als qualitätsstützende Maßnahmen

Wie bereits deutlich wurde, ist Qualität in der Personaldienstleistung im besonderen Maße an die Kompetenz der beteiligten Mitarbeiter gebunden. Dies betrifft sowohl die Kompetenz der externen Zeitarbeitsmitarbeiter, deren Leistung im Kundenbetrieb gestärkt und gesichert werden kann, als auch die Kompetenz der internen Mitarbeiter, die ihre Qualifikation für die unterschiedlichen Funktionen und Aufgaben fortwährend auf dem Laufenden halten und erweitern müssen.

Die Qualifizierung von externen Mitarbeitern findet dabei zum Einen in der Kompetenzentwicklung in laufenden Einsätzen und deren Dokumentation statt. Einzelne Ansätze von „Qualifikationspässen", die solche Kompetenzgewinne erfassen, zeigen hier interessante Potenziale. Weiterführende Weiterbildungsanstrengungen finden bei externen Partnern statt und werden zum Teil öffentlich gefördert.

Für die Qualifizierung der internen Mitarbeiter ist die Berufsausbildung zum Personaldienstleistungskaufmann / zur Personaldienstleistungskauffrau selbst ein hervorragendes Beispiel, wie die laufende Professionalisierung der Zeitarbeit mit der Einführung von Qualitätsstandards einhergeht. Mit der Entwicklung weiterer, zertifizierter Fortbildungen können zusätzliche Impulse für die Qualität der Personaldienstleistung entstehen.

3 Personaldienstleistungskaufleute in der Personalvermittlung

Personaldienstleistungskaufleute unterstützen Kundenunternehmen – neben der Zeitarbeit – auch mit Leistungen der Personalvermittlung und –beratung. Zwar bilden Personalvermittlungsunternehmen bislang nur vereinzelt Personaldienstleistungskaufleute aus. Dennoch gehört auch die Personalvermittlung zu den möglichen und wichtigen Einsatzfeldern von Personaldienstleistungskaufleuten.

Dieses Einsatzfeld findet sich in der Personaldienstleistungsbranche bei unterschiedlichen Arten von Unternehmen. Neben Zeitarbeitsunternehmen, die außer ihrem Kerngeschäft in der Arbeitnehmerüberlassung zugleich auch Personalvermittlung – teilweise ausgegliedert in spezialisierten Tochterunternehmen oder Abteilungen – betreiben, gehören dazu originäre Personalvermittlungsunternehmen, Arbeitsvermittlungsunternehmen sowie Personalberatungsunternehmen.

Bei der Vermittlung von Personal zur Einstellung beim Kundenunternehmen und begleitenden Leistungen nehmen Personaldienstleister in der Personalvermittlung – anders als in der Zeitarbeit – zwar selbst keine unmittelbaren Arbeitgeberfunktionen wahr. Dennoch übernehmen sie im Auftrag ihres Kunden wichtige Personalaufgaben von der Arbeitsplatzanalyse über die Bewerbersuche und Personalauswahl bis hin zur Unterstützung der Einstellung und weiteren Personalentwicklung. Als unabhängige Makler beraten sie dabei zugleich arbeitsuchende und wechselinteressierte Bewerber bei der Arbeitsplatzsuche, im Bewerbungsprozess sowie bei der Karriereplanung.

Die Personalberatung als weiterführende Tätigkeit in der internen Personalentwicklung des Kundenunternehmens erfordert in der Regel eine zusätzliche Ausbildung und ist in der Ausbildungsverordnung für Personaldienstleistungskaufleute nicht vorgesehen. Daher beschränkt sich die folgende Darstellung auf die Aufgaben in der Personal- und Arbeitsvermittlung.

Personaldienstleistungskaufleuten steht hier ein weites und äußerst lebendiges Arbeitsfeld offen, das sich vor allem durch den Umgang mit unterschiedlichen Menschen, wechselnde Anforderungen und eine hohe Verantwortung bei der Aufgabenwahrnehmung für Unternehmen und Bewerber auszeichnet. Die möglichen Erfolgserlebnisse liegen dabei nicht nur im geschäftlichen (Umsatz-)Erfolg, sondern auch in der Freude an der Arbeit, wenn es gelingt, Arbeitgeber und Arbeitnehmer nachhaltig zusammen zu führen.

3.1 Die Branche Personalvermittlung

Fallbeispiel 13:

Roland Schütt hatte noch einen wertvollen Pfeil im Köcher. Die Suche nach den dringend benötigten Vertriebsingenieuren dauerte nun schon bedrohlich lange und er stand unter Druck, sollten die in der Geschäftsleitung festgelegten Ziele zur Markterweiterung nicht verfehlt werden. Als Personalleiter eines kapitalintensiven Anlagenherstellers wusste er nur zu genau, wie wichtig es war die Neuentwicklungen kompetent an die Kunden zu bringen.

Die Aufgabe, durch die Einstellung entsprechend qualifizierter Vertriebsingenieure dem Vertrieb einen entscheidenden Schub zu geben, war dennoch keine leichte. Er wusste natürlich, dass der Arbeitsmarkt für Ingenieure hart umkämpft war. Gut ausgebildete und vor allem erfahrene Bewerber wurden von vielen Arbeitgebern umworben. Roland Schütt hatte bereits aufwendige Stellenanzeigen geschaltet und das gute Renommee seines Unternehmens in die Waagschale geworfen. Außerdem hatte er seine Beziehungen zu den Hochschulen genutzt, um auch arbeitsuchende Absolventen mit dem Stellenangebot ansprechen zu können.

Dennoch waren bisher nur wenige Bewerbungen eingegangen. Immerhin eine Bewerbung war so interessant gewesen, dass er den Kandidaten seinem Entwicklungsleiter vorgeschlagen hatte. Dieser hatte Interesse an den technischen Fähigkeiten des Bewerbers gezeigt und befürwortete eine Einstellung. Schade nur, dass der Bewerber so gar keine Vertriebsfähigkeiten gezeigt hatte. Seine sehr guten Fachnoten wiesen ihn zwar als Spezialisten in der Anlagensteuerung aus, aber sein Kommunikationsverhalten war doch etwas gewöhnungsbedürftig und im Kundenumgang sicher nicht förderlich.

Roland Schütt hatte diese Erfahrung schon oft gemacht. Gute Ingenieure waren selten und noch seltener waren solche, die über ihr Fachgebiet hinaus über die notwendigen Fähigkeiten verfügten, wie sie in der Kundenbetreuung und im Vertrieb benötigt wurden. Umgekehrt gab es durchaus gute Vertriebskräfte am Arbeitsmarkt, denen es jedoch für diese Aufgabe an dem nötigen technischen Verständnis und Hintergrund fehlte.

Der Personalleiter erkannte, dass er seine Suche um einen entscheidenden Schritt erweitern musste. Er entschloss sich, keine weitere, wertvolle Zeit verstreichen zu lassen und schaltete einen zuverlässigen Personalvermittler ein.

Fragen:

1. Was macht die Recruitingaufgabe von Roland Schütt besonders schwierig?

2. Was verspricht sich Roland Schütt von der Einschaltung eines externen Personalvermittlers?

3. Welche Faktoren begünstigen die Entwicklung der privaten Personalvermittlung?

Personalvermittlung – eine junge und wachsende Branche

Eigentlich hat die Unterstützung der Personalsuche von Unternehmen durch private Personaldienstleister bereits eine lange Geschichte bis zurück in die 20er Jahre des vorigen Jahrhunderts. Dennoch wurde die Arbeit von Personalberatungen hinsichtlich der Vermittlungsmöglichkeiten lange Zeit in Deutschland durch das staatliche Vermittlungsmonopol der damaligen Bundesanstalt für Arbeit stark eingeschränkt.

Erst seit 1994 mit der Aufhebung des staatlichen Vermittlungsmonopols entwickelte sich die private Personalvermittlung als eigenständige Dienstleistung kräftig, 1999 waren bei der Bundesanstalt für Arbeit bereits 3673 Inhaber einer gültigen Vermittlungserlaubnis registriert. Die Erlaubnispflicht bestand jedoch noch bis 2002. Dann fiel auch diese gesetzliche Hürde für die Personalvermittlung – vor allem unter dem Gesichtspunkt eines stärkeren Wettbewerbs bei der Vermittlung von arbeitsuchenden Bewerbern.

Insbesondere die steigende Konjunktur ab 2005 mit der stärkeren Personalnachfrage der Unternehmen und eine gleichzeitige Verknappung des Angebots an qualifizierten Fachkräften hat das Wachstum der privaten Personalvermittlung angetrieben. Der Bundesverband Personalvermittlung (BPV) ermittelte für 2006 unter seinen Mitgliedern eine Steigerung der Vermittlungen um 50 Prozent gegenüber dem Vorjahr, im Folgejahr wurde eine nochmalige Steigerung um 34,5 Prozent gemeldet. Mit Beginn der konjunkturellen Krise schwächte sich 2008 nach Angaben des BPV das Wachstum zwar auf 11,3 Prozent ab, dennoch errechnete der Verband in diesem Jahr eine Gesamtzahl von 440.000 durch die Branche geleisteten Vermittlungen.

Personalvermittlung – Arbeitsvermittlung – Personalberatung

Zum Teil bedingt durch ihre historische Entwicklung werden in der Branche unterschiedliche Begriffe für das unterstützte Zusammenführen von Arbeitgebern und Arbeitnehmern durch private Personaldienstleister benutzt. Teilweise werden diese Begriffe synonym verwendet, teilweise sollen damit jedoch auch unterschiedliche Ziele und Arbeitsweisen bezeichnet werden. Um Missverständnisse zu vermeiden, soll an dieser Stelle eine vorsichtige Begriffsklärung vorangestellt werden, die jedoch lediglich eine analytische Trennung im Rahmen dieses Handbuchs aufzeigen soll. In der Praxis der Personalvermittlung sind die Übergänge zwischen den genannten Unterschieden fließend.

Personalvermittlung – hierunter wird die Vermittlung von Bewerbern zur Einstellung bei Kundenunternehmen verstanden, zu der der Personalvermittler durch das Kundenunternehmen beauftragt und dafür durch diesen – in der Regel erfolgsabhängig – vergütet wird. Die beauftragte Suche des Personalvermittlers richtet sich demnach vor allem auf die Identifizierung geeigneter Kandidaten zur Besetzung einer gegebenen Stelle. Solche Personalvermittlungen werden meist durch originäre Personalvermittlungsunternehmen oder auch durch Zeitarbeitsunternehmen, die eigene Mitarbeiter oder Bewerber zur Einstellung bei ihren Kunden vermitteln, durchgeführt.

Arbeitsvermittlung – angelehnt an die öffentliche Arbeitsvermittlung von Arbeitsagenturen und ALG-2-Trägern wird hierunter die Vermittlung von Bewerbern zur Einstellung bei Arbeitgebern verstanden, zu der der private Arbeitsvermittler durch den Bewerber beauftragt und dafür durch diesen oder öffentliche Fördermittel erfolgsabhängig vergütet wird. Die beauftragte Suche des Arbeitsvermittlers richtet sich demnach vor allem auf die Identifizierung von für den Bewerber geeigneten Stellen bei Arbeitgebern. Die private Arbeitsvermittlung wird ebenfalls durch manche Personalvermittlungs- und Zeitarbeitsunternehmen, aber vor allem durch darauf spezialisierte private Arbeitsvermittler sowie gemeinnützige Einrichtungen durchgeführt.

Personalberatung – soweit die Personalberatung die Suche nach Bewerbern bzw. Kandidaten für Kundenunternehmen zum Inhalt hat, geht es überwiegend um die Vermittlung von Fach- und Führungskräften. Damit beschränken sich die Personalberatungsgesellschaften bei der Personalvermittlung auf einen engen, in der Regel hochqualifizierten Personenkreis, der meist für Leitungsfunktionen in Unternehmen gesucht und der außer durch klassische Recruitingwege oft nur durch zusätzliche Instrumente wie „executive search" oder „direct search" gefunden werden kann. Eine Messgröße für diese Zielgruppe stellt das Jahresmindesteinkommen von Kandidaten dar, ab dem viele in der Fachgruppe Personalberatung im Bundesverband Deutscher Unternehmensberater BDU zusammengeschlossenen Personalberatungsgesellschaften für Klienten tätig werden. Für 2007 ermittelte eine Studie des BDU hier als durchschnittlich zum Ansatz gebrachte Untergrenze ein Jahreseinkommen des Kandidaten von 65.000 Euro. Personalberater werden durch das beauftragende Kundenunternehmen entsprechend höher – teilweise erfolgsabhängig, aber überwiegend erfolgsunabhängig – vergütet. Neben kleineren, hochspezialisierten Personalberatungsunternehmen existieren – auch aufgrund der nicht selten international ausgerichteten Tätigkeitsanforderungen der gesuchten Führungskräfte – große, zum Teil international aufgestellte Personalberatungsunternehmen.

Die Übergänge zwischen diesen Segmenten sind in der Praxis – wie bereits gesagt – fließend. So gibt es Personalvermittlungsunternehmen, die im Auftrag von Bewerbern tätig sind, Arbeitsvermittler, die durch Kundenunternehmen mit der Bewerbersuche beauftragt werden, und Personalberatungsunternehmen, die auch Bewerber in einfacheren Qualifikationsstufen vermitteln.

Trends in der Personalvermittlung

Wie die Zeitarbeit wird auch die private Personalvermittlung vor allem durch den immer häufiger wechselnden Personalbedarf der Unternehmen angetrieben. Die Erfordernis neue geeignete Mitarbeiter zu finden ergibt sich mit wechselnden Auftragslagen, kürzeren Produktzyklen und der stärker projekthaften Arbeitsweise in den Unternehmen öfter als in früheren Zeiten. Damit steigt der Rekrutierungsaufwand für die Unternehmen erheblich.

Und wird zusätzlich verstärkt durch die wachsenden Anforderungen eines sich verändernden Arbeitsmarktes. Faktoren wie der demografische Wandel, in dem der Nachwuchs nicht mehr so schnell nachwächst wie die altersbedingten Austritte zunehmen, wachsende Qualifikationsanforderungen, die immer häufiger aus dem vorhandenen Arbeitskräfteangebot nicht mehr ausreichend bedient werden können, oder die Globalisierung mit wachsenden Anforderungen an die Mobilität und internationale Kompetenz der Mitarbeiter lassen den Aufwand bei der Rekrutierung sprunghaft ansteigen.

Die damit erforderliche Professionalisierung der Mitarbeitergewinnung findet im Wachstum der Personalvermittlungsbranche ihren Ausdruck. Insbesondere deren Fähigkeiten bei der professionellen Bedarfsanalyse, in der Nutzung der unterschiedlichen und weitreichenden Recruiting-Instrumente und bei der komplexen und spezialisierten Mitarbeiterauswahl gehen in vielen Fällen über die internen Möglichkeiten eines Kundenunternehmens hinaus.

Eine wichtige Rolle für die Reichweite im Recruiting von Personalvermittlern spielt dabei eine zunehmende Vernetzung, die die Möglichkeiten des einzelnen Personalvermittlers erweitert. Dabei entstehen unterschiedliche Formen der Zusammenarbeit – beispielsweise von lockeren Zusammenschlüssen zum Betrieb gemeinsamer Stellenbörsen über die Kooperationsmöglichkeiten in Zweck- und Berufsverbänden bis hin zu ausgeprägten Franchisesystemen.

Bei allem tendenziellen Wachstum der privaten Personalvermittlungen hat jedoch auch der letzte Konjunktureinbruch gezeigt, dass der wechselnde Personalbedarf bei den Kundenunternehmen – insbesondere bei einem Beschäftigungsrückgang ganzer Branchen – auch die Personalvermittler treffen kann. Aus diesem Grund und mit einem entsprechenden Bedarf der Kunden entstehen in Personalvermittlungsunternehmen weitere Personaldienstleistungen, mit denen sie ihre Kunden im Auf und Ab der Personalarbeit unterstützen. Die Beratung bei der Personalentwicklung, bei der aktiven Weiterentwicklung von Qualifikationen und Kompetenzen des vorhandenen Personals und nicht zuletzt bei der Gestaltung einer „atmenden Personaldecke" wird deshalb zunehmend auch von originären Personalvermittlungsunternehmen ins Leistungsportfolio aufgenommen.

Die private Personalvermittlung ist damit eine Branche, die in der ständigen Weiterentwicklung ihrer eigenen Professionalität dynamisch voranschreiten muss. Ein prägnanter Ausdruck dafür ist eine Vielzahl von neuen Fortbildungen wie beispielsweise ein IHK-Zertifikatslehrgang „Fachkraft für Personalberatung und Personalvermittlung" oder der Zertifikatsstudiengang „Management von Arbeitsmarktintegration" der Fachhochschule Heidelberg. Eine dabei zu verfolgende berufskundliche Spezialisierung hilft dem Personalvermittler sich in dem geforderten Maße mit dem Fachgebiet seines Kunden immer besser zu vernetzen, die Fachsprache des Kunden und Bewerbers zu sprechen und mit den wachsenden Qualifikationsanforderungen der zu besetzenden Tätigkeiten Schritt zu halten.

Dass die fundierte Berufsausbildung auch in der Personalvermittlung gefragt ist, machte Hans-Peter Brömser, Vorstandsvorsitzender des BPV, 2009 deutlich, als er die Mitgliedsunternehmen zur verstärkten Bereitstellung von PDK-Ausbildungsplätzen aufrief. Er betonte: „Es ist wichtig, dass jetzt zu Beginn des neuen Ausbildungsganges die Kontinuität der Ausbildung sichergestellt ist. Aufgrund des demographischen Wandels werden in einigen Jahren qualifizierte Mitarbeiter Mangelware sein. Dem müssen wir entgegenwirken".

Rechtsvorschriften in der Personalvermittlung

Mit dem Wegfall der Erlaubnispflicht für die private Personalvermittlung im Jahr 2002 wurden die rechtlichen Voraussetzungen ihrer Durchführung vereinfacht. So fielen beispielsweise der bis dahin notwendige Eignungsnachweis und zahlreiche Meldepflichten an die Aufsichtsbehörde weg. Zur Ausübung der Personalvermittlung reicht nun die Gewerbeanmeldung.

Sowohl durch die **Erlaubnisfreiheit** als auch durch die fehlende Arbeitgebereigenschaft gegenüber den zu vermittelnden Bewerbern unterscheidet sich die Personalvermittlung deutlich von der stärker verrechtlichten Zeitarbeit. Dennoch findet natürlich auch die Personalvermittlung nicht im rechtsfreien Raum statt. Daher sollen hier einige Hinweise gegeben werden, welche Rechtsvorschriften in der Personalvermittlung zu beachten sind. Diese Hinweise können selbstverständlich im Rahmen eines solchen Handbuches nicht vollständig und umfassend sein, eine fachlich kompetente Rechtsberatung kann hier nicht ersetzt werden.

Mit der notwendigen **Gewerbeanmeldung** unterliegt die Personalvermittlung grundsätzlich der Aufsicht der Gewerbeämter, die die Gewerbeausübung bei „Unzuverlässigkeit" untersagen können. Auf die weitergehende Erlaubnispflicht verzichtete der Gesetzgeber allerdings und erwartete stattdessen von der Branche eine Selbstverpflichtung, die mit den im Kapitel 3.4 besprochenen und von zahlreichen Verbänden im Jahr 2003 unterzeichneten Qualitätsstandards gefunden wurde.

Die Tätigkeit des Personalvermittlers als Makler zwischen Arbeitgeber und Bewerber unterliegt außerdem den Bestimmungen **des Paragraphen 652 ff. BGB**. Seine besondere Sorgfaltspflicht als Vermittlungsmakler umfasst beispielsweise die Förderung des Zustandekommens des angestrebten Arbeitsvertrages und die Prüfung und Beibringung der notwendigen Belege.

Auch wenn er in seiner Vermittlungstätigkeit nicht selbst Arbeitgeber der Bewerber ist, so ist für den Personalvermittler dennoch eine gute Kenntnis des **Arbeitsrechtes**, insbesondere hinsichtlich Einstellung, Arbeitsentgelt und Arbeitsbedingungen, unabdingbar.

Im Bewerbungsprozess sind Benachteiligungen im Sinne des **Allgemeinen Gleichbehandlungsgesetzes AGG** zu vermeiden, wie dies bereits im Kapitel 2.4 angesprochen wurde.

Neben der Anwendung des allgemeinen **Vertragsrechts** auf die Vermittlungsverträge mit dem Kundenunternehmen gelten für Vermittlungsverträge mit Bewerbern besondere Bestimmungen des **Sozialgesetzbuches**. So bestimmt Paragraph 296 SGB III, dass ein Vermittlungsvertrag zwischen Personalvermittler und Bewerber schriftlich geschlossen werden muss und neben der vereinbarten Vergütung die vereinbarten Leistungen des Personalvermittlers, insbesondere „die Feststellung der Kenntnisse des Arbeitsuchenden sowie die mit der Vermittlung verbundene Berufsberatung" enthalten muss. Außerdem wird darin die Vergütung für die Vermittlung als erfolgsabhängig festgelegt und auf die in Paragraph 421g Abs. 2 SGB III definierten Höchstgrenzen beschränkt. Paragraph 297 SGB III bestimmt die

Unwirksamkeit von diesen Bestimmungen entgegenstehenden Vereinbarungen. Unwirksam sind danach zugleich Vereinbarungen, „die sicherstellen sollen, dass ein Arbeitgeber oder ein Ausbildungsuchender oder Arbeitsuchender sich ausschließlich eines bestimmten Vermittlers bedient".

Weitere Bestimmungen für die durch die Arbeitsverwaltung beauftragte oder geförderte private Personalvermittlung werden in Kapitel 3.3 behandelt.

Konkretisierend zu den Bestimmungen des **Datenschutzgesetzes** legt **Paragraph 298 SGB III** fest, dass Daten über zu besetzende Ausbildungs- und Arbeitsplätze und über Ausbildungsuchende und Arbeitnehmer vom Vermittler nur im notwendigen Rahmen seiner Vermittlungstätigkeit erhoben, verarbeitet und genutzt werden dürfen. Personenbezogene Daten und solche zu Geschäfts- und Betriebsgeheimnissen dürfen nur mit Zustimmung des Betroffenen erhoben, verarbeitet und genutzt werden. In der Praxis der Personalvermittlung ebenfalls relevant ist die Festlegung des Absatzes 2: „Vom Betroffenen zur Verfügung gestellte Unterlagen sind unmittelbar nach Abschluss der Vermittlungstätigkeit zurückzugeben. Die übrigen Geschäftsunterlagen des Vermittlers sind nach Abschluss der Vermittlungstätigkeit drei Jahre aufzubewahren. Die Verwendung der Geschäftsunterlagen ist zur Kontrolle des Vermittlers durch die zuständigen Behörden sowie zur Wahrnehmung berechtigter Interessen des Vermittlers zulässig. Personenbezogene Daten sind nach Ablauf der Aufbewahrungspflicht zu löschen. Der Betroffene kann nach Abschluss der Vermittlungstätigkeit Abweichungen von den Sätzen 1, 3 und 4 gestatten; die Gestattung bedarf der Schriftform."

Schließlich gibt es für bestimmte **Berufsgruppen** besondere Bestimmungen. So regelt beispielsweise die Vermittler-Vergütungsverordnung Vertragsbedingungen bei der Vermittlung der Berufsgruppen Künstler, Artist, Fotomodell, Werbetyp, Mannequin und Dressman, Doppelgänger, Stuntman, Discjockey sowie Berufssportler. Auch für die **Auslandsvermittlung** bestehen Einschränkungen und besondere Regelungen.

3.2 Aufgaben in der Personalvermittlung

Fallbeispiel 14.

Lars Heinrich fühlte sich für den gerade erteilten Vermittlungsauftrag gut gerüstet. Der junge Personaldienstleistungskaufmann hatte sich nach seiner Berufsausbildung für den Bereich Gesundheitsdienstberufe weitergebildet. Die auf medizinische Berufe spezialisierte Personalvermittlungsgesellschaft, für die er seit kurzem arbeitete, war aufgrund ihres guten Renommees von einer Privatklinik angesprochen worden, die eine examinierte Gesundheits- und Krankenpflegekraft für die Intensivkrankenpflege suchte.

Lars hatte im ersten Kundengespräch den Pflegedienstleiter der Klinik vor allem dadurch überzeugt, dass er detaillierte Fragen zu den genauen Tätigkeitsanforderungen und der Arbeitsweise der Klinik stellen konnte. Sichtlich erfreut über Lars Fachkenntnisse hatte der Pflegedienstleiter ihm das Pflegekonzept der Klinik erläutert und ihm bei einer kleinen Führung durch die entsprechende Klinikstation einen anschaulichen Einblick über die Arbeitsumgebung gegeben.

Lars wusste, dass diese Personalsuche dennoch nicht leicht werden würde. Krankenschwestern mit einer Zusatzausbildung in der Intensivmedizin waren kaum auf dem freien Arbeitsmarkt zu finden. Zwar unterhielt seine Personalvermittlung gute Kontakte zu den Pflegeschulen, die beauftragende Klinik war jedoch an einer erfahrenen Kraft interessiert, die aller Voraussicht nach nur unter bereits beschäftigten Fachkräften zu finden sein würde.

Die Klinik hatte selbst bereits erfolglos durch Stellenanzeigen nach geeigneten Bewerbern gesucht. Selbst die dabei avancierten, attraktiven Konditionen hatten offensichtlich jedoch in Frage kommende Kandidaten nicht erreichen können. Lars wusste aber aus seinen bisherigen Fachgesprächen, dass die Bereitschaft zu einem Wechsel unter vielen Pflegekräften durchaus verbreitet war. Gerade in der Pflege förderten oft jahrelange, gleichförmige Routinen oder Unzufriedenheit in den persönlichen Beziehungen den Wunsch von Beschäftigten nach Veränderung und beruflichem Weiterkommen.

Lars hatte nun alle erforderlichen Informationen für die zu besetzende Stelle zusammengetragen und in einem Anforderungsprofil niedergelegt, das er sich zur Sicherheit von seinem Kunden hatte bestätigen lassen. Jetzt ging es an die sensible Kandidatensuche.

Fragen:

1. Wie kann Lars Heinrich potentiell wechselbereite Kandidaten zielgerichtet suchen?

2. Was ist in der Personalvermittlung insbesondere bei „direct search" zu beachten?

3. Welche Besonderheiten weisen die Aufgaben in der Personalvermittlung auf?

Originäre Vermittlungsaufgaben

Die vielseitigen Aufgaben in der Personalvermittlung sollen hier kurz angesprochen, können dabei jedoch nicht erschöpfend dargestellt werden. Die je spezifischen Bedingungen einer Aufgabe nach den Besonderheiten des Kundenunternehmens, der zu besetzenden Tätigkeit und den Kompetenzen und Portfolios der Personalvermittlungsunternehmen sind in der Praxis überaus zahlreich und würden den Rahmen dieses Handbuchs sprengen.

Zu bestimmten Aufgaben, deren Grundlagen bereits im Kapitel Zeitarbeit dargestellt wurden – wie die Grundlagen des Vertriebs und die grundsätzlichen Recruiting-Wege – wird auf die dortigen Unterkapitel verwiesen. Einige Aufgaben im Prozess der Personalvermittlung zeigen jedoch Besonderheiten, die hier angesprochen werden sollen. Manche dieser Aufgaben können durch einen entsprechenden Kundenauftrag auch einzeln an Personalvermittlungen vergeben werden.

Stellenanalyse bei und mit dem Kunden

Wie in der Zeitarbeit kommt einer genauen Analyse des Kundenbedarfs auch in der Personalvermittlung eine hohe Bedeutung für den Besetzungserfolg zu. In der Personalvermittlung geht es jedoch nicht um die Besetzung durch einen externen Mitarbeiter, sondern der passende Bewerber – bis auf Ausnahmen der Vermittlung von Freiberuflern – soll unmittelbar Mitarbeiter des Kundenunternehmens werden. Eine Fehlbesetzung ist hierbei wesentlich folgenschwerer für den Kunden und den Personalvermittler als in der Zeitarbeit, in der ein Mitarbeiter grundsätzlich leichter ausgetauscht werden kann.

Diese Anforderung verlangt nach einer noch präziseren Abstimmung mit den Vorgaben und Besonderheiten im Kundenunternehmen. In der Regel soll der neue Mitarbeiter sich langfristig in die Unternehmensstruktur und Teambedingungen einbinden lassen. Mittel- und langfristige Entwicklungspotentiale in der fachlichen Kompetenz spielen dabei eine ebenso wichtige Rolle wie die Passung der persönlichen Merkmale des Bewerbers mit der Unternehmenskultur des Kunden.

Personalvermittler legen daher noch größeren Wert auf einen umfassenden und vertrauensvollen Einblick in die Detailanforderungen der zu besetzenden Tätigkeit und verfolgen während des gesamten Prozesses - beispielsweise bei der Präsentation von Kandidaten - die sich gegebenenfalls weiter konkretisierende Erwartungshaltung ihres Kunden.

Ist der Personalvermittler durch einen Bewerber mit der Stellensuche beauftragt, steht dagegen am Anfang seiner Suche die sorgfältige Analyse des Leistungsprofils des Bewerbers und seiner persönlichen Zielsetzung. In diesem Prozess können Beratungsaufgaben hinsichtlich des Arbeitsmarktes, möglicher Arbeitgeber und Tätigkeitsalternativen hinzukommen.

Die Stellenanzeige

Die Stellenanzeige in Print- oder Onlinemedien schaltet der Personalvermittler im Auftrag seinen Kunden. Dazu muss er neben den Einzelheiten der Stellen- und Anforderungsbeschreibung mit seinem Kunden klären, ob die Stellenanzeige im Namen des Kunden unter Benennung der Personalvermittlung oder ohne Namensnennung des Kunden ausschließlich unter dem Namen der Personalvermittlung erfolgen soll. In dieser Aufgabe können außerdem Budgetvorgaben des Kunden relevant werden.

Aktive Bewerbersuche oder „direct search"

Deutlich häufiger als in der Zeitarbeit ist in der Personalvermittlung die direkte Ansprache möglicher Kandidaten erforderlich. Insbesondere bei der Vermittlung in hochqualifizierte Tätigkeiten und Leitungspositionen wird die Kandidatensuche unter noch Beschäftigten oft unumgänglich. In seiner Mitgliederstudie unter Personalberatungsgesellschaften stellte der BDU 2007 fest, dass für die Suche nach Fach- und Führungskräften durch die Personalberater in 80 Prozent der Fälle „direct search" mitgenutzt, in über der Hälfte dieser Fälle sogar ausschließlich eingesetzt wurde. Vorausgesetzt wird in der Regel bei „direct search", dass hinreichende Kenntnisse über den Kandidaten und seine mögliche Eignung vorhanden sind, um eine Kontaktaufnahme begründet rechtfertigen zu können.

Auch durch die Rechtsprechung hat die Direktansprache von Kandidaten inzwischen eine weitgehende Regelung erfahren, an die sich Personalvermittler halten müssen. Um nicht gegen Regelungen des unlauteren Wettbewerbs zu verstoßen, sollten Personalvermittler Vorgaben beachten, wie sie beispielsweise der Bundesgerichtshof 2007 in einer Entscheidung zur Kontaktaufnahme am Arbeitsplatz des Kandidaten zusammengefasst hat: „Danach ist eine erste Kontaktaufnahme nicht wettbewerbswidrig, wenn der Mitarbeiter lediglich nach seinem Interesse an einer neuen Stelle befragt, diese kurz beschrieben und ggf. eine Kontaktmöglichkeit außerhalb des Unternehmens besprochen wird. Ein solcher erster Telefonanruf muss sich auf das zur ersten Kontaktaufnahme Notwendige beschränken. Eine wenige Minuten überschreitende Gesprächsdauer ist ein Indiz dafür, dass der Personalberater bereits den ersten Kontakt in wettbewerbswidriger Weise, insbesondere zu einem unzulässigen Umwerben des Angerufenen, genutzt hat. Der Personalberater ist gehalten, nachdem er sich bekannt gemacht und den Zweck seines Anrufs mitgeteilt hat, zunächst festzustellen, ob der Angerufene an einer Kontaktaufnahme als solche und zu diesem Zeitpunkt Interesse hat. Nur wenn dies der Fall ist, darf der Personalberater die in Rede stehende offene Stelle knapp umschreiben und, falls das Interesse des Mitarbeiters danach fortbesteht, eine Kontaktmöglichkeit außerhalb des Arbeitsbereichs verabreden. Ein zu Abwerbezwecken geführtes Telefongespräch, das über eine solche Kontaktaufnahme hinausgeht, ist als unlauterer Wettbewerb zu beurteilen."

Die Abwerbung eines Kandidaten beim Wettbewerber des Kunden ist darüberhinaus insoweit zulässig, als damit nicht eine gezielte Schädigung des Wettbewerbers verfolgt wird.

telefonische Vorabinformation

Besonders attraktive Stellen können zu einer Flut von Bewerbungen führen, deren korrekte Behandlung wertvolle Arbeitskraft und Ressourcen im Kundenunternehmen binden können. Eine entsprechend gebriefte Personalvermittlung kann durch die telefonische Vorabinformation zu genau mit dem Kunden abgestimmten Details der Stelle an interessierte Bewerber diesen Aufwand verringern und die Erfolgsquote passender Bewerbungen deutlich erhöhen.

Professionelle Bewerberauswahl und Präsentationsunterlagen

Der Personalvermittler soll seinem Kunden eine professionelle Bewerberauswahl bieten, die einerseits vom präzise bestimmten Bedarf ausgeht und andererseits möglichst objektive Kriterien für eine Einstellungsentscheidung des Kunden liefert. Kunden setzen dabei vor allem auf die neutrale Bewertung des Personalvermittlers, der Bewerber nicht „betriebsblind" oder voreingenommen, sondern anhand nachvollziehbarer Methoden der Eignungsanalytik prüft und vorschlägt. Testungen und Assessments, wie sie im Kapitel 2.4 bereits angesprochen wurden, spielen deshalb in der Personalvermittlung eine noch größere Rolle.

Entsprechend sind die von der Personalvermittlung erstellten Unterlagen zur Präsentation von Kandidaten in der Regel wesentlich umfangreicher als in der Zeitarbeit. Sie enthalten meist nicht nur die geprüften Bewerbungsunterlagen, sondern auch zusätzliche Berichte des Personalvermittlers, aus denen die angewandten Verfahren der Bewerberauswahl und ihre Ergebnisse hervorgehen.

Teilnahme an Vorstellungsgesprächen

Das Vorstellungsgespräch beim Kunden ist damit in der Regel eine sehr sorgfältig vorbereitete Präsentation des Kandidaten. Der Personalvermittler kann dabei als neutraler Makler zwischen Arbeitgeber und Bewerber unterstützend wirken, indem er moderierend das Gespräch auf besonders entscheidende Punkte lenkt.

Denn nicht immer sind die Gesprächspartner auf Seiten des Kunden oder der Bewerber geübt im Vorstellungsgespräch, die Gefahr einer Fehlleitung im Gespräch kann durch die Teilnahme des Personalvermittlers vermieden werden. Der Personalberater Joachim von Rumohr beschreibt an einem Beispiel anschaulich, wie leicht vermeidbare Missverständnisse im Vorstellungsgespräch zu Irritationen führen können: „Bei der ersten Vorstellung ist es eine beliebte Frage, den Kandidaten zu allererst nach der Intention und Motivation seines angestrebten Wechsels zu fragen. Handelt es sich hierbei um eine Suche in der Direktansprache, bei der der Personalberater vielleicht überdurchschnittlich viel Überzeugungsaufwand benötigt hat, um 2 oder 3 Manager für eine nicht besonders spannende Aufgabe und Firma zu interessieren, so blickt man dann in betretene Gesichter."

Beratung bei der Auswahlentscheidung und Vertragsgestaltung

Auch bei der Unterstützung in der endgültigen Auswahl des am besten geeigneten Bewerbers und der entsprechenden Arbeitsvertragsgestaltung muss der Personalvermittler seine neutrale Mittlerfunktion wahren. Auf dieser Grundlage kann er dem Kunden weitere, wichtige Hinweise zur Bewertung des Vorstellungsergebnisses und dabei gewonnene Erkenntnisse über Eignung und Passgenauigkeit geben.

Als Personalprofi sollte er auch in der Lage sein, den Kunden bei Gestaltungsdetails des abzuschließenden Arbeitsvertrages beispielsweise hinsichtlich Eintrittsdatum, konkretisierter Tätigkeitsbeschreibung, Befristung sowie Vergütungsspielräume unter Berücksichtigung tariflicher oder außertariflicher Gestaltungsvorgaben zu beraten.

nachgehende Betreuung

Der Erfolg der Personalvermittlung ist mit der Einstellung eines Kandidaten beim Arbeitgeber noch nicht gesichert. Erst die nachgehende Betreuung insbesondere während der Einarbeitungsphase kann dazu beitragen, dass der Kandidat die in ihn gesetzten Erwartungen erfüllt und er auch seine eigenen Ziele erreicht. Zwar ist meist die vereinbarte Vergütung mit der Einstellung des Kandidaten fällig, doch erst die nachhaltige Zufriedenheit von Arbeitgeber und Arbeitnehmer macht den langfristigen Erfolg der Personalvermittlung aus.

Im Falle der öffentlich geförderten Arbeitsvermittlung kommt hinzu, dass ein Teil der Vergütung erst bei nachhaltigem Vermittlungserfolg erhoben werden kann. Darauf wird im Kapitel 3.3 noch einmal eingegangen.

3.3 Exkurs: Zusammenarbeit mit der Arbeitsverwaltung

Grundsätzlich unterstützen die private Personalvermittlung und die Arbeitsvermittlung der öffentlichen Arbeitsverwaltung die Zusammenführung von Arbeitgebern und Arbeitsuchenden. Diese wichtige Aufgabe, die sowohl die Leistungsfähigkeit der Unternehmen wie die Erwerbstätigkeit der Arbeitsuchenden stärkt, wird zwar von beiden Akteuren sowohl nach der Art des Auftrages als auch in wesentlichen Teilen der Arbeitsweise unterschiedlich wahrgenommen. Dennoch ergeben sich aus der grundsätzlichen Gemeinsamkeit wichtige Ansatzpunkte der Zusammenarbeit, aber auch des Wettbewerbs.

Wie oben erwähnt ist das Nebeneinander von privater Personalvermittlung und öffentlicher Arbeitsvermittlung noch relativ jung. Fast 70 Jahre bestand das hartnäckige Monopol der staatlichen Arbeitsvermittlung. Nach der ersten Freigabe 1994 und mit dem Wegfall der Erlaubnispflicht der privaten Personalvermittlung 2002 hat sich die Zusammenarbeit laufend weiterentwickelt. Gesetzgeber und Exekutive unterstützen und fordern diese Zusammenarbeit ebenfalls.

In ihrem Bericht an den Deutschen Bundestag erklärte die Bundesregierung im Februar 2004: „Die Aufhebung der Erlaubnispflicht für die private Arbeitsvermittlung war Bestandteil des Zwei-Stufen-Plans der Bundesregierung für kunden- und wettbewerbsorientierte Dienstleistungen am Arbeitsmarkt, mit dem die Arbeitsvermittlung grundsätzlich neu ausgerichtet und die Möglichkeiten für Arbeitslose, neben den Vermittlungsleistungen der Agentur für Arbeit auch private Arbeitsvermittler in Anspruch zu nehmen, verbessert werden sollten."

Eine möglichst rasche und effektive Arbeitsvermittlung beider Akteure soll dabei Arbeitslosigkeit vermeiden beziehungsweise so kurz wie möglich halten. Dennoch erzeugt der unzweifelhafte Wettbewerb zwischen beiden Systemen an manchen Stellen immer wieder Reibungsverluste, die es im Sinne einer möglichst optimalen Leistung für Arbeitgeber und Arbeitsuchende zu verringern gilt.

Immerhin sind inzwischen mehrere Wege und Instrumente einer Zusammenarbeit zwischen privater Personalvermittlung und öffentlicher Arbeitsverwaltung vorhanden und die verschiedentlichen Bekundungen beider Seiten zeigen deren erklärten Willen dazu. Im Folgenden sollen drei wichtige Felder der Zusammenarbeit im Ansatz dargestellt werden. Die notwendigerweise verkürzte Darstellung soll zur vertiefenden Beschäftigung mit den entsprechenden Instrumenten anregen.

Nutzung der Jobbörse der Bundesagentur für Arbeit durch Personalvermittlungen

Die Jobbörse der Bundesagentur für Arbeit steht auch Personalvermittlungen offen. Diese können darin sowohl Stellenofferten ihrer Auftraggeber veröffentlichen, um interessierte Bewerber zu informieren, als auch direkt in Frage kommende Bewerber recherchieren, um diesen Arbeitsangebote ihrer Kunden zu unterbreiten.

Entsprechend den Nutzungsbedingungen der Jobbörse kontrolliert die BA eingestellte Stellenangebote auf Regelverstöße und kann diese gegebenenfalls löschen oder in gravierenden Fällen den Zugang für Angebotsersteller sperren. So nennt beispielsweise Paragraph 7 der Nutzungsbedingungen der Jobbörse als Einschränkung: „Privaten Arbeitsvermittlern ist es ausdrücklich untersagt, die JOBBÖRSE zum Aufbau eines eigenen Stellen- oder Bewerberpools zu nutzen. Dies beinhaltet das Verbot, Angebote zu dem Zweck der Poolbildung in die JOBBÖRSE einzustellen."

Beauftragung Dritter mit der Vermittlung

Bereits seit 1997 wurde mit der Möglichkeit experimentiert private Dienstleister mit der Vermittlung von Arbeitslosen zu beauftragen. Das Job-AQTIV-Gesetz von 2001 räumte Arbeitslosen sogar erstmals einen Anspruch auf die Beauftragung Dritter mit ihrer Vermittlung ein.

Allerdings waren die Erfahrungen mit dieser Form der staatlichen Beauftragung privater Arbeitsvermittler höchst unterschiedlich. Private Vermittler kritisierten häufig eine geringe Vermittlungsfähigkeit zugewiesener Arbeitsloser, die BA bemängelte ihrerseits nicht ausreichende Vermittlungsquoten der beauftragten Vermittler. Eine Studie des IAB berichtete von Untersuchungsergebnissen, nach denen bestimmte Gruppen von Arbeitslosen durch die beauftragte Vermittlung sogar länger in der Arbeitslosigkeit verblieben wären als Vergleichsgruppen.

Heute ist die Beauftragung Dritter mit der Vermittlung in Paragraph 37 SGB III geregelt. Hierdurch kann entweder die Beauftragung mit der gesamten Vermittlung oder aber mit Teilaufgaben der Vermittlung erfolgen. Inzwischen sind allerdings entsprechende Ausschreibungen der Regionaldirektionen seltener und erfolgen stärker zielgerichtet für besondere Problemgruppen.

Der Vermittlungsgutschein

Deutlich positiver sind die Erfahrungen mit dem ebenfalls seit 2002 ausgegebenen Vermittlungsgutschein. Eine Studie des Zentrums für Europäische Wirtschaftsforschung bescheinigte 2006 dem Vermittlungsgutschein einen relativ größeren Erfolg als der Beauftragung Dritter mit der Vermittlung. 2008 wendete die BA knapp 50 Millionen Euro für das entsprechend häufiger genutzte Instrument Vermittlungsgutschein auf.

Arbeitslose, die Leistungen nach dem SGB III beziehen, haben nach Paragraph 421g SGB III nach einer bestimmten Wartefrist Anspruch auf Ausstellung eines Vermittlungsgutscheins. Dieser sichert dem durch den Arbeitslosen beauftragten privaten Arbeitsvermittler die Erstattung der Vermittlungsvergütung durch die Bundesagentur für Arbeit zu. Die Erstattung setzt unter anderem einen schriftlichen Vermittlungsauftrag zwischen dem Arbeitslosen und dem privaten Vermittler voraus, die Vergütung ist auf 2.000 Euro, in bestimmten Fällen auf 2.500 Euro begrenzt. Der Vermittler erhält bei erfolgreicher Vermittlung sechs Wochen nach Arbeitsaufnahme des vermittelten Arbeitslosen eine erste Tranche in Höhe von 1.000 Euro erstattet, der Restbetrag wird bei nachgewiesenem Fortbestand des Beschäftigungsverhältnisses, für das weitere Regelungen gelten, nach sechs Monaten erstattet.

Die relativen Vermittlungserfolge mit Hilfe des Vermittlungsgutscheines hängen offensichtlich mit seiner Konstruktion zusammen. Der Arbeitslose muss selbst den Vermittler auswählen und beauftragen, mit ihm einen Vertrag schließen und damit aktiv mit dem Vermittler zusammenarbeiten. Dieses stärker als die Beauftragung nach Paragraph 37 SGB III individualisierte Verfahren begünstigt offensichtlich den Vermittlungsprozess.

Allerdings berichten sowohl private Arbeitsvermittler als auch die BA von Negativerfahrungen mit dem Instrument. Private Arbeitsvermittler bemängeln verschiedentlich eine schleppende oder mit bürokratischen Hürden versehene Abrechnungspraxis beim Vermittlungsgutschein. Auch Unklarheiten mit dem durch den Vermittlungsgutschein gestundeten Vergütungsanspruch gegenüber dem vermittelten Bewerber behindern nach ihrer Aussage private Arbeitsvermittler. Die BA wiederum berichtet von Missbrauchsfällen, in denen Vermittlungsgutscheine beispielsweise durch Vermittler, die keinen wirklichen Anteil am Zustandekommen des Arbeitsverhältnisses nachweisen konnten, abgerechnet werden sollten. Die entsprechenden, aufwendigen Prüfungen und Nachweispflichten des privaten Arbeitsvermittlers gegenüber der erstattenden Behörde werden dagegen aus der Branche kritisiert. Diese und andere Gründen führten zu einer rückläufigen Entwicklung, zwischen 2006 und 2008 ging die Erstattung von Vermittlungsgutscheinen um 8 Millionen Euro zurück.

Konflikte können auch im Zusammenhang mit der Vermittlung von Arbeitslosen, die Leistungen nach dem SGB II beziehen, entstehen. Für diese ist die Ausstellung des Vermittlungsgutscheins eine Kann-Leistung der Alg-2-Träger, die von diesen sehr unterschiedlich gehandhabt wird. Es wurden Fälle durch private Arbeitsvermittler kritisiert, in denen diese Kann-Leistung mit zusätzlichen Bedingungen zur Anerkennung und Auszahlung verknüpft wurden. Dem steht die Auffassung gegenüber, dass auch durch Alg-2-Träger ausgegebene Vermittlungsgutscheine den gleichen Bedingungen unterliegen müssen wie im SGB III-Bereich.

Zwar steht der Vermittlungsgutschein einer gleichzeitigen Vereinbarung zwischen Vermittler und einstellendem Kundenunternehmen über eine durch den Arbeitgeber zu zahlende Vermittlungsvergütung nicht entgegen. Doch das aufwendige Abrechungs- und Nachweisprozedere und grundsätzliche Erwägungen lassen viele Personalvermittler bisher von einer intensiveren Nutzung dieses Instrumentes absehen. Demgegenüber haben sich etliche private Arbeitsvermittlungen auf die Nutzung des Vermittlungsgutscheins spezialisiert und bieten den Unternehmen gegenüber eine kostenfreie Vermittlung an.

3.4 Qualitätsstandards in der Personalvermittlung

Im Kapitel 2.12 wurden bereits grundsätzliche Überlegungen zur Qualität in der Personaldienstleistung vorgestellt. Diese können selbstverständlich auch auf die Personalvermittlung angewendet werden. Qualität im Ergebnis und im Prozess der Personalvermittlung ist eine gute Richtschnur für die Arbeit von Personaldienstleistungskaufleuten in dieser Branche.

Auch deshalb wurden bereits frühzeitig durch die Branchenakteure Qualitätsstandards entwickelt. Diese waren zugleich Ausfluss einer Anforderung für eine Selbstverpflichtung der Branche, die der Gesetzgeber beim Wegfall der Erlaubnispflicht 2002 an die Branche richtete. Unter Beteiligung mehrerer Verbände und einzelner Einrichtungen wurde ein zentraler Katalog von Qualitätsstandards geschaffen, die heute von den meisten Berufsverbänden der privaten Personalvermittlung als zwingende Voraussetzung für die Mitgliedschaft festgelegt und damit als Mindestanforderung in der Branche durchgesetzt wurden.

Wegen ihrer zentralen Bedeutung sollen diese 2002 gemeinsam verabschiedeten Qualitätsstandards hier im Volltext zitiert werden:

„Qualitätsstandards für private Personal- und Arbeitsvermittlung

Persönliche Voraussetzungen

- Zuverlässigkeit, keine einschlägigen Vorstrafen und Gewerbeuntersagungen
- Geordnete Vermögensverhältnisse
- Gewerbeanmeldung
- Ausschluss von Interessenkollisionen
- Verpflichtung, die Technologie von L. Ron Hubbard weder anzuwenden, zu lehren oder sonstiger Weise zu verbreiten (Scientology)

Fachliche Voraussetzungen

- Befähigungsnachweis des Vermittlers (z.B. einschlägiges Diplom, Berufserfahrung, ggfs. vermittlungsspezifische Zusatzausbildung, Kenntnis der Methoden des Profilings, kundengerechte Gesprächsführung und Klärung bestehender Vermittlungshemmnisse)
- Kenntnis der einschlägigen gesetzlichen Vorschriften
- Kenntnis des regionalen und überregionalen Arbeitsmarktes und seiner Akteure
- Kenntnis von Branchen- und Berufsprofilen
- Kenntnis des Datenschutzes

Institutionelle Rahmenbedingungen

- Angemessene Geschäftsräume und Gewährleistung des Datenschutzes
- Zweckentsprechende personelle und sachliche Ausstattung
- Festlegung und Offenlegung der Erreichbarkeit
- Eindeutige Geschäftsbedingungen

Prozessdefinition

- Definition des Gesamtprozesses und seiner Einzelschritte in Form einer Leistungsbeschreibung, der zu erbringenden Dienstleistung einschließlich des zu erbringenden Honorars u.a.
  - Sinn und Ziel des Prozesses
  - Dauer und Ende des Prozesses incl. möglicher Interventionsmaßnahmen
  - Festlegung der Kommunikationsweise und deren Inhalte
  - Festlegung von Rechten und Pflichten der Beteiligten und Hinweis auf die Verbindlichkeit des Projektplans
  - Anwendung der Methoden des Profilings, zielgruppengerechter Gesprächsführung und zur Klärung bestehender Vermittlungshemmnisse
- Dokumentation der einzelnen Vermittlungsaktivitäten
- Zusammenarbeit mit fachkundigen Stellen (z.B. Schuldnerberatung)
- Kontakte zu Arbeitgebern und Arbeitnehmern

Beschwerdemanagement

- Die Verbände stellen für die Kunden ihrer Mitglieder ein Beschwerdemanagement sicher, erforschen die Ursachen der Probleme und regeln die Konsequenzen (Fortbildung, Sanktionen)
- Private Vermittler, die nicht einem Verband angehören, können Dritte mit ihrer Zertifizierung beauftragen oder sich ein Audit erteilen lassen.

4 Personaldienstleistungskaufleute in anderen Branchen

Wie die vorangegangenen Kapitel deutlich machen, erwerben Personaldienstleistungskaufleute in der Ausbildung und in der Praxis eine Vielzahl von Fähigkeiten und Kompetenzen. Sie kennen sich mit der Analyse von Personalbedarfen aus, können die fachlichen Anforderungen spezifischer Tätigkeiten und Arbeitsplätze präzise erfassen und beschreiben, verfügen über umfangreiches Wissen im Arbeits- und Vertragsrecht, beherrschen zahlreiche Recruiting-Instrumente und Personalauswahlverfahren, können Mitarbeiter in Arbeitseinsätzen disponieren und führen, verfügen über wichtige Vertriebskenntnisse und beherrschen wichtige Personalverwaltungsaufgaben. Und schließlich können sie gut mit allen Beteiligten der Fachabteilungen in den Unternehmen und auf der Arbeitnehmerseite kommunizieren.

Diese Fähigkeiten können auch außerhalb der Personaldienstleistungsbranche hervorragend eingesetzt werden. Das Berufsbild des Personaldienstleistungskaufmanns und der Personaldienstleistungskauffrau ist dementsprechend breit angelegt und öffnet Beschäftigungsmöglichkeiten auch in anderen Unternehmen und Einrichtungen. Solche Beschäftigungsmöglichkeiten sollen an dieser Stelle aufgezeigt werden. Dabei darf allerdings nicht darüber hinweg gesehen werden, dass in solchen Unternehmen und Einrichtungen in der Regel weitere Fachkenntnisse und Fertigkeiten für eine erfolgreiche Tätigkeit erworben werden müssen, die in diesem Handbuch naturgemäß nicht im Einzelnen dargestellt werden können.

Personaldienstleistungskaufleute in Personalabteilungen anderer Unternehmen

Auch die Personalabteilungen konventioneller Unternehmen verstehen sich heute in der Regel als interne Dienstleister für die Gewinnung neuer Mitarbeiter, die Organisation von deren innerbetrieblichem Einsatz, die Personalentwicklung in der Unternehmensbelegschaft, für notwendige Freisetzungen und natürlich für die zuverlässige Personalverwaltung.

Personaldienstleistungskaufleute kennen viele Aufgaben dieser Personalabteilungen nicht nur aus den internen Aufgaben in der Personaldienstleistungsbranche, sondern oft auch aus der engen Zusammenarbeit mit Kundenunternehmen. Häufig sind ihre Ansprechpartner Mitarbeiter aus den Personalabteilungen der Kundenunternehmen. In der Zusammenarbeit erhalten Personaldienstleistungskaufleute damit wertvolle Einblicke in deren Arbeitsweise, Problemstellungen und Aufgaben und müssen sich   wie in den vorangegangenen Kapiteln mehrfach gezeigt – kompetent in diese hinein versetzen können. Die notwendige Vernetzung des Personaldienstleisters mit den Personalaufgaben des Kundenunternehmens führt zu einer Kompetenzentwicklung, deren besonderen Wert Kundenunternehmen gern erkennen und auch in anderer Weise nutzen können.

Nicht von ungefähr wechseln deshalb immer wieder gute Fachkräfte aus der Personaldienstleistungsbranche „die Seiten" und werden gern bei anderen Unternehmen eingestellt.

Daraus kann dann sowohl die kompetente Personalfachkraft zur Betreuung der internen Mitarbeiter als auch der einschlägig vorerfahrene Ansprechpartner im Kundenunternehmen für den Einkauf externer Personaldienstleistungen werden.

Personaldienstleistungskaufleute in der Weiterbildung sowie bei Beschäftigungs- und Transfergesellschaften

Unternehmen und Einrichtungen der beruflichen Weiterbildung, die ihre Qualifizierungs-angebote an Arbeitsuchende richten und dabei in vielen Fällen Instrumente der öffentlichen Arbeitsförderung nutzen, haben heute eine klare Zielsetzung zur Integration in Beschäfti-gung. Sie analysieren die Qualifizierungsbedarfe in Unternehmen und entwickeln geeignete Weiterbildungen. Die arbeitsuchenden Teilnehmer unterstützen sie häufig bei der Arbeits-suche und gehen entsprechende Verpflichtungen mit den Leistungsträgern der öffentlichen Arbeitsförderung ein.

Personaldienstleistungskaufleute bringen für diese Aufgaben wertvolles Knowhow mit. Insbesondere die in den letzten Jahren aufgrund der Marktentwicklung gestärkte Orientie-rung von Weiterbildungsträgern auf die entsprechenden Unternehmensbedarfe kann von der Vertriebskompetenz und den Fähigkeiten der Personaldienstleistungskaufleute bei der Be-stimmung von Fähigkeiten und Qualifizierungsbedarfen der Arbeitssuchenden profitieren.

Noch stärker auf die (Re-)Integration von Arbeitsuchenden in Beschäftigung ist die Arbeit von Beschäftigungsgesellschaften gerichtet. Arbeitsuchende, die aufgrund von langer Ar-beitslosigkeit, durch entwertete Qualifikationen, verloren gegangene Motivationen, ge-sundheitliche Einschränkungen oder andere Vermittlungshemmnisse nur eingeschränkt beschäftigungsfähig sind, werden in Beschäftigungsgesellschaften schrittweise und in an-gemessenen Formen an die Anforderungen von geeigneten Arbeitsplätzen herangeführt.

Personaldienstleistungskaufleute bringen mit ihren guten Marktkenntnissen und ihrer Er-fahrung mit Bewerbern und Mitarbeitern gute Voraussetzungen mit, um bei der individuel-len Förderung entsprechender Arbeitsuchender mitwirken zu können. Auch hier kann ins-besondere der praxisbezogene Kontakt zu Unternehmen, die Praktika und Einarbeitungs-möglichkeiten bereit stellen, ein einschlägiges Arbeitsfeld für Personaldienstleistungskauf-leute sein.

Transfergesellschaften sind in der Regel eng an ein Unternehmen angedockt, das bestimmte Mitarbeiter nicht mehr oder nicht mehr in der bisherigen Verwendung einsetzen kann. In solchen Fällen suchen Transfergesellschaften neue Beschäftigungsmöglichkeiten für diese betroffenen Mitarbeiter entweder im Unternehmen oder durch einen möglichen Übergang in Beschäftigung bei anderen Arbeitgebern. Auch in dieser Aufgabe können Personaldienst-leistungskaufleute bei einem arbeitsmarktorientierten Profiling der Fähigkeiten und Kennt-nisse der betroffenen Mitarbeiter mitwirken und als kompetente Vermittler neue Beschäfti-gungsmöglichkeiten identifizieren.

Ihre Kommunikationsfähigkeiten sind insbesondere bei der wichtigen Beratungsarbeit für die Mitarbeiter, die oftmals eine erhebliche Umorientierung aus der bisherigen Beschäftigung in neue Tätigkeiten bei einem anderen Arbeitgeber bewältigen müssen, gefragt. Sie sind geradezu prädestiniert zur Vermittlung einer gesteigerten Flexibilität, die sich als Erfolgsfaktor von Mitarbeitern in Transfergesellschaften erwiesen hat.

Personaldienstleistungskaufleute in der öffentlichen Arbeitsverwaltung

Bereits an mehreren Stellen in diesem Handbuch wurden unterschiedliche, inhaltliche Bezüge zwischen privaten Personaldienstleistungen und der öffentlichen Arbeitsverwaltung angesprochen. Und das aus gutem Grund, wirken doch beide an vielen Stellen des gesamten, äußerst beweglichen Arbeitsmarktes.

Insbesondere in der Arbeitsvermittlung liegt im Grundsatz ein breites gemeinsames Aufgabenfeld, in dem private Personaldienstleister und die Arbeitsvermittler der Bundesagentur für Arbeit und ALG-2-Träger tätig sind. Bei der Bundesagentur für Arbeit BA und den für die Leistungen nach dem SGB II zuständigen Arbeitsgemeinschaften und Optionskommunen werden dabei in den letzten Jahren erhebliche Anstrengungen unternommen, um aus einer mehr verwaltenden Aufgabenwahrnehmung hin zu einer stärkeren Serviceorientierung für Arbeitgeber und Arbeitsuchende zu kommen. Zahlreiche Neustrukturierungen in den vergangenen Jahren hatten dieses Ziel zum Hintergrund. So stellen beispielsweise die neu gebildeten Vermittlerteams im Arbeitgeberservice der BA eine solche Neuorientierung dar.

Auch aus der Zusammenarbeit mit privaten Personaldienstleistern erhofft sich die BA eine Verbesserung der eigenen Vermittlungskompetenz. So erklärte der Verwaltungsrat der BA im Geschäftsbericht 2007: „Der Verwaltungsrat erwartet durch einen gegenseitigen Lernprozess zwischen Bundesagentur für Arbeit und privaten Dienstleistern eine Verbesserung der Kompetenzen und daraus resultierend Vermittlungsfortschritte, ohne dass die Bundesagentur für Arbeit in ihren Kernaufgaben Beratung und Vermittlung Kompetenzen abgibt." Im Zusammenhang mit den Kooperationsverträgen zwischen BA und Zeitarbeitsunternehmen wird gelegentlich eine gegenseitige Hospitation angestrebt, um einen wechselseitigen Knowhow-Transfer zu erreichen.

Die BA als größter öffentlicher Arbeitgeber der Arbeitsverwaltung mit 100.000 Beschäftigten, darunter mehrere tausend Arbeitsvermittler, hat dabei selbst einen enormen Personalbedarf, vor allem im Bereich der stellenorientierten und bewerberorientierten Vermittler. Die enormen Anstrengungen zur Steigerung der Dienstleistungsorientierung lassen vermuten, dass es möglicherweise sogar zur Umkehrung einer früheren Erscheinung kommt: Schieden in früheren Jahren gelegentlich Mitarbeiter aus der öffentlichen Arbeitsverwaltung aus, um in der Personaldienstleistungsbranche zu arbeiten oder sogar ein eigenes Personaldienstleistungsunternehmen zu gründen, so wechseln heute verschiedentlich Personaldienstleister in die öffentliche Arbeitsverwaltung.

Diese gegenseitige Durchlässigkeit kann nach dem Vorgesagten nicht verwundern. Die Erfolgskriterien für eine Personaldienstleistung, die tatsächlich ihren Abnehmern, den Arbeitgebern und den Arbeitnehmern nützt, gelten für private Personaldienstleister und öffentliche Arbeitsvermittler gleichermaßen. Denn auch die BA muss die aktiv erreichten Vermittlungserfolge ihrer Mitarbeiter darstellen und am Markt realisieren können.

Personaldienstleistungskaufleute bringen insoweit wertvolle Kenntnisse und Fertigkeiten mit, die in den Einrichtungen der öffentlichen Arbeitsverwaltung gefragt sind und erwünschte Impulse liefern können. Nichtsdestoweniger werden Personaldienstleistungskaufleute in solchen Aufgabenfeldern um die Aneignung tiefer gehender Kenntnisse zum Beispiel im Sozialrecht nicht umhin kommen.

Offenheit für Neues

Die oben erfolgte, wenn auch nicht erschöpfende Darstellung von weiteren Einsatzfeldern mag anschaulich verdeutlichen, dass auch für Personaldienstleistungskaufleute selbst gilt, was sie in ihrer Arbeit mit Mitarbeitern und Bewerbern täglich vorleben: nämlich grundsätzlich und immer offen für Neues zu sein.

Gerade an Personaldienstleistungskaufleute ist die Anforderung gestellt, sowohl in der jeweiligen Berufsausübung als auch in der weiteren Berufslaufbahn die größtmögliche Flexibilität zu verwirklichen. Die Bereitschaft und Fähigkeit für ein lebenslanges Lernen, die immer wieder wechselnde Aufgabenstellungen verlangen, kann für das Berufsbild der Personaldienstleistungskaufleute als konstituierend bezeichnet werden.

Eine nie nachlassende Neugier auf Neues und Unvorhergesehenes gehört deshalb ebenso zu den Merkmalen des Berufes wie die Erkenntnis, dass moderne Berufsbiografien nicht statisch, sondern dynamisch sind.

5 Der Ausbildungsgang Personaldienstleistungskaufmann / Personaldienstleistungskauffrau

Die Zeit war reif für diesen neuen Beruf. Die Nachfrage für Personaldienstleistungen hat sich allein in den letzten fünf Jahren verdoppelt, der Druck auf eine Professionalisierung der Tätigkeit wächst immens, Qualität ist zu einem entscheidenden Erfolgskriterium geworden.

Seit den 90er Jahren sind mehrere zehntausend Mitarbeiter in die internen Aufgaben der Personaldienstleistungsbranche eingestiegen. Dass dabei überwiegend Quereinsteiger aus einer Vielzahl von Berufen und Vorerfahrungen qualifiziert und eingearbeitet wurden, hat unter anderem drei wichtige Effekte hervorgebracht:

1. Die Branche ist reich an einem höchst vielseitigen Knowhow aus den unterschiedlichen Facetten der Personalgewinnung und Personalorganisation, der Kundenbetreuung, der Berufsfachkunde, der Rechtsanwendung und der Personalbewirtschaftung.
2. Der Aufbau der Unternehmensstrukturen und die zigtausendfache Einarbeitung haben einen wertvollen Erfahrungsschatz für die fundierte und nachhaltige Ausbildung neuer interner Mitarbeiter geschaffen.
3. Die beiderseitigen Investitionen und aufgewendeten Ressourcen in die Qualifizierung verlangten nach einer nachhaltigen Sicherung des gewonnenen und vermittelten Knowhows vor allem durch einen qualifizierten und anerkannten Berufsabschluss und weitere Zertifizierungen.

Die Nachfrage nach gründlich und umfassend ausgebildeten Mitarbeitern für die internen Aufgaben in der Personaldienstleistungsbranche wird auf absehbare Zeit weiter wachsen und verspricht hervorragende Beschäftigungschancen.

Die Schaffung des neuen Berufes Personaldienstleistungskaufmann / Personaldienstleistungskauffrau verlangte dennoch umfangreiche Vorbereitungen. Zu Recht sind die Anforderungen an die Entwicklung und Anerkennung eines neuen Berufes in Deutschland hoch. In einem spannenden und intensiven Arbeitsprozess wurde in der Zusammenarbeit aus staatlichen Berufsbildungsexperten, den Kammern, den Arbeitgeberverbänden aus der Personaldienstleistungsbranche und weiteren Mitwirkenden die Grundlagen für eine Ausbildungsordnung und die notwendigen Lerninhalte erarbeitet.

Trotz der hohen Erwartungen hatte jedoch niemand der Beteiligten mit dem regelrechten Run gerechnet, der sofort zum ersten Start der neuen Berufsausbildung am 1. August 2008 einsetzte. Schon im ersten Ausbildungsjahr stiegen über 1000 Auszubildende in diesen neuen Beruf ein. Am 31.12.2008 zählte die Berufsbildungsstatistik der statistischen Ämter des Bundes und der Länder genau 1092 PDK-Auszubildende.

Mit dieser hohen Zahl startete der neue Beruf Personaldienstleistungskaufmann / Personaldienstleistungskauffrau als stärkster erster Ausbildungsjahrgang unter allen 15 neuen Berufen, die zwischen 2006 und 2008 geschaffen wurden. Entgegen manchen Befürchtungen, dass die Konjunkturkrise 2008 / 2009 zu einem gravierenden Einbruch auch bei der PDK-Ausbildung führen könnte, setzte sich der Erfolg der Ausbildung auch in 2009 fort. Zwar liegen noch keine gesicherten Daten der Ausbildungsstatistik vor, doch Experten gehen davon aus, dass ungefähr weitere 700 PDK-Auszubildende in 2009 ihre Ausbildung aufnahmen.

Diese äußerst positive Entwicklung forderte andererseits die Ausbildungsressourcen enorm. Insbesondere Fragen zur betrieblichen Ausgestaltung mussten gemeinsam von den Ausbildern und Auszubildenden kreativ und unter den gegebenen Bedingungen im Betrieb beantwortet werden. Hier waren vor allem Anpassungen im Spannungsfeld zwischen der bereits erprobten Einarbeitung von berufserfahrenen Quereinsteigern und den Besonderheiten der PDK-Auszubildenden, die in der überwiegenden Mehrzahl Neulinge im Berufsleben sind, vorzunehmen. Und schließlich galt es die durch die neue Ausbildungsordnung vorgesehenen Lerninhalte durch konkrete Lernschritte im Ausbildungsbetrieb mit Leben zu füllen.

Auch die Berufsschulen mussten sich in kürzester Zeit auf den neuen Beruf einstellen. Im Dezember 2009 sind es insgesamt 41 Berufsschulen im Bundesgebiet, die im dualen System der Ausbildung den schulischen Ausbildungteil organisieren und durchführen. In Workshops und Fachtagungen, vor allem aber durch die kreative Entwicklungsarbeit der einzelnen Lehrkräfte in den Berufsschulen wurden die Vorgaben der Ausbildungsordnung und des KMK–Rahmenlehrplans zu Lernformen und –inhalten des Berufsschulunterrichts umgesetzt. Diese Arbeit ist längst nicht abgeschlossen. Die ersten Erfahrungen führen zu einer stetigen Verbesserung des Berufsschulunterrichts, die in gemeinsamen Erfahrungsaustauschen von Berufsschullehrern, betrieblichen Ausbildern sowie Branchen- und Bildungsexperten weiter vorangetrieben wird.

Schließlich stellten sich für die Prüfungsinstanzen der Berufsausbildung zahlreiche Aufgaben. Mit den ersten Zwischenprüfungen im Frühjahr und den ersten Abschlussprüfungen für die verkürzten Ausbildungen im Sommer 2010 waren erhebliche Anstrengungen zu unternehmen, um diese wichtigen Ausbildungsbestandteile sorgfältig zu gestalten. Mit der Vorlage der entsprechenden Prüfungskataloge Ende 2009 ist ein wichtiger Schritt erfolgt.

Nicht zuletzt erbringen die ersten PDK-Auszubildenden als Pioniere des neuen Berufes wertvolle Beiträge zur nachhaltigen Gestaltung der Berufsausbildung. Ganz im Sinne der modernen Ausbildungsdidaktik und –methodik nehmen sie selbst Anteil an der Schaffung von Instrumenten und konkreten Inhalten der Ausbildung im Betrieb und in der Berufsschule. Sie sind nicht passive Empfänger oder Konsumenten von Ausbildung, sondern werden gefordert als mitgestaltende Akteure, die damit so wichtige Elemente der PDK-Ausbildung wie eigenverantwortliches Denken und Handeln, aktive Kommunikation und mutige Problemlösungen trainieren.

Zugangsvoraussetzung zur PDK-Ausbildung

Die Verordnung über die Berufsausbildung zum Personaldienstleistungskaufmann/zur Personaldienstleistungskauffrau nennt keine formalen Zugangsvoraussetzungen zur PDK-Ausbildung wie beispielsweise einen bestimmten Schulabschluss.

Tatsächlich finden sich unter den derzeitigen Auszubildenden Schulabgänger aller Schulstufen. Die PDK-Azubis des ersten Ausbildungsjahrgang 2008 haben nach der Berufsbildungsstatistik zu 45 Prozent die Hochschulreife, zu 37 Prozent den Mittleren Bildungsabschluss, zu 8 Prozent den Hauptschulabschluss und zu einem Prozent keinen Schulabschluss. 9 Prozent haben sonstige Schulabschlüsse oder wurden nicht erfasst.

Lediglich für eine mögliche Verkürzung der PDK-Ausbildung werden höhere Schulabschlüsse vorausgesetzt. Die Hochschulreife ist für eine Verkürzung um zwölf Monate, der Mittlere Bildungsabschluss ist für eine Verkürzung um sechs Monate erforderlich. Außerdem gilt dabei eine Reihe von weiteren Bedingungen, die für eine Verkürzung erfüllt sein müssen. Auch vorhandene Möglichkeiten zur Umschulung zum PDK, die unter anderem von manchen Bildungsträgern angeboten werden, setzen für die 23-monatige Umschulung mit einem in der Regel sechsmonatigen Betriebspraktikum weitere Bedingungen voraus.

Dass nach den oben genannten Zahlen vier von fünf Auszubildenden mindestens den Mittleren Bildungsabschluss besitzen, fast jeder zweite sogar die Hochschulreife hat, ist jedoch ein deutlicher Hinweis darauf, dass bei der Annahme von Ausbildungsbewerbern ein möglichst hoher Schulabschluss wesentliche Bedeutung hat. Das ist verständlich, werden doch in der Ausbildung sehr komplexe Inhalte, die ein ausgeprägtes Verständnis für rechtliche Fragen, für kaufmännische Vorgänge und insbesondere für Personalführungsaspekte voraussetzen, vermittelt. Auch für die besonders in diesem Beruf geforderten kommunikativen Fähigkeiten sind die entsprechenden schulischen Voraussetzungen ein wesentliches Kriterium.

Für eine gewisse Lebenserfahrung, die in dem Beruf gefordert ist, spricht auch das Durchschnittsalter der Auszubildenden, die die Berufsbildungstatistik für den ersten Ausbildungsjahrgang erfasst hat. Die PDK-Auszubildenen sind im Durchschnitt 21,6 Jahre alt. 195 Auszubildende sind bereits älter als 23 Jahre, lediglich 69 sind jünger als 18 Jahre.

Interessant ist unter dem Gesichtspunkt des Gender Mainstreaming, dass 765 Frauen den Beruf der Personaldienstleistungskauffrau erlernen, während nur 342 Auszubildende zum Personaldienstleistungskaufmann gezählt wurden. Mit einem Frauenanteil von 70 Prozent bietet der Beruf damit insbesondere Frauen offensichtlich besonders gute Chancen.

Für eine hohe Treffsicherheit der Ausbildungsbetriebe in der Bewerberauswahl, die attraktive Ausbildung und eine besonders hohe Bindung der Auszubildenden an ihren Ausbildungsbetrieb spricht eine weitere interessante Zahl der Berufsbildungsstatistik: danach wurden im ersten Ausbildungsjahr lediglich 10 Prozent der Ausbildungsverhältnisse wieder gelöst, das wären nur etwa halb so viele wie im Durchschnitt aller Berufsausbildungen.

Noch liegen keine gesicherten Daten über die Ausbildungsbetriebe, die Personaldienstleistungskaufleute ausbilden, vor. Viele Anzeichen sprechen jedoch dafür, dass deutlich über 90 Prozent der Ausbildungsverhältnisse in der Zeitarbeit geschlossen wurden, darunter überwiegend originäre Zeitarbeitsunternehmen, aber auch Mischbetriebe, die in eigenen Abteilungen oder Tochtergesellschaften Arbeitnehmerüberlassung betreiben. Dieser Schwerpunkt in der Zeitarbeit begründet sich sowohl ihrer enormen Verbreitung, wie sie in Kapitel 2.1 dargestellt wird. Aber auch die innere Struktur von Zeitarbeitsunternehmen mit ihren Aufgabenfelder Vertriebs- und Personaldisposition und Personalverwaltung bietet für die Ausbildung in vielen Fällen gute Voraussetzungen für die Berufsausbildung.

Dennoch finden sich einzelne PDK-Auszubildende auch in Personal- und Arbeitsvermittlungsunternehmen, in der Industrie sowie im Öffentlichen Dienst. Im Kapitel 3 und 4 wird dargestellt, dass auch in solchen Betrieben geeignete Aufgabenfelder, die die Berufsausbildung begründen, bestehen.

Der Ausbildungsverlauf zum Personaldienstleistungskaufmann / zur Personaldienstleistungskauffrau

Für den Ausbildungsverlauf und die entsprechenden Inhalte gilt neben dem „Berufsbildungsgesetz (BBiG)" vor allem die „Verordnung über die Berufsausbildung zum Personaldienstleistungskaufmann/zur Personaldienstleistungskauffrau" und der damit verbundene „Ausbildungsrahmenplan für die Berufsausbildung". Hinzu kommen für die Ausbildung in der Berufsschule der „Rahmenlehrplan für den Ausbildungsberuf Personaldienstleistungskaufmann/Personaldienstleistungskauffrau" der Kultusministerkonferenz sowie in den Bundesländern erlassene Rahmenrichtlinien.

Die Ausbildungsverordnung schreibt – mit den oben erwähnten Ausnahmen – eine Ausbildungsdauer von drei Jahren vor. In dieser Zeit – und auch bei verkürzten Ausbildungen – sind nach Abschnitt A die folgenden **berufsprofilgebenden** Fertigkeiten, Kenntnisse und Fähigkeiten zu vermitteln:

1. Personalgewinnung:

1.1 Personalanwerbung,
1.2 Bewerberberatung,
1.3 Personalauswahl,
1.4 Personaleinstellung und Personalvermittlung;

2. Personaleinsatz:

2.1 Einsatzplanung und Einsatzvorbereitung,
2.2 Gewährleistung von Arbeitssicherheit und Gesundheitsschutz,
2.3 Personalführung und Personalbetreuung,
2.4 Personalsachbearbeitung,
2.5 Beendigung von Beschäftigungsverhältnissen;

3. Berufsfelderschließung;

4. Auftragsakquisition und Auftragsdurchführung, Marketing:

4.1 Auftragsspezifische Arbeitsplatzanalyse und Personalbedarfsanalyse,
4.2 Marketing, Kundenbindung und Kundenbetreuung,
4.3 Angebotskalkulation und Verträge,
4.4 Kontrolle der Vertragserfüllung;

5. Kommunikation und Kooperation:

5.1 Kommunikation,
5.2 Teamarbeit und Kooperation,
5.3 Konfliktmanagement;

6. Kaufmännische Steuerung und Kontrolle;

7. Berufsbezogene Rechtsanwendungen;

Nach Abschnitt B sind als **integrative** Fertigkeiten, Kenntnisse und Fähigkeiten zu vermitteln :

1. Der Ausbildungsbetrieb:

1.1 Stellung, Rechtsform und Struktur des Ausbildungsbetriebes,
1.2 Berufsbildung, arbeits-, sozial- und tarifrechtliche Vorschriften,
1.3 Sicherheit und Gesundheitsschutz bei der Arbeit,
1.4 Umweltschutz;

2. Arbeitsgestaltung:

2.1 Lern- und Arbeitstechniken,
2.2 Qualitätssicherung betrieblicher Arbeitsabläufe,
2.3 Informations- und Kommunikationssysteme,
2.4 Datenschutz und Datensicherheit;

3. Anwenden einer Fremdsprache bei Fachaufgaben.

Diese sehr differenzierte Auflistung von Fertigkeiten, Kenntnissen und Fähigkeiten spiegelt das weite Spektrum der Aufgaben in der Personaldienstleistung wieder. Die **betriebliche Ausbildung** muss dieses Spektrum entsprechend ihren unternehmensspezifischen Bedingungen abbilden können. Weitere Vorgaben dafür macht der als Anlage zur Ausbildungsordnung erstellte Ausbildungsrahmenplan. Ausbilder haben dazu einen betriebsspezifischen Ausbildungsplan zu erstellen und vorzulegen, Auszubildende müssen einen schriftlichen Ausbildungsnachweis führen.

Für die betriebliche Ausbildung ist es außerordentlich wichtig, ein gesundes und dem Ausbildungsauftrag entsprechendes Gleichgewicht zwischen ausdrücklichen „Lernaufgaben" und dem implizierten Lernfortschritt dienenden „Arbeitsaufgaben" herzustellen. Es ist ein großer Vorteil der betrieblichen Ausbildung, dass Auszubildende im Betrieb vor allem im

Zusehen bei und eigenem Durchführen von praktischen Arbeitsverläufen lernen. Genauso wichtig ist es jedoch, ihnen Gelegenheiten zu geben anhand entsprechender Lernunterlagen und mit darauf gerichteten, eigenen Lernaufgaben die theoretische Verarbeitung des praktisch zu Lernenden zu leisten.

Im **schulischen Ausbildungsteil** sind die Vorgaben der Ausbildungsordnung in entsprechende Lernsituationen in der Berufsschule umzusetzen. Aufgeteilt auf die drei Ausbildungsjahre leitet der KMK-Rahmenlehrplan für den Unterricht in den Berufsschulen die folgenden zwölf Lernfelder ab:

Im ersten Ausbildungsjahr:

1. Die Ausbildung verantwortlich mitgestalten
2. Struktur und Geschäftsfelder des Ausbildungsbetriebes erkunden und präsentieren
3. Personalsachbearbeitung durchführen
4. Personal gewinnen

Im zweiten Ausbildungsjahr:

5. Personal einstellen
6. Personaleinsatz vorbereiten und durchführen
7. Personaldienstleistungen vermarkten
8. Betriebliche Werteprozesse dokumentieren und auswerten

Im dritten Ausbildungsjahr:

9. Aufträge akquirieren und bearbeiten
10. Personal führen und fördern
11. Rahmenbedingungen für Personaldienstleistungen berücksichtigen
12. Berufsbezogenes Projekt planen, durchführen und auswerten

Insgesamt schreibt der KMK-Rahmenlehrplan für die Vermittlung dieser Lernfelder 880 Unterrichtsstunden vor. Die Berufsschulen haben dazu Zeitpläne aufgestellt, die vor allem nach den regionalen Gegebenheit entweder wöchentliche Berufsschultage (meist in Ballungsräumen, in denen die Auszubildenden die Berufsschule mit wenig Aufwand erreichen können) oder die Durchführung im Blockunterricht über mehrere Wochen (zumeist in Flächenregionen, in denen weite Anfahrtswege der Auszubildenden zu ihrer Berufsschule dies nahe legen) vorsehen.

Als obligatorische **Zwischenprüfung** sieht die Ausbildungsordnung zur Mitte des zweiten Ausbildungsjahres den Nachweis des Auszubildenden vor, dass er:

a) Personaldienstleistungen darstellen und unterscheiden,
b) den Personalbeschaffungsmarkt nutzen,
c) personalwirtschaftliche Vorgänge bearbeiten

kann.

Für die **Abschlussprüfung** schreibt die Ausbildungsordnung die folgenden Prüfungsbereiche vor:

1. Personalwirtschaftliche Prozesse,
2. Auftragsgewinnung, -bearbeitung und -steuerung,
3. Personal- und Kundenberatung,
4. Wirtschafts- und Sozialkunde.

Im Oktober 2009 legte die Zentralstelle für Prüfungsaufgaben der Industrie- und Handelskammern als Konkretisierung der durch die Ausbildungsordnung vorgeschriebenen Prüfungsbereiche die detaillierten **Prüfungskataloge** für die IHK-Zwischenprüfung sowie für die IHK-Abschlussprüfung vor. Diese enthalten jeweils:

- das zeitliche Raster und die Gewichtung der Prüfungsbereiche,
- die dazugehörigen Fragenkomplexe, Themenkreise und Beispiele für betriebliche Handlungen / Qualifikationen,
- die für die Bearbeitung der Aufgabensätze erforderliche Formelsammlung.

Die Darstellung der **Aufgaben von Personaldienstleistungskaufleuten** in diesem Handbuch korreliert in weiten Teilen mit diesen beiden Prüfungskatalogen und kann damit in der Prüfungsvorbereitung einen unterstützenden Beitrag leisten.

Der iGZ Interessenverband Deutscher Zeitarbeitsunternehmen e.V. als Arbeitgeberverband bietet Auszubildenden sogenannte „**iGZ-Praxistage für PDK-Azubis**" an. In der Seminarbeschreibung dazu heißt es: „Vier Praxisfälle aus den Themenfeldern, die sowohl in der Zwischen- wie auch in der Abschlussprüfung vorkommen, werden von den Teilnehmern ausgearbeitet, die Ergebnisse vorgetragen und durch den Referenten ergänzt. Anschließend werden aus jedem Praxisfeld zwei Prüfungsfragen durch die Teilnehmer in Einzelarbeit beantwortet und danach im Plenum besprochen."

Einen wertvollen Beitrag in der PDK-Ausbildung leistet auch die zuständige Verwaltungsberufsgenossenschaft, die für PDK-Azubis seit Herbst 2009 eine überbetriebliche Seminarreihe "**Sicherheit und Gesundheit bei der Arbeit**" durchführt. In der Seminarbeschreibung dazu heißt es: „Ab dem zweiten Ausbildungsjahr erwerben die Auszubildenden in den vier Seminaren die erforderlichen Qualifikationen und Kompetenzen, um Arbeitssicherheit und Gesundheitsschutz professionell in den Prozess der Überlassung von Mitarbeitern zu integrieren. ... Mit erfolgreichem Abschluss der Ausbildung erhalten die Teilnehmer ein Zertifikat, welches ihnen bescheinigt, dass sie die erforderliche Befähigung im Arbeitsschutz für Personalentscheidungsträger in der Zeitarbeit sowie die Qualifikation zum Sicherheitsbeauftragten erworben haben."

Zusammenarbeit zwischen betrieblicher Praxis und theoretischer Ausbildung

Die in der dualen Berufsausbildung typische Zweiteilung zwischen betrieblicher und schulischer Ausbildung macht es erforderlich, dass die entsprechenden Lerninhalte verlässlich aufeinander abgestimmt werden. Dazu enthält der KMK-Rahmenlehrplan eine „Liste der

Entsprechungen zwischen Ausbildungsrahmenplan und Rahmenlehrplan der Berufsausbildung zum Personaldienstleistungskaufmann / zur Personaldienstleistungskauffrau". Damit soll erreicht werden, dass die Vermittlung im Ausbildungsbetrieb und in der Berufsschule wieder zu einer ganzheitlichen Ausbildung zusammengeführt werden. In der Praxis erweist sich, dass die konkrete Zusammenarbeit zwischen Betrieb und Berufsschule teilweise erst noch aufgebaut werden muss.

Erste Ansätze zum Erfahrungsaustausch zwischen den Beteiligten zeigen, dass insbesondere für Ausbildungsbetriebe, die noch über wenig Erfahrung mit dem schulischen Ausbildungsteil verfügen, einerseits und für Berufsschulen, die teilweise erheblichen Nachholbedarf im fachlichen Zugang zum Metier der Personaldienstleistungsbranche haben, andererseits dieser Austausch sehr fruchtbar ist. Hier knüpfen insbesondere die Verbände wertvolle Kontakte zwischen den Beteiligten und leisten hilfreiche Moderationsarbeit.

Dass in der Ausbildung der Personaldienstleistungskaufleute auch die Ausbilder selbst – als Ausbildungsbetrieb und Berufsschule – Lernende sind, ist gesicherte Erkenntnis der Bildungsforschung und im Ausbildungsalltag erlebte Erfahrung. Angebote zur „Ausbildung der Ausbilder" (kurz ADA) sind dafür weitere hilfreiche Unterstützungsmöglichkeiten.

In der Berufsausbildung der Personaldienstleistungskaufleute hat sich schließlich recht schnell seit ihrem Beginn gezeigt, dass ein großer Bedarf an geeigneten, auf den Beruf zugeschnittenen Lehr- und Lernmaterialien besteht. Manches kann dazu aus benachbarten, verwandten Ausbildungsberufen genutzt werden. Anderes ist für die Spezifik des neuen Berufes erst neu zu erstellen. Wenn im Urteil der Leser und Nutzer dieses Handbuches sein Anspruch erfüllt wurde, dazu einen auf die Personaldienstleistungsbranche konkretisierten Beitrag zu leisten, wird es einen nützlichen Platz im Rahmen der Ausbildung und als Unterstützung im Arbeitsalltag finden.

Anhang

Verordnung über die Berufsausbildung zum Personaldienstleistungskaufmann / zur Personaldienstleistungskauffrau

Vom 13. Februar 2008

Auf Grund des § 4 Abs. 1 in Verbindung mit § 5 des Berufsbildungsgesetzes vom 23. März 2005 (BGBI. I S. 931), von denen § 4 Abs. 1 durch Artikel 232 Nr. 1 der Verordnung vom 31. Oktober 2006 (BGBl. I S. 2407) geändert worden ist, verordnet das Bundesministerium für Wirtschaft und Technologie im Einvernehmen mit dem Bundesministerium für Bildung und Forschung:

§ 1 Staatliche Anerkennung des Ausbildungsberufes

Der Ausbildungsberuf Personaldienstleistungskaufmann/ Personaldienstleistungskauffrau wird nach § 4 Abs. 1 des Berufsbildungsgesetzes staatlich anerkannt.

§ 2 Dauer der Berufsausbildung

Die Ausbildung dauert drei Jahre.

§ 3 Ausbildungsrahmenplan, Ausbildungsberufsbild

(1) Gegenstand der Berufsausbildung sind mindestens die im Ausbildungsrahmenplan (Anlage 1, Sachliche Gliederung) aufgeführten Fertigkeiten, Kenntnisse und Fähigkeiten (berufliche Handlungsfähigkeit). Eine von dem Ausbildungsrahmenplan (Anlage 2, Zeitliche Gliederung) abweichende Organisation der Ausbildung ist insbesondere zulässig, soweit betriebspraktische Besonderheiten die Abweichung erfordern.

(2) Die Berufsausbildung zum Personaldienstleistungskaufmann/ zur Personaldienstleistungskauffrau gliedert sich wie folgt (Ausbildungsberufsbild):

Abschnitt A

Berufsprofilgebende Fertigkeiten, Kenntnisse und Fähigkeiten:

1. Personalgewinnung:
1.1 Personalanwerbung,
1.2 Bewerberberatung,
1.3 Personalauswahl,
1.4 Personaleinstellung und Personalvermittlung;

2. Personaleinsatz:
2.1 Einsatzplanung und Einsatzvorbereitung,
2.2 Gewährleistung von Arbeitssicherheit und Gesundheitsschutz,
2.3 Personalführung und Personalbetreuung,
2.4 Personalsachbearbeitung,

2.5 Beendigung von Beschäftigungsverhältnissen;

3.   Berufsfelderschließung;

4.   Auftragsakquisition und Auftragsdurchführung, Marketing:
4.1 Auftragsspezifische Arbeitsplatzanalyse und Personalbedarfsanalyse,
4.2 Marketing, Kundenbindung und Kundenbetreuung,
4.3 Angebotskalkulation und Verträge,
4.4 Kontrolle der Vertragserfüllung;

5.   Kommunikation und Kooperation:
5.1 Kommunikation,
5.2 Teamarbeit und Kooperation,
5.3 Konfliktmanagement;

6.   Kaufmännische Steuerung und Kontrolle;

7.   Berufsbezogene Rechtsanwendungen;

Ab s c h n i t t B

Integrative Fertigkeiten, Kenntnisse und Fähigkeiten:

1.   Der Ausbildungsbetrieb:
1.1 Stellung, Rechtsform und Struktur des Ausbildungsbetriebes,
1.2 Berufsbildung, arbeits-, sozial- und tarifrechtliche Vorschriften,
1.3 Sicherheit und Gesundheitsschutz bei der Arbeit,
1.4 Umweltschutz;

2.   Arbeitsgestaltung:
2.1 Lern- und Arbeitstechniken,
2.2 Qualitätssicherung betrieblicher Arbeitsabläufe,
2.3 Informations- und Kommunikationssysteme,
2.4 Datenschutz und Datensicherheit;

3.   Anwenden einer Fremdsprache bei Fachaufgaben.

§ 4 Durchführung der Berufsausbildung

(1) Die in dieser Verordnung genannten Fertigkeiten, Kenntnisse und Fähigkeiten sollen so vermittelt werden, dass die Auszubildenden zur Ausübung einer qualifizierten beruflichen Tätigkeit im Sinne von § 1 Abs. 3 des Berufsbildungsgesetzes befähigt werden, die insbesondere selbstständiges Planen, Durchführen und Kontrollieren einschließt. Diese Befähigung ist auch in den Prüfungen nach den §§ 5 und 6 nachzuweisen.

(2) Die Ausbildenden haben unter Zugrundelegung des Ausbildungsrahmenplanes für die Auszubildenden einen Ausbildungsplan zu erstellen.

(3) Die Auszubildenden haben einen schriftlichen Ausbildungsnachweis zu führen. Ihnen ist Gelegenheit zu geben, den schriftlichen Ausbildungsnachweis während der Ausbildungszeit zu führen. Die Ausbildenden haben den schriftlichen Ausbildungsnachweis regelmäßig durchzusehen.

§ 5 Zwischenprüfung

(1) Zur Ermittlung des Ausbildungsstandes ist eine Zwischenprüfung durchzuführen. Sie soll zur Mitte des zweiten Ausbildungsjahres stattfinden.

(2) Die Zwischenprüfung erstreckt sich auf die in der Anlage 2 für das erste Ausbildungsjahr aufgeführten Fertigkeiten, Kenntnisse und Fähigkeiten sowie auf den im Berufsschulunterricht zu vermittelnden Lehrstoff, soweit er für die Berufsausbildung wesentlich ist.

(3) Die Zwischenprüfung findet im Prüfungsbereich Personaldienstleistungsmarkt und Personalsachbearbeitung statt.

(4) Für den Prüfungsbereich Personaldienstleistungsmarkt und Personalsachbearbeitung bestehen folgende Vorgaben:

1. Der Prüfling soll nachweisen, dass er

a)   Personaldienstleistungen darstellen und unterscheiden,
b)   den Personalbeschaffungsmarkt nutzen,
c)   personalwirtschaftliche Vorgänge bearbeiten

kann;

2. der Prüfling soll schriftliche Aufgaben bearbeiten;

3. die Prüfungszeit beträgt 120 Minuten.

§ 6 Abschlussprüfung

(1) Durch die Abschlussprüfung ist festzustellen, ob der Prüfling die berufliche Handlungsfähigkeit erworben hat. In der Abschlussprüfung soll der Prüfling nachweisen, dass er die dafür erforderlichen beruflichen Fertigkeiten beherrscht, die notwendigen beruflichen Kenntnisse und Fähigkeiten besitzt und mit dem im Berufsschulunterricht zu vermittelnden, für die Berufsausbildung wesentlichen Lehrstoff vertraut ist. Die Ausbildungsordnung ist zugrunde zu legen.

(2) Die Abschlussprüfung erstreckt sich auf die in der Anlage 1 aufgeführten Fertigkeiten, Kenntnisse und Fähigkeiten sowie auf den im Berufsschulunterricht zu vermittelnden Lehrstoff, soweit er für die Berufsausbildung wesentlich ist.

(3) Die Abschlussprüfung besteht aus den Prüfungsbereichen:

1.   Personalwirtschaftliche Prozesse,
2.   Auftragsgewinnung, -bearbeitung und -steuerung,
3.   Personal- und Kundenberatung,
4.   Wirtschafts- und Sozialkunde.

(4) Für den Prüfungsbereich Personalwirtschaftliche Prozesse bestehen folgende Vorgaben:

1. Der Prüfling soll nachweisen, dass er

a) Personal gewinnen, auswählen und einsetzen,
b) Personalsachbearbeitung durchführen,
c) rechtliche Vorschriften anwenden und
d) Gesundheitsschutz bei der Arbeit und den Umweltschutz

berücksichtigen kann;

2. der Prüfling soll schriftliche Aufgaben bearbeiten;

3. die Prüfungszeit beträgt 90 Minuten.

(5) Für den Prüfungsbereich Auftragsgewinnung, -bearbeitung und -steuerung bestehen folgende Vorgaben:

1. Der Prüfling soll nachweisen, dass er mit Auftragsgewinnung, -bearbeitung und -steuerung zusammenhängende Prozesse gestalten und analysieren kann;

2. hierfür sind aus folgenden Tätigkeiten mindestens zwei auszuwählen:

a) Aufträge gewinnen und auswählen,
b) auftragsspezifische Arbeitsplatz- und Gefährdungsanalysen durchführen und die Einhaltung der Arbeitssicherheit veranlassen,
c) Personalbedarf analysieren,
d) Angebote entwickeln und kalkulieren,
e) Verträge abschließen,
f) Kosten erfassen und Leistungsabrechnungen erstellen,
g) Statistiken und Berichte für das Controlling anfertigen und auswerten und
h) qualitätssichernd bei den Abläufen vorgehen;

3. der Prüfling soll eine Arbeitsaufgabe schriftlich bearbeiten und hierüber ein fallbezogenes Fachgespräch führen, in dem das Vorgehen und die Entscheidungen im Gesamtprozess begründet sowie mögliche Alternativen dargestellt und erläutert werden;

4. die Prüfungszeit beträgt für die schriftliche Aufgabe 120 Minuten und für das fallbezogene Fachgespräch höchstens 10 Minuten;

5. die schriftliche Aufgabe ist mit 75 Prozent und das fallbezogene Fachgespräch mit 25 Prozent zu gewichten.

(6) Für den Prüfungsbereich Personal- und Kundenberatung bestehen folgende Vorgaben:

1. Der Prüfling soll nachweisen, dass er

a) adressatengerecht und kundenorientiert kommunizieren,
b) Konfliktsituationen bewältigen,
c) berufsfeldspezifische Informationen einbeziehen,

d)   Personal beraten, betreuen und entwickeln oder Kunden beraten und betreuen kann;

2. für die Aufgabenstellung durch den Prüfungsausschuss ist aus folgenden Tätigkeiten eine auszuwählen:

a)   Bewerberrekrutierung,
b)   Arbeitsvermittlung,
c)   Kundenberatung,
d)   Einsatzvorbereitung,
e)   Personalführung und -betreuung;

andere Tätigkeiten können gewählt werden, wenn sie in gleicher Breite und Tiefe die in Nummer 1 genannten Nachweise ermöglichen;

3. der Prüfling soll ein fallbezogenes Fachgespräch durchführen;

4. die Prüfungszeit für das fallbezogene Fachgespräch beträgt höchstens 20 Minuten, die Vorbereitungszeit für den Prüfling höchstens 15 Minuten.

(7) Für den Prüfungsbereich Wirtschafts- und Sozialkunde bestehen folgende Vorgaben:

1.   Der Prüfling soll nachweisen, dass er allgemeine wirtschaftliche und gesellschaftliche Zusammenhänge der Berufs- und Arbeitswelt darstellen und beurteilen kann;
2.   der Prüfling soll schriftliche Aufgaben bearbeiten;
3.   die Prüfungszeit beträgt 60 Minuten.

(8) Die einzelnen Prüfungsbereiche sind wie folgt zu gewichten:

1.   Personalwirtschaftliche Prozesse 30 Prozent,
2.   Auftragsgewinnung, -bearbeitung und -steuerung 30 Prozent,
3.   Personal- und Kundenberatung 30 Prozent,
4.   Wirtschafts- und Sozialkunde 10 Prozent.

(9) Die Abschlussprüfung ist bestanden, wenn die Leistungen

1.   im Gesamtergebnis mit mindestens „ausreichend",
2.   in mindestens drei Prüfungsbereichen mit mindestens „ausreichend" und
3.   in keinem Prüfungsbereich mit „ungenügend" bewertet worden sind.

(10) Auf Antrag des Prüflings ist die Prüfung in einem der mit schlechter als „ausreichend" bewerteten Prüfungsbereiche, in denen Prüfungsleistungen mit eigener Anforderung und Gewichtung schriftlich zu erbringen sind, durch eine mündliche Prüfung von etwa 15 Minuten zu ergänzen, wenn dies für das Bestehen der Prüfung den Ausschlag geben kann. Bei der Ermittlung des Ergebnisses für diesen Prüfungsbereich sind das bisherige Ergebnis und das Ergebnis der mündlichen Ergänzungsprüfung im Verhältnis von 2 : 1 zu gewichten.

§ 7 Inkrafttreten

Diese Verordnung tritt am 1. August 2008 in Kraft.

Gesetz zur Regelung der gewerbsmäßigen Arbeitnehmerüberlassung (Arbeitnehmerüberlassungsgesetz - AÜG)

Ausfertigungsdatum: 07.08.1972, Stand: Neugefasst durch Bek. v. 3. 2.1995 I 158; zuletzt geändert durch Art. 16 u. Art. 19 Abs. 6 G v. 2.3.2009 I 416

§ 1 Erlaubnispflicht

(1) Arbeitgeber, die als Verleiher Dritten (Entleihern) Arbeitnehmer (Leiharbeitnehmer) gewerbsmäßig zur Arbeitsleistung überlassen wollen, bedürfen der Erlaubnis. Die Abordnung von Arbeitnehmern zu einer zur Herstellung eines Werkes gebildeten Arbeitsgemeinschaft ist keine Arbeitnehmerüberlassung, wenn der Arbeitgeber Mitglied der Arbeitsgemeinschaft ist, für alle Mitglieder der Arbeitsgemeinschaft Tarifverträge desselben Wirtschaftszweiges gelten und alle Mitglieder auf Grund des Arbeitsgemeinschaftsvertrages zur selbständigen Erbringung von Vertragsleistungen verpflichtet sind. Für einen Arbeitgeber mit Geschäftssitz in einem anderen Mitgliedstaat des Europäischen Wirtschaftsraumes ist die Abordnung von Arbeitnehmern zu einer zur Herstellung eines Werkes gebildeten Arbeitsgemeinschaft auch dann keine Arbeitnehmerüberlassung, wenn für ihn deutsche Tarifverträge desselben Wirtschaftszweiges wie für die anderen Mitglieder der Arbeitsgemeinschaft nicht gelten, er aber die übrigen Voraussetzungen des Satzes 2 erfüllt.

(2) Werden Arbeitnehmer Dritten zur Arbeitsleistung überlassen und übernimmt der Überlassende nicht die üblichen Arbeitgeberpflichten oder das Arbeitgeberrisiko (§ 3 Abs. 1 Nr. 1 bis 3), so wird vermutet, daß der Überlassende Arbeitsvermittlung betreibt.

(3) Dieses Gesetz ist mit Ausnahme des § 1b Satz 1, des § 16 Abs. 1 Nr. 1b und Abs. 2 bis 5 sowie der §§ 17 und 18 nicht anzuwenden auf die Arbeitnehmerüberlassung

1. zwischen Arbeitgebern desselben Wirtschaftszweiges zur Vermeidung von Kurzarbeit oder Entlassungen, wenn ein für den Entleiher und Verleiher geltender Tarifvertrag dies vorsieht,
2. zwischen Konzernunternehmen im Sinne des § 18 des Aktiengesetzes, wenn der Arbeitnehmer seine Arbeit vorübergehend nicht bei seinem Arbeitgeber leistet, oder
3. in das Ausland, wenn der Leiharbeitnehmer in ein auf der Grundlage zwischenstaatlicher Vereinbarungen begründetes deutsch-ausländisches Gemeinschaftsunternehmen verliehen wird, an dem der Verleiher beteiligt ist.

§ 1a Anzeige der Überlassung

(1) Keiner Erlaubnis bedarf ein Arbeitgeber mit weniger als 50 Beschäftigten, der zur Vermeidung von Kurzarbeit oder Entlassungen an einen Arbeitgeber einen Arbeitnehmer bis zur Dauer von zwölf Monaten überläßt, wenn er die Überlassung vorher schriftlich der Bundesagentur für Arbeit angezeigt hat.

(2) In der Anzeige sind anzugeben

1. Vor- und Familiennamen, Wohnort und Wohnung, Tag und Ort der Geburt des Leiharbeitnehmers,
2. Art der vom Leiharbeitnehmer zu leistenden Tätigkeit und etwaige Pflicht zur auswärtigen Leistung,
3. Beginn und Dauer der Überlassung,
4. Firma und Anschrift des Entleihers.

§ 1b Einschränkungen im Baugewerbe

Gewerbsmäßige Arbeitnehmerüberlassung in Betriebe des Baugewerbes für Arbeiten, die üblicherweise von Arbeitern verrichtet werden, ist unzulässig. Sie ist gestattet

a) zwischen Betrieben des Baugewerbes und anderen Betrieben, wenn diese Betriebe erfassende, für allgemeinverbindlich erklärte Tarifverträge dies bestimmen,

b) zwischen Betrieben des Baugewerbes, wenn der verleihende Betrieb nachweislich seit mindestens drei Jahren von denselben Rahmen- und Sozialkassentarifverträgen oder von deren Allgemeinverbindlichkeit erfasst wird.

Abweichend von Satz 2 ist für Betriebe des Baugewerbes mit Geschäftssitz in einem anderen Mitgliedstaat des Europäischen Wirtschaftsraumes gewerbsmäßige Arbeitnehmerüberlassung auch gestattet, wenn die ausländischen Betriebe nicht von deutschen Rahmen- und Sozialkassentarifverträgen oder für allgemeinverbindlich erklärten Tarifverträgen erfasst werden, sie aber nachweislich seit mindestens drei Jahren überwiegend Tätigkeiten ausüben, die unter den Geltungsbereich derselben Rahmen- und Sozialkassentarifverträge fallen, von denen der Betrieb des Entleihers erfasst wird.

§ 2 Erteilung und Erlöschen der Erlaubnis

(1) Die Erlaubnis wird auf schriftlichen Antrag erteilt.

(2) Die Erlaubnis kann unter Bedingungen erteilt und mit Auflagen verbunden werden, um sicherzustellen, daß keine Tatsachen eintreten, die nach § 3 die Versagung der Erlaubnis rechtfertigen. Die Aufnahme, Änderung oder Ergänzung von Auflagen sind auch nach Erteilung der Erlaubnis zulässig.

(3) Die Erlaubnis kann unter dem Vorbehalt des Widerrufs erteilt werden, wenn eine abschließende Beurteilung des Antrags noch nicht möglich ist.

(4) Die Erlaubnis ist auf ein Jahr zu befristen. Der Antrag auf Verlängerung der Erlaubnis ist spätestens drei Monate vor Ablauf des Jahres zu stellen. Die Erlaubnis verlängert sich um ein weiteres Jahr, wenn die Erlaubnisbehörde die Verlängerung nicht vor Ablauf des Jahres ablehnt. Im Fall der Ablehnung gilt die Erlaubnis für die Abwicklung der nach § 1 erlaubt abgeschlossenen Verträge als fortbestehend, jedoch nicht länger als zwölf Monate.

(5) Die Erlaubnis kann unbefristet erteilt werden, wenn der Verleiher drei aufeinanderfolgende Jahre lang nach § 1 erlaubt tätig war. Sie erlischt, wenn der Verleiher von der Erlaubnis drei Jahre lang keinen Gebrauch gemacht hat.

§ 2a Kosten

(1) Für die Bearbeitung von Anträgen auf Erteilung und Verlängerung der Erlaubnis werden vom Antragsteller Kosten (Gebühren und Auslagen) erhoben.

(2) Die Vorschriften des Verwaltungskostengesetzes sind anzuwenden. Die Bundesregierung wird ermächtigt, durch Rechtsverordnung die gebührenpflichtigen Tatbestände näher zu bestimmen und dabei feste Sätze und Rahmensätze vorzusehen. Die Gebühr darf im Einzelfall 2.500 Euro nicht überschreiten.

§ 3 Versagung

(1) Die Erlaubnis oder ihre Verlängerung ist zu versagen, wenn Tatsachen die Annahme rechtfertigen, daß der Antragsteller

1. die für die Ausübung der Tätigkeit nach § 1 erforderliche Zuverlässigkeit nicht besitzt, insbesondere weil er die Vorschriften des Sozialversicherungsrechts, über die Einbehaltung und Abführung der Lohnsteuer, über die Arbeitsvermittlung, über die Anwerbung im Ausland oder über die Ausländerbeschäftigung, die Vorschriften des Arbeitsschutzrechts oder die arbeitsrechtlichen Pflichten nicht einhält;
2. nach der Gestaltung seiner Betriebsorganisation nicht in der Lage ist, die üblichen Arbeitgeberpflichten ordnungsgemäß zu erfüllen;
3. dem Leiharbeitnehmer für die Zeit der Überlassung an einen Entleiher die im Betrieb dieses Entleihers für einen vergleichbaren Arbeitnehmer des Entleihers geltenden wesentlichen Arbeitsbedingungen einschließlich des Arbeitsentgelts nicht gewährt, es sei denn, der Verleiher gewährt dem zuvor arbeitslosen Leiharbeitnehmer für die Überlassung an einen Entleiher für die Dauer von insgesamt höchstens sechs Wochen mindestens ein Nettoarbeitsentgelt in Höhe des Betrages, den der Leiharbeitnehmer zuletzt als Arbeitslosengeld erhalten hat; Letzteres gilt nicht, wenn mit demselben Verleiher bereits ein Leiharbeitsverhältnis bestanden hat. Ein Tarifvertrag kann abweichende Regelungen zulassen. Im Geltungsbereich eines solchen Tarifvertrages können nicht tarifgebundene Arbeitgeber und Arbeitnehmer die Anwendung der tariflichen Regelungen vereinbaren.

(2) Die Erlaubnis oder ihre Verlängerung ist ferner zu versagen, wenn für die Ausübung der Tätigkeit nach § 1 Betriebe, Betriebsteile oder Nebenbetriebe vorgesehen sind, die nicht in einem Mitgliedstaat der Europäischen Wirtschaftsgemeinschaft oder einem anderen Vertragsstaat des Abkommens über den Europäischen Wirtschaftsraum liegen.

(3) Die Erlaubnis kann versagt werden, wenn der Antragsteller nicht Deutscher im Sinne des Artikels 116 des Grundgesetzes ist oder wenn eine Gesellschaft oder juristische Person den Antrag stellt, die entweder nicht nach deutschem Recht gegründet ist oder die weder ihren satzungsmäßigen Sitz noch ihre Hauptverwaltung noch ihre Hauptniederlassung im Geltungsbereich dieses Gesetzes hat.

(4) Staatsangehörige der Mitgliedstaaten der Europäischen Wirtschaftsgemeinschaft oder eines anderen Vertragsstaates des Abkommens über den Europäischen Wirtschaftsraum erhalten die Erlaubnis unter den gleichen Voraussetzungen wie deutsche Staatsangehörige. Den Staatsangehörigen dieser Staaten stehen gleich Gesellschaften und juristische Personen, die nach den Rechtsvorschriften dieser Staaten gegründet sind und ihren satzungsgemäßen Sitz, ihre Hauptverwaltung oder ihre Hauptniederlassung innerhalb dieser Staaten haben. Soweit diese Gesellschaften oder juristische Personen zwar ihren satzungsmäßigen Sitz, jedoch weder ihre Hauptverwaltung noch ihre Hauptniederlassung innerhalb dieser Staaten haben, gilt Satz 2 nur, wenn ihre Tätigkeit in tatsächlicher und dauerhafter Verbindung mit der Wirtschaft eines Mitgliedstaates oder eines Vertragsstaates des Abkommens über den Europäischen Wirtschaftsraum steht.

(5) Staatsangehörige anderer als der in Absatz 4 genannten Staaten, die sich aufgrund eines internationalen Abkommens im Geltungsbereich dieses Gesetzes niederlassen und hierbei sowie bei ihrer Geschäftstätigkeit nicht weniger günstig behandelt werden dürfen als deutsche Staatsangehörige, erhalten die Erlaubnis unter den gleichen Voraussetzungen wie deutsche Staatsangehörige. Den Staatsangehörigen nach Satz 1 stehen gleich Gesellschaften, die nach den Rechtsvorschriften des anderen Staates gegründet sind.

§ 4 Rücknahme

(1) Eine rechtswidrige Erlaubnis kann mit Wirkung für die Zukunft zurückgenommen werden. § 2 Abs. 4 Satz 4 gilt entsprechend.

(2) Die Erlaubnisbehörde hat dem Verleiher auf Antrag den Vermögensnachteil auszugleichen, den dieser dadurch erleidet, daß er auf den Bestand der Erlaubnis vertraut hat, soweit sein Vertrauen unter Abwägung mit dem öffentlichen Interesse schutzwürdig ist. Auf Vertrauen kann sich der Verleiher nicht berufen, wenn er

1. die Erlaubnis durch arglistige Täuschung, Drohung oder eine strafbare Handlung erwirkt hat;
2. die Erlaubnis durch Angaben erwirkt hat, die in wesentlicher Beziehung unrichtig oder unvollständig waren, oder
3. die Rechtswidrigkeit der Erlaubnis kannte oder infolge grober Fahrlässigkeit nicht kannte.

Der Vermögensnachteil ist jedoch nicht über den Betrag des Interesses hinaus zu ersetzen, das der Verleiher an dem Bestand der Erlaubnis hat. Der auszugleichende Vermögensnachteil wird durch die Erlaubnisbehörde festgesetzt. Der Anspruch kann nur innerhalb eines Jahres geltend gemacht werden; die Frist beginnt, sobald die Erlaubnisbehörde den Verleiher auf sie hingewiesen hat.

(3) Die Rücknahme ist nur innerhalb eines Jahres seit dem Zeitpunkt zulässig, in dem die Erlaubnisbehörde von den Tatsachen Kenntnis erhalten hat, die die Rücknahme der Erlaubnis rechtfertigen.

§ 5 Widerruf

(1) Die Erlaubnis kann mit Wirkung für die Zukunft widerrufen werden, wenn

1. der Widerruf bei ihrer Erteilung nach § 2 Abs. 3 vorbehalten worden ist;
2. der Verleiher eine Auflage nach § 2 nicht innerhalb einer ihm gesetzten Frist erfüllt hat;
3. die Erlaubnisbehörde aufgrund nachträglich eingetretener Tatsachen berechtigt wäre, die Erlaubnis zu versagen, oder
4. die Erlaubnisbehörde aufgrund einer geänderten Rechtslage berechtigt wäre, die Erlaubnis zu versagen; § 4 Abs. 2 gilt entsprechend.

(2) Die Erlaubnis wird mit dem Wirksamwerden des Widerrufs unwirksam. § 2 Abs. 4 Satz 4 gilt entsprechend.

(3) Der Widerruf ist unzulässig, wenn eine Erlaubnis gleichen Inhalts erneut erteilt werden müßte.

(4) Der Widerruf ist nur innerhalb eines Jahres seit dem Zeitpunkt zulässig, in dem die Erlaubnisbehörde von den Tatsachen Kenntnis erhalten hat, die den Widerruf der Erlaubnis rechtfertigen.

§ 6 Verwaltungszwang

Werden Leiharbeitnehmer von einem Verleiher ohne die erforderliche Erlaubnis überlassen, so hat die Erlaubnisbehörde dem Verleiher dies zu untersagen und das weitere Überlassen nach den Vorschriften des Verwaltungsvollstreckungsgesetzes zu verhindern.

§ 7 Anzeigen und Auskünfte

(1) Der Verleiher hat der Erlaubnisbehörde nach Erteilung der Erlaubnis unaufgefordert die Verlegung, Schließung und Errichtung von Betrieben, Betriebsteilen oder Nebenbetrieben vorher anzuzeigen, soweit diese die Ausübung der Arbeitnehmerüberlassung zum Gegenstand haben. Wenn die Erlaubnis Personengesamtheiten, Personengesellschaften oder juristischen Personen erteilt ist und nach ihrer Erteilung eine andere Person zur Geschäftsführung oder Vertretung nach Gesetz, Satzung oder Gesellschaftsvertrag berufen wird, ist auch dies unaufgefordert anzuzeigen.

(2) Der Verleiher hat der Erlaubnisbehörde auf Verlangen die Auskünfte zu erteilen, die zur Durchführung des Gesetzes erforderlich sind. Die Auskünfte sind wahrheitsgemäß, vollständig, fristgemäß und unentgeltlich zu erteilen. Auf Verlangen der Erlaubnisbehörde hat der Verleiher die geschäftlichen Unterlagen vorzulegen, aus denen sich die Richtigkeit seiner Angaben ergibt, oder seine Angaben auf sonstige Weise glaubhaft zu machen. Der Verleiher hat seine Geschäftsunterlagen drei Jahre lang aufzubewahren.

(3) In begründeten Einzelfällen sind die von der Erlaubnisbehörde beauftragten Personen befugt, Grundstücke und Geschäftsräume des Verleihers zu betreten und dort Prüfungen vorzunehmen. Der Verleiher hat die Maßnahmen nach Satz 1 zu dulden. Das Grundrecht

der Unverletzlichkeit der Wohnung (Artikel 13 des Grundgesetzes) wird insoweit eingeschränkt.

(4) Durchsuchungen können nur auf Anordnung des Richters bei dem Amtsgericht, in dessen Bezirk die Durchsuchung erfolgen soll, vorgenommen werden. Auf die Anfechtung dieser Anordnung finden die §§ 304 bis 310 der Strafprozeßordnung entsprechende Anwendung. Bei Gefahr im Verzug können die von der Erlaubnisbehörde beauftragten Personen während der Geschäftszeit die erforderlichen Durchsuchungen ohne richterliche Anordnung vornehmen. An Ort und Stelle ist eine Niederschrift über die Durchsuchung und ihr wesentliches Ergebnis aufzunehmen, aus der sich, falls keine richterliche Anordnung ergangen ist, auch die Tatsachen ergeben, die zur Annahme einer Gefahr im Verzug geführt haben.

(5) Der Verleiher kann die Auskunft auf solche Fragen verweigern, deren Beantwortung ihn selbst oder einen der in § 383 Abs. 1 Nr. 1 bis 3 der Zivilprozeßordnung bezeichneten Angehörigen der Gefahr strafgerichtlicher Verfolgung oder eines Verfahrens nach dem Gesetz über Ordnungswidrigkeiten aussetzen würde.

§ 8 Statistische Meldungen

(1) Der Verleiher hat der Erlaubnisbehörde halbjährlich statistische Meldungen über

1. die Zahl der überlassenen Leiharbeitnehmer getrennt nach Geschlecht, nach der Staatsangehörigkeit, nach Berufsgruppen und nach der Art der vor der Begründung des Vertragsverhältnisses zum Verleiher ausgeübten Beschäftigung,
2. die Zahl der Überlassungsfälle, gegliedert nach Wirtschaftsgruppen,
3. die Zahl der Entleiher, denen er Leiharbeitnehmer überlassen hat, gegliedert nach Wirtschaftsgruppen,
4. die Zahl und die Dauer der Arbeitsverhältnisse, die er mit jedem überlassenen Leiharbeitnehmer eingegangen ist,
5. die Zahl der Beschäftigungstage jedes überlassenen Leiharbeitnehmers, gegliedert nach Überlassungsfällen,

zu erstatten. Die Erlaubnisbehörde kann die Meldepflicht nach Satz 1 einschränken.

(2) Die Meldungen sind für das erste Kalenderhalbjahr bis zum 1. September des laufenden Jahres, für das zweite Kalenderhalbjahr bis zum 1. März des folgenden Jahres zu erstatten.

(3) Die Erlaubnisbehörde gibt zur Durchführung des Absatzes 1 Erhebungsvordrucke aus. Die Meldungen sind auf diesen Vordrucken zu erstatten. Die Richtigkeit der Angaben ist durch Unterschrift zu bestätigen.

(4) Einzelangaben nach Absatz 1 sind von der Erlaubnisbehörde geheimzuhalten. Die §§ 93, 97, 105 Abs. 1, § 111 Abs. 5 in Verbindung mit § 105 Abs. 1 sowie § 116 Abs. 1 der Abgabenordnung gelten nicht. Dies gilt nicht, soweit die Finanzbehörden die Kenntnisse für die Durchführung eines Verfahrens wegen einer Steuerstraftat sowie eines damit zusammenhängenden Besteuerungsverfahrens benötigen, an deren Verfolgung ein zwingen-

des öffentliches Interesse besteht, oder soweit es sich um vorsätzlich falsche Angaben des Auskunftspflichtigen oder der für ihn tätigen Personen handelt. Veröffentlichungen von Ergebnissen auf Grund von Meldungen nach Absatz 1 dürfen keine Einzelangaben enthalten. Eine Zusammenfassung von Angaben mehrerer Auskunftspflichtiger ist keine Einzelangabe im Sinne dieses Absatzes.

§ 9 Unwirksamkeit

Unwirksam sind:

1. Verträge zwischen Verleihern und Entleihern sowie zwischen Verleihern und Leiharbeitnehmern, wenn der Verleiher nicht die nach § 1 erforderliche Erlaubnis hat,
2. Vereinbarungen, die für den Leiharbeitnehmer für die Zeit der Überlassung an einen Entleiher schlechtere als die im Betrieb des Entleihers für einen vergleichbaren Arbeitnehmer des Entleihers geltenden wesentlichen Arbeitsbedingungen einschließlich des Arbeitsentgelts vorsehen, es sei denn, der Verleiher gewährt dem zuvor arbeitslosen Leiharbeitnehmer für die Überlassung an einen Entleiher für die Dauer von insgesamt höchstens sechs Wochen mindestens ein Nettoarbeitsentgelt in Höhe des Betrages, den der Leiharbeitnehmer zuletzt als Arbeitslosengeld erhalten hat; Letzteres gilt nicht, wenn mit demselben Verleiher bereits ein Leiharbeitsverhältnis bestanden hat; ein Tarifvertrag kann abweichende Regelungen zulassen; im Geltungsbereich eines solchen Tarifvertrages können nicht tarifgebundene Arbeitgeber und Arbeitnehmer die Anwendung der tariflichen Regelungen vereinbaren,
3. Vereinbarungen, die dem Entleiher untersagen, den Leiharbeitnehmer zu einem Zeitpunkt einzustellen, in dem dessen Arbeitsverhältnis zum Verleiher nicht mehr besteht; dies schließt die Vereinbarung einer angemessenen Vergütung zwischen Verleiher und Entleiher für die nach vorangegangenem Verleih oder mittels vorangegangenem Verleih erfolgte Vermittlung nicht aus,
4. Vereinbarungen, die dem Leiharbeitnehmer untersagen, mit dem Entleiher zu einem Zeitpunkt, in dem das Arbeitsverhältnis zwischen Verleiher und Leiharbeitnehmer nicht mehr besteht, ein Arbeitsverhältnis einzugehen.

§ 10 Rechtsfolgen bei Unwirksamkeit

(1) Ist der Vertrag zwischen einem Verleiher und einem Leiharbeitnehmer nach § 9 Nr. 1 unwirksam, so gilt ein Arbeitsverhältnis zwischen Entleiher und Leiharbeitnehmer zu dem zwischen dem Entleiher und dem Verleiher für den Beginn der Tätigkeit vorgesehenen Zeitpunkt als zustande gekommen; tritt die Unwirksamkeit erst nach Aufnahme der Tätigkeit beim Entleiher ein, so gilt das Arbeitsverhältnis zwischen Entleiher und Leiharbeitnehmer mit dem Eintritt der Unwirksamkeit als zustande gekommen. Das Arbeitsverhältnis nach Satz 1 gilt als befristet, wenn die Tätigkeit des Leiharbeitnehmers bei dem Entleiher nur befristet vorgesehen war und ein die Befristung des Arbeitsverhältnisses sachlich rechtfertigender Grund vorliegt. Für das Arbeitsverhältnis nach Satz 1 gilt die zwischen dem Verleiher und dem Entleiher vorgesehene Arbeitszeit als vereinbart. Im übrigen bestimmen sich Inhalt und Dauer dieses Arbeitsverhältnisses nach den für den Betrieb des Entleihers

geltenden Vorschriften und sonstigen Regelungen; sind solche nicht vorhanden, gelten diejenigen vergleichbarer Betriebe. Der Leiharbeitnehmer hat gegen den Entleiher mindestens Anspruch auf das mit dem Verleiher vereinbarte Arbeitsentgelt.

(2) Der Leiharbeitnehmer kann im Fall der Unwirksamkeit seines Vertrags mit dem Verleiher nach § 9 Nr. 1 von diesem Ersatz des Schadens verlangen, den er dadurch erleidet, daß er auf die Gültigkeit des Vertrags vertraut. Die Ersatzpflicht tritt nicht ein, wenn der Leiharbeitnehmer den Grund der Unwirksamkeit kannte.

(3) Zahlt der Verleiher das vereinbarte Arbeitsentgelt oder Teile des Arbeitsentgelts an den Leiharbeitnehmer, obwohl der Vertrag nach § 9 Nr. 1 unwirksam ist, so hat er auch sonstige Teile des Arbeitsentgelts, die bei einem wirksamen Arbeitsvertrag für den Leiharbeitnehmer an einen anderen zu zahlen wären, an den anderen zu zahlen. Hinsichtlich dieser Zahlungspflicht gilt der Verleiher neben dem Entleiher als Arbeitgeber; beide haften insoweit als Gesamtschuldner.

(4) Der Leiharbeitnehmer kann im Falle der Unwirksamkeit der Vereinbarung mit dem Verleiher nach § 9 Nr. 2 von diesem die Gewährung der im Betrieb des Entleihers für einen vergleichbaren Arbeitnehmer des Entleihers geltenden wesentlichen Arbeitsbedingungen einschließlich des Arbeitsentgelts verlangen.

(5) (weggefallen)

§ 11 Sonstige Vorschriften über das Leiharbeitsverhältnis

(1) Der Nachweis der wesentlichen Vertragsbedingungen des Leiharbeitsverhältnisses richtet sich nach den Bestimmungen des Nachweisgesetzes. Zusätzlich zu den in § 2 Abs. 1 des Nachweisgesetzes genannten Angaben sind in die Niederschrift aufzunehmen:

1. Firma und Anschrift des Verleihers, die Erlaubnisbehörde sowie Ort und Datum der Erteilung der Erlaubnis nach § 1,
2. Art und Höhe der Leistungen für Zeiten, in denen der Leiharbeitnehmer nicht verliehen ist.

(2) Der Verleiher ist ferner verpflichtet, dem Leiharbeitnehmer bei Vertragsschluß ein Merkblatt der Erlaubnisbehörde über den wesentlichen Inhalt dieses Gesetzes auszuhändigen. Nichtdeutsche Leiharbeitnehmer erhalten das Merkblatt und den Nachweis nach Absatz 1 auf Verlangen in ihrer Muttersprache. Die Kosten des Merkblatts trägt der Verleiher.

(3) Der Verleiher hat den Leiharbeitnehmer unverzüglich über den Zeitpunkt des Wegfalls der Erlaubnis zu unterrichten. In den Fällen der Nichtverlängerung (§ 2 Abs. 4 Satz 3), der Rücknahme (§ 4) oder des Widerrufs (§ 5) hat er ihn ferner auf das voraussichtliche Ende der Abwicklung (§ 2 Abs. 4 Satz 4) und die gesetzliche Abwicklungsfrist (§ 2 Abs. 4 Satz 4 letzter Halbsatz) hinzuweisen.

(4) § 622 Abs. 5 Nr. 1 des Bürgerlichen Gesetzbuchs ist nicht auf Arbeitsverhältnisse zwischen Verleihern und Leiharbeitnehmern anzuwenden. Das Recht des Leiharbeitnehmers

auf Vergütung bei Annahmeverzug des Verleihers (§ 615 Satz 1 des Bürgerlichen Gesetz-buchs) kann nicht durch Vertrag aufgehoben oder beschränkt werden; § 615 Satz 2 des Bürgerlichen Gesetzbuchs bleibt unberührt. Das Recht des Leiharbeitnehmers auf Vergü-tung kann durch Vereinbarung von Kurzarbeit für die Zeit aufgehoben werden, für die dem Leiharbeitnehmer Kurzarbeitergeld nach dem Dritten Buch Sozialgesetzbuch gezahlt wird; eine solche Vereinbarung kann das Recht des Leiharbeitnehmers auf Vergütung bis längs-tens zum 31. Dezember 2010 ausschließen.

(5) Der Leiharbeitnehmer ist nicht verpflichtet, bei einem Entleiher tätig zu sein, soweit dieser durch einen Arbeitskampf unmittelbar betroffen ist. In den Fällen eines Arbeits-kampfs nach Satz 1 hat der Verleiher den Leiharbeitnehmer auf das Recht, die Arbeitsleis-tung zu verweigern, hinzuweisen.

(6) Die Tätigkeit des Leiharbeitnehmers bei dem Entleiher unterliegt den für den Betrieb des Entleihers geltenden öffentlich-rechtlichen Vorschriften des Arbeitsschutzrechts; die hieraus sich ergebenden Pflichten für den Arbeitgeber obliegen dem Entleiher unbeschadet der Pflichten des Verleihers. Insbesondere hat der Entleiher den Leiharbeitnehmer vor Be-ginn der Beschäftigung und bei Veränderungen in seinem Arbeitsbereich über Gefahren für Sicherheit und Gesundheit, denen er bei der Arbeit ausgesetzt sein kann, sowie über die Maßnahmen und Einrichtungen zur Abwendung dieser Gefahren zu unterrichten. Der Ent-leiher hat den Leiharbeitnehmer zusätzlich über die Notwendigkeit besonderer Qualifikati-onen oder beruflicher Fähigkeiten oder einer besonderen ärztlichen Überwachung sowie über erhöhte besondere Gefahren des Arbeitsplatzes zu unterrichten.

(7) Hat der Leiharbeitnehmer während der Dauer der Tätigkeit bei dem Entleiher eine Er-findung oder einen technischen Verbesserungsvorschlag gemacht, so gilt der Entleiher als Arbeitgeber im Sinne des Gesetzes über Arbeitnehmererfindungen.

§ 12 Rechtsbeziehungen zwischen Verleiher und Entleiher

(1) Der Vertrag zwischen dem Verleiher und dem Entleiher bedarf der Schriftform. In der Urkunde hat der Verleiher zu erklären, ob er die Erlaubnis nach § 1 besitzt. Der Entleiher hat in der Urkunde anzugeben, welche besonderen Merkmale die für den Leiharbeitnehmer vorgesehene Tätigkeit hat und welche berufliche Qualifikation dafür erforderlich ist sowie welche im Betrieb des Entleihers für einen vergleichbaren Arbeitnehmer des Entleihers wesentlichen Arbeitsbedingungen einschließlich des

Arbeitsentgelts gelten; Letzteres gilt nicht, soweit die Voraussetzungen einer der beiden in § 3 Abs. 1 Nr. 3 und § 9 Nr. 2 genannten Ausnahmen vorliegen.

(2) Der Verleiher hat den Entleiher unverzüglich über den Zeitpunkt des Wegfalls der Er-laubnis zu unterrichten. In den Fällen der Nichtverlängerung (§ 2 Abs. 4 Satz 3), der Rück-nahme (§ 4) oder des Widerrufs (§ 5) hat er ihn ferner auf das voraussichtliche Ende der Abwicklung (§ 2 Abs. 4 Satz 4) und die gesetzliche Abwicklungsfrist (§ 2 Abs. 4 Satz 4 letzter Halbsatz) hinzuweisen.

(3) (weggefallen)

§ 13 Auskunftsanspruch des Leiharbeitnehmers

Der Leiharbeitnehmer kann im Falle der Überlassung von seinem Entleiher Auskunft über die im Betrieb des Entleihers für einen vergleichbaren Arbeitnehmer des Entleihers geltenden wesentlichen Arbeitsbedingungen einschließlich des Arbeitsentgelts verlangen; dies gilt nicht, soweit die Voraussetzungen einer der beiden in § 3 Abs. 1 Nr. 3 und § 9 Nr. 2 genannten Ausnahmen vorliegen.

§ 14 Mitwirkungs- und Mitbestimmungsrechte

(1) Leiharbeitnehmer bleiben auch während der Zeit ihrer Arbeitsleistung bei einem Entleiher Angehörige des entsendenden Betriebs des Verleihers.

(2) Leiharbeitnehmer sind bei der Wahl der Arbeitnehmervertreter in den Aufsichtsrat im Entleiherunternehmen und bei der Wahl der betriebsverfassungsrechtlichen Arbeitnehmervertretungen im Entleiherbetrieb nicht wählbar. Sie sind berechtigt, die Sprechstunden dieser Arbeitnehmervertretungen aufzusuchen und an den Betriebs- und Jugendversammlungen im Entleiherbetrieb teilzunehmen. Die §§ 81, 82 Abs. 1 und die §§ 84 bis 86 des Betriebsverfassungsgesetzes gelten im Entleiherbetrieb auch in bezug auf die dort tätigen Leiharbeitnehmer.

(3) Vor der Übernahme eines Leiharbeitnehmers zur Arbeitsleistung ist der Betriebsrat des Entleiherbetriebs nach § 99 des Betriebsverfassungsgesetzes zu beteiligen. Dabei hat der Entleiher dem Betriebsrat auch die schriftliche Erklärung des Verleihers nach § 12 Abs. 1 Satz 2 vorzulegen. Er ist ferner verpflichtet, Mitteilungen des Verleihers nach § 12 Abs. 2 unverzüglich dem Betriebsrat bekanntzugeben.

(4) Die Absätze 1 und 2 Satz 1 und 2 sowie Absatz 3 gelten für die Anwendung des Bundespersonalvertretungsgesetzes sinngemäß.

§ 15 Ausländische Leiharbeitnehmer ohne Genehmigung

(1) Wer als Verleiher einen Ausländer, der einen erforderlichen Aufenthaltstitel nach § 4 Abs. 3 des Aufenthaltsgesetzes, eine Aufenthaltsgestattung oder eine Duldung, die zur Ausübung der Beschäftigung berechtigen, oder eine Genehmigung nach § 284 Abs. 1 des Dritten Buches Sozialgesetzbuch nicht besitzt, entgegen § 1 einem Dritten ohne Erlaubnis überläßt, wird mit Freiheitsstrafe bis zu drei Jahren oder mit Geldstrafe bestraft.

(2) In besonders schweren Fällen ist die Strafe Freiheitsstrafe von sechs Monaten bis zu fünf Jahren. Ein besonders schwerer Fall liegt in der Regel vor, wenn der Täter gewerbsmäßig oder aus grobem Eigennutz handelt.

§ 15a Entleih von Ausländern ohne Genehmigung

(1) Wer als Entleiher einen ihm überlassenen Ausländer, der einen erforderlichen Aufenthaltstitel nach § 4 Abs. 3 des Aufenthaltsgesetzes, eine Aufenthaltsgestattung oder eine

Duldung, die zur Ausübung der Beschäftigung berechtigen, oder eine Genehmigung nach § 284 Abs. 1 des Dritten Buches Sozialgesetzbuch nicht besitzt, zu Arbeitsbedingungen des Leiharbeitsverhältnisses tätig werden läßt, die in einem auffälligen Mißverhältnis zu den Arbeitsbedingungen deutscher Leiharbeitnehmer stehen, die die gleiche oder eine vergleichbare Tätigkeit ausüben, wird mit Freiheitsstrafe bis zu drei Jahren oder mit Geldstrafe bestraft. In besonders schweren Fällen ist die

Strafe Freiheitsstrafe von sechs Monaten bis zu fünf Jahren; ein besonders schwerer Fall liegt in der Regel vor, wenn der Täter gewerbsmäßig oder aus grobem Eigennutz handelt.

(2) Wer als Entleiher

1. gleichzeitig mehr als fünf Ausländer, die einen erforderlichen Aufenthaltstitel nach § 4 Abs. 3 des Aufenthaltsgesetzes, eine Aufenthaltsgestattung oder eine Duldung, die zur Ausübung der Beschäftigung berechtigen, oder eine Genehmigung nach § 284 Abs. 1 des Dritten Buches Sozialgesetzbuch nicht besitzen, tätig werden läßt oder
2. eine in § 16 Abs. 1 Nr. 2 bezeichnete vorsätzliche Zuwiderhandlung beharrlich wiederholt,

wird mit Freiheitsstrafe bis zu einem Jahr oder mit Geldstrafe bestraft. Handelt der Täter aus grobem Eigennutz, ist die Strafe Freiheitsstrafe bis zu drei Jahren oder Geldstrafe.

§ 16 Ordnungswidrigkeiten

(1) Ordnungswidrig handelt, wer vorsätzlich oder fahrlässig

1. entgegen § 1 einen Leiharbeitnehmer einem Dritten ohne Erlaubnis überläßt,
1a. einen ihm von einem Verleiher ohne Erlaubnis überlassenen Leiharbeitnehmer tätig werden läßt,
1b. entgegen § 1b Satz 1 gewerbsmäßig Arbeitnehmer überläßt oder tätig werden läßt,
2. einen ihm überlassenen ausländischen Leiharbeitnehmer, der einen erforderlichen Aufenthaltstitel nach § 4 Abs. 3 des Aufenthaltsgesetzes, eine Aufenthaltsgestattung oder eine Duldung, die zur Ausübung der Beschäftigung berechtigen, oder eine Genehmigung nach § 284 Abs. 1 des Dritten Buches Sozialgesetzbuch nicht besitzt, tätig werden läßt,
2a. eine Anzeige nach § 1a nicht richtig, nicht vollständig oder nicht rechtzeitig erstattet,
3. einer Auflage nach § 2 Abs. 2 nicht, nicht vollständig oder nicht rechtzeitig nachkommt,
4. eine Anzeige nach § 7 Abs. 1 nicht, nicht richtig, nicht vollständig oder nicht rechtzeitig erstattet,
5. eine Auskunft nach § 7 Abs. 2 Satz 1 nicht, nicht richtig, nicht vollständig oder nicht rechtzeitig erteilt,

6. seiner Aufbewahrungspflicht nach § 7 Abs. 2 Satz 4 nicht nachkommt, 6a. entgegen § 7 Abs. 3 Satz 2 eine dort genannte Maßnahme nicht duldet,

7. eine statistische Meldung nach § 8 Abs. 1 nicht, nicht richtig, nicht vollständig oder nicht rechtzeitig erteilt,

7a. (weggefallen)

8. einer Pflicht nach § 11 Abs. 1 oder Abs. 2 nicht nachkommt,

9. (weggefallen)

(2) Die Ordnungswidrigkeit nach Absatz 1 Nr. 1 bis 1b kann mit einer Geldbuße bis zu fünfundzwanzigtausend Euro, die Ordnungswidrigkeit nach Absatz 1 Nr. 2 mit einer Geldbuße bis zu fünfhunderttausend Euro, die Ordnungswidrigkeit nach Absatz 1 Nr. 2a und 3 mit einer Geldbuße bis zu zweitausendfünfhundert Euro, die Ordnungswidrigkeit nach Absatz 1 Nr. 4 bis 8 mit einer Geldbuße bis zu fünfhundert Euro geahndet werden.

(3) Verwaltungsbehörden im Sinne des § 36 Abs. 1 Nr. 1 des Gesetzes über Ordnungswidrigkeiten sind für die Ordnungswidrigkeiten nach Absatz 1 Nr. 1 bis 2a die Behörden der Zollverwaltung, für die Ordnungswidrigkeiten nach Absatz 1 Nr. 3 bis 8 die Bundesagentur für Arbeit.

(4) §§ 66 des Zehnten Buches Sozialgesetzbuch gilt entsprechend.

(5) Die Geldbußen fließen in die Kasse der zuständigen Verwaltungsbehörde. Sie trägt abweichend von § 105 Abs. 2 des Gesetzes über Ordnungswidrigkeiten die notwendigen Auslagen und ist auch ersatzpflichtig im Sinne des § 110 Abs. 4 des Gesetzes über Ordnungswidrigkeiten.

§ 17 Durchführung

Die Bundesagentur für Arbeit führt dieses Gesetz nach fachlichen Weisungen des Bundesministeriums für Arbeit und Soziales durch. Verwaltungskosten werden nicht erstattet.

§ 18 Zusammenarbeit mit anderen Behörden

(1) Zur Verfolgung und Ahndung der Ordnungswidrigkeiten nach § 16 arbeiten die Bundesagentur für Arbeit und die Behörden der Zollverwaltung insbesondere mit folgenden Behörden zusammen:

1. den Trägern der Krankenversicherung als Einzugsstellen für die Sozialversicherungsbeiträge,

2. den in § 71 des Aufenthaltsgesetzes genannten Behörden,

3. den Finanzbehörden,

4. den nach Landesrecht für die Verfolgung und Ahndung von Ordnungswidrigkeiten nach dem Schwarzarbeitsbekämpfungsgesetz zuständigen Behörden,

5. den Trägern der Unfallversicherung,

6. den für den Arbeitsschutz zuständigen Landesbehörden,

7. den Rentenversicherungsträgern,
8. den Trägern der Sozialhilfe.

(2) Ergeben sich für die Bundesagentur für Arbeit oder die Behörden der Zollverwaltung bei der Durchführung dieses Gesetzes im Einzelfall konkrete Anhaltspunkte für

1. Verstöße gegen das Schwarzarbeitsbekämpfungsgesetz,
2. eine Beschäftigung oder Tätigkeit von Ausländern ohne erforderlichen Aufenthaltstitel nach § 4 Abs. 3 des Aufenthaltsgesetzes, eine Aufenthaltsgestattung oder eine Duldung, die zur Ausübung der Beschäftigung berechtigen, oder eine Genehmigung nach § 284 Abs. 1 des Dritten Buches Sozialgesetzbuch,
3. Verstöße gegen die Mitwirkungspflicht nach § 60 Abs. 1 Satz 1 Nr. 2 des Ersten Buches Sozialgesetzbuch gegenüber einer Dienststelle der Bundesagentur für Arbeit, einem Träger der gesetzlichen Kranken-, Pflege-, Unfall- oder Rentenversicherung oder einem Träger der Sozialhilfe oder gegen die Meldepflicht nach § 8a des Asylbewerberleistungsgesetzes,
4. Verstöße gegen die Vorschriften des Vierten und Siebten Buches Sozialgesetzbuch über die Verpflichtung zur Zahlung von Sozialversicherungsbeiträgen, soweit sie im Zusammenhang mit den in den Nummern 1 bis 3 genannten Verstößen sowie mit Arbeitnehmerüberlassung entgegen § 1 stehen,
5. Verstöße gegen die Steuergesetze,
6. Verstöße gegen das Aufenthaltsgesetz,

unterrichten sie die für die Verfolgung und Ahndung zuständigen Behörden, die Träger der Sozialhilfe sowie die Behörden nach § 71 des Aufenthaltsgesetzes.

(3) In Strafsachen, die Straftaten nach den §§ 15 und 15a zum Gegenstand haben, sind der Bundesagentur für Arbeit und den Behörden der Zollverwaltung zur Verfolgung von Ordnungswidrigkeiten

1. bei Einleitung des Strafverfahrens die Personendaten des Beschuldigten, der Straftatbestand, die Tatzeit und der Tatort,
2. im Falle der Erhebung der öffentlichen Klage die das Verfahren abschließende Entscheidung mit Begründung

zu übermitteln. Ist mit der in Nummer 2 genannten Entscheidung ein Rechtsmittel verworfen worden oder wird darin auf die angefochtene Entscheidung Bezug genommen, so ist auch die angefochtene Entscheidung zu übermitteln. Die Übermittlung veranlaßt die Strafvollstreckungs- oder die Strafverfolgungsbehörde. Eine Verwendung

1. der Daten der Arbeitnehmer für Maßnahmen zu ihren Gunsten,
2. der Daten des Arbeitgebers zur Besetzung seiner offenen Arbeitsplätze, die im Zusammenhang mit dem Strafverfahren bekanntgeworden sind,
3. der in den Nummern 1 und 2 genannten Daten für Entscheidungen über die Einstellung oder Rückforderung von Leistungen der Bundesagentur für Arbeit
4. ist zulässig.

5. (4) Gerichte, Strafverfolgungs- oder Strafvollstreckungsbehörden sollen den Behörden der Zollverwaltung Erkenntnisse aus sonstigen Verfahren, die aus ihrer Sicht zur Verfolgung von Ordnungswidrigkeiten nach § 16 Abs. 1 Nr. 1 bis 2 erforderlich sind, übermitteln, soweit nicht für die übermittelnde Stelle erkennbar ist, daß schutzwürdige Interessen des Betroffenen oder anderer Verfahrensbeteiligter an dem Ausschluß der Übermittlung überwiegen. Dabei ist zu berücksichtigen, wie gesichert die zu übermittelnden Erkenntnisse sind.

§ 19 Übergangsvorschrift

§ 1 Abs. 2, § 1b Satz 2, die §§ 3, 9, 10, 12, 13 und 16 in der vor dem 1. Januar 2003 geltenden Fassung sind auf Leiharbeitsverhältnisse, die vor dem 1. Januar 2004 begründet worden sind, bis zum 31. Dezember 2003 weiterhin anzuwenden. Dies gilt nicht für Leiharbeitsverhältnisse im Geltungsbereich eines nach dem 15. November 2002 in Kraft tretenden Tarifvertrages, der die wesentlichen Arbeitsbedingungen einschließlich des Arbeitsentgelts im Sinne des § 3 Abs. 1 Nr. 3 und des § 9 Nr. 2 regelt.

§ 20 (weggefallen)

Verordnung über die Betriebe des Baugewerbes, in denen die ganzjährige Beschäftigung zu fördern ist (Baubetriebe-Verordnung)

§ 1 Zugelassene Betriebe

(1) Die ganzjährige Beschäftigung im Baugewerbe ist durch das Wintergeld und das Winterausfallgeld in Betrieben und Betriebsabteilungen zu fördern, die gewerblich überwiegend Bauleistungen (§ 75 Abs. 1 des Arbeitsförderungsgesetzes) erbringen.

(2) Betriebe und Betriebsabteilungen im Sinne des Absatzes 1 sind solche, in denen insbesondere folgende Arbeiten verrichtet werden:'

1. Abdichtungsarbeiten gegen Feuchtigkeit;

2. Aptierungs- und Drainierungsarbeiten, wie zum Beispiel das Entwässern von Grundstücken und urbar zu machenden Bodenflächen, einschließlich der Grabenräumungs- und Faschinierungsarbeiten, des Verlegens von Drainageröhrleitungen sowie des Herstellens von Vorflut- und Schleusenanlagen;

2a. Ausbestsanierungsarbeiten an Bauwerken und Bauwerksteilen;

3. Bautrocknungsarbeiten, das sind Arbeiten, die unter Einwirkung auf das Gefüge des Mauerwerks der Entfeuchtung dienen, auch unter Verwendung von Kunststoffen oder chemischen Mitteln sowie durch Einbau von Kondensatoren;

4. Beton- und Stahlbetonarbeiten einschließlich Betonschutz- und Betonsanierungsarbeiten sowie Armierungsarbeiten;

5. Bohrarbeiten;

6. Brunnenbauarbeiten;

7. chemische Bodenverfestigungen;

8. Dämm-(Isolier-)Arbeiten (das sind zum Beispiel Wärme-, Kälte-, Schallschutz-, Schallschluck-, Schallverbesserungs-, Schallveredelungsarbeiten) einschließlich Anbringung von Unterkonstruktionen sowie technischen Dämm-(Isolier-)Arbeiten, insbesondere an technischen Anlagen und auf Land-, Luft- und Wasserfahrzeugen;

9. Erdbewegungsarbeiten, das sind zum Beispiel Wegebau-, Meliorations-, Landgewinnungs-, Deichbauarbeiten, Wildbach- und Lawinenverbau, Sportanlagenbau sowie Errichtung von Schallschutzwällen und Seitenbefestigungen an Verkehrswegen;

10. Estricharbeiten, das sind zum Beispiel Arbeiten unter Verwendung von Zement, Asphalt, Anhydrit, Magnesit, Gips, Kunststoffen oder ähnlichen Stoffen;

11. Fassadenbauarbeiten;

12. Fertigbauarbeiten: Einbauen oder Zusammenfügen von Fertigbauteilen zur Erstellung, Instandsetzung, Instandhaltung oder Änderung von Bauwerken; ferner das Herstellen von Fertigbauteilen, wenn diese zum überwiegenden Teil durch den Betrieb, einen anderen Betrieb desselben Unternehmens oder innerhalb von Unternehmenszusammenschlüssen – unbeschadet der Rechtsform – durch den Betrieb mindestens eines beteiligten Gesellschafters zusammengefügt oder eingebaut werden; nicht erfasst wird das Herstellen von Betonfertigteilen, Holzfertigteilen zum Zwecke des Errichtens von Holzfertigbauwerken und Isolierelementen in massiven, ortsfesten und auf Dauer eingerichteten Arbeitsstätten nach Art stationärer Betriebe; § 2 Nr. 12 bleibt unberührt;

13. Feuerungs- und Ofenbauarbeiten;

14. Fliesen-, Platten- und Mosaik-, Ansetz- und Verlegearbeiten;

14a. Fugarbeiten an Bauwerken, insbesondere Verfugung von Verblendmauerwerk und von Anschlüssen zwischen Einbauteilen und Mauerwerk sowie dauerelastische und dauerplastische Verfugungen aller Art;

15. Glasstahlbetonarbeiten sowie Vermauern und Verlegen von Glasbausteinen;

16. Gleisbauarbeiten;

17. Herstellen von nicht lagerfähigen Baustoffen, wie zum Beispiel Beton- und Mörtelmischungen (Transportbeton und Fertigmörtel), wenn mit dem überwiegenden Teil der hergestellten Baustoffe die Baustellen des herstellenden Betriebes, eines anderen Betriebes desselben Unternehmens oder innerhalb von Unternehmenszusammenschlüssen – unbeschadet der Rechtsform – die Baustellen des Betriebes mindestens eines beteiligten Gesellschafters versorgt werden;

18. Hochbauarbeiten;

19. Holzschutzarbeiten an Bauteilen;

20. Kanalbau-(Sielbau-)Arbeiten;

21. Maurerarbeiten;

22. Rammarbeiten;

23. Rohrleitungsbau-, Rohrleitungstiefbau-, Kabelleitungstiefbauarbeiten und Bodendurchpressungen;

24. Schachtbau- und Tunnelbauarbeiten;

25. Schalungsarbeiten;

26. Schornsteinbauarbeiten;

27. Spreng-, Abbruch- und Enttrümmerungsarbeiten; nicht erfasst werden Abbruch- und Abwrackbetriebe, deren überwiegende Tätigkeit der Gewinnung von Rohmaterialien oder die Wiederaufbereitung von Abbruchmaterialien dient;

28. Stahlbiege- und -flechtarbeiten, soweit sie zur Erbringung anderer baulicher Leistungen des Betriebes oder auf Baustellen ausgeführt werden;

29. Stakerarbeiten;

30. Steinmetzarbeiten;

31. Straßenbauarbeiten, das sind zum Beispiel Stein-, Asphalt-, Beton-, Schwarzstraßenbauarbeiten, Pflasterarbeiten aller Art, Fahrbahnmarkierungsarbeiten; ferner Herstellen und Aufbereiten des Mischgutes, wenn mit dem überwiegenden Teil des Mischgutes der Betrieb, ein anderer Betrieb desselben Unternehmens oder innerhalb von Unternehmungszusammenschlüssen – unbeschadet der Rechtsform – der Betrieb mindestens eines beteiligten Gesellschafters versorgt wird;

32. Straßenwalzarbeiten;

33. Stuck-, Putz-, Gips- und Rabitzarbeiten einschließlich des Anbringens von Unterkonstruktionen und Putzträgern;

34. Terrazzoarbeiten;

35. Tiefbauarbeiten;

36. Trocken- und Montagebauarbeiten (zum Beispiel Wand- und Deckeneinbau und -verkleidungen) einschließlich des Anbringens von Unterkonstruktionen und Putzträgern;

37. Verlegen von Bodenbelägen in Verbindung mit anderen baulichen Leistungen;

38. Vermieten von Baumaschinen mit Bedienungspersonal, wenn die Baumaschinen mit Bedienungspersonal zur Erbringung baulicher Leistungen eingesetzt werden;
38a. Wärmedämmverbundsystemarbeiten;

39. Wasserwerksbauarbeiten, Wasserhaltungsarbeiten, Wasserbauarbeiten (zum Beispiel Wasserstraßenbau, Wasserbeckenbau, Schleusenanlagenbau);

40. Zimmerarbeiten und Holzbauarbeiten, die im Rahmen des Zimmergewerbes ausgeführt werden;

41. Aufstellen von Bauaufzügen;

(3) Betriebe und Betriebsabteilungen im Sinne des Absatzes 1 sind auch

1. Betriebe, die Gerüste aufstellen,
2. Betriebe des Dachdeckerhandwerks.

(4) Betriebe und Betriebsabteilungen im Sinne des Absatzes 1 sind ferner diejenigen des Garten- und Landschaftsbaues, im denen folgende Arbeiten verrichtet werden:

1. Erstellung von Garten-, Park- und Grünanlagen, Sport- und Spielplätzen sowie Friedhofsanlagen;

2. Erstellung der gesamten Außenanlagen im Wohnungsbau, bei öffentlichen Bauvorhaben, insbesondere an Schulen, Krankenhäusern, Schwimmbädern, Straßen-, Autobahn-, Eisenbahn- Anlagen, Flugplätzen, Kasernen;

3. Deich- Hang-, Halden- und Böschungsverbau einschließlich, Faschinenbau;

4. ingenieurbiologische Arbeiten aller Art;

5. Schutzpflanzungen aller Art;

6. Drainierungsarbeiten;

7. Meliorationsarbeiten;

8. Landgewinnungs- und Rekultivierungsarbeiten.

(5) Betriebe und Betriebsabteilungen im Sinne des Absatzes 1 sind von der Förderung der ganzjährigen Beschäftigung im Baugewerbe ausgeschlossen, wenn sie zu einer abgrenzbaren und nennenswerten Gruppe gehören, bei denen eine Einbeziehung nach den Absätzen 2 bis 4 nicht zu einer Belebung der ganzjährigen Bautätigkeit führt.

§ 2 Ausgeschlossene Betriebe

Die ganzjährige Beschäftigung wird nicht gefördert insbesondere in Betrieben

1. des Bauten- und Eisenschutzgewerbes;

2. des Betonwaren und Terazzowaren herstellenden Gewerbes, soweit nicht in Betriebsabteilungen nach deren Zweckbestimmung überwiegend Bauleistungen im Sinne des § 1 Abs. 1 und 2 ausgeführt werden;

3. der Fassadenreinigung;

4. der Fußboden- und Parkettlegerei;

5. des Glaserhandwerks;

6. des Installationsgewerbes, insbesondere, der Klempnerei, des Klimaanlagenbaues, der Gas-, Wasser-, Heizungs-, Lüftungs- und Elektroinstallation, sowie des Blitzschutz- und Erdungsanlagenbaues;

7. des Maler- und Lackiererhandwerks, soweit nicht überwiegend Bauleistungen im Sinne des § 1 Abs. 1 und 2 ausgeführt werden;

8. der Naturstein- und Naturwerksteinindustrie und des Steinmetzhandwerks;

9. der Naßbaggerei;

10. des Kachelofen- und Luftheizungsbaues;

11. der Säurebauindustrie;

12. des Schreinerhandwerks sowie der holzbe- und -verarbeitenden Industrie einschließlich der Holzfertigbauindustrie, soweit nicht überwiegend Fertigbau-, Dämm-(Isolier-), Trockenbau- und Montagebauarbeiten oder Zimmerarbeiten ausgeführt werden;

13. des reinen Stahl-, Eisen-, Metall- und Leichtmetallbaues sowie des Fahrleitungs-, Freileitungs-, Ortsnetz- und Kabelbaues;

14. und in Betrieben, die Betonentladegeräte gewerblich zur Verfügung stellen.

Allgemeines Gleichbehandlungsgesetz (AGG)

Ausfertigungsdatum: 14.08.2006 Stand: Zuletzt geändert durch Art. 15 Abs. 66 G v. 5.2.2009 I 160

Abschnitt 1 Allgemeiner Teil

§ 1 Ziel des Gesetzes

Ziel des Gesetzes ist, Benachteiligungen aus Gründen der Rasse oder wegen der ethnischen Herkunft, des Geschlechts, der Religion oder Weltanschauung, einer Behinderung, des Alters oder der sexuellen Identität zu verhindern oder zu beseitigen.

§ 2 Anwendungsbereich

(1) Benachteiligungen aus einem in § 1 genannten Grund sind nach Maßgabe dieses Gesetzes unzulässig in Bezug auf:

1. die Bedingungen, einschließlich Auswahlkriterien und Einstellungsbedingungen, für den Zugang zu unselbstständiger und selbstständiger Erwerbstätigkeit, unabhängig von Tätigkeitsfeld und beruflicher Position, sowie für den beruflichen Aufstieg,
2. die Beschäftigungs- und Arbeitsbedingungen einschließlich Arbeitsentgelt und Entlassungsbedingungen, insbesondere in individual- und kollektivrechtlichen Vereinbarungen und Maßnahmen bei der Durchführung und Beendigung eines Beschäftigungsverhältnisses sowie beim beruflichen Aufstieg,
3. den Zugang zu allen Formen und allen Ebenen der Berufsberatung, der Berufsbildung einschließlich der Berufsausbildung, der beruflichen Weiterbildung und der Umschulung sowie der praktischen Berufserfahrung,
4. die Mitgliedschaft und Mitwirkung in einer Beschäftigten- oder Arbeitgebervereinigung oder einer Vereinigung, deren Mitglieder einer bestimmten Berufsgruppe angehören, einschließlich der Inanspruchnahme der Leistungen solcher Vereinigungen,
5. den Sozialschutz, einschließlich der sozialen Sicherheit und der Gesundheitsdienste,
6. die sozialen Vergünstigungen,
7. die Bildung,
8. den Zugang zu und die Versorgung mit Gütern und Dienstleistungen, die der Öffentlichkeit zur Verfügung stehen, einschließlich von Wohnraum.

2) Für Leistungen nach dem Sozialgesetzbuch gelten § 33c des Ersten Buches Sozialgesetzbuch und § 19a des Vierten Buches Sozialgesetzbuch. Für die betriebliche Altersvorsorge gilt das Betriebsrentengesetz.

(3) Die Geltung sonstiger Benachteiligungsverbote oder Gebote der Gleichbehandlung wird durch dieses Gesetz nicht berührt. Dies gilt auch für öffentlich-rechtliche Vorschriften, die dem Schutz bestimmter Personengruppen dienen.

(4) Für Kündigungen gelten ausschließlich die Bestimmungen zum allgemeinen und besonderen Kündigungsschutz.

§ 3 Begriffsbestimmungen

(1) Eine unmittelbare Benachteiligung liegt vor, wenn eine Person wegen eines in § 1 genannten Grundes eine weniger günstige Behandlung erfährt, als eine andere Person in einer vergleichbaren Situation erfährt, erfahren hat oder erfahren würde. Eine unmittelbare Benachteiligung wegen des Geschlechts liegt in Bezug auf § 2 Abs. 1 Nr. 1 bis 4 auch im Falle einer ungünstigeren Behandlung einer Frau wegen Schwangerschaft oder Mutterschaft vor.

(2) Eine mittelbare Benachteiligung liegt vor, wenn dem Anschein nach neutrale Vorschriften, Kriterien oder Verfahren Personen wegen eines in § 1 genannten Grundes gegenüber anderen Personen in besonderer Weise benachteiligen können, es sei denn, die betreffenden Vorschriften, Kriterien oder Verfahren sind durch ein rechtmäßiges Ziel sachlich gerechtfertigt und die Mittel sind zur Erreichung dieses Ziels angemessen und erforderlich.

(3) Eine Belästigung ist eine Benachteiligung, wenn unerwünschte Verhaltensweisen, die mit einem in § 1 genannten Grund in Zusammenhang stehen, bezwecken oder bewirken, dass die Würde der betreffenden Person verletzt und ein von Einschüchterungen, Anfeindungen, Erniedrigungen, Entwürdigungen oder Beleidigungen gekennzeichnetes Umfeld geschaffen wird.

(4) Eine sexuelle Belästigung ist eine Benachteiligung in Bezug auf § 2 Abs. 1 Nr. 1 bis 4, wenn ein unerwünschtes, sexuell bestimmtes Verhalten, wozu auch unerwünschte sexuelle Handlungen und Aufforderungen zu diesen, sexuell bestimmte körperliche Berührungen, Bemerkungen sexuellen Inhalts sowie unerwünschtes Zeigen und sichtbares Anbringen von pornographischen Darstellungen gehören, bezweckt oder bewirkt, dass die Würde der betreffenden Person verletzt wird, insbesondere wenn ein von Einschüchterungen, Anfeindungen, Erniedrigungen, Entwürdigungen oder Beleidigungen gekennzeichnetes Umfeld geschaffen wird.

(5) Die Anweisung zur Benachteiligung einer Person aus einem in § 1 genannten Grund gilt als Benachteiligung. Eine solche Anweisung liegt in Bezug auf § 2 Abs. 1 Nr. 1 bis 4 insbesondere vor, wenn jemand eine Person zu einem Verhalten bestimmt, das einen Beschäftigten oder eine Beschäftigte wegen eines in § 1 genannten Grundes benachteiligt oder benachteiligen kann.

§ 4 Unterschiedliche Behandlung wegen mehrerer Gründe

Erfolgt eine unterschiedliche Behandlung wegen mehrerer der in § 1 genannten Gründe, so kann diese unterschiedliche Behandlung nach den §§ 8 bis 10 und 20 nur gerechtfertigt werden, wenn sich die Rechtfertigung auf alle diese Gründe erstreckt, derentwegen die unterschiedliche Behandlung erfolgt.

§ 5 Positive Maßnahmen

Ungeachtet der in den §§ 8 bis 10 sowie in § 20 benannten Gründe ist eine unterschiedliche Behandlung auch zulässig, wenn durch geeignete und angemessene Maßnahmen bestehende Nachteile wegen eines in § 1 genannten Grundes verhindert oder ausgeglichen werden sollen.

Abschnitt 2

Schutz der Beschäftigten vor Benachteiligung

Unterabschnitt 1 Verbot der Benachteiligung

§ 6 Persönlicher Anwendungsbereich

(1) Beschäftigte im Sinne dieses Gesetzes sind

1. Arbeitnehmerinnen und Arbeitnehmer,
2. die zu ihrer Berufsbildung Beschäftigten,
3. Personen, die wegen ihrer wirtschaftlichen Unselbstständigkeit als arbeitnehmerähnliche Personen anzusehen sind; zu diesen gehören auch die in Heimarbeit Beschäftigten und die ihnen Gleichgestellten.

Als Beschäftigte gelten auch die Bewerberinnen und Bewerber für ein Beschäftigungsverhältnis sowie die Personen, deren Beschäftigungsverhältnis beendet ist.

(2) Arbeitgeber (Arbeitgeber und Arbeitgeberinnen) im Sinne dieses Abschnitts sind natürliche und juristische Personen sowie rechtsfähige Personengesellschaften, die Personen nach Absatz 1 beschäftigen. Werden Beschäftigte einem Dritten zur Arbeitsleistung überlassen, so gilt auch dieser als Arbeitgeber im Sinne dieses Abschnitts. Für die in Heimarbeit Beschäftigten und die ihnen Gleichgestellten tritt an die Stelle des Arbeitgebers der Auftraggeber oder Zwischenmeister.

(3) Soweit es die Bedingungen für den Zugang zur Erwerbstätigkeit sowie den beruflichen Aufstieg betrifft, gelten die Vorschriften dieses Abschnitts für Selbstständige und Organmitglieder, insbesondere Geschäftsführer oder Geschäftsführerinnen und Vorstände, entsprechend.

§ 7 Benachteiligungsverbot

(1) Beschäftigte dürfen nicht wegen eines in § 1 genannten Grundes benachteiligt werden; dies gilt auch, wenn die Person, die die Benachteiligung begeht, das Vorliegen eines in § 1 genannten Grundes bei der Benachteiligung nur annimmt.

(2) Bestimmungen in Vereinbarungen, die gegen das Benachteiligungsverbot des Absatzes 1 verstoßen, sind unwirksam.

(3) Eine Benachteiligung nach Absatz 1 durch Arbeitgeber oder Beschäftigte ist eine Verletzung vertraglicher Pflichten.

§ 8 Zulässige unterschiedliche Behandlung wegen beruflicher Anforderungen

(1) Eine unterschiedliche Behandlung wegen eines in § 1 genannten Grundes ist zulässig, wenn dieser Grund wegen der Art der auszuübenden Tätigkeit oder der Bedingungen ihrer Ausübung eine wesentliche und entscheidende berufliche Anforderung darstellt, sofern der Zweck rechtmäßig und die Anforderung angemessen ist.

(2) Die Vereinbarung einer geringeren Vergütung für gleiche oder gleichwertige Arbeit wegen eines in § 1 genannten Grundes wird nicht dadurch gerechtfertigt, dass wegen eines in § 1 genannten Grundes besondere Schutzvorschriften gelten.

§ 9 Zulässige unterschiedliche Behandlung wegen der Religion oder Weltanschauung

(1) Ungeachtet des § 8 ist eine unterschiedliche Behandlung wegen der Religion oder der Weltanschauung bei der Beschäftigung durch Religionsgemeinschaften, die ihnen zugeordneten Einrichtungen ohne Rücksicht auf ihre Rechtsform oder durch Vereinigungen, die sich die gemeinschaftliche Pflege einer Religion oder Weltanschauung zur Aufgabe

machen, auch zulässig, wenn eine bestimmte Religion oder Weltanschauung unter Beachtung des Selbstverständnisses der jeweiligen Religionsgemeinschaft oder Vereinigung im Hinblick auf ihr Selbstbestimmungsrecht oder nach der Art der Tätigkeit eine gerechtfertigte berufliche Anforderung darstellt.

(2) Das Verbot unterschiedlicher Behandlung wegen der Religion oder der Weltanschauung berührt nicht das Recht der in Absatz 1 genannten Religionsgemeinschaften, der ihnen zugeordneten Einrichtungen ohne Rücksicht auf ihre Rechtsform oder der Vereinigungen, die sich die gemeinschaftliche Pflege einer Religion oder Weltanschauung zur Aufgabe machen, von ihren Beschäftigten ein loyales und aufrichtiges Verhalten im Sinne ihres jeweiligen Selbstverständnisses verlangen zu können.

§ 10 Zulässige unterschiedliche Behandlung wegen des Alters

Ungeachtet des § 8 ist eine unterschiedliche Behandlung wegen des Alters auch zulässig, wenn sie objektiv und angemessen und durch ein legitimes Ziel gerechtfertigt ist. Die Mittel zur Erreichung dieses Ziels müssen angemessen und erforderlich sein. Derartige unterschiedliche Behandlungen können insbesondere Folgendes einschließen:

1. die Festlegung besonderer Bedingungen für den Zugang zur Beschäftigung und zur beruflichen Bildung sowie besonderer Beschäftigungs- und Arbeitsbedingungen, einschließlich der Bedingungen für Entlohnung und Beendigung des Beschäftigungsverhältnisses, um die berufliche Eingliederung von Jugendlichen, älteren Beschäftigten und Personen mit Fürsorgepflichten zu fördern oder ihren Schutz sicherzustellen,

2. die Festlegung von Mindestanforderungen an das Alter, die Berufserfahrung oder das Dienstalter für den Zugang zur Beschäftigung oder für bestimmte mit der Beschäftigung verbundene Vorteile,

3. die Festsetzung eines Höchstalters für die Einstellung auf Grund der spezifischen Aus-bildungsanforderungen eines bestimmten Arbeitsplatzes oder auf Grund der Notwendigkeit einer angemessenen Beschäftigungszeit vor dem Eintritt in den Ruhestand,

4. die Festsetzung von Altersgrenzen bei den betrieblichen Systemen der sozialen Sicherheit als Voraussetzung für die Mitgliedschaft oder den Bezug von Altersrente oder von Leistungen bei Invalidität einschließlich der Festsetzung unterschiedlicher Altersgrenzen im Rahmen dieser Systeme für bestimmte Beschäftigte oder Gruppen von Beschäftigten und die Verwendung von Alterskriterien im Rahmen dieser Systeme für versicherungsmathematische Berechnungen,

5. eine Vereinbarung, die die Beendigung des Beschäftigungsverhältnisses ohne Kündigung zu einem Zeitpunkt vorsieht, zu dem der oder die Beschäftigte eine Rente wegen Alters beantragen kann; § 41 des Sechsten Buches Sozialgesetzbuch bleibt unberührt,

6. Differenzierungen von Leistungen in Sozialplänen im Sinne des Betriebsverfassungsgesetzes, wenn die Parteien eine nach Alter oder Betriebszugehörigkeit gestaffelte Abfindungsregelung geschaffen haben, in der die wesentlich vom Alter abhängenden Chancen auf dem Arbeitsmarkt durch eine verhältnismäßig starke Betonung des Lebensalters erkennbar berücksichtigt worden sind, oder Beschäftigte von den Leistungen des Sozialplans ausgeschlossen haben, die wirtschaftlich abgesichert sind, weil sie, gegebenenfalls nach Bezug von Arbeitslosengeld, rentenberechtigt sind.

Unterabschnitt 2 Organisationspflichten des Arbeitgebers

§ 11 Ausschreibung

Ein Arbeitsplatz darf nicht unter Verstoß gegen § 7 Abs. 1 ausgeschrieben werden.

§ 12 Maßnahmen und Pflichten des Arbeitgebers

(1) Der Arbeitgeber ist verpflichtet, die erforderlichen Maßnahmen zum Schutz vor Benachteiligungen wegen eines in § 1 genannten Grundes zu treffen. Dieser Schutz umfasst auch vorbeugende Maßnahmen.

(2) Der Arbeitgeber soll in geeigneter Art und Weise, insbesondere im Rahmen der beruflichen Aus- und Fortbildung, auf die Unzulässigkeit solcher Benachteiligungen hinweisen und darauf hinwirken, dass diese unterbleiben. Hat der Arbeitgeber seine Beschäftigten in geeigneter Weise zum Zwecke der Verhinderung von Benachteiligung geschult, gilt dies als Erfüllung seiner Pflichten nach Absatz 1.

(3) Verstoßen Beschäftigte gegen das Benachteiligungsverbot des § 7 Abs. 1, so hat der Arbeitgeber die im Einzelfall geeigneten, erforderlichen und angemessenen Maßnahmen zur Unterbindung der Benachteiligung wie Abmahnung, Umsetzung, Versetzung oder Kündigung zu ergreifen.

(4) Werden Beschäftigte bei der Ausübung ihrer Tätigkeit durch Dritte nach § 7 Abs. 1 benachteiligt, so hat der Arbeitgeber die im Einzelfall geeigneten, erforderlichen und angemessenen Maßnahmen zum Schutz der Beschäftigten zu ergreifen.

(5) Dieses Gesetz und § 61b des Arbeitsgerichtsgesetzcs sowic Informationen über die für die Behandlung von Beschwerden nach § 13 zuständigen Stellen sind im Betrieb oder in der Dienststelle bekannt zu machen. Die Bekanntmachung kann durch Aushang oder Auslegung an geeigneter Stelle oder den Einsatz der im Betrieb oder der Dienststelle üblichen Informations- und Kommunikationstechnik erfolgen.

Unterabschnitt 3 Rechte der Beschäftigten

§ 13 Beschwerderecht

(1) Die Beschäftigten haben das Recht, sich bei den zuständigen Stellen des Betriebs, des Unternehmens oder der Dienststelle zu beschweren, wenn sie sich im Zusammenhang mit ihrem Beschäftigungsverhältnis vom Arbeitgeber, von Vorgesetzten, anderen Beschäftigten oder Dritten wegen eines in § 1 genannten Grundes benachteiligt fühlen. Die Beschwerde ist zu prüfen und das Ergebnis der oder dem beschwerdeführenden Beschäftigten mitzuteilen.

(2) Die Rechte der Arbeitnehmervertretungen bleiben unberührt.

§ 14 Leistungsverweigerungsrecht

Ergreift der Arbeitgeber keine oder offensichtlich ungeeignete Maßnahmen zur Unterbindung einer Belästigung oder sexuellen Belästigung am Arbeitsplatz, sind die betroffenen Beschäftigten berechtigt, ihre Tätigkeit ohne Verlust des Arbeitsentgelts einzustellen, soweit dies zu ihrem Schutz erforderlich ist. § 273 des Bürgerlichen Gesetzbuchs bleibt unberührt.

§ 15 Entschädigung und Schadensersatz

(1) Bei einem Verstoß gegen das Benachteiligungsverbot ist der Arbeitgeber verpflichtet, den hierdurch entstandenen Schaden zu ersetzen. Dies gilt nicht, wenn der Arbeitgeber die Pflichtverletzung nicht zu vertreten hat.

(2) Wegen eines Schadens, der nicht Vermögensschaden ist, kann der oder die Beschäftigte eine angemessene Entschädigung in Geld verlangen. Die Entschädigung darf bei einer Nichteinstellung drei Monatsgehälter nicht übersteigen, wenn der oder die Beschäftigte auch bei benachteiligungsfreier Auswahl nicht eingestellt worden wäre.

(3) Der Arbeitgeber ist bei der Anwendung kollektivrechtlicher Vereinbarungen nur dann zur Entschädigung verpflichtet, wenn er vorsätzlich oder grob fahrlässig handelt.

(4) Ein Anspruch nach Absatz 1 oder 2 muss innerhalb einer Frist von zwei Monaten schriftlich geltend gemacht werden, es sei denn, die Tarifvertragsparteien haben

etwas anderes vereinbart. Die Frist beginnt im Falle einer Bewerbung oder eines beruflichen Aufstiegs mit dem Zugang der Ablehnung und in den sonstigen Fällen einer Benachteiligung zu dem Zeitpunkt, in dem der oder die Beschäftigte von der Benachteiligung Kenntnis erlangt.

(5) Im Übrigen bleiben Ansprüche gegen den Arbeitgeber, die sich aus anderen Rechtsvorschriften ergeben, unberührt.

(6) Ein Verstoß des Arbeitgebers gegen das Benachteiligungsverbot des § 7 Abs. 1 begründet keinen Anspruch auf Begründung eines Beschäftigungsverhältnisses, Berufsausbildungsverhältnisses oder einen beruflichen Aufstieg, es sei denn, ein solcher ergibt sich aus einem anderen Rechtsgrund.

§ 16 Maßregelungsverbot

(1) Der Arbeitgeber darf Beschäftigte nicht wegen der Inanspruchnahme von Rechten nach diesem Abschnitt oder wegen der Weigerung, eine gegen diesen Abschnitt verstoßende Anweisung auszuführen, benachteiligen. Gleiches gilt für Personen, die den Beschäftigten hierbei unterstützen oder als Zeuginnen oder Zeugen aussagen.

(2) Die Zurückweisung oder Duldung benachteiligender Verhaltensweisen durch betroffene Beschäftigte darf nicht als Grundlage für eine Entscheidung herangezogen werden, die diese Beschäftigten berührt. Absatz 1 Satz 2 gilt entsprechend.

(3) § 22 gilt entsprechend.

Unterabschnitt 4 Ergänzende Vorschriften

§ 17 Soziale Verantwortung der Beteiligten

(1) Tarifvertragsparteien, Arbeitgeber, Beschäftigte und deren Vertretungen sind aufgefordert, im Rahmen ihrer Aufgaben und Handlungsmöglichkeiten an der Verwirklichung des in § 1 genannten Ziels mitzuwirken.

(2) In Betrieben, in denen die Voraussetzungen des § 1 Abs. 1 Satz 1 des Betriebsverfassungsgesetzes vorliegen, können bei einem groben Verstoß des Arbeitgebers gegen Vorschriften aus diesem Abschnitt der Betriebsrat oder eine im Betrieb vertretene Gewerkschaft unter der Voraussetzung des § 23 Abs. 3 Satz 1 des Betriebsverfassungsgesetzes die dort genannten Rechte gerichtlich geltend machen; § 23 Abs. 3 Satz 2 bis 5 des Betriebsverfassungsgesetzes gilt entsprechend. Mit dem Antrag dürfen nicht Ansprüche des Benachteiligten geltend gemacht werden.

§ 18 Mitgliedschaft in Vereinigungen

(1) Die Vorschriften dieses Abschnitts gelten entsprechend für die Mitgliedschaft oder die Mitwirkung in einer

1. Tarifvertragspartei,
2. Vereinigung, deren Mitglieder einer bestimmten Berufsgruppe angehören oder die eine überragende Machtstellung im wirtschaftlichen oder sozialen Bereich innehat, wenn ein grundlegendes Interesse am Erwerb der Mitgliedschaft besteht,

sowie deren jeweiligen Zusammenschlüssen.

(2) Wenn die Ablehnung einen Verstoß gegen das Benachteiligungsverbot des § 7 Abs. 1 darstellt, besteht ein Anspruch auf Mitgliedschaft oder Mitwirkung in den in Absatz 1 genannten Vereinigungen.

Abschnitt 3 Schutz vor Benachteiligung im Zivilrechtsverkehr

§ 19 Zivilrechtliches Benachteiligungsverbot

(1) Eine Benachteiligung aus Gründen der Rasse oder wegen der ethnischen Herkunft, wegen des Geschlechts, der Religion, einer Behinderung, des Alters oder der sexuellen Identität bei der Begründung, Durchführung und Beendigung zivilrechtlicher Schuldverhältnisse, die

1. typischerweise ohne Ansehen der Person zu vergleichbaren Bedingungen in einer Vielzahl von Fällen zustande kommen (Massengeschäfte) oder bei denen das Ansehen der Person nach der Art des Schuldverhältnisses eine nachrangige Bedeutung hat und die zu vergleichbaren Bedingungen in einer Vielzahl von Fällen zustande kommen oder
2. eine privatrechtliche Versicherung zum Gegenstand haben, ist unzulässig.

(2) Eine Benachteiligung aus Gründen der Rasse oder wegen der ethnischen Herkunft ist darüber hinaus auch bei der Begründung, Durchführung und Beendigung sonstiger zivilrechtlicher Schuldverhältnisse im Sinne des § 2 Abs. 1 Nr. 5 bis 8 unzulässig.

(3) Bei der Vermietung von Wohnraum ist eine unterschiedliche Behandlung im Hinblick auf die Schaffung und Erhaltung sozial stabiler Bewohnerstrukturen und ausgewogener Siedlungsstrukturen sowie ausgeglichener wirtschaftlicher, sozialer und kultureller Verhältnisse zulässig.

(4) Die Vorschriften dieses Abschnitts finden keine Anwendung auf familien- und erbrechtliche Schuldverhältnisse.

(5) Die Vorschriften dieses Abschnitts finden keine Anwendung auf zivilrechtliche Schuldverhältnisse, bei denen ein besonderes Nähe- oder Vertrauensverhältnis der Parteien oder ihrer Angehörigen begründet wird. Bei Mietverhältnissen kann dies insbesondere der Fall sein, wenn die Parteien oder ihre Angehörigen Wohnraum auf demselben Grundstück nutzen. Die Vermietung von Wohnraum zum nicht nur vorübergehenden Gebrauch ist in der Regel kein Geschäft im Sinne des Absatzes 1 Nr. 1, wenn der Vermieter insgesamt nicht mehr als 50 Wohnungen vermietet.

§ 20 Zulässige unterschiedliche Behandlung

(1) Eine Verletzung des Benachteiligungsverbots ist nicht gegeben, wenn für eine unterschiedliche Behandlung wegen der Religion, einer Behinderung, des Alters, der sexuellen Identität oder des Geschlechts ein sachlicher Grund vorliegt. Das kann insbesondere der Fall sein, wenn die unterschiedliche Behandlung

• der Vermeidung von Gefahren, der Verhütung von Schäden oder anderen Zwecken vergleichbarer Art dient,

- dem Bedürfnis nach Schutz der Intimsphäre oder der persönlichen Sicherheit Rechnung trägt,
- besondere Vorteile gewährt und ein Interesse an der Durchsetzung der Gleichbehandlung fehlt,
- an die Religion eines Menschen anknüpft und im Hinblick auf die Ausübung der Religionsfreiheit oder auf das Selbstbestimmungsrecht der Religionsgemeinschaften, der ihnen zugeordneten Einrichtungen ohne Rücksicht auf ihre Rechtsform sowie der Vereinigungen, die sich die gemeinschaftliche Pflege einer Religion zur Aufgabe machen, unter Beachtung des jeweiligen Selbstverständnisses gerechtfertigt ist.

(2) Eine unterschiedliche Behandlung wegen des Geschlechts ist im Falle des § 19 Abs. 1 Nr. 2 bei den Prämien oder Leistungen nur zulässig, wenn dessen Berücksichtigung bei einer auf relevanten und genauen versicherungsmathematischen und statistischen Daten beruhenden Risikobewertung ein bestimmender Faktor ist. Kosten im Zusammenhang mit Schwangerschaft und Mutterschaft dürfen auf keinen Fall zu unterschiedlichen Prämien oder Leistungen führen. Eine unterschiedliche Behandlung wegen der Religion, einer Behinderung, des Alters oder der sexuellen Identität ist im Falle des § 19 Abs. 1 Nr. 2 nur zulässig, wenn diese auf anerkannten Prinzipien risikoadäquater Kalkulation beruht,

insbesondere auf einer versicherungsmathematisch ermittelten Risikobewertung unter Heranziehung statistischer Erhebungen.

§ 21 Ansprüche

(1) Der Benachteiligte kann bei einem Verstoß gegen das Benachteiligungsverbot unbeschadet weiterer Ansprüche die Beseitigung der Beeinträchtigung verlangen. Sind weitere Beeinträchtigungen zu besorgen, so kann er auf Unterlassung klagen.

(2) Bei einer Verletzung des Benachteiligungsverbots ist der Benachteiligende verpflichtet, den hierdurch entstandenen Schaden zu ersetzen. Dies gilt nicht, wenn der Benachteiligende die Pflichtverletzung nicht zu vertreten hat. Wegen eines Schadens, der nicht Vermögensschaden ist, kann der Benachteiligte eine angemessene Entschädigung in Geld verlangen.

(3) Ansprüche aus unerlaubter Handlung bleiben unberührt.

(4) Auf eine Vereinbarung, die von dem Benachteiligungsverbot abweicht, kann sich der Benachteiligende nicht berufen.

(5) Ein Anspruch nach den Absätzen 1 und 2 muss innerhalb einer Frist von zwei Monaten geltend gemacht werden. Nach Ablauf der Frist kann der Anspruch nur geltend gemacht werden, wenn der Benachteiligte ohne Verschulden an der Einhaltung der Frist verhindert war.

Abschnitt 4 Rechtsschutz

§ 22 Beweislast

Wenn im Streitfall die eine Partei Indizien beweist, die eine Benachteiligung wegen eines in § 1 genannten Grundes vermuten lassen, trägt die andere Partei die Beweislast dafür, dass kein Verstoß gegen die Bestimmungen zum Schutz vor Benachteiligung vorgelegen hat.

§ 23 Unterstützung durch Antidiskriminierungsverbände

(1) Antidiskriminierungsverbände sind Personenzusammenschlüsse, die nicht gewerbsmäßig und nicht nur vorübergehend entsprechend ihrer Satzung die besonderen Interessen von benachteiligten Personen oder Personengruppen nach Maßgabe von § 1 wahrnehmen. Die Befugnisse nach den Absätzen 2 bis 4 stehen ihnen zu, wenn sie mindestens 75 Mitglieder haben oder einen Zusammenschluss aus mindestens sieben Verbänden bilden.

(2) Antidiskriminierungsverbände sind befugt, im Rahmen ihres Satzungszwecks in gerichtlichen Verfahren als Beistände Benachteiligter in der Verhandlung aufzutreten. Im Übrigen bleiben die Vorschriften der Verfahrensordnungen, insbesondere diejenigen, nach denen Beiständen weiterer Vortrag untersagt werden kann, unberührt.

(3) Antidiskriminierungsverbänden ist im Rahmen ihres Satzungszwecks die Besorgung von Rechtsangelegenheiten Benachteiligter gestattet.

(4) Besondere Klagerechte und Vertretungsbefugnisse von Verbänden zu Gunsten von behinderten Menschen bleiben unberührt.

Abschnitt 5 Sonderregelungen für öffentlich-rechtliche Dienstverhältnisse

§ 24 Sonderregelung für öffentlich-rechtliche Dienstverhältnisse

Die Vorschriften dieses Gesetzes gelten unter Berücksichtigung ihrer besonderen Rechtsstellung entsprechend für

1. Beamtinnen und Beamte des Bundes, der Länder, der Gemeinden, der Gemeindeverbände sowie der sonstigen der Aufsicht des Bundes oder eines Landes unterstehenden Körperschaften, Anstalten und Stiftungen des öffentlichen Rechts,
2. Richterinnen und Richter des Bundes und der Länder,
3. Zivildienstleistende sowie anerkannte Kriegsdienstverweigerer, soweit ihre Heranziehung zum Zivildienst betroffen ist.

Abschnitt 6 Antidiskriminierungsstelle

§ 25 Antidiskriminierungsstelle des Bundes

(1) Beim Bundesministerium für Familie, Senioren, Frauen und Jugend wird unbeschadet der Zuständigkeit der Beauftragten des Deutschen Bundestages oder der Bundesregierung

die Stelle des Bundes zum Schutz vor Benachteiligungen wegen eines in § 1 genannten Grundes (Antidiskriminierungsstelle des Bundes) errichtet.

(2) Der Antidiskriminierungsstelle des Bundes ist die für die Erfüllung ihrer Aufgaben notwendige Personal- und Sachausstattung zur Verfügung zu stellen. Sie ist im Einzelplan des Bundesministeriums für Familie, Senioren, Frauen und Jugend in einem eigenen Kapitel auszuweisen.

§ 26 Rechtsstellung der Leitung der Antidiskriminierungsstelle des Bundes

(1) Die Bundesministerin oder der Bundesminister für Familie, Senioren, Frauen und Jugend ernennt auf Vorschlag der Bundesregierung eine Person zur Leitung der Antidiskriminierungsstelle des Bundes. Sie steht nach Maßgabe dieses Gesetzes in einem öffentlich-rechtlichen Amtsverhältnis zum Bund. Sie ist in Ausübung ihres Amtes unabhängig und nur dem Gesetz unterworfen.

(2) Das Amtsverhältnis beginnt mit der Aushändigung der Urkunde über die Ernennung durch die Bundesministerin oder den Bundesminister für Familie, Senioren, Frauen und Jugend.

(3) Das Amtsverhältnis endet außer durch Tod

1. mit dem Zusammentreten eines neuen Bundestages,
2. durch Ablauf der Amtszeit mit Erreichen der Altersgrenze nach § 51 Abs. 1 und 2 des Bundesbeamtengesetzes,
3. mit der Entlassung.

Die Bundesministerin oder der Bundesminister für Familie, Senioren, Frauen und Jugend entlässt die Leiterin oder den Leiter der Antidiskriminierungsstelle des Bundes auf deren Verlangen oder wenn Gründe vorliegen, die bei einer Richterin oder einem Richter auf Lebenszeit die Entlassung aus dem Dienst rechtfertigen. Im Falle der Beendigung des Amtsverhältnisses erhält die Leiterin oder der Leiter der Antidiskriminierungsstelle des Bundes eine von der Bundesministerin oder dem Bundesminister für Familie, Senioren, Frauen und Jugend vollzogene Urkunde. Die Entlassung wird mit der Aushändigung der Urkunde wirksam.

(4) Das Rechtsverhältnis der Leitung der Antidiskriminierungsstelle des Bundes gegenüber dem Bund wird durch Vertrag mit dem Bundesministerium für Familie, Senioren, Frauen und Jugend geregelt. Der Vertrag bedarf der Zustimmung der Bundesregierung.

(5) Wird eine Bundesbeamtin oder ein Bundesbeamter zur Leitung der Antidiskriminierungsstelle des Bundes bestellt, scheidet er oder sie mit Beginn des Amtsverhältnisses aus dem bisherigen Amt aus. Für die Dauer des Amtsverhältnisses ruhen die aus dem Beamtenverhältnis begründeten Rechte und Pflichten mit Ausnahme der Pflicht zur Amtsverschwiegenheit und des Verbots der Annahme von Belohnungen oder Geschenken. Bei unfallverletzten Beamtinnen oder Beamten bleiben die gesetzlichen Ansprüche auf das Heilverfahren und einen Unfallausgleich unberührt.

§ 27 Aufgaben

(1) Wer der Ansicht ist, wegen eines in § 1 genannten Grundes benachteiligt worden zu sein, kann sich an die Antidiskriminierungsstelle des Bundes wenden.

(2) Die Antidiskriminierungsstelle des Bundes unterstützt auf unabhängige Weise Personen, die sich nach Absatz 1 an sie wenden, bei der Durchsetzung ihrer Rechte zum Schutz vor Benachteiligungen. Hierbei kann sie insbesondere

1. über Ansprüche und die Möglichkeiten des rechtlichen Vorgehens im Rahmen gesetzlicher Regelungen zum Schutz vor Benachteiligungen informieren,
2. Beratung durch andere Stellen vermitteln,
3. eine gütliche Beilegung zwischen den Beteiligten anstreben.

Soweit Beauftragte des Deutschen Bundestages oder der Bundesregierung zuständig sind, leitet die Antidiskriminierungsstelle des Bundes die Anliegen der in Absatz 1 genannten Personen mit deren Einverständnis unverzüglich an diese weiter.

(3) Die Antidiskriminierungsstelle des Bundes nimmt auf unabhängige Weise folgende Aufgaben wahr, soweit nicht die Zuständigkeit der Beauftragten der Bundesregierung oder des Deutschen Bundestages berührt ist:

- Öffentlichkeitsarbeit,
- Maßnahmen zur Verhinderung von Benachteiligungen aus den in § 1 genannten Gründen,
- Durchführung wissenschaftlicher Untersuchungen zu diesen Benachteiligungen.

(4) Die Antidiskriminierungsstelle des Bundes und die in ihrem Zuständigkeitsbereich betroffenen Beauftragten der Bundesregierung und des Deutschen Bundestages legen gemeinsam dem Deutschen Bundestag alle vier Jahre Berichte über Benachteiligungen aus den in § 1 genannten Gründen vor und geben Empfehlungen zur Beseitigung und Vermeidung dieser Benachteiligungen. Sie können gemeinsam wissenschaftliche Untersuchungen zu Benachteiligungen durchführen.

(5) Die Antidiskriminierungsstelle des Bundes und die in ihrem Zuständigkeitsbereich betroffenen Beauftragten der Bundesregierung und des Deutschen Bundestages sollen bei Benachteiligungen aus mehreren der in § 1 genannten Gründe zusammenarbeiten.

§ 28 Befugnisse

(1) Die Antidiskriminierungsstelle des Bundes kann in Fällen des § 27 Abs. 2 Satz 2 Nr. 3 Beteiligte um Stellungnahmen ersuchen, soweit die Person, die sich nach § 27 Abs. 1 an sie gewandt hat, hierzu ihr Einverständnis erklärt.

(2) Alle Bundesbehörden und sonstigen öffentlichen Stellen im Bereich des Bundes sind verpflichtet, die Antidiskriminierungsstelle des Bundes bei der Erfüllung ihrer Aufgaben zu unterstützen, insbesondere die erforderlichen Auskünfte zu erteilen. Die Bestimmungen zum Schutz personenbezogener Daten bleiben unberührt.

§ 29 Zusammenarbeit mit Nichtregierungsorganisationen und anderen Einrichtungen

Die Antidiskriminierungsstelle des Bundes soll bei ihrer Tätigkeit Nichtregierungsorganisationen sowie Einrichtungen, die auf europäischer, Bundes-, Landes- oder regionaler Ebene zum Schutz vor Benachteiligungen wegen eines in § 1 genannten Grundes tätig sind, in geeigneter Form einbeziehen.

§ 30 Beirat

(1) Zur Förderung des Dialogs mit gesellschaftlichen Gruppen und Organisationen, die sich den Schutz vor Benachteiligungen wegen eines in § 1 genannten Grundes zum Ziel

gesetzt haben, wird der Antidiskriminierungsstelle des Bundes ein Beirat beigeordnet. Der Beirat berät die Antidiskriminierungsstelle des Bundes bei der Vorlage von Berichten und Empfehlungen an den Deutschen Bundestag nach § 27 Abs. 4 und kann hierzu sowie zu wissenschaftlichen Untersuchungen nach § 27 Abs. 3 Nr. 3 eigene Vorschläge unterbreiten.

(2) Das Bundesministerium für Familie, Senioren, Frauen und Jugend beruft im Einvernehmen mit der Leitung der Antidiskriminierungsstelle des Bundes sowie den entsprechend zuständigen Beauftragten der Bundesregierung oder des Deutschen Bundestages die Mitglieder dieses Beirats und für jedes Mitglied eine Stellvertretung. In den Beirat sollen Vertreterinnen und Vertreter gesellschaftlicher Gruppen und Organisationen sowie Expertinnen und Experten in Benachteiligungsfragen berufen werden. Die Gesamtzahl der Mitglieder des Beirats soll 16 Personen nicht überschreiten. Der Beirat soll zu gleichen Teilen mit Frauen und Männern besetzt sein.

(3) Der Beirat gibt sich eine Geschäftsordnung, die der Zustimmung des Bundesministeriums für Familie, Senioren, Frauen und Jugend bedarf.

(4) Die Mitglieder des Beirats üben die Tätigkeit nach diesem Gesetz ehrenamtlich aus. Sie haben Anspruch auf Aufwandsentschädigung sowie Reisekostenvergütung, Tagegelder und Übernachtungsgelder. Näheres regelt die Geschäftsordnung.

Abschnitt 7 Schlussvorschriften

§ 31 Unabdingbarkeit

Von den Vorschriften dieses Gesetzes kann nicht zu Ungunsten der geschützten Personen abgewichen werden.

§ 32 Schlussbestimmungen

Soweit in diesem Gesetz nicht Abweichendes bestimmt ist, gelten die allgemeinen Bestimmungen.

§ 33 Übergangsbestimmungen

(1) Bei Benachteiligungen nach den §§ 611a, 611b und 612 Abs. 3 des Bürgerlichen Gesetzbuchs oder sexuellen Belästigungen nach dem Beschäftigtenschutzgesetz ist das vor dem 18. August 2006 maßgebliche Recht anzuwenden.

(2) Bei Benachteiligungen aus Gründen der Rasse oder wegen der ethnischen Herkunft sind die §§ 19 bis 21 nicht auf Schuldverhältnisse anzuwenden, die vor dem 18. August 2006 begründet worden sind. Satz 1 gilt nicht für spätere Änderungen von Dauerschuldverhältnissen.

(3) Bei Benachteiligungen wegen des Geschlechts, der Religion, einer Behinderung, des Alters oder der sexuellen Identität sind die §§ 19 bis 21 nicht auf Schuldverhältnisse anzuwenden, die vor dem 1. Dezember 2006 begründet worden sind. Satz 1 gilt nicht für spätere Änderungen von Dauerschuldverhältnissen.

(4) Auf Schuldverhältnisse, die eine privatrechtliche Versicherung zum Gegenstand haben, ist § 19 Abs. 1 nicht anzuwenden, wenn diese vor dem 22. Dezember 2007 begründet worden sind. Satz 1 gilt nicht für spätere Änderungen solcher Schuldverhältnisse.

Gesetz über zwingende Arbeitsbedingungen für grenzüberschreitend entsandte und für regelmäßig im Inland beschäftigte Arbeitnehmer und Arbeitnehmerinnen (Arbeitnehmer-Entsendegesetz - AEntG)

Ausfertigungsdatum: 20.04.2009

Abschnitt 1 Zielsetzung

§ 1 Zielsetzung

Ziele des Gesetzes sind die Schaffung und Durchsetzung angemessener Mindestarbeitsbedingungen für grenzüberschreitend entsandte und für regelmäßig im Inland beschäftigte Arbeitnehmer und Arbeitnehmerinnen sowie die Gewährleistung fairer und funktionierender Wettbewerbsbedingungen. Dadurch sollen zugleich sozialversicherungspflichtige Beschäftigung erhalten und die Ordnungs- und Befriedungsfunktion der Tarifautonomie gewahrt werden.

Abschnitt 2 Allgemeine Arbeitsbedingungen

§ 2 Allgemeine Arbeitsbedingungen

Die in Rechts- oder Verwaltungsvorschriften enthaltenen Regelungen über

1. die Mindestentgeltsätze einschließlich der Überstundensätze,
2. den bezahlten Mindestjahresurlaub,
3. die Höchstarbeitszeiten und Mindestruhezeiten,
4. die Bedingungen für die Überlassung von Arbeitskräften, insbesondere durch Leiharbeitsunternehmen,
5. die Sicherheit, den Gesundheitsschutz und die Hygiene am Arbeitsplatz,
6. die Schutzmaßnahmen im Zusammenhang mit den Arbeits- und Beschäftigungsbedingungen von Schwangeren und Wöchnerinnen, Kindern und Jugendlichen und
7. die Gleichbehandlung von Männern und Frauen sowie andere Nichtdiskriminierungsbestimmungen

finden auch auf Arbeitsverhältnisse zwischen einem im Ausland ansässigen Arbeitgeber und seinen im Inland beschäftigten Arbeitnehmern und Arbeitnehmerinnen zwingend Anwendung.

Abschnitt 3 Tarifvertragliche Arbeitsbedingungen

§ 3 Tarifvertragliche Arbeitsbedingungen

Die Rechtsnormen eines bundesweiten Tarifvertrages finden unter den Voraussetzungen der §§ 4 bis 6 auch auf Arbeitsverhältnisse zwischen einem Arbeitgeber mit Sitz im Ausland und seinen im räumlichen Geltungsbereich dieses Tarifvertrages beschäftigten Arbeitnehmern und Arbeitnehmerinnen zwingend Anwendung, wenn der Tarifvertrag für allgemeinverbindlich erklärt ist oder eine Rechtsverordnung nach § 7 vorliegt. Eines bundesweiten Tarifvertrages bedarf es nicht, soweit Arbeitsbedingungen im Sinne des § 5 Nr. 2 oder 3 Gegenstand tarifvertraglicher Regelungen sind, die zusammengefasst räumlich den gesamten Geltungsbereich dieses Gesetzes abdecken.

§ 4 Einbezogene Branchen

§ 3 gilt für Tarifverträge

1. des Bauhauptgewerbes oder des Baunebengewerbes im Sinne der Baubetriebe-Verordnung vom 28. Oktober 1980 (BGBl. I S. 2033), zuletzt geändert durch die Verordnung vom 26. April 2006 (BGBl. I S. 1085), in der jeweils geltenden Fassung einschließlich der Erbringung von Montageleistungen auf Baustellen außerhalb des Betriebssitzes,
2. der Gebäudereinigung,
3. für Briefdienstleistungen,
4. für Sicherheitsdienstleistungen,
5. für Bergbauspezialarbeiten auf Steinkohlebergwerken,
6. für Wäschereidienstleistungen im Objektkundengeschäft,
7. der Abfallwirtschaft einschließlich Straßenreinigung und Winterdienst und
8. für Aus- und Weiterbildungsdienstleistungen nach dem Zweiten oder Dritten Buch Sozialgesetzbuch.

§ 5 Arbeitsbedingungen

Gegenstand eines Tarifvertrages nach § 3 können sein

1. Mindestentgeltsätze, die nach Art der Tätigkeit, Qualifikation der Arbeitnehmer und Arbeitnehmerinnen und Regionen differieren können, einschließlich der Überstundensätze,
2. die Dauer des Erholungsurlaubs, das Urlaubsentgelt oder ein zusätzliches Urlaubsgeld,
3. die Einziehung von Beiträgen und die Gewährung von Leistungen im Zusammenhang mit Urlaubsansprüchen nach Nummer 2 durch eine gemeinsame Einrichtung der Tarifvertragsparteien, wenn sichergestellt ist, dass der ausländische Arbeitgeber nicht gleichzeitig zu Beiträgen zu der gemeinsamen Einrichtung der Tarifvertragsparteien und zu einer vergleichbaren Einrichtung im Staat seines Sitzes herangezogen wird und das Verfahren der gemeinsamen Einrichtung der Tarifvertragsparteien eine Anrechnung derjenigen Leistungen vorsieht, die der ausländische Arbeitgeber zur Erfüllung des gesetzlichen, tarifvertraglichen oder einzelvertraglichen Urlaubsanspruchs seines Arbeitnehmers oder seiner Arbeitnehmerin bereits erbracht hat, und
4. Arbeitsbedingungen im Sinne des § 2 Nr. 3 bis 7.

§ 6 Besondere Regelungen

(1) Dieser Abschnitt findet keine Anwendung auf Erstmontage- oder Einbauarbeiten, die Bestandteil eines Liefervertrages sind, für die Inbetriebnahme der gelieferten Güter uner-

lässlich sind und von Facharbeitern oder Facharbeiterinnen oder angelernten Arbeitern oder Arbeiterinnen des Lieferunternehmens ausgeführt werden, wenn die Dauer der Entsendung acht Tage nicht übersteigt. Satz 1 gilt nicht für Bauleistungen im Sinne des § 175 Abs. 2 des Dritten Buches Sozialgesetzbuch und nicht für Arbeitsbedingungen nach § 5 Nr. 4.

(2) Im Falle eines Tarifvertrages nach § 4 Nr. 1 findet dieser Abschnitt Anwendung, wenn der Betrieb oder die selbstständige Betriebsabteilung im Sinne des fachlichen Geltungsbereichs des Tarifvertrages überwiegend Bauleistungen gemäß § 175 Abs. 2 des Dritten Buches Sozialgesetzbuch erbringt.

(3) Im Falle eines Tarifvertrages nach § 4 Nr. 2 findet dieser Abschnitt Anwendung, wenn der Betrieb oder die selbstständige Betriebsabteilung überwiegend Gebäudereinigungsleistungen erbringt.

(4) Im Falle eines Tarifvertrages nach § 4 Nr. 3 findet dieser Abschnitt Anwendung, wenn der Betrieb oder die selbstständige Betriebsabteilung überwiegend gewerbs- oder geschäftsmäßig Briefsendungen für Dritte befördert.

(5) Im Falle eines Tarifvertrages nach § 4 Nr. 4 findet dieser Abschnitt Anwendung, wenn der Betrieb oder die selbstständige Betriebsabteilung überwiegend Dienstleistungen des Bewachungs- und Sicherheitsgewerbes oder Kontroll- und Ordnungsdienste erbringt, die dem Schutz von Rechtsgütern aller Art, insbesondere von Leben, Gesundheit oder Eigentum dienen.

(6) Im Falle eines Tarifvertrages nach § 4 Nr. 5 findet dieser Abschnitt Anwendung, wenn der Betrieb oder die selbstständige Betriebsabteilung im Auftrag eines Dritten überwiegend auf inländischen Steinkohlebergwerken Grubenräume erstellt oder sonstige untertägige bergbauliche Spezialarbeiten ausführt.

(7) Im Falle eines Tarifvertrages nach § 4 Nr. 6 findet dieser Abschnitt Anwendung, wenn der Betrieb oder die selbstständige Betriebsabteilung gewerbsmäßig überwiegend Textilien für gewerbliche Kunden sowie öffentlich-rechtliche oder kirchliche Einrichtungen wäscht, unabhängig davon, ob die Wäsche im Eigentum der Wäscherei oder des Kunden steht. Dieser Abschnitt findet keine Anwendung auf Wäschereidienstleistungen, die von Werkstätten für behinderte Menschen im Sinne des § 136 des Neunten Buches Sozialgesetzbuch erbracht werden.

(8) Im Falle eines Tarifvertrages nach § 4 Nr. 7 findet dieser Abschnitt Anwendung, wenn der Betrieb oder die selbstständige Betriebsabteilung überwiegend Abfälle im Sinne des § 3 Abs. 1 Satz 1 des Kreislaufwirtschafts- und Abfallgesetzes sammelt, befördert, lagert, beseitigt oder verwertet oder Dienstleistungen des Kehrens und Reinigens öffentlicher Verkehrsflächen und Schnee- und Eisbeseitigung von öffentlichen Verkehrsflächen einschließlich Streudienste erbringt.

(9) Im Falle eines Tarifvertrages nach § 4 Nr. 8 findet dieser Abschnitt Anwendung, wenn der Betrieb oder die selbstständige Betriebsabteilung überwiegend Aus- und Weiterbil-

dungsmaßnahmen nach dem Zweiten oder Dritten Buch Sozialgesetzbuch durchführt. Ausgenommen sind Einrichtungen der beruflichen Rehabilitation im Sinne des § 35 Abs. 1 Satz 1 des Neunten Buches Sozialgesetzbuch.

§ 7 Rechtsverordnung

(1) Ist für einen Tarifvertrag im Sinne dieses Abschnitts ein gemeinsamer Antrag der Parteien dieses Tarifvertrages auf Allgemeinverbindlicherklärung gestellt, kann das Bundesministerium für Arbeit und Soziales durch Rechtsverordnung ohne Zustimmung des Bundesrates bestimmen, dass die Rechtsnormen dieses Tarifvertrages auf alle unter seinen Geltungsbereich fallenden und nicht an ihn gebundenen Arbeitgeber sowie Arbeitnehmer und Arbeitnehmerinnen Anwendung finden. § 5 Abs. 1 Satz 1 Nr. 2 des Tarifvertragsgesetzes findet entsprechend Anwendung. Satz 1 gilt nicht für tarifvertragliche Arbeitsbedingungen nach § 5 Nr. 4.

(2) Kommen in einer Branche mehrere Tarifverträge mit zumindest teilweise demselben fachlichen Geltungsbereich zur Anwendung, hat der Verordnungsgeber bei seiner Entscheidung nach Absatz 1 im Rahmen einer Gesamtabwägung ergänzend zu den in § 1 genannten Gesetzeszielen die Repräsentativität der jeweiligen Tarifverträge zu berücksichtigen. Bei der Feststellung der Repräsentativität ist vorrangig abzustellen auf

1. die Zahl der von den jeweils tarifgebundenen Arbeitgebern beschäftigten unter den Geltungsbereich des Tarifvertrages fallenden Arbeitnehmer und Arbeitnehmerinnen,
2. die Zahl der jeweils unter den Geltungsbereich des Tarifvertrages fallenden Mitglieder der Gewerkschaft, die den Tarifvertrag geschlossen hat.

(3) Liegen für mehrere Tarifverträge Anträge auf Allgemeinverbindlicherklärung vor, hat der Verordnungsgeber mit besonderer Sorgfalt die von einer Auswahlentscheidung betroffenen Güter von Verfassungsrang abzuwägen und die widerstreitenden Grundrechtsinteressen zu einem schonenden Ausgleich zu bringen.

(4) Vor Erlass der Rechtsverordnung gibt das Bundesministerium für Arbeit und Soziales den in den Geltungsbereich der Rechtsverordnung fallenden Arbeitgebern sowie Arbeitnehmern und Arbeitnehmerinnen, den Parteien des Tarifvertrages sowie in den Fällen des Absatzes 2 den Parteien anderer Tarifverträge Gelegenheit zur schriftlichen Stellungnahme innerhalb von drei Wochen ab dem Tag der Bekanntmachung des Entwurfs der Rechtsverordnung.

(5) Wird erstmals ein Antrag nach Absatz 1 gestellt, wird der Antrag im Bundesanzeiger veröffentlicht und mit ihm der Ausschuss nach § 5 Abs. 1 Satz 1 des Tarifvertragsgesetzes (Tarifausschuss) befasst. Stimmen mindestens vier Ausschussmitglieder für den Antrag oder gibt der Tarifausschuss innerhalb von drei Monaten keine Stellungnahme ab, kann eine Rechtsverordnung nach Absatz 1 erlassen werden. Stimmen zwei oder drei Ausschussmitglieder für den Antrag, kann eine Rechtsverordnung nur von der Bundesregierung erlassen werden. Die Sätze 1 bis 3 gelten nicht für Tarifverträge nach § 4 Nr. 1 bis 3.

§ 8 Pflichten des Arbeitgebers zur Gewährung von Arbeitsbedingungen

(1) Arbeitgeber mit Sitz im In- oder Ausland, die unter den Geltungsbereich eines für allgemeinverbindlich erklärten Tarifvertrages nach den §§ 4 bis 6 oder einer Rechtsverordnung nach § 7 fallen, sind verpflichtet, ihren Arbeitnehmern und Arbeitnehmerinnen mindestens die in dem Tarifvertrag für den Beschäftigungsort vorgeschriebenen Arbeitsbedingungen zu gewähren sowie einer gemeinsamen Einrichtung der Tarifvertragsparteien die ihr nach § 5 Nr. 3 zustehenden Beiträge zu leisten. Satz 1 gilt unabhängig davon, ob die entsprechende Verpflichtung kraft Tarifbindung nach § 3 des Tarifvertragsgesetzes oder kraft Allgemeinverbindlicherklärung nach § 5 des Tarifvertragsgesetzes oder aufgrund einer Rechtsverordnung nach § 7 besteht.

(2) Ein Tarifvertrag nach den §§ 4 bis 6, der durch Allgemeinverbindlicherklärung oder Rechtsverordnung nach § 7 auf nicht an ihn gebundene Arbeitgeber sowie Arbeitnehmer und Arbeitnehmerinnen erstreckt wird, ist von einem Arbeitgeber auch dann einzuhalten, wenn er nach § 3 des Tarifvertragsgesetzes oder kraft Allgemeinverbindlicherklärung nach § 5 des Tarifvertragsgesetzes an einen anderen Tarifvertrag gebunden ist.

(3) Wird ein Leiharbeitnehmer oder eine Leiharbeitnehmerin vom Entleiher mit Tätigkeiten beschäftigt, die in den Geltungsbereich eines für allgemeinverbindlich erklärten Tarifvertrages nach den §§ 4, 5 Nr. 1 bis 3 und § 6 oder einer Rechtsverordnung nach § 7 fallen, hat der Verleiher zumindest die in diesem Tarifvertrag oder in dieser Rechtsverordnung vorgeschriebenen Arbeitsbedingungen zu gewähren sowie die der gemeinsamen Einrichtung nach diesem Tarifvertrag zustehenden Beiträge zu leisten.

§ 9 Verzicht, Verwirkung

Ein Verzicht auf das Mindestentgelt nach § 8 ist nur durch gerichtlichen Vergleich zulässig. Die Verwirkung des Anspruchs der Arbeitnehmer und Arbeitnehmerinnen auf das

Mindestentgelt nach § 8 ist ausgeschlossen. Ausschlussfristen für die Geltendmachung des Anspruchs können ausschließlich in dem für allgemeinverbindlich erklärten Tarifvertrag nach den §§ 4 bis 6 oder dem der Rechtsverordnung nach § 7 zugrunde liegenden Tarifvertrag geregelt werden; die Frist muss mindestens sechs Monate betragen.

Abschnitt 4 Arbeitsbedingungen in der Pflegebranche

§ 10 Anwendungsbereich

Dieser Abschnitt findet Anwendung auf die Pflegebranche. Diese umfasst Betriebe und selbstständige Betriebsabteilungen, die überwiegend ambulante, teilstationäre oder stationäre Pflegeleistungen oder ambulante Krankenpflegeleistungen für Pflegebedürftige erbringen (Pflegebetriebe). Pflegebedürftig ist, wer wegen einer körperlichen, geistigen oder seelischen Krankheit oder Behinderung für die gewöhnlichen und regelmäßig wiederkehrenden Verrichtungen im Ablauf des täglichen Lebens vorübergehend oder auf Dauer der Hilfe bedarf. Keine Pflegebetriebe im Sinne des Satzes 2 sind Einrichtungen, in denen die Leistungen zur medizinischen Vorsorge, zur medizinischen Rehabilitation, zur Teilhabe am

Arbeitsleben oder am Leben in der Gemeinschaft, die schulische Ausbildung oder die Erziehung kranker oder behinderter Menschen im Vordergrund des Zweckes der Einrichtung stehen, sowie Krankenhäuser.

§ 11 Rechtsverordnung

(1) Das Bundesministerium für Arbeit und Soziales kann durch Rechtsverordnung ohne Zustimmung des Bundesrates bestimmen, dass die von einer nach § 12 errichteten Kommission vorgeschlagenen Arbeitsbedingungen nach § 5 Nr. 1 und 2 auf alle Arbeitgeber sowie Arbeitnehmer und Arbeitnehmerinnen, die unter den Geltungsbereich einer Empfehlung nach § 12 Abs. 4 fallen, Anwendung finden.

(2) Das Bundesministerium für Arbeit und Soziales hat bei seiner Entscheidung nach Absatz 1 neben den in § 1 genannten Gesetzeszielen die Sicherstellung der Qualität der Pflegeleistung sowie den Auftrag kirchlicher und sonstiger Träger der freien Wohlfahrtspflege nach § 11 Abs. 2 des Elften Buches Sozialgesetzbuch zu berücksichtigen.

(3) Vor Erlass einer Rechtsverordnung gibt das Bundesministerium für Arbeit und Soziales den in den Geltungsbereich der Rechtsverordnung fallenden Arbeitgebern und Arbeitnehmern und Arbeitnehmerinnen sowie den Parteien von Tarifverträgen, die zumindest teilweise in den fachlichen Geltungsbereich der Rechtsverordnung fallen, und paritätisch besetzten Kommissionen, die auf der Grundlage kirchlichen Rechts Arbeitsbedingungen für den Bereich kirchlicher Arbeitgeber in der Pflegebranche festlegen, Gelegenheit zur schriftlichen Stellungnahme innerhalb von drei Wochen ab dem Tag der Bekanntmachung des Entwurfs der Rechtsverordnung.

§ 12 Kommission

(1) Das Bundesministerium für Arbeit und Soziales errichtet eine Kommission zur Erarbeitung von Arbeitsbedingungen oder deren Änderung. Die Errichtung erfolgt im Einzelfall auf Antrag einer Tarifvertragspartei aus der Pflegebranche oder der Dienstgeberseite oder der Dienstnehmerseite von paritätisch besetzten Kommissionen, die auf der Grundlage kirchlichen Rechts Arbeitsbedingungen für den Bereich kirchlicher Arbeitgeber in der Pflegebranche festlegen.

(2) Die Kommission besteht aus acht Mitgliedern. Das Bundesministerium für Arbeit und Soziales benennt je zwei geeignete Personen sowie jeweils einen Stellvertreter aufgrund von Vorschlägen

1. der Gewerkschaften, die in der Pflegebranche tarifzuständig sind,
2. der Vereinigungen der Arbeitgeber in der Pflegebranche,
3. der Dienstnehmerseite der in Absatz 1 genannten paritätisch besetzten Kommissionen sowie
4. der Dienstgeberseite der in Absatz 1 genannten paritätisch besetzten Kommissionen.

(3) Die Sitzungen der Kommission werden von einem oder einer nicht stimmberechtigten Beauftragten des Bundesministeriums für Arbeit und Soziales geleitet. Die Kommission kann sich eine Geschäftsordnung geben.

(4) Die Kommission beschließt unter Berücksichtigung der in den §§ 1 und 11 Abs. 2 genannten Ziele Empfehlungen zur Festsetzung von Arbeitsbedingungen nach § 5 Nr. 1 und 2. Sie kann eine Ausschlussfrist empfehlen, die den Anforderungen des § 9 Satz 3 entspricht. Empfehlungen sind schriftlich zu begründen.

(5) Die Kommission ist beschlussfähig, wenn alle Mitglieder anwesend oder vertreten sind. Ein Beschluss der Kommission bedarf jeweils einer Mehrheit von drei Vierteln der Mitglieder

1. der Gruppe der Mitglieder nach Absatz 2 Nr. 1 und 2,
2. der Gruppe der Mitglieder nach Absatz 2 Nr. 3 und 4,
3. der Gruppe der Mitglieder nach Absatz 2 Nr. 1 und 3 sowie
4. der Gruppe der Mitglieder nach Absatz 2 Nr. 2 und 4.

(6) Mit Beschlussfassung über Empfehlungen nach Absatz 4 wird die Kommission aufgelöst.

§ 13 Rechtsfolgen

Eine Rechtsverordnung nach § 11 steht für die Anwendung der §§ 8 und 9 sowie der Abschnitte 5 und 6 einer Rechtsverordnung nach § 7 gleich.

Abschnitt 5 Zivilrechtliche Durchsetzung

§ 14 Haftung des Auftraggebers

Ein Unternehmer, der einen anderen Unternehmer mit der Erbringung von Werk- oder Dienstleistungen beauftragt, haftet für die Verpflichtungen dieses Unternehmers, eines Nachunternehmers oder eines von dem Unternehmer oder einem Nachunternehmer beauftragten Verleihers zur Zahlung des Mindestentgelts an Arbeitnehmer oder Arbeitnehmerinnen oder zur Zahlung von Beiträgen an eine gemeinsame Einrichtung der Tarifvertragsparteien nach § 8 wie ein Bürge, der auf die Einrede der Vorausklage verzichtet hat. Das Mindestentgelt im Sinne des Satzes 1 umfasst nur den Betrag, der nach Abzug der Steuern und der Beiträge zur Sozialversicherung und zur Arbeitsförderung oder entsprechender Aufwendungen zur sozialen Sicherung an Arbeitnehmer oder Arbeitnehmerinnen auszuzahlen ist (Nettoentgelt).

§ 15 Gerichtsstand

Arbeitnehmer und Arbeitnehmerinnen, die in den Geltungsbereich dieses Gesetzes entsandt sind oder waren, können eine auf den Zeitraum der Entsendung bezogene Klage auf Erfüllung der Verpflichtungen nach den §§ 2, 8 oder 14 auch vor einem deutschen Gericht für Arbeitssachen erheben. Diese Klagemöglichkeit besteht auch für eine gemeinsame Einrichtung der Tarifvertragsparteien nach § 5 Nr. 3 in Bezug auf die ihr zustehenden Beiträge.

Abschnitt 6 Kontrolle und Durchsetzung durch staatliche Behörden

§ 16 Zuständigkeit

Für die Prüfung der Einhaltung der Pflichten eines Arbeitgebers nach § 8 sind die Behörden der Zollverwaltung zuständig.

§ 17 Befugnisse der Behörden der Zollverwaltung und anderer Behörden

Die §§ 2 bis 6, 14, 15, 20, 22 und 23 des Schwarzarbeitsbekämpfungsgesetzes sind entsprechend anzuwenden mit der Maßgabe, dass

1. die dort genannten Behörden auch Einsicht in Arbeitsverträge, Niederschriften nach § 2 des Nachweisgesetzes und andere Geschäftsunterlagen nehmen können, die mittelbar oder unmittelbar Auskunft über die Einhaltung der Arbeitsbedingungen nach § 8 geben, und
2. die nach § 5 Abs. 1 des Schwarzarbeitsbekämpfungsgesetzes zur Mitwirkung Verpflichteten diese Unterlagen vorzulegen haben.

Die §§ 16 bis 19 des Schwarzarbeitsbekämpfungsgesetzes finden Anwendung. § 6 Abs. 3 des Schwarzarbeitsbekämpfungsgesetzes findet entsprechende Anwendung. Für die Datenverarbeitung, die dem in § 16 genannten Zweck oder der Zusammenarbeit mit den Behörden des Europäischen Wirtschaftsraums nach § 20 Abs. 2 dient, findet § 67 Abs. 2 Nr. 4 des Zehnten Buches Sozialgesetzbuch keine Anwendung.

§ 18 Meldepflicht

(1) Soweit die Rechtsnormen eines für allgemeinverbindlich erklärten Tarifvertrages nach den §§ 4, 5 Nr. 1 bis 3 und § 6 oder einer Rechtsverordnung nach § 7 auf das Arbeitsverhältnis Anwendung finden, ist ein Arbeitgeber mit Sitz im Ausland, der einen Arbeitnehmer oder eine Arbeitnehmerin oder mehrere Arbeitnehmer oder Arbeitnehmerinnen innerhalb des Geltungsbereichs dieses Gesetzes beschäftigt, verpflichtet, vor Beginn jeder Werk- oder Dienstleistung eine schriftliche Anmeldung in deutscher Sprache bei der zuständigen Behörde der Zollverwaltung vorzulegen, die die für die Prüfung wesentlichen Angaben enthält. Wesentlich sind die Angaben über

1. Familienname, Vornamen und Geburtsdatum der von ihm im Geltungsbereich dieses Gesetzes beschäftigten Arbeitnehmer und Arbeitnehmerinnen,
2. Beginn und voraussichtliche Dauer der Beschäftigung,
3. Ort der Beschäftigung, bei Bauleistungen die Baustelle,
4. Ort im Inland, an dem die nach § 19 erforderlichen Unterlagen bereitgehalten werden,
5. Familienname, Vornamen, Geburtsdatum und Anschrift in Deutschland des oder der verantwortlich Handelnden,
6. Branche, in die die Arbeitnehmer und Arbeitnehmerinnen entsandt werden sollen, und
7. Familienname, Vornamen und Anschrift in Deutschland eines oder einer Zustellungsbevollmächtigten, soweit dieser oder diese nicht mit dem oder der in Nummer 5 genannten verantwortlich Handelnden identisch ist.

Änderungen bezüglich dieser Angaben hat der Arbeitgeber im Sinne des Satzes 1 unverzüglich zu melden.

(2) Der Arbeitgeber hat der Anmeldung eine Versicherung beizufügen, dass er seine Verpflichtungen nach § 8 einhält.

(3) Überlässt ein Verleiher mit Sitz im Ausland einen Arbeitnehmer oder eine Arbeitnehmerin oder mehrere Arbeitnehmer oder Arbeitnehmerinnen zur Arbeitsleistung einem Entleiher, hat der Entleiher unter den Voraussetzungen des Absatzes 1 Satz 1 vor Beginn jeder Werk- oder Dienstleistung der zuständigen Behörde der Zollverwaltung eine schriftliche Anmeldung in deutscher Sprache mit folgenden Angaben zuzuleiten:

1. Familienname, Vornamen und Geburtsdatum der überlassenen Arbeitnehmer und Arbeitnehmerinnen,
2. Beginn und Dauer der Überlassung,
3. Ort der Beschäftigung, bei Bauleistungen die Baustelle,
4. Ort im Inland, an dem die nach § 19 erforderlichen Unterlagen bereitgehalten werden,
5. Familienname, Vornamen und Anschrift in Deutschland eines oder einer Zustellungsbevollmächtigten des Verleihers,
6. Branche, in die die Arbeitnehmer und Arbeitnehmerinnen entsandt werden sollen, und
7. Familienname, Vornamen oder Firma sowie Anschrift des Verleihers. Absatz 1 Satz 3 gilt entsprechend.

(4) Der Entleiher hat der Anmeldung eine Versicherung des Verleihers beizufügen, dass dieser seine Verpflichtungen nach § 8 einhält.

(5) Das Bundesministerium der Finanzen kann durch Rechtsverordnung im Einvernehmen mit dem Bundesministerium für Arbeit und Soziales ohne Zustimmung des Bundesrates bestimmen,

1. dass, auf welche Weise und unter welchen technischen und organisatorischen Voraussetzungen eine Anmeldung, Änderungsmeldung und Versicherung abweichend von Absatz 1 Satz 1 und 3, Absatz 2 und 3 Satz 1 und 2 und Absatz 4 elektronisch übermittelt werden kann,
2. unter welchen Voraussetzungen eine Änderungsmeldung ausnahmsweise entfallen kann, und
3. wie das Meldeverfahren vereinfacht oder abgewandelt werden kann, sofern die entsandten Arbeitnehmer und Arbeitnehmerinnen im Rahmen einer regelmäßig wiederkehrenden Werk- oder Dienstleistung eingesetzt werden oder sonstige Besonderheiten der zu erbringenden Werk- oder Dienstleistungen dies erfordern.

(6) Das Bundesministerium der Finanzen kann durch Rechtsverordnung ohne Zustimmung des Bundesrates die zuständige Behörde nach Absatz 1 Satz 1 und Absatz 3 Satz 1 bestimmen.

§ 19 Erstellen und Bereithalten von Dokumenten

(1) Soweit die Rechtsnormen eines für allgemeinverbindlich erklärten Tarifvertrages nach den §§ 4, 5 Nr. 1 bis 3 und § 6 oder einer entsprechenden Rechtsverordnung nach § 7 über die Zahlung eines Mindestentgelts oder die Einziehung von Beiträgen und die Gewährung von Leistungen im Zusammenhang mit Urlaubsansprüchen auf das Arbeitsverhältnis Anwendung finden, ist der Arbeitgeber verpflichtet, Beginn, Ende und Dauer der täglichen Arbeitszeit der Arbeitnehmer und Arbeitnehmerinnen aufzuzeichnen und diese Aufzeichnungen mindestens zwei Jahre aufzubewahren. Satz 1 gilt entsprechend für einen Entleiher, dem ein Verleiher einen Arbeitnehmer oder eine Arbeitnehmerin oder mehrere Arbeitnehmer oder Arbeitnehmerinnen zur Arbeitsleistung überlässt.

(2) Jeder Arbeitgeber ist verpflichtet, die für die Kontrolle der Einhaltung eines für allgemeinverbindlich erklärten Tarifvertrages nach den §§ 4, 5 Nr. 1 bis 3 und § 6 oder einer Rechtsverordnung nach § 7 erforderlichen Unterlagen im Inland für die gesamte Dauer der tatsächlichen Beschäftigung der Arbeitnehmer und Arbeitnehmerinnen im Geltungsbereich dieses Gesetzes, mindestens für die Dauer der gesamten Werk- oder Dienstleistung, insgesamt jedoch nicht länger als zwei Jahre in deutscher Sprache bereitzuhalten. Auf Verlangen der Prüfbehörde sind die Unterlagen auch am Ort der Beschäftigung bereitzuhalten, bei Bauleistungen auf der Baustelle.

§ 20 Zusammenarbeit der in- und ausländischen Behörden

(1) Die Behörden der Zollverwaltung unterrichten die zuständigen Finanzämter über Meldungen nach § 18 Abs. 1 und 3.

(2) Die Behörden der Zollverwaltung und die übrigen in § 2 des Schwarzarbeitsbekämpfungsgesetzes genannten Behörden dürfen nach Maßgabe der datenschutzrechtlichen Vorschriften auch mit Behörden anderer Vertragsstaaten des Abkommens über den Europäischen Wirtschaftsraum zusammenarbeiten, die diesem Gesetz entsprechende Aufgaben durchführen oder für die Bekämpfung illegaler Beschäftigung zuständig sind oder Auskünfte geben können, ob ein Arbeitgeber seine Verpflichtungen nach § 8 erfüllt. Die Regelungen über die internationale Rechtshilfe in Strafsachen bleiben hiervon unberührt.

(3) Die Behörden der Zollverwaltung unterrichten das Gewerbezentralregister über rechtskräftige Bußgeldentscheidungen nach § 23 Abs. 1 bis 3, sofern die Geldbuße mehr als zweihundert Euro beträgt.

(4) Gerichte und Staatsanwaltschaften sollen den nach diesem Gesetz zuständigen Behörden Erkenntnisse übermitteln, die aus ihrer Sicht zur Verfolgung von Ordnungswidrigkeiten nach § 23 Abs. 1 und 2 erforderlich sind, soweit dadurch nicht überwiegende schutzwürdige Interessen des Betroffenen oder anderer Verfahrensbeteiligter erkennbar beeinträchtigt werden. Dabei ist zu berücksichtigen, wie gesichert die zu übermittelnden Erkenntnisse sind.

§ 21 Ausschluss von der Vergabe öffentlicher Aufträge

(1) Von der Teilnahme an einem Wettbewerb um einen Liefer-, Bau- oder Dienstleistungs-auftrag der in § 98 des Gesetzes gegen Wettbewerbsbeschränkungen genannten Auftragge-ber sollen Bewerber oder Bewerberinnen für eine angemessene Zeit bis zur nachgewiese-nen Wiederherstellung ihrer Zuverlässigkeit ausgeschlossen werden, die wegen eines Ver-stoßes nach § 23 mit einer Geldbuße von wenigstens zweitausendfünfhundert Euro belegt worden sind. Das Gleiche gilt auch schon vor Durchführung eines Bußgeldverfahrens, wenn im Einzelfall angesichts der Beweislage kein vernünftiger Zweifel an einer schwer-wiegenden Verfehlung im Sinne des Satzes 1 besteht.

(2) Die für die Verfolgung oder Ahndung der Ordnungswidrigkeiten nach § 23 zuständigen Behörden dürfen öffentlichen Auftraggebern nach § 98 Nr. 1 bis 3 und 5 des Gesetzes ge-gen Wettbewerbsbeschränkungen und solchen Stellen, die von öffentlichen Auftraggebern zugelassene Präqualifikationsverzeichnisse oder Unternehmer- und Lieferantenverzeichnis-se führen, auf Verlangen die erforderlichen Auskünfte geben.

(3) Öffentliche Auftraggeber nach Absatz 2 fordern im Rahmen ihrer Tätigkeit beim Ge-werbezentralregister Auskünfte über rechtskräftige Bußgeldentscheidungen wegen einer Ordnungswidrigkeit nach § 23 Abs. 1 oder 2 an oder verlangen von Bewerbern oder Be-werberinnen eine Erklärung, dass die Voraussetzungen für einen Ausschluss nach Absatz 1 nicht vorliegen. Im Falle einer Erklärung des Bewerbers oder der Bewerberin können öf-fentliche Auftraggeber nach Absatz 2 jederzeit zusätzlich Auskünfte des Gewerbezentralre-gisters nach § 150a der Gewerbeordnung anfordern.

(4) Bei Aufträgen ab einer Höhe von 30 000 Euro fordert der öffentliche Auftraggeber nach Absatz 2 für den Bewerber oder die Bewerberin, der oder die den Zuschlag erhalten soll, vor der Zuschlagserteilung eine Auskunft aus dem Gewerbezentralregister nach § 150a der Gewerbeordnung an.

(5) Vor der Entscheidung über den Ausschluss ist der Bewerber oder die Bewerberin zu hören.

§ 22 Zustellung

Für die Anwendung dieses Gesetzes gilt der im Inland gelegene Ort der Werk- oder Dienst-leistung sowie das vom Arbeitgeber eingesetzte Fahrzeug als Geschäftsraum im Sinne des § 5 Abs. 2 des Verwaltungszustellungsgesetzes in Verbindung mit § 178 Abs. 1 Nr. 2 der Zivilprozessordnung.

§ 23 Bußgeldvorschriften

(1) Ordnungswidrig handelt, wer vorsätzlich oder fahrlässig

1. entgegen § 8 Abs. 1 Satz 1 oder Abs. 3, jeweils in Verbindung mit einem Tarifvertrag nach den §§ 4 bis 6, der nach § 5 des Tarifvertragsgesetzes für allgemeinverbindlich

erklärt oder durch Rechtsverordnung nach § 7 Abs. 1 erstreckt worden ist, eine dort genannte Arbeitsbedingung nicht gewährt oder einen Beitrag nicht leistet,

2. entgegen § 17 Satz 1 in Verbindung mit § 5 Abs. 1 Satz 1 des Schwarzarbeitsbekämpfungsgesetzes eine Prüfung nicht duldet oder bei einer Prüfung nicht mitwirkt,

3. entgegen § 17 Satz 1 in Verbindung mit § 5 Abs. 1 Satz 2 des Schwarzarbeitsbekämpfungsgesetzes das Betreten eines Grundstücks oder Geschäftsraums nicht duldet,

4. entgegen § 17 Satz 1 in Verbindung mit § 5 Abs. 3 Satz 1 des Schwarzarbeitsbekämpfungsgesetzes Daten nicht, nicht richtig, nicht vollständig, nicht in der vorgeschriebenen Weise oder nicht rechtzeitig übermittelt,

5. entgegen § 18 Abs. 1 Satz 1 oder Abs. 3 Satz 1 eine Anmeldung nicht, nicht richtig, nicht vollständig, nicht in der vorgeschriebenen Weise oder nicht rechtzeitig vorlegt oder nicht, nicht richtig, nicht vollständig, nicht in der vorgeschriebenen Weise oder nicht rechtzeitig zuleitet,

6. entgegen § 18 Abs. 1 Satz 3, auch in Verbindung mit Absatz 3 Satz 2, eine Änderungsmeldung nicht, nicht richtig, nicht vollständig, nicht in der vorgeschriebenen Weise oder nicht rechtzeitig macht,

7. entgegen § 18 Abs. 2 oder 4 eine Versicherung nicht beifügt,

8. entgegen § 19 Abs. 1 eine Aufzeichnung nicht, nicht richtig oder nicht vollständig erstellt oder nicht mindestens zwei Jahre aufbewahrt oder

9. entgegen § 19 Abs. 2 eine Unterlage nicht, nicht richtig, nicht vollständig oder nicht in der vorgeschriebenen Weise bereithält.

(2) Ordnungswidrig handelt, wer Werk- oder Dienstleistungen in erheblichem Umfang ausführen lässt, indem er als Unternehmer einen anderen Unternehmer beauftragt, von dem er weiß oder fahrlässig nicht weiß, dass dieser bei der Erfüllung dieses Auftrags

1. entgegen § 8 Abs. 1 Satz 1 oder Abs. 3, jeweils in Verbindung mit einem Tarifvertrag nach den §§ 4 bis 6, der nach § 5 des Tarifvertragsgesetzes für allgemeinverbindlich erklärt oder durch Rechtsverordnung nach § 7 Abs. 1 erstreckt worden ist, eine dort genannte Arbeitsbedingung nicht gewährt oder einen Beitrag nicht leistet oder

2. einen Nachunternehmer einsetzt oder zulässt, dass ein Nachunternehmer tätig wird, der entgegen § 8 Abs. 1 Satz 1 oder Abs. 3, jeweils in Verbindung mit einem Tarifvertrag nach den §§ 4 bis 6, der nach § 5 des Tarifvertragsgesetzes für allgemeinverbindlich erklärt oder durch Rechtsverordnung nach § 7 Abs. 1 erstreckt worden ist, eine dort genannte Arbeitsbedingung nicht gewährt oder einen Beitrag nicht leistet.

(3) Die Ordnungswidrigkeit kann in den Fällen des Absatzes 1 Nr. 1 und des Absatzes 2 mit einer Geldbuße bis zu fünfhunderttausend Euro, in den übrigen Fällen mit einer Geldbuße bis zu dreißigtausend Euro geahndet werden.

(4) Verwaltungsbehörden im Sinne des § 36 Abs. 1 Nr. 1 des Gesetzes über Ordnungswidrigkeiten sind die in § 16 genannten Behörden jeweils für ihren Geschäftsbereich.

(5) Die Geldbußen fließen in die Kasse der Verwaltungsbehörde, die den Bußgeldbescheid erlassen hat. Für die Vollstreckung zugunsten der Behörden des Bundes und der unmittel-

baren Körperschaften und Anstalten des öffentlichen Rechts sowie für die Vollziehung des dinglichen Arrestes nach § 111d der Strafprozessordnung in Verbindung mit § 46 des Gesetzes über Ordnungswidrigkeiten durch die in § 16 genannten Behörden gilt das Verwaltungs-Vollstreckungsgesetz. Die nach Satz 1 zuständige Kasse trägt abweichend von § 105 Abs. 2 des Gesetzes über Ordnungswidrigkeiten die notwendigen Auslagen; sie ist auch ersatzpflichtig im Sinne des § 110 Abs. 4 des Gesetzes über Ordnungswidrigkeiten.

Abschnitt 7 Schlussvorschriften

§ 24 Evaluation

Die nach § 7 festgesetzten Mindestentgeltsätze sind im Hinblick auf ihre Beschäftigungswirkungen, insbesondere auf sozialversicherungspflichtige Beschäftigung sowie die Schaffung angemessener Mindestarbeitsbedingungen, fünf Jahre nach Inkrafttreten des Gesetzes zu überprüfen.

§ 25 Inkrafttreten, Außerkrafttreten

Dieses Gesetz tritt am Tag nach der Verkündung in Kraft.

Gesetz über die Durchführung von Maßnahmen des Arbeitsschutzes zur Verbesserung der Sicherheit und des Gesundheitsschutzes der Beschäftigten bei der Arbeit (Arbeitsschutzgesetz - ArbSchG)

Ausfertigungsdatum: 07.08.1996, Stand: Zuletzt geändert durch Art. 15 Abs. 89 G v. 5.2.2009 I 160

Erster Abschnitt Allgemeine Vorschriften

§ 1 Zielsetzung und Anwendungsbereich

(1) Dieses Gesetz dient dazu, Sicherheit und Gesundheitsschutz der Beschäftigten bei der Arbeit durch Maßnahmen des Arbeitsschutzes zu sichern und zu verbessern. Es gilt in allen Tätigkeitsbereichen und findet im Rahmen der Vorgaben des Seerechtsübereinkommens der Vereinten Nationen vom 10. Dezember 1982 (BGBl. 1994 II S. 1799) auch in der ausschließlichen Wirtschaftszone Anwendung.

(2) Dieses Gesetz gilt nicht für den Arbeitsschutz von Hausangestellten in privaten Haushalten. Es gilt nicht für den Arbeitsschutz von Beschäftigten auf Seeschiffen und in Betrieben, die dem Bundesberggesetz unterliegen, soweit dafür entsprechende Rechtsvorschriften bestehen.

(3) Pflichten, die die Arbeitgeber zur Gewährleistung von Sicherheit und Gesundheitsschutz der Beschäftigten bei der Arbeit nach sonstigen Rechtsvorschriften haben, bleiben unberührt. Satz 1 gilt entsprechend für Pflichten und Rechte der Beschäftigten. Unberührt bleiben Gesetze, die andere Personen als Arbeitgeber zu Maßnahmen des Arbeitsschutzes verpflichten.

(4) Bei öffentlich-rechtlichen Religionsgemeinschaften treten an die Stelle der Betriebs- oder Personalräte die Mitarbeitervertretungen entsprechend dem kirchlichen Recht.

§ 2 Begriffsbestimmungen

(1) Maßnahmen des Arbeitsschutzes im Sinne dieses Gesetzes sind Maßnahmen zur Verhütung von Unfällen bei der Arbeit und arbeitsbedingten Gesundheitsgefahren einschließlich Maßnahmen der menschengerechten Gestaltung der Arbeit.

(2) Beschäftigte im Sinne dieses Gesetzes sind:

1. Arbeitnehmerinnen und Arbeitnehmer,
2. die zu ihrer Berufsbildung Beschäftigten,
3. arbeitnehmerähnliche Personen im Sinne des § 5 Abs. 1 des Arbeitsgerichtsgesetzes, ausgenommen die in Heimarbeit Beschäftigten und die ihnen Gleichgestellten,
4. Beamtinnen und Beamte,
5. Richterinnen und Richter,
6. Soldatinnen und Soldaten,

7. die in Werkstätten für Behinderte Beschäftigten.

(3) Arbeitgeber im Sinne dieses Gesetzes sind natürliche und juristische Personen und rechtsfähige Personengesellschaften, die Personen nach Absatz 2 beschäftigen.

(4) Sonstige Rechtsvorschriften im Sinne dieses Gesetzes sind Regelungen über Maßnahmen des Arbeitsschutzes in anderen Gesetzen, in Rechtsverordnungen und Unfallverhütungsvorschriften.

(5) Als Betriebe im Sinne dieses Gesetzes gelten für den Bereich des öffentlichen Dienstes die Dienststellen. Dienststellen sind die einzelnen Behörden, Verwaltungsstellen und Betriebe der Verwaltungen des Bundes, der Länder, der Gemeinden und der sonstigen Körperschaften, Anstalten und Stiftungen des öffentlichen Rechts, die Gerichte des Bundes und der Länder sowie die entsprechenden Einrichtungen der Streitkräfte.

Zweiter Abschnitt Pflichten des Arbeitgebers

§ 3 Grundpflichten des Arbeitgebers

(1) Der Arbeitgeber ist verpflichtet, die erforderlichen Maßnahmen des Arbeitsschutzes unter Berücksichtigung der Umstände zu treffen, die Sicherheit und Gesundheit der Beschäftigten bei der Arbeit beeinflussen. Er hat die Maßnahmen auf ihre Wirksamkeit zu überprüfen und erforderlichenfalls sich ändernden Gegebenheiten anzupassen. Dabei hat er eine Verbesserung von Sicherheit und Gesundheitsschutz der Beschäftigten anzustreben.

(2) Zur Planung und Durchführung der Maßnahmen nach Absatz 1 hat der Arbeitgeber unter Berücksichtigung der Art der Tätigkeiten und der Zahl der Beschäftigten

1. für eine geeignete Organisation zu sorgen und die erforderlichen Mittel bereitzustellen sowie
2. Vorkehrungen zu treffen, daß die Maßnahmen erforderlichenfalls bei allen Tätigkeiten und eingebunden in die betrieblichen Führungsstrukturen beachtet werden und die Beschäftigten ihren Mitwirkungspflichten nachkommen können.

(3) Kosten für Maßnahmen nach diesem Gesetz darf der Arbeitgeber nicht den Beschäftigten auferlegen.

§ 4 Allgemeine Grundsätze

Der Arbeitgeber hat bei Maßnahmen des Arbeitsschutzes von folgenden allgemeinen Grundsätzen auszugehen:

1. Die Arbeit ist so zu gestalten, daß eine Gefährdung für Leben und Gesundheit möglichst vermieden und die verbleibende Gefährdung möglichst gering gehalten wird;
2. Gefahren sind an ihrer Quelle zu bekämpfen;
3. bei den Maßnahmen sind der Stand von Technik, Arbeitsmedizin und Hygiene sowie sonstige gesicherte arbeitswissenschaftliche Erkenntnisse zu berücksichtigen;

4. Maßnahmen sind mit dem Ziel zu planen, Technik, Arbeitsorganisation, sonstige Arbeitsbedingungen, soziale Beziehungen und Einfluß der Umwelt auf den Arbeitsplatz sachgerecht zu verknüpfen;
5. individuelle Schutzmaßnahmen sind nachrangig zu anderen Maßnahmen;
6. spezielle Gefahren für besonders schutzbedürftige Beschäftigtengruppen sind zu berücksichtigen;
7. den Beschäftigten sind geeignete Anweisungen zu erteilen;
8. mittelbar oder unmittelbar geschlechtsspezifisch wirkende Regelungen sind nur zulässig, wenn dies aus biologischen Gründen zwingend geboten ist.

§ 5 Beurteilung der Arbeitsbedingungen

(1) Der Arbeitgeber hat durch eine Beurteilung der für die Beschäftigten mit ihrer Arbeit verbundenen Gefährdung zu ermitteln, welche Maßnahmen des Arbeitsschutzes erforderlich sind.

(2) Der Arbeitgeber hat die Beurteilung je nach Art der Tätigkeiten vorzunehmen. Bei gleichartigen Arbeitsbedingungen ist die Beurteilung eines Arbeitsplatzes oder einer Tätigkeit ausreichend.

(3) Eine Gefährdung kann sich insbesondere ergeben durch

1. die Gestaltung und die Einrichtung der Arbeitsstätte und des Arbeitsplatzes,
2. physikalische, chemische und biologische Einwirkungen,
3. die Gestaltung, die Auswahl und den Einsatz von Arbeitsmitteln, insbesondere von Arbeitsstoffen, Maschinen, Geräten und Anlagen sowie den Umgang damit,
4. die Gestaltung von Arbeits- und Fertigungsverfahren, Arbeitsabläufen und Arbeitszeit und deren Zusammenwirken,
5. unzureichende Qualifikation und Unterweisung der Beschäftigten.

§ 6 Dokumentation

(1) Der Arbeitgeber muß über die je nach Art der Tätigkeiten und der Zahl der Beschäftigten erforderlichen Unterlagen verfügen, aus denen das Ergebnis der Gefährdungsbeurteilung, die von ihm festgelegten Maßnahmen des Arbeitsschutzes und das Ergebnis ihrer Überprüfung ersichtlich sind. Bei gleichartiger Gefährdungssituation ist es ausreichend, wenn die Unterlagen zusammengefaßte Angaben enthalten. Soweit in sonstigen Rechtsvorschriften nichts anderes bestimmt ist, gilt Satz 1 nicht für Arbeitgeber mit zehn oder weniger Beschäftigten; die zuständige Behörde kann, wenn besondere Gefährdungssituationen gegeben sind, anordnen, daß Unterlagen verfügbar sein müssen. Bei der Feststellung der Zahl der Beschäftigten nach Satz 3 sind Teilzeitbeschäftigte mit einer regelmäßigen wöchentlichen Arbeitszeit von nicht mehr als 20 Stunden mit 0,5 und nicht mehr als 30 Stunden mit 0,75 zu berücksichtigen.

(2) Unfälle in seinem Betrieb, bei denen ein Beschäftigter getötet oder so verletzt wird, daß er stirbt oder für mehr als drei Tage völlig oder teilweise arbeits- oder dienstunfähig wird, hat der Arbeitgeber zu erfassen.

§ 7 Übertragung von Aufgaben

Bei der Übertragung von Aufgaben auf Beschäftigte hat der Arbeitgeber je nach Art der Tätigkeiten zu berücksichtigen, ob die Beschäftigten befähigt sind, die für die Sicherheit und den Gesundheitsschutz bei der Aufgabenerfüllung zu beachtenden Bestimmungen und Maßnahmen einzuhalten.

§ 8 Zusammenarbeit mehrerer Arbeitgeber

(1) Werden Beschäftigte mehrerer Arbeitgeber an einem Arbeitsplatz tätig, sind die Arbeitgeber verpflichtet, bei der Durchführung der Sicherheits- und Gesundheitsschutzbestimmungen zusammenzuarbeiten. Soweit dies für die Sicherheit und den Gesundheitsschutz der Beschäftigten bei der Arbeit erforderlich ist, haben die Arbeitgeber je nach Art der Tätigkeiten insbesondere sich gegenseitig und ihre Beschäftigten über die mit den Arbeiten verbundenen Gefahren für Sicherheit und Gesundheit der Beschäftigten zu unterrichten und Maßnahmen zur Verhütung dieser Gefahren abzustimmen.

(2) Der Arbeitgeber muß sich je nach Art der Tätigkeit vergewissern, daß die Beschäftigten anderer Arbeitgeber, die in seinem Betrieb tätig werden, hinsichtlich der Gefahren für ihre Sicherheit und Gesundheit während ihrer Tätigkeit in seinem Betrieb angemessene Anweisungen erhalten haben.

§ 9 Besondere Gefahren

(1) Der Arbeitgeber hat Maßnahmen zu treffen, damit nur Beschäftigte Zugang zu besonders gefährlichen Arbeitsbereichen haben, die zuvor geeignete Anweisungen erhalten haben.

(2) Der Arbeitgeber hat Vorkehrungen zu treffen, daß alle Beschäftigten, die einer unmittelbaren erheblichen Gefahr ausgesetzt sind oder sein können, möglichst frühzeitig über diese Gefahr und die getroffenen oder zu treffenden Schutzmaßnahmen unterrichtet sind. Bei unmittelbarer erheblicher Gefahr für die eigene Sicherheit oder die Sicherheit anderer Personen müssen die Beschäftigten die geeigneten Maßnahmen zur Gefahrenabwehr und Schadensbegrenzung selbst treffen können, wenn der zuständige Vorgesetzte nicht erreichbar ist; dabei sind die Kenntnisse der Beschäftigten und die vorhandenen technischen Mittel zu berücksichtigen. Den Beschäftigten dürfen aus ihrem Handeln keine Nachteile entstehen, es sei denn, sie haben vorsätzlich oder grob fahrlässig ungeeignete Maßnahmen getroffen.

(3) Der Arbeitgeber hat Maßnahmen zu treffen, die es den Beschäftigten bei unmittelbarer erheblicher Gefahr ermöglichen, sich durch sofortiges Verlassen der Arbeitsplätze in Sicherheit zu bringen. Den Beschäftigten dürfen hierdurch keine Nachteile entstehen. Hält die unmittelbare erhebliche Gefahr an, darf der Arbeitgeber die Beschäftigten nur in besonders

begründeten Ausnahmefällen auffordern, ihre Tätigkeit wieder aufzunehmen. Gesetzliche Pflichten der Beschäftigten zur Abwehr von Gefahren für die öffentliche Sicherheit sowie die §§ 7 und 11 des Soldatengesetzes bleiben unberührt.

§ 10 Erste Hilfe und sonstige Notfallmaßnahmen

(1) Der Arbeitgeber hat entsprechend der Art der Arbeitsstätte und der Tätigkeiten sowie der Zahl der Beschäftigten die Maßnahmen zu treffen, die zur Ersten Hilfe, Brandbekämpfung und Evakuierung der Beschäftigten erforderlich sind. Dabei hat er der Anwesenheit anderer Personen Rechnung zu tragen. Er hat auch dafür zu sorgen, daß im Notfall die erforderlichen Verbindungen zu außerbetrieblichen Stellen, insbesondere in den Bereichen der Ersten Hilfe, der medizinischen Notversorgung, der Bergung und der Brandbekämpfung eingerichtet sind.

(2) Der Arbeitgeber hat diejenigen Beschäftigten zu benennen, die Aufgaben der Ersten Hilfe, Brandbekämpfung und Evakuierung der Beschäftigten übernehmen. Anzahl, Ausbildung und Ausrüstung der nach Satz 1 benannten Beschäftigten müssen in einem angemessenen Verhältnis zur Zahl der Beschäftigten und zu den bestehenden besonderen Gefahren stehen. Vor der Benennung hat der Arbeitgeber den Betriebs- oder Personalrat zu hören. Weitergehende Beteiligungsrechte bleiben unberührt. Der Arbeitgeber kann die in Satz 1 genannten Aufgaben auch selbst wahrnehmen, wenn er über die nach Satz 2 erforderliche Ausbildung und Ausrüstung verfügt.

§ 11 Arbeitsmedizinische Vorsorge

Der Arbeitgeber hat den Beschäftigten auf ihren Wunsch unbeschadet der Pflichten aus anderen Rechtsvorschriften zu ermöglichen, sich je nach den Gefahren für ihre Sicherheit und Gesundheit bei der Arbeit regelmäßig arbeitsmedizinisch untersuchen zu lassen, es sei denn, auf Grund der Beurteilung der Arbeitsbedingungen und der getroffenen Schutzmaßnahmen ist nicht mit einem Gesundheitsschaden zu rechnen.

§ 12 Unterweisung

(1) Der Arbeitgeber hat die Beschäftigten über Sicherheit und Gesundheitsschutz bei der Arbeit während ihrer Arbeitszeit ausreichend und angemessen zu unterweisen. Die Unterweisung umfaßt Anweisungen und Erläuterungen, die eigens auf den Arbeitsplatz oder den Aufgabenbereich der Beschäftigten ausgerichtet sind. Die Unterweisung muß bei der Einstellung, bei Veränderungen im Aufgabenbereich, der Einführung neuer Arbeitsmittel oder einer neuen Technologie vor Aufnahme der Tätigkeit der Beschäftigten erfolgen. Die Unterweisung muß an die Gefährdungsentwicklung angepaßt sein und erforderlichenfalls regelmäßig wiederholt werden.

(2) Bei einer Arbeitnehmerüberlassung trifft die Pflicht zur Unterweisung nach Absatz 1 den Entleiher. Er hat die Unterweisung unter Berücksichtigung der Qualifikation und der Erfahrung der Personen, die ihm zur Arbeitsleistung überlassen werden, vorzunehmen. Die sonstigen Arbeitsschutzpflichten des Verleihers bleiben unberührt.

§ 13 Verantwortliche Personen

(1) Verantwortlich für die Erfüllung der sich aus diesem Abschnitt ergebenden Pflichten sind neben dem Arbeitgeber

1. sein gesetzlicher Vertreter,
2. das vertretungsberechtigte Organ einer juristischen Person,
3. der vertretungsberechtigte Gesellschafter einer Personenhandelsgesellschaft,
4. Personen, die mit der Leitung eines Unternehmens oder eines Betriebes beauftragt sind, im Rahmen der ihnen übertragenen Aufgaben und Befugnisse,
5. sonstige nach Absatz 2 oder nach einer auf Grund dieses Gesetzes erlassenen Rechtsverordnung oder nach einer Unfallverhütungsvorschrift beauftragte Personen im Rahmen ihrer Aufgaben und Befugnisse.

(2) Der Arbeitgeber kann zuverlässige und fachkundige Personen schriftlich damit beauftragen, ihm obliegende Aufgaben nach diesem Gesetz in eigener Verantwortung wahrzunehmen.

§ 14 Unterrichtung und Anhörung der Beschäftigten des öffentlichen Dienstes

(1) Die Beschäftigten des öffentlichen Dienstes sind vor Beginn der Beschäftigung und bei Veränderungen in ihren Arbeitsbereichen über Gefahren für Sicherheit und Gesundheit, denen sie bei der Arbeit ausgesetzt sein können, sowie über die Maßnahmen und Einrichtungen zur Verhütung dieser Gefahren und die nach § 10 Abs. 2 getroffenen Maßnahmen zu unterrichten.

(2) Soweit in Betrieben des öffentlichen Dienstes keine Vertretung der Beschäftigten besteht, hat der Arbeitgeber die Beschäftigten zu allen Maßnahmen zu hören, die Auswirkungen auf Sicherheit und Gesundheit der Beschäftigten haben können.

Dritter Abschnitt Pflichten und Rechte der Beschäftigten

§ 15 Pflichten der Beschäftigten

(1) Die Beschäftigten sind verpflichtet, nach ihren Möglichkeiten sowie gemäß der Unterweisung und Weisung des Arbeitgebers für ihre Sicherheit und Gesundheit bei der Arbeit Sorge zu tragen. Entsprechend Satz 1 haben die Beschäftigten auch für die Sicherheit und Gesundheit der Personen zu sorgen, die von ihren Handlungen oder Unterlassungen bei der Arbeit betroffen sind.

(2) Im Rahmen des Absatzes 1 haben die Beschäftigten insbesondere Maschinen, Geräte, Werkzeuge, Arbeitsstoffe, Transportmittel und sonstige Arbeitsmittel sowie Schutzvorrichtungen und die ihnen zur Verfügung gestellte persönliche Schutzausrüstung bestimmungsgemäß zu verwenden.

§ 16 Besondere Unterstützungspflichten

(1) Die Beschäftigten haben dem Arbeitgeber oder dem zuständigen Vorgesetzten jede von ihnen festgestellte unmittelbare erhebliche Gefahr für die Sicherheit und Gesundheit sowie jeden an den Schutzsystemen festgestellten Defekt unverzüglich zu melden.

(2) Die Beschäftigten haben gemeinsam mit dem Betriebsarzt und der Fachkraft für Arbeitssicherheit den Arbeitgeber darin zu unterstützen, die Sicherheit und den Gesundheitsschutz der Beschäftigten bei der Arbeit zu gewährleisten und seine Pflichten entsprechend den behördlichen Auflagen zu erfüllen. Unbeschadet ihrer Pflicht nach Absatz 1 sollen die Beschäftigten von ihnen festgestellte Gefahren für Sicherheit und Gesundheit und Mängel an den Schutzsystemen auch der Fachkraft für Arbeitssicherheit, dem Betriebsarzt oder dem Sicherheitsbeauftragten nach § 22 des Siebten Buches Sozialgesetzbuch mitteilen.

§ 17 Rechte der Beschäftigten

(1) Die Beschäftigten sind berechtigt, dem Arbeitgeber Vorschläge zu allen Fragen der Sicherheit und des Gesundheitsschutzes bei der Arbeit zu machen. Für Beamtinnen und Beamte des Bundes ist § 125 des Bundesbeamtengesetzes anzuwenden. Entsprechendes Landesrecht bleibt unberührt.

(2) Sind Beschäftigte auf Grund konkreter Anhaltspunkte der Auffassung, daß die vom Arbeitgeber getroffenen Maßnahmen und bereitgestellten Mittel nicht ausreichen, um die Sicherheit und den Gesundheitsschutz bei der Arbeit zu gewährleisten, und hilft der Arbeitgeber darauf gerichteten Beschwerden von Beschäftigten nicht ab, können sich diese an die zuständige Behörde wenden. Hierdurch dürfen den Beschäftigten keine Nachteile entstehen. Die in Absatz 1 Satz 2 und 3 genannten Vorschriften sowie die Vorschriften der Wehrbeschwerdeordnung und des Gesetzes über den Wehrbeauftragten des Deutschen Bundestages bleiben unberührt.

Vierter Abschnitt Verordnungsermächtigungen

§ 18 Verordnungsermächtigungen

(1) Die Bundesregierung wird ermächtigt, durch Rechtsverordnung mit Zustimmung des Bundesrates vorzuschreiben, welche Maßnahmen der Arbeitgeber und die sonstigen verantwortlichen Personen zu treffen haben und wie sich die Beschäftigten zu verhalten haben, um ihre jeweiligen Pflichten, die sich aus diesem Gesetz ergeben, zu erfüllen. In diesen Rechtsverordnungen kann auch bestimmt werden, daß bestimmte Vorschriften des Gesetzes zum Schutz anderer als in § 2 Abs. 2 genannter Personen anzuwenden sind.

(2) Durch Rechtsverordnungen nach Absatz 1 kann insbesondere bestimmt werden,

1. daß und wie zur Abwehr bestimmter Gefahren Dauer oder Lage der Beschäftigung oder die Zahl der Beschäftigten begrenzt werden muß,

2. daß der Einsatz bestimmter Arbeitsmittel oder -verfahren mit besonderen Gefahren für die Beschäftigten verboten ist oder der zuständigen Behörde angezeigt oder von ihr erlaubt sein muß oder besonders gefährdete Personen dabei nicht beschäftigt werden dürfen,

3. daß bestimmte, besonders gefährliche Betriebsanlagen einschließlich der Arbeitsund Fertigungsverfahren vor Inbetriebnahme, in regelmäßigen Abständen oder auf behördliche Anordnung fachkundig geprüft werden müssen,

4. daß Beschäftigte, bevor sie eine bestimmte gefährdende Tätigkeit aufnehmen oder fortsetzen oder nachdem sie sie beendet haben, arbeitsmedizinisch zu untersuchen sind und welche besonderen Pflichten der Arzt dabei zu beachten hat,

5. dass Ausschüsse zu bilden sind, denen die Aufgabe übertragen wird, die Bundesregierung oder das zuständige Bundesministerium zur Anwendung der Rechtsverordnungen zu beraten, dem Stand der Technik, Arbeitsmedizin und Hygiene entsprechende Regeln und sonstige gesicherte arbeitswissenschaftliche Erkenntnisse zu ermitteln sowie Regeln zu ermitteln, wie die in den Rechtsverordnungen gestellten Anforderungen erfüllt werden können. Das Bundesministerium für Arbeit und Soziales kann die Regeln und Erkenntnisse amtlich bekannt machen.

§ 19 Rechtsakte der Europäischen Gemeinschaften und zwischenstaatliche Vereinbarungen

Rechtsverordnungen nach § 18 können auch erlassen werden, soweit dies zur Durchführung von Rechtsakten des Rates oder der Kommission der Europäischen Gemeinschaften oder von Beschlüssen internationaler Organisationen oder von zwischenstaatlichen Vereinbarungen, die Sachbereiche dieses Gesetzes betreffen, erforderlich ist, insbesondere um Arbeitsschutzpflichten für andere als in § 2 Abs. 3 genannte Personen zu regeln.

§ 20 Regelungen für den öffentlichen Dienst

(1) Für die Beamten der Länder, Gemeinden und sonstigen Körperschaften, Anstalten und Stiftungen des öffentlichen Rechts regelt das Landesrecht, ob und inwieweit die nach § 18 erlassenen Rechtsverordnungen gelten.

(2) Für bestimmte Tätigkeiten im öffentlichen Dienst des Bundes, insbesondere bei der Bundeswehr, der Polizei, den Zivil- und Katastrophenschutzdiensten, dem Zoll oder den Nachrichtendiensten, können das Bundeskanzleramt, das Bundesministerium des Innern, das Bundesministerium für Verkehr, Bau und Stadtentwicklung, das Bundesministerium der Verteidigung oder das Bundesministerium der Finanzen, soweit sie hierfür jeweils zuständig sind, durch Rechtsverordnung ohne Zustimmung des Bundesrates bestimmen, daß Vorschriften dieses Gesetzes ganz oder zum Teil nicht anzuwenden sind, soweit öffentliche Belange dies zwingend erfordern, insbesondere zur Aufrechterhaltung oder Wiederherstellung der öffentlichen Sicherheit. Rechtsverordnungen nach Satz 1 werden im Einvernehmen mit dem Bundesministerium für Arbeit und Soziales und, soweit nicht das Bundesministerium des Innern selbst ermächtigt ist, im Einvernehmen mit diesem Ministerium erlas-

sen. In den Rechtsverordnungen ist gleichzeitig festzulegen, wie die Sicherheit und der Gesundheitsschutz bei der Arbeit unter Berücksichtigung der Ziele dieses Gesetzes auf andere Weise gewährleistet werden. Für Tätigkeiten im öffentlichen Dienst der Länder, Gemeinden und sonstigen landesunmittelbaren Körperschaften, Anstalten und Stiftungen des öffentlichen Rechts können den Sätzen 1 und 3 entsprechende Regelungen durch Landesrecht getroffen werden.

Fünfter Abschnitt Gemeinsame deutsche Arbeitsschutzstrategie

§ 20a Gemeinsame deutsche Arbeitsschutzstrategie

(1) Nach den Bestimmungen dieses Abschnitts entwickeln Bund, Länder und Unfallversicherungsträger im Interesse eines wirksamen Arbeitsschutzes eine gemeinsame deutsche Arbeitsschutzstrategie und gewährleisten ihre Umsetzung und Fortschreibung. Mit der Wahrnehmung der ihnen gesetzlich zugewiesenen Aufgaben zur Verhütung von Arbeitsunfällen, Berufskrankheiten und arbeitsbedingten

Gesundheitsgefahren sowie zur menschengerechten Gestaltung der Arbeit tragen Bund, Länder und Unfallversicherungträger dazu bei, die Ziele der gemeinsamen deutschen Arbeitsschutzstrategie zu erreichen.

(2) Die gemeinsame deutsche Arbeitsschutzstrategie umfasst

1. die Entwicklung gemeinsamer Arbeitsschutzziele,
2. die Festlegung vorrangiger Handlungsfelder und von Eckpunkten für Arbeitsprogramme sowie deren Ausführung nach einheitlichen Grundsätzen,
3. die Evaluierung der Arbeitsschutzziele, Handlungsfelder und Arbeitsprogramme mit geeigneten Kennziffern,
4. die Festlegung eines abgestimmten Vorgehens der für den Arbeitsschutz zuständigen Landesbehörden und der Unfallversicherungsträger bei der Beratung und Überwachung der Betriebe,
5. die Herstellung eines verständlichen, überschaubaren und abgestimmten Vorschriften- und Regelwerks.

§ 20b Nationale Arbeitsschutzkonferenz

(1) Die Aufgabe der Entwicklung, Steuerung und Fortschreibung der gemeinsamen deutschen Arbeitsschutzstrategie nach § 20a Abs. 1 Satz 1 wird von der Nationalen Arbeitsschutzkonferenz wahrgenommen. Sie setzt sich aus jeweils drei stimmberechtigten Vertretern von Bund, Ländern und den Unfallversicherungsträgern zusammen und bestimmt für jede Gruppe drei Stellvertreter. Außerdem entsenden die Spitzenorganisationen der Arbeitgeber und Arbeitnehmer für die Behandlung von Angelegenheiten nach § 20a Abs. 2 Nr. 1 bis 3 und 5 jeweils bis zu drei Vertreter in die Nationale Arbeitsschutzkonferenz; sie nehmen mit beratender Stimme an den Sitzungen teil. Die Nationale Arbeitsschutzkonferenz gibt sich eine Geschäftsordnung; darin werden insbesondere die Arbeitsweise und das Beschlussverfahren festgelegt. Die Geschäftsordnung muss einstimmig angenommen werden.

(2) Alle Einrichtungen, die mit Sicherheit und Gesundheit bei der Arbeit befasst sind, können der Nationalen Arbeitsschutzkonferenz Vorschläge für Arbeitsschutzziele, Handlungsfelder und Arbeitsprogramme unterbreiten.

(3) Die Nationale Arbeitsschutzkonferenz wird durch ein Arbeitsschutzforum unterstützt, das in der Regel einmal jährlich stattfindet. Am Arbeitsschutzforum sollen sachverständige Vertreter der Spitzenorganisationen der Arbeitgeber und Arbeitnehmer, der Berufs- und Wirtschaftsverbände, der Wissenschaft, der Kranken- und Rentenversicherungsträger, von Einrichtungen im Bereich Sicherheit und Gesundheit bei der Arbeit sowie von Einrichtungen, die der Förderung der Beschäftigungsfähigkeit dienen, teilnehmen. Das Arbeitsschutzforum hat die Aufgabe, eine frühzeitige und aktive Teilhabe der sachverständigen Fachöffentlichkeit an der Entwicklung und Fortschreibung der gemeinsamen deutschen Arbeitsschutzstrategie sicherzustellen und die Nationale Arbeitsschutzkonferenz entsprechend zu beraten.

(4) Einzelheiten zum Verfahren der Einreichung von Vorschlägen nach Absatz 2 und zur Durchführung des Arbeitsschutzforums nach Absatz 3 werden in der Geschäftsordnung der Nationalen Arbeitsschutzkonferenz geregelt.

(5) Die Geschäfte der Nationalen Arbeitsschutzkonferenz und des Arbeitsschutzforums führt die Bundesanstalt für Arbeitsschutz und Arbeitsmedizin. Einzelheiten zu Arbeitsweise und Verfahren werden in der Geschäftsordnung der Nationalen Arbeitsschutzkonferenz festgelegt.

Sechster Abschnitt Schlußvorschriften

§ 21 Zuständige Behörden, Zusammenwirken mit den Trägern der gesetzlichen Unfallversicherung

(1) Die Überwachung des Arbeitsschutzes nach diesem Gesetz ist staatliche Aufgabe. Die zuständigen Behörden haben die Einhaltung dieses Gesetzes und der auf Grund dieses Gesetzes erlassenen Rechtsverordnungen zu überwachen und die Arbeitgeber bei der Erfüllung ihrer Pflichten zu beraten.

(2) Die Aufgaben und Befugnisse der Träger der gesetzlichen Unfallversicherung richten sich, soweit nichts anderes bestimmt ist, nach den Vorschriften des Sozialgesetzbuchs. Soweit die Träger der gesetzlichen Unfallversicherung nach dem Sozialgesetzbuch im Rahmen ihres Präventionsauftrags auch Aufgaben zur Gewährleistung von Sicherheit und Gesundheitsschutz der Beschäftigten wahrnehmen, werden sie ausschließlich im Rahmen ihrer autonomen Befugnisse tätig.

(3) Die zuständigen Landesbehörden und die Unfallversicherungsträger wirken auf der Grundlage einer gemeinsamen Beratungs- und Überwachungsstrategie nach § 20a Abs. 2 Nr. 4 eng zusammen und stellen den Erfahrungsaustausch sicher. Diese Strategie umfasst die Abstimmung allgemeiner Grundsätze zur methodischen Vorgehensweise bei

1. der Beratung und Überwachung der Betriebe,

2. der Festlegung inhaltlicher Beratungs- und Überwachungsschwerpunkte, aufeinander abgestimmter oder gemeinsamer Schwerpunktaktionen und Arbeitsprogramme und

3. der Förderung eines Daten- und sonstigen Informationsaustausches, insbesondere über Betriebsbesichtigungen und deren wesentliche Ergebnisse.

Die zuständigen Landesbehörden vereinbaren mit den Unfallversicherungsträgern nach § 20 Abs. 2 Satz 3 des Siebten Buches Sozialgesetzbuch die Maßnahmen, die zur Umsetzung der gemeinsamen Arbeitsprogramme nach § 20a Abs. 2 Nr. 2 und der gemeinsamen Beratungs- und Überwachungsstrategie notwendig sind; sie evaluieren deren Zielerreichung mit den von der Nationalen Arbeitsschutzkonferenz nach § 20a Abs. 2 Nr. 3 bestimmten Kennziffern.

(4) Die für den Arbeitsschutz zuständige oberste Landesbehörde kann mit Trägern der gesetzlichen Unfallversicherung vereinbaren, daß diese in näher zu bestimmenden Tätigkeitsbereichen die Einhaltung dieses Gesetzes, bestimmter Vorschriften dieses Gesetzes oder der auf Grund dieses Gesetzes erlassenen Rechtsverordnungen überwachen. In der Vereinbarung sind Art und Umfang der Überwachung sowie die Zusammenarbeit mit den staatlichen Arbeitsschutzbehörden festzulegen.

(5) Soweit nachfolgend nichts anderes bestimmt ist, ist zuständige Behörde für die Durchführung dieses Gesetzes und der auf dieses Gesetz gestützten Rechtsverordnungen in den Betrieben und Verwaltungen des Bundes die Zentralstelle für Arbeitsschutz beim Bundesministerium des Innern. Im Auftrag der Zentralstelle handelt, soweit nichts anderes bestimmt ist, die Unfallkasse des Bundes, die insoweit der Aufsicht des Bundesministeriums des Innern unterliegt; Aufwendungen werden nicht erstattet. Im öffentlichen Dienst im Geschäftsbereich des Bundesministeriums für Verkehr, Bau und Stadtentwicklung führt die Eisenbahn-Unfallkasse, soweit diese Träger der Unfallversicherung ist, dieses Gesetz durch. Für Betriebe und Verwaltungen in den Geschäftsbereichen des Bundesministeriums der Verteidigung und des Auswärtigen Amtes hinsichtlich seiner Auslandsvertretungen führt das jeweilige Bundesministerium, soweit es jeweils zuständig ist, oder die von ihm jeweils bestimmte Stelle dieses Gesetz durch. Im Geschäftsbereich des Bundesministeriums der Finanzen führt die Unfallkasse Post und Telekom dieses Gesetz durch, soweit der Geschäftsbereich des ehemaligen Bundesministeriums für Post und Telekommunikation betroffen ist. Die Sätze 1 bis 4 gelten auch für Betriebe und Verwaltungen, die zur Bundesverwaltung gehören, für die aber eine Berufsgenossenschaft Träger der Unfallversicherung ist. Die zuständigen Bundesministerien können mit den Berufsgenossenschaften für diese Betriebe und Verwaltungen vereinbaren, daß das Gesetz von den Berufsgenossenschaften durchgeführt wird; Aufwendungen werden nicht erstattet.

§ 22 Befugnisse der zuständigen Behörden

(1) Die zuständige Behörde kann vom Arbeitgeber oder von den verantwortlichen Personen die zur Durchführung ihrer Überwachungsaufgabe erforderlichen Auskünfte und die Überlassung von entsprechenden Unterlagen verlangen. Die auskunftspflichtige Person kann die

Auskunft auf solche Fragen oder die Vorlage derjenigen Unterlagen verweigern, deren Beantwortung oder Vorlage sie selbst oder einen ihrer in § 383 Abs. 1 Nr. 1 bis 3

der Zivilprozeßordnung bezeichneten Angehörigen der Gefahr der Verfolgung wegen einer Straftat oder Ordnungswidrigkeit aussetzen würde. Die auskunftspflichtige Person ist darauf hinzuweisen.

(2) Die mit der Überwachung beauftragten Personen sind befugt, zu den Betriebs- und Arbeitszeiten Betriebsstätten, Geschäfts- und Betriebsräume zu betreten, zu besichtigen und zu prüfen sowie in die geschäftlichen Unterlagen der auskunftspflichtigen Person Einsicht zu nehmen, soweit dies zur Erfüllung ihrer Aufgaben erforderlich ist. Außerdem sind sie befugt, Betriebsanlagen, Arbeitsmittel und persönliche Schutzausrüstungen zu prüfen, Arbeitsverfahren und Arbeitsabläufe zu untersuchen, Messungen vorzunehmen und insbesondere arbeitsbedingte Gesundheitsgefahren festzustellen und zu untersuchen, auf welche Ursachen ein Arbeitsunfall, eine arbeitsbedingte Erkrankung oder ein Schadensfall zurückzuführen ist. Sie sind berechtigt, die Begleitung durch den Arbeitgeber oder eine von ihm beauftragte Person zu verlangen. Der Arbeitgeber oder die verantwortlichen Personen haben die mit der Überwachung beauftragten Personen bei der Wahrnehmung ihrer Befugnisse nach den Sätzen 1 und 2 zu unterstützen. Außerhalb der in Satz 1 genannten Zeiten, oder wenn die Arbeitsstätte sich in einer Wohnung befindet, dürfen die mit der Überwachung beauftragten Personen ohne Einverständnis des Arbeitgebers die Maßnahmen nach den Sätzen 1 und 2 nur zur Verhütung dringender Gefahren für die öffentliche Sicherheit oder Ordnung treffen. Die auskunftspflichtige Person hat die Maßnahmen nach den Sätzen 1, 2 und 5 zu dulden. Die Sätze 1 und 5 gelten entsprechend, wenn nicht feststeht, ob in der Arbeitsstätte Personen beschäftigt werden, jedoch Tatsachen gegeben sind, die diese Annahme rechtfertigen. Das Grundrecht der Unverletzlichkeit der Wohnung (Artikel 13 des Grundgesetzes) wird insoweit eingeschränkt.

(3) Die zuständige Behörde kann im Einzelfall anordnen,

1. welche Maßnahmen der Arbeitgeber und die verantwortlichen Personen oder die Beschäftigten zur Erfüllung der Pflichten zu treffen haben, die sich aus diesem Gesetz und den auf Grund dieses Gesetzes erlassenen Rechtsverordnungen ergeben,
2. welche Maßnahmen der Arbeitgeber und die verantwortlichen Personen zur Abwendung einer besonderen Gefahr für Leben und Gesundheit der Beschäftigten zu treffen haben.

Die zuständige Behörde hat, wenn nicht Gefahr im Verzug ist, zur Ausführung der Anordnung eine angemessene Frist zu setzen. Wird eine Anordnung nach Satz 1 nicht innerhalb einer gesetzten Frist oder eine für sofort vollziehbar erklärte Anordnung nicht sofort ausgeführt, kann die zuständige Behörde die von der Anordnung betroffene Arbeit oder die Verwendung oder den Betrieb der von der Anordnung betroffenen Arbeitsmittel untersagen. Maßnahmen der zuständigen Behörde im Bereich des öffentlichen Dienstes, die den Dienstbetrieb wesentlich beeinträchtigen, sollen im Einvernehmen mit der obersten Bundes- oder Landesbehörde oder dem Hauptverwaltungsbeamten der Gemeinde getroffen werden.

§ 23 Betriebliche Daten, Zusammenarbeit mit anderen Behörden, Jahresbericht

(1) Der Arbeitgeber hat der zuständigen Behörde zu einem von ihr bestimmten Zeitpunkt Mitteilungen über

1. die Zahl der Beschäftigten und derer, an die er Heimarbeit vergibt, aufgegliedert nach Geschlecht, Alter und Staatsangehörigkeit,
2. den Namen oder die Bezeichnung und Anschrift des Betriebs, in dem er sie beschäftigt,
3. seinen Namen, seine Firma und seine Anschrift sowie
4. den Wirtschaftszweig, dem sein Betrieb angehört,

zu machen. Das Bundesministerium für Arbeit und Soziales wird ermächtigt, durch Rechtsverordnung mit Zustimmung des Bundesrates zu bestimmen, daß die Stellen der Bundesverwaltung, denen der Arbeitgeber die in Satz 1 genannten Mitteilungen bereits auf Grund einer Rechtsvorschrift mitgeteilt hat, diese Angaben an die für die Behörden nach Satz 1 zuständigen obersten Landesbehörden als Schreiben oder auf maschinell

verwertbaren Datenträgern oder durch Datenübertragung weiterzuleiten haben. In der Rechtsverordnung können das Nähere über die Form der weiterzuleitenden Angaben sowie die Frist für die Weiterleitung bestimmt werden. Die weitergeleiteten Angaben dürfen nur zur Erfüllung der in der Zuständigkeit der Behörden nach § 21 Abs. 1 liegenden Arbeitsschutzaufgaben verwendet sowie in Datenverarbeitungssystemen gespeichert oder verarbeitet werden.

(2) Die mit der Überwachung beauftragten Personen dürfen die ihnen bei ihrer Überwachungstätigkeit zur Kenntnis gelangenden Geschäfts- und Betriebsgeheimnisse nur in den gesetzlich geregelten Fällen oder zur Verfolgung von Gesetzwidrigkeiten oder zur Erfüllung von gesetzlich geregelten Aufgaben zum Schutz der Versicherten dem Träger der gesetzlichen Unfallversicherung oder zum Schutz der Umwelt den dafür zuständigen Behörden offenbaren. Soweit es sich bei Geschäfts- und Betriebsgeheimnissen um Informationen über die Umwelt im Sinne des Umweltinformationsgesetzes handelt, richtet sich die Befugnis zu ihrer Offenbarung nach dem Umweltinformationsgesetz.

(3) Ergeben sich im Einzelfall für die zuständigen Behörden konkrete Anhaltspunkte für

1. eine Beschäftigung oder Tätigkeit von Ausländern ohne den erforderlichen Aufenthaltstitel nach § 4 Abs. 3 des Aufenthaltsgesetzes, eine Aufenthaltsgestattung oder eine Duldung, die zur Ausübung der Beschäftigung berechtigen, oder eine Genehmigung nach § 284 Abs. 1 des Dritten Buches Sozialgesetzbuch,
2. Verstöße gegen die Mitwirkungspflicht nach § 60 Abs. 1 Satz 1 Nr. 2 des Ersten Buches Sozialgesetzbuch gegenüber einer Dienststelle der Bundesagentur für Arbeit, einem Träger der gesetzlichen Kranken-, Pflege-, Unfall- oder Rentenversicherung oder

einem Träger der Sozialhilfe oder gegen die Meldepflicht nach § 8a des Asylbewerberleistungsgesetzes,

3. Verstöße gegen das Gesetz zur Bekämpfung der Schwarzarbeit,
4. Verstöße gegen das Arbeitnehmerüberlassungsgesetz,
5. Verstöße gegen die Vorschriften des Vierten und Siebten Buches Sozialgesetzbuch über die Verpflichtung zur Zahlung von Sozialversicherungsbeiträgen,
6. Verstöße gegen das Aufenthaltsgesetz,
7. Verstöße gegen die Steuergesetze,

unterrichten sie die für die Verfolgung und Ahndung der Verstöße nach den Nummern 1 bis 7 zuständigen Behörden, die Träger der Sozialhilfe sowie die Behörden nach § 71 des Aufenthaltsgesetzes. In den Fällen des Satzes 1 arbeiten die zuständigen Behörden insbesondere mit den Agenturen für Arbeit, den Hauptzollämtern, den Rentenversicherungsträgern, den Krankenkassen als Einzugsstellen für die Sozialversicherungsbeiträge, den Trägern der gesetzlichen Unfallversicherung, den nach Landesrecht für die Verfolgung und Ahndung von Verstößen gegen das Gesetz zur Bekämpfung der Schwarzarbeit zuständigen Behörden, den Trägern der Sozialhilfe, den in § 71 des Aufenthaltsgesetzes genannten Behörden und den Finanzbehörden zusammen.

(4) Die zuständigen obersten Landesbehörden haben über die Überwachungstätigkeit der ihnen unterstellten Behörden einen Jahresbericht zu veröffentlichen. Der Jahresbericht umfaßt auch Angaben zur Erfüllung von Unterrichtungspflichten aus internationalen Übereinkommen oder Rechtsakten der Europäischen Gemeinschaften, soweit sie den Arbeitsschutz betreffen.

§ 24 Ermächtigung zum Erlaß von allgemeinen Verwaltungsvorschriften

Das Bundesministerium für Arbeit und Soziales kann mit Zustimmung des Bundesrates allgemeine Verwaltungsvorschriften erlassen

1. zur Durchführung dieses Gesetzes und der auf Grund dieses Gesetzes erlassenen Rechtsverordnungen, soweit die Bundesregierung zu ihrem Erlaß ermächtigt ist,
2. über die Gestaltung der Jahresberichte nach § 23 Abs. 4 und
3. über die Angaben, die die zuständigen obersten Landesbehörden dem Bundesministerium für Arbeit und Soziales für den Unfallverhütungsbericht nach § 25 Abs. 2 des Siebten Buches Sozialgesetzbuch bis zu einem bestimmten Zeitpunkt mitzuteilen haben.

Verwaltungsvorschriften, die Bereiche des öffentlichen Dienstes einbeziehen, werden im Einvernehmen mit dem Bundesministerium des Innern erlassen.

§ 25 Bußgeldvorschriften

(1) Ordnungswidrig handelt, wer vorsätzlich oder fahrlässig

1. einer Rechtsverordnung nach § 18 Abs. 1 oder § 19 zuwiderhandelt, soweit sie für einen bestimmten Tatbestand auf diese Bußgeldvorschrift verweist, oder

2. a) als Arbeitgeber oder als verantwortliche Person einer vollziehbaren Anordnung nach § 22 Abs. 3 oder

3. b) als Beschäftigter einer vollziehbaren Anordnung nach § 22 Abs. 3 Satz 1 Nr. 1 zuwiderhandelt.

(2) Die Ordnungswidrigkeit kann in den Fällen des Absatzes 1 Nr. 1 und 2 Buchstabe b mit einer Geldbuße bis zu fünftausend Euro, in den Fällen des Absatzes 1 Nr. 2 Buchstabe a mit einer Geldbuße bis zu fünfundzwanzigtausend Euro geahndet werden.

§ 26 Strafvorschriften

Mit Freiheitsstrafe bis zu einem Jahr oder mit Geldstrafe wird bestraft, wer

1. eine in § 25 Abs. 1 Nr. 2 Buchstabe a bezeichnete Handlung beharrlich wiederholt oder

2. durch eine in § 25 Abs. 1 Nr. 1 oder Nr. 2 Buchstabe a bezeichnete vorsätzliche Handlung Leben oder Gesundheit eines Beschäftigten gefährdet.

Arbeitszeitgesetz (ArbZG)

Ausfertigungsdatum: 06.06.1994, Stand: Zuletzt geändert durch Art. 7 G v. 15.7.2009 I 1939

Erster Abschnitt Allgemeine Vorschriften

§ 1 Zweck des Gesetzes

Zweck des Gesetzes ist es,

1. die Sicherheit und den Gesundheitsschutz der Arbeitnehmer bei der Arbeitszeitgestaltung zu gewährleisten und die Rahmenbedingungen für flexible Arbeitszeiten zu verbessern sowie
2. den Sonntag und die staatlich anerkannten Feiertage als Tage der Arbeitsruhe und der seelischen Erhebung der Arbeitnehmer zu schützen.

§ 2 Begriffsbestimmungen

(1) Arbeitszeit im Sinne dieses Gesetzes ist die Zeit vom Beginn bis zum Ende der Arbeit ohne die Ruhepausen; Arbeitszeiten bei mehreren Arbeitgebern sind zusammenzurechnen. Im Bergbau unter Tage zählen die Ruhepausen zur Arbeitszeit.

(2) Arbeitnehmer im Sinne dieses Gesetzes sind Arbeiter und Angestellte sowie die zu ihrer Berufsbildung Beschäftigten.

(3) Nachtzeit im Sinne dieses Gesetzes ist die Zeit von 23 bis 6 Uhr, in Bäckereien und Konditoreien die Zeit von 22 bis 5 Uhr.

(4) Nachtarbeit im Sinne dieses Gesetzes ist jede Arbeit, die mehr als zwei Stunden der Nachtzeit umfaßt.

(5) Nachtarbeitnehmer im Sinne dieses Gesetzes sind Arbeitnehmer, die

1. auf Grund ihrer Arbeitszeitgestaltung normalerweise Nachtarbeit in Wechselschicht zu leisten haben oder
2. Nachtarbeit an mindestens 48 Tagen im Kalenderjahr leisten.

Zweiter Abschnitt Werktägliche Arbeitszeit und arbeitsfreie Zeiten

§ 3 Arbeitszeit der Arbeitnehmer

Die werktägliche Arbeitszeit der Arbeitnehmer darf acht Stunden nicht überschreiten. Sie kann auf bis zu zehn Stunden nur verlängert werden, wenn innerhalb von sechs Kalendermonaten oder innerhalb von 24 Wochen im Durchschnitt acht Stunden werktäglich nicht überschritten werden.

§ 4 Ruhepausen

Die Arbeit ist durch im voraus feststehende Ruhepausen von mindestens 30 Minuten bei einer Arbeitszeit von mehr als sechs bis zu neun Stunden und 45 Minuten bei einer Arbeitszeit von mehr als neun Stunden insgesamt zu unterbrechen. Die Ruhepausen nach Satz 1 können in Zeitabschnitte von jeweils mindestens 15 Minuten aufgeteilt werden. Länger als sechs Stunden hintereinander dürfen Arbeitnehmer nicht ohne Ruhepause beschäftigt werden.

§ 5 Ruhezeit

(1) Die Arbeitnehmer müssen nach Beendigung der täglichen Arbeitszeit eine ununterbrochene Ruhezeit von mindestens elf Stunden haben.

(2) Die Dauer der Ruhezeit des Absatzes 1 kann in Krankenhäusern und anderen Einrichtungen zur Behandlung, Pflege und Betreuung von Personen, in Gaststätten und anderen Einrichtungen zur Bewirtung und Beherbergung, in Verkehrsbetrieben, beim Rundfunk sowie in der Landwirtschaft und in der Tierhaltung um bis zu eine Stunde verkürzt werden, wenn jede Verkürzung der Ruhezeit innerhalb eines Kalendermonats oder innerhalb von vier Wochen durch Verlängerung einer anderen Ruhezeit auf mindestens zwölf Stunden ausgeglichen wird.

(3) Abweichend von Absatz 1 können in Krankenhäusern und anderen Einrichtungen zur Behandlung, Pflege und Betreuung von Personen Kürzungen der Ruhezeit durch Inanspruchnahmen während der Rufbereitschaft, die nicht mehr als die Hälfte der Ruhezeit betragen, zu anderen Zeiten ausgeglichen werden.

(4) (weggefallen)

§ 6 Nacht- und Schichtarbeit

(1) Die Arbeitszeit der Nacht- und Schichtarbeitnehmer ist nach den gesicherten arbeitswissenschaftlichen Erkenntnissen über die menschengerechte Gestaltung der Arbeit festzulegen.

(2) Die werktägliche Arbeitszeit der Nachtarbeitnehmer darf acht Stunden nicht überschreiten. Sie kann auf bis zu zehn Stunden nur verlängert werden, wenn abweichend von § 3 innerhalb von einem Kalendermonat oder innerhalb von vier Wochen im Durchschnitt acht Stunden werktäglich nicht überschritten werden. Für Zeiträume, in denen Nachtarbeitnehmer im Sinne des § 2 Abs. 5 Nr. 2 nicht zur Nachtarbeit herangezogen werden, findet § 3 Satz 2 Anwendung.

(3) Nachtarbeitnehmer sind berechtigt, sich vor Beginn der Beschäftigung und danach in regelmäßigen Zeitabständen von nicht weniger als drei Jahren arbeitsmedizinisch untersuchen zu lassen. Nach Vollendung des 50. Lebensjahres steht Nachtarbeitnehmern dieses Recht in Zeitabständen von einem Jahr zu. Die Kosten der Untersuchungen hat der Arbeit-

geber zu tragen, sofern er die Untersuchungen den Nachtarbeitnehmern nicht kostenlos durch einen Betriebsarzt oder einen überbetrieblichen Dienst von Betriebsärzten anbietet.

(4) Der Arbeitgeber hat den Nachtarbeitnehmer auf dessen Verlangen auf einen für ihn geeigneten Tagesarbeitsplatz umzusetzen, wenn

a) nach arbeitsmedizinischer Feststellung die weitere Verrichtung von Nachtarbeit den Arbeitnehmer in seiner Gesundheit gefährdet oder
b) im Haushalt des Arbeitnehmers ein Kind unter zwölf Jahren lebt, das nicht von einer anderen im Haushalt lebenden Person betreut werden kann, oder
c) der Arbeitnehmer einen schwerpflegebedürftigen Angehörigen zu versorgen hat, der nicht von einem anderen im Haushalt lebenden Angehörigen versorgt werden kann,

sofern dem nicht dringende betriebliche Erfordernisse entgegenstehen. Stehen der Umsetzung des Nachtarbeitnehmers auf einen für ihn geeigneten Tagesarbeitsplatz nach Auffassung des Arbeitgebers dringende betriebliche Erfordernisse entgegen, so ist der Betriebs- oder Personalrat zu hören. Der Betriebs- oder Personalrat kann dem Arbeitgeber Vorschläge für eine Umsetzung unterbreiten.

(5) Soweit keine tarifvertraglichen Ausgleichsregelungen bestehen, hat der Arbeitgeber dem Nachtarbeitnehmer für die während der Nachtzeit geleisteten Arbeitsstunden eine angemessene Zahl bezahlter freier Tage oder einen angemessenen Zuschlag auf das ihm hierfür zustehende Bruttoarbeitsentgelt zu gewähren.

(6) Es ist sicherzustellen, daß Nachtarbeitnehmer den gleichen Zugang zur betrieblichen Weiterbildung und zu aufstiegsfördernden Maßnahmen haben wie die übrigen Arbeitnehmer.

§ 7 Abweichende Regelungen

(1) In einem Tarifvertrag oder auf Grund eines Tarifvertrags in einer Betriebs- oder Dienstvereinbarung kann zugelassen werden,

1. abweichend von § 3

    a) die Arbeitszeit über zehn Stunden werktäglich zu verlängern, wenn in die Arbeitszeit regelmäßig und in erheblichem Umfang Arbeitsbereitschaft oder Bereitschaftsdienst fällt,
    b) einen anderen Ausgleichszeitraum festzulegen,
    c) (weggefallen)

2. abweichend von § 4 Satz 2 die Gesamtdauer der Ruhepausen in Schichtbetrieben und Verkehrsbetrieben auf Kurzpausen von angemessener Dauer aufzuteilen,

3. abweichend von § 5 Abs. 1 die Ruhezeit um bis zu zwei Stunden zu kürzen, wenn die Art der Arbeit dies erfordert und die Kürzung der Ruhezeit innerhalb eines festzulegenden Ausgleichszeitraums ausgeglichen wird,

4. abweichend von § 6 Abs. 2

   a) die Arbeitszeit über zehn Stunden werktäglich hinaus zu verlängern, wenn in die Arbeitszeit regelmäßig und in erheblichem Umfang Arbeitsbereitschaft oder Bereitschaftsdienst fällt,

   b) einen anderen Ausgleichszeitraum festzulegen,

5. den Beginn des siebenstündigen Nachtzeitraums des § 2 Abs. 3 auf die Zeit zwischen 22 und 24 Uhr festzulegen.

(2) Sofern der Gesundheitsschutz der Arbeitnehmer durch einen entsprechenden Zeitausgleich gewährleistet wird, kann in einem Tarifvertrag oder auf Grund eines Tarifvertrags in einer Betriebs- oder Dienstvereinbarung ferner zugelassen werden,

1. abweichend von § 5 Abs. 1 die Ruhezeiten bei Rufbereitschaft den Besonderheiten dieses Dienstes anzupassen, insbesondere Kürzungen der Ruhezeit infolge von Inanspruchnahmen während dieses Dienstes zu anderen Zeiten auszugleichen,

2. die Regelungen der §§ 3, 5 Abs. 1 und § 6 Abs. 2 in der Landwirtschaft der Bestellungs- und Erntezeit sowie den Witterungseinflüssen anzupassen,

3. die Regelungen der §§ 3, 4, 5 Abs. 1 und § 6 Abs. 2 bei der Behandlung, Pflege und Betreuung von Personen der Eigenart dieser Tätigkeit und dem Wohl dieser Personen entsprechend anzupassen,

4. die Regelungen der §§ 3, 4, 5 Abs. 1 und § 6 Abs. 2 bei Verwaltungen und Betrieben des Bundes, der Länder, der Gemeinden und sonstigen Körperschaften, Anstalten und Stiftungen des öffentlichen Rechts sowie bei anderen Arbeitgebern, die der Tarifbindung eines für den öffentlichen Dienst geltenden oder eines im wesentlichen inhaltsgleichen Tarifvertrags unterliegen, der Eigenart der Tätigkeit bei diesen Stellen anzupassen.

(2a) In einem Tarifvertrag oder auf Grund eines Tarifvertrags in einer Betriebs- oder Dienstvereinbarung kann abweichend von den §§ 3, 5 Abs. 1 und § 6 Abs. 2 zugelassen werden, die werktägliche Arbeitszeit auch ohne Ausgleich über acht Stunden zu verlängern, wenn in die Arbeitszeit regelmäßig und in erheblichem Umfang Arbeitsbereitschaft oder Bereitschaftsdienst fällt und durch besondere Regelungen sichergestellt wird, dass die Gesundheit der Arbeitnehmer nicht gefährdet wird.

(3) Im Geltungsbereich eines Tarifvertrags nach Absatz 1, 2 oder 2a können abweichende tarifvertragliche Regelungen im Betrieb eines nicht tarifgebundenen Arbeitgebers durch Betriebs- oder Dienstvereinbarung oder, wenn ein Betriebs- oder Personalrat nicht besteht, durch schriftliche Vereinbarung zwischen dem Arbeitgeber und dem Arbeitnehmer übernommen werden. Können auf Grund eines solchen Tarifvertrags abweichende Regelungen in einer Betriebs- oder Dienstvereinbarung getroffen werden, kann auch in Betrieben eines nicht tarifgebundenen Arbeitgebers davon Gebrauch gemacht werden. Eine nach Absatz 2 Nr. 4 getroffene abweichende tarifvertragliche Regelung hat zwischen nicht tarifgebundenen Arbeitgebern und Arbeitnehmern Geltung, wenn zwischen ihnen die Anwendung der

für den öffentlichen Dienst geltenden tarifvertraglichen Bestimmungen vereinbart ist und die Arbeitgeber die Kosten des Betriebs überwiegend mit Zuwendungen im Sinne des Haushaltsrechts decken.

(4) Die Kirchen und die öffentlich-rechtlichen Religionsgesellschaften können die in Absatz 1, 2 oder 2a genannten Abweichungen in ihren Regelungen vorsehen.

(5) In einem Bereich, in dem Regelungen durch Tarifvertrag üblicherweise nicht getroffen werden, können Ausnahmen im Rahmen des Absatzes 1, 2 oder 2a durch die Aufsichtsbehörde bewilligt werden, wenn dies aus betrieblichen Gründen erforderlich ist und die Gesundheit der Arbeitnehmer nicht gefährdet wird.

(6) Die Bundesregierung kann durch Rechtsverordnung mit Zustimmung des Bundesrates Ausnahmen im Rahmen des Absatzes 1 oder 2 zulassen, sofern dies aus betrieblichen Gründen erforderlich ist und die Gesundheit der Arbeitnehmer nicht gefährdet wird.

(7) Auf Grund einer Regelung nach Absatz 2a oder den Absätzen 3 bis 5 jeweils in Verbindung mit Absatz 2a darf die Arbeitszeit nur verlängert werden, wenn der Arbeitnehmer schriftlich eingewilligt hat. Der Arbeitnehmer kann die Einwilligung mit einer Frist von sechs Monaten schriftlich widerrufen. Der Arbeitgeber darf einen Arbeitnehmer nicht benachteiligen, weil dieser die Einwilligung zur Verlängerung der Arbeitszeit nicht erklärt oder die Einwilligung widerrufen hat.

(8) Werden Regelungen nach Absatz 1 Nr. 1 und 4, Absatz 2 Nr. 2 bis 4 oder solche Regelungen auf Grund der Absätze 3 und 4 zugelassen, darf die Arbeitszeit 48 Stunden wöchentlich im Durchschnitt von zwölf Kalendermonaten nicht überschreiten. Erfolgt die Zulassung auf Grund des Absatzes 5, darf die Arbeitszeit 48 Stunden wöchentlich im Durchschnitt von sechs Kalendermonaten oder 24 Wochen nicht überschreiten.

(9) Wird die werktägliche Arbeitszeit über zwölf Stunden hinaus verlängert, muss im unmittelbaren Anschluss an die Beendigung der Arbeitszeit eine Ruhezeit von mindestens elf Stunden gewährt werden.

§ 8 Gefährliche Arbeiten

Die Bundesregierung kann durch Rechtsverordnung mit Zustimmung des Bundesrates für einzelne Beschäftigungsbereiche, für bestimmte Arbeiten oder für bestimmte Arbeitnehmergruppen, bei denen besondere Gefahren für die Gesundheit der Arbeitnehmer zu erwarten sind, die Arbeitszeit über § 3 hinaus beschränken, die Ruhepausen und Ruhezeiten über die §§ 4 und 5 hinaus ausdehnen, die Regelungen zum Schutz der Nacht- und Schichtarbeitnehmer in § 6 erweitern und die Abweichungsmöglichkeiten nach § 7 beschränken, soweit dies zum Schutz der Gesundheit der Arbeitnehmer erforderlich ist. Satz 1 gilt nicht für Beschäftigungsbereiche und Arbeiten in Betrieben, die der Bergaufsicht unterliegen.

Dritter Abschnitt Sonn- und Feiertagsruhe

§ 9 Sonn- und Feiertagsruhe

(1) Arbeitnehmer dürfen an Sonn- und gesetzlichen Feiertagen von 0 bis 24 Uhr nicht beschäftigt werden.

(2) In mehrschichtigen Betrieben mit regelmäßiger Tag- und Nachtschicht kann Beginn oder Ende der Sonn- und Feiertagsruhe um bis zu sechs Stunden vor- oder zurückverlegt werden, wenn für die auf den Beginn der Ruhezeit folgenden 24 Stunden der Betrieb ruht.

(3) Für Kraftfahrer und Beifahrer kann der Beginn der 24stündigen Sonn-und Feiertagsruhe um bis zu zwei Stunden vorverlegt werden.

§ 10 Sonn- und Feiertagsbeschäftigung

(1) Sofern die Arbeiten nicht an Werktagen vorgenommen werden können, dürfen Arbeitnehmer an Sonn- und Feiertagen abweichend von § 9 beschäftigt werden

1. in Not- und Rettungsdiensten sowie bei der Feuerwehr,
2. zur Aufrechterhaltung der öffentlichen Sicherheit und Ordnung sowie der Funktionsfähigkeit von Gerichten und Behörden und für Zwecke der Verteidigung,
3. in Krankenhäusern und anderen Einrichtungen zur Behandlung, Pflege und Betreuung von Personen,
4. in Gaststätten und anderen Einrichtungen zur Bewirtung und Beherbergung sowie im Haushalt,
5. bei Musikaufführungen, Theatervorstellungen, Filmvorführungen, Schaustellungen, Darbietungen und anderen ähnlichen Veranstaltungen,
6. bei nichtgewerblichen Aktionen und Veranstaltungen der Kirchen, Religionsgesellschaften, Verbände, Vereine, Parteien und anderer ähnlicher Vereinigungen,
7. beim Sport und in Freizeit-, Erholungs- und Vergnügungseinrichtungen, beim Fremdenverkehr sowie in Museen und wissenschaftlichen Präsenzbibliotheken,
8. beim Rundfunk, bei der Tages- und Sportpresse, bei Nachrichtenagenturen sowie bei den der Tagesaktualität dienenden Tätigkeiten für andere Presseerzeugnisse einschließlich des Austragens, bei der Herstellung von Satz, Filmen und Druckformen für tagesaktuelle Nachrichten und Bilder, bei tagesaktuellen Aufnahmen auf Ton- und Bildträger sowie beim Transport und Kommissionieren von Presseerzeugnissen, deren Ersterscheinungstag am Montag oder am Tag nach einem Feiertag liegt,
9. bei Messen, Ausstellungen und Märkten im Sinne des Titels IV der Gewerbeordnung sowie bei Volksfesten,
10. in Verkehrsbetrieben sowie beim Transport und Kommissionieren von leichtverderblichen Waren im Sinne des § 30 Abs. 3 Nr. 2 der Straßenverkehrsordnung,
11. in den Energie- und Wasserversorgungsbetrieben sowie in Abfall- und Abwasserentsorgungsbetrieben,
12. in der Landwirtschaft und in der Tierhaltung sowie in Einrichtungen zur Behandlung und Pflege von Tieren,

13. im Bewachungsgewerbe und bei der Bewachung von Betriebsanlagen,

14. bei der Reinigung und Instandhaltung von Betriebseinrichtungen, soweit hierdurch der regelmäßige Fortgang des eigenen oder eines fremden Betriebs bedingt ist, bei der Vorbereitung der Wiederaufnahme des vollen werktägigen Betriebs sowie bei der Aufrechterhaltung der Funktionsfähigkeit von Datennetzen und Rechnersystemen,

15. zur Verhütung des Verderbens von Naturerzeugnissen oder Rohstoffen oder des Mißlingens von Arbeitsergebnissen sowie bei kontinuierlich durchzuführenden Forschungsarbeiten,

16. zur Vermeidung einer Zerstörung oder erheblichen Beschädigung der Produktionseinrichtungen.

(2) Abweichend von § 9 dürfen Arbeitnehmer an Sonn- und Feiertagen mit den Produktionsarbeiten beschäftigt werden, wenn die infolge der Unterbrechung der Produktion nach Absatz 1 Nr. 14 zulässigen Arbeiten den Einsatz von mehr Arbeitnehmern als bei durchgehender Produktion erfordern.

(3) Abweichend von § 9 dürfen Arbeitnehmer an Sonn- und Feiertagen in Bäckereien und Konditoreien für bis zu drei Stunden mit der Herstellung und dem Austragen oder Ausfahren von Konditorwaren und an diesem Tag zum Verkauf kommenden Bäckerwaren beschäftigt werden.

(4) Sofern die Arbeiten nicht an Werktagen vorgenommen werden können, dürfen Arbeitnehmer zur Durchführung des Eil- und Großbetragszahlungsverkehrs und des Geld, Devisen-, Wertpapier- und Derivatehandels abweichend von § 9 Abs. 1 an den auf einen Werktag fallenden Feiertagen beschäftigt werden, die nicht in allen Mitgliedstaaten der Europäischen Union Feiertage sind.

§ 11 Ausgleich für Sonn- und Feiertagsbeschäftigung

(1) Mindestens 15 Sonntage im Jahr müssen beschäftigungsfrei bleiben.

(2) Für die Beschäftigung an Sonn- und Feiertagen gelten die §§ 3 bis 8 entsprechend, jedoch dürfen durch die Arbeitszeit an Sonn- und Feiertagen die in den §§ 3, 6 Abs. 2, §§ 7 und 21a Abs. 4 bestimmten Höchstarbeitszeiten und Ausgleichszeiträume nicht überschritten werden.

(3) Werden Arbeitnehmer an einem Sonntag beschäftigt, müssen sie einen Ersatzruhetag haben, der innerhalb eines den Beschäftigungstag einschließenden Zeitraums von zwei Wochen zu gewähren ist. Werden Arbeitnehmer an einem auf einen Werktag fallenden Feiertag beschäftigt, müssen sie einen Ersatzruhetag haben, der innerhalb eines den Beschäftigungstag einschließenden Zeitraums von acht Wochen zu gewähren ist.

(4) Die Sonn- oder Feiertagsruhe des § 9 oder der Ersatzruhetag des Absatzes 3 ist den Arbeitnehmern unmittelbar in Verbindung mit einer Ruhezeit nach § 5 zu gewähren, soweit dem technische oder arbeitsorganisatorische Gründe nicht entgegenstehen.

§ 12 Abweichende Regelungen

In einem Tarifvertrag oder auf Grund eines Tarifvertrags in einer Betriebs- oder Dienstvereinbarung kann zugelassen werden,

1. abweichend von § 11 Abs. 1 die Anzahl der beschäftigungsfreien Sonntage in den Einrichtungen des § 10 Abs. 1 Nr. 2, 3, 4 und 10 auf mindestens zehn Sonntage, im Rundfunk, in Theaterbetrieben, Orchestern sowie bei Schaustellungen auf mindestens acht Sonntage, in Filmtheatern und in der Tierhaltung auf mindestens sechs Sonntage im Jahr zu verringern,
2. abweichend von § 11 Abs. 3 den Wegfall von Ersatzruhetagen für auf Werktage fallende Feiertage zu vereinbaren oder Arbeitnehmer innerhalb eines festzulegenden Ausgleichszeitraums beschäftigungsfrei zu stellen,
3. abweichend von § 11 Abs. 1 bis 3 in der Seeschiffahrt die den Arbeitnehmern nach diesen Vorschriften zustehenden freien Tage zusammenhängend zu geben,
4. abweichend von § 11 Abs. 2 die Arbeitszeit in vollkontinuierlichen Schichtbetrieben an Sonn- und Feiertagen auf bis zu zwölf Stunden zu verlängern, wenn dadurch zusätzliche freie Schichten an Sonn- und Feiertagen erreicht werden.

§ 7 Abs. 3 bis 6 findet Anwendung.

§ 13 Ermächtigung, Anordnung, Bewilligung

(1) Die Bundesregierung kann durch Rechtsverordnung mit Zustimmung des Bundesrates zur Vermeidung erheblicher Schäden unter Berücksichtigung des Schutzes der Arbeitnehmer und der Sonn- und Feiertagsruhe

1. die Bereiche mit Sonn- und Feiertagsbeschäftigung nach § 10 sowie die dort zugelassenen Arbeiten näher bestimmen,
2. über die Ausnahmen nach § 10 hinaus weitere Ausnahmen abweichend von § 9

    a) für Betriebe, in denen die Beschäftigung von Arbeitnehmern an Sonn- oder Feiertagen zur Befriedigung täglicher oder an diesen Tagen besonders hervortretender Bedürfnisse der Bevölkerung erforderlich ist,

    b) für Betriebe, in denen Arbeiten vorkommen, deren Unterbrechung oder Aufschub

        aa) nach dem Stand der Technik ihrer Art nach nicht oder nur mit erheblichen Schwierigkeiten möglich ist,

        bb) besondere Gefahren für Leben oder Gesundheit der Arbeitnehmer zur Folge hätte,

        cc) zu erheblichen Belastungen der Umwelt oder der Energie- oder Wasserversorgung führen würde,

    c) aus Gründen des Gemeinwohls, insbesondere auch zur Sicherung der Beschäftigung, zulassen und die zum Schutz der Arbeitnehmer und der Sonn- und Feiertagsruhe notwendigen Bedingungen bestimmen.

(2) Soweit die Bundesregierung von der Ermächtigung des Absatzes 1 Nr. 2 Buchstabe a keinen Gebrauch gemacht hat, können die Landesregierungen durch Rechtsverordnung entsprechende Bestimmungen erlassen. Die Landesregierungen können diese Ermächtigung durch Rechtsverordnung auf oberste Landesbehörden übertragen.

(3) Die Aufsichtsbehörde kann

1. feststellen, ob eine Beschäftigung nach § 10 zulässig ist,

2. abweichend von § 9 bewilligen, Arbeitnehmer zu beschäftigen

    a) im Handelsgewerbe an bis zu zehn Sonn- und Feiertagen im Jahr, an denen besondere Verhältnisse einen erweiterten Geschäftsverkehr erforderlich machen,
    b) an bis zu fünf Sonn- und Feiertagen im Jahr, wenn besondere Verhältnisse zur Verhütung eines unverhältnismäßigen Schadens dies erfordern,
    c) an einem Sonntag im Jahr zur Durchführung einer gesetzlich vorgeschriebenen Inventur,

und Anordnungen über die Beschäftigungszeit unter Berücksichtigung der für den öffentlichen Gottesdienst bestimmten Zeit treffen.

(4) Die Aufsichtsbehörde soll abweichend von § 9 bewilligen, daß Arbeitnehmer an Sonn- und Feiertagen mit Arbeiten beschäftigt werden, die aus chemischen, biologischen, technischen oder physikalischen Gründen einen ununterbrochenen Fortgang auch an Sonn- und Feiertagen erfordern.

(5) Die Aufsichtsbehörde hat abweichend von § 9 die Beschäftigung von Arbeitnehmern an Sonn- und Feiertagen zu bewilligen, wenn bei einer weitgehenden Ausnutzung der gesetzlich zulässigen wöchentlichen Betriebszeiten und bei längeren Betriebszeiten im Ausland die Konkurrenzfähigkeit unzumutbar beeinträchtigt ist und durch die Genehmigung von Sonn- und Feiertagsarbeit die Beschäftigung gesichert werden kann.

Vierter Abschnitt Ausnahmen in besonderen Fällen

§ 14 Außergewöhnliche Fälle

(1) Von den §§ 3 bis 5, 6 Abs. 2, §§ 7, 9 bis 11 darf abgewichen werden bei vorübergehenden Arbeiten in Notfällen und in außergewöhnlichen Fällen, die unabhängig vom Willen der Betroffenen eintreten und deren Folgen nicht auf andere Weise zu beseitigen sind, besonders wenn Rohstoffe oder Lebensmittel zu verderben oder Arbeitsergebnisse zu mißlingen drohen.

(2) Von den §§ 3 bis 5, 6 Abs. 2, §§ 7, 11 Abs. 1 bis 3 und § 12 darf ferner abgewichen werden,

1. wenn eine verhältnismäßig geringe Zahl von Arbeitnehmern vorübergehend mit Arbeiten beschäftigt wird, deren Nichterledigung das Ergebnis der Arbeiten gefährden oder einen unverhältnismäßigen Schaden zur Folge haben würden,
2. bei Forschung und Lehre, bei unaufschiebbaren Vor- und Abschlußarbeiten sowie bei unaufschiebbaren Arbeiten zur Behandlung, Pflege und Betreuung von Personen oder zur Behandlung und Pflege von Tieren an einzelnen Tagen,

wenn dem Arbeitgeber andere Vorkehrungen nicht zugemutet werden können.

(3) Wird von den Befugnissen nach Absatz 1 oder 2 Gebrauch gemacht, darf die Arbeitszeit 48 Stunden wöchentlich im Durchschnitt von sechs Kalendermonaten oder 24 Wochen nicht überschreiten.

§ 15 Bewilligung, Ermächtigung

(1) Die Aufsichtsbehörde kann

1. eine von den §§ 3, 6 Abs. 2 und § 11 Abs. 2 abweichende längere tägliche Arbeitszeit bewilligen

   a) für kontinuierliche Schichtbetriebe zur Erreichung zusätzlicher Freischichten,
   b) für Bau- und Montagestellen,

2. eine von den §§ 3, 6 Abs. 2 und § 11 Abs. 2 abweichende längere tägliche Arbeitszeit für Saison- und Kampagnebetriebe für die Zeit der Saison oder Kampagne bewilligen, wenn die Verlängerung der Arbeitszeit über acht Stunden werktäglich durch eine entsprechende Verkürzung der Arbeitszeit zu anderen Zeiten ausgeglichen wird,
2. eine von den §§ 5 und 11 Abs. 2 abweichende Dauer und Lage der Ruhezeit bei Arbeitsbereitschaft, Bereitschaftsdienst und Rufbereitschaft den Besonderheiten dieser Inanspruchnahmen im öffentlichen Dienst entsprechend bewilligen,
3. eine von den §§ 5 und 11 Abs. 2 abweichende Ruhezeit zur Herbeiführung eines regelmäßigen wöchentlichen Schichtwechsels zweimal innerhalb eines Zeitraums von drei Wochen bewilligen.

(2) Die Aufsichtsbehörde kann über die in diesem Gesetz vorgesehenen Ausnahmen hinaus weitergehende Ausnahmen zulassen, soweit sie im öffentlichen Interesse dringend nötig werden.

(3) Das Bundesministerium der Verteidigung kann in seinem Geschäftsbereich durch Rechtsverordnung mit Zustimmung des Bundesministeriums für Arbeit und Soziales aus zwingenden Gründen der Verteidigung Arbeitnehmer verpflichten, über die in diesem Gesetz und in den auf Grund dieses Gesetzes erlassenen Rechtsverordnungen und Tarifverträgen festgelegten Arbeitszeitgrenzen und -beschränkungen hinaus Arbeit zu leisten.

(4) Werden Ausnahmen nach Absatz 1 oder 2 zugelassen, darf die Arbeitszeit 48 Stunden wöchentlich im Durchschnitt von sechs Kalendermonaten oder 24 Wochen nicht überschreiten.

Fünfter Abschnitt Durchführung des Gesetzes

§ 16 Aushang und Arbeitszeitnachweise

(1) Der Arbeitgeber ist verpflichtet, einen Abdruck dieses Gesetzes, der auf Grund dieses Gesetzes erlassenen, für den Betrieb geltenden Rechtsverordnungen und der für den Betrieb geltenden Tarifverträge und Betriebs- oder Dienstvereinbarungen im Sinne des § 7 Abs. 1 bis 3, §§ 12 und 21a Abs. 6 an geeigneter Stelle im Betrieb zur Einsichtnahme auszulegen oder auszuhängen.

(2) Der Arbeitgeber ist verpflichtet, die über die werktägliche Arbeitszeit des § 3 Satz 1 hinausgehende Arbeitszeit der Arbeitnehmer aufzuzeichnen und ein Verzeichnis der Arbeitnehmer zu führen, die in eine Verlängerung der Arbeitszeit gemäß § 7 Abs. 7 eingewilligt haben. Die Nachweise sind mindestens zwei Jahre aufzubewahren.

§ 17 Aufsichtsbehörde

(1) Die Einhaltung dieses Gesetzes und der auf Grund dieses Gesetzes erlassenen Rechtsverordnungen wird von den nach Landesrecht zuständigen Behörden (Aufsichtsbehörden) überwacht.

(2) Die Aufsichtsbehörde kann die erforderlichen Maßnahmen anordnen, die der Arbeitgeber zur Erfüllung der sich aus diesem Gesetz und den auf Grund dieses Gesetzes erlassenen Rechtsverordnungen ergebenden Pflichten zu treffen hat.

(3) Für den öffentlichen Dienst des Bundes sowie für die bundesunmittelbaren Körperschaften, Anstalten und Stiftungen des öffentlichen Rechts werden die Aufgaben und Befugnisse der Aufsichtsbehörde vom zuständigen Bundesministerium oder den von ihm bestimmten Stellen wahrgenommen; das gleiche gilt für die Befugnisse nach § 15 Abs. 1 und 2.

(4) Die Aufsichtsbehörde kann vom Arbeitgeber die für die Durchführung dieses Gesetzes und der auf Grund dieses Gesetzes erlassenen Rechtsverordnungen erforderlichen Auskünfte verlangen. Sie kann ferner vom Arbeitgeber verlangen, die Arbeitszeitnachweise und Tarifverträge oder Betriebs- oder Dienstvereinbarungen im Sinne des § 7 Abs. 1 bis 3, §§ 12 und 21a Abs. 6 vorzulegen oder zur Einsicht einzusenden.

(5) Die Beauftragen der Aufsichtsbehörde sind berechtigt, die Arbeitsstätten während der Betriebs- und Arbeitszeit zu betreten und zu besichtigen; außerhalb dieser Zeit oder wenn sich die Arbeitsstätten in einer Wohnung befinden, dürfen sie ohne Einverständnis des Inhabers nur zur Verhütung von dringenden Gefahren für die öffentliche Sicherheit und Ordnung betreten und besichtigt werden. Der Arbeitgeber hat das Betreten und Besichtigen der Arbeitsstätten zu gestatten. Das Grundrecht der Unverletzlichkeit der Wohnung (Artikel 13 des Grundgesetzes) wird insoweit eingeschränkt.

(6) Der zur Auskunft Verpflichtete kann die Auskunft auf solche Fragen verweigern, deren Beantwortung ihn selbst oder einen der in § 383 Abs. 1 Nr. 1 bis 3 der Zivilprozeßordnung

bezeichneten Angehörigen der Gefahr strafgerichtlicher Verfolgung oder eines Verfahrens nach dem Gesetz über Ordnungswidrigkeiten aussetzen würde.

Sechster Abschnitt Sonderregelungen

§ 18 Nichtanwendung des Gesetzes

(1) Dieses Gesetz ist nicht anzuwenden auf

1. leitende Angestellte im Sinne des § 5 Abs. 3 des Betriebsverfassungsgesetzes sowie Chefärzte,
2. Leiter von öffentlichen Dienststellen und deren Vertreter sowie Arbeitnehmer im öffentlichen Dienst, die zu selbständigen Entscheidungen in Personalangelegenheiten befugt sind,
3. Arbeitnehmer, die in häuslicher Gemeinschaft mit den ihnen anvertrauten Personen zusammenleben und sie eigenverantwortlich erziehen, pflegen oder betreuen,
4. den liturgischen Bereich der Kirchen und der Religionsgemeinschaften.

(2) Für die Beschäftigung von Personen unter 18 Jahren gilt anstelle dieses Gesetzes das Jugendarbeitsschutzgesetz.

(3) Für die Beschäftigung von Arbeitnehmern auf Kauffahrteischiffen als Besatzungsmitglieder im Sinne des § 3 des Seemannsgesetzes gilt anstelle dieses Gesetzes das Seemannsgesetz.

(4)

§ 19 Beschäftigung im öffentlichen Dienst

Bei der Wahrnehmung hoheitlicher Aufgaben im öffentlichen Dienst können, soweit keine tarifvertragliche Regelung besteht, durch die zuständige Dienstbehörde die für Beamte geltenden Bestimmungen über die Arbeitszeit auf die Arbeitnehmer übertragen werden; insoweit finden die §§ 3 bis 13 keine Anwendung.

§ 20 Beschäftigung in der Luftfahrt

Für die Beschäftigung von Arbeitnehmern als Besatzungsmitglieder von Luftfahrzeugen gelten anstelle der Vorschriften dieses Gesetzes über Arbeits- und Ruhezeiten die Vorschriften über Flug-, Flugdienst- und Ruhezeiten der Zweiten Durchführungsverordnung zur Betriebsordnung für Luftfahrtgerät in der jeweils geltenden Fassung.

§ 21 Beschäftigung in der Binnenschiffahrt

Die Vorschriften dieses Gesetzes gelten für die Beschäftigung von Fahrpersonal in der Binnenschiffahrt, soweit die Vorschriften über Ruhezeiten der Binnenschiffsuntersuchungsordnung in der jeweils geltenden Fassung dem nicht entgegenstehen. Sie können durch Tarifvertrag der Eigenart der Binnenschiffahrt angepaßt werden.

§ 21a Beschäftigung im Straßentransport

(1) Für die Beschäftigung von Arbeitnehmern als Fahrer oder Beifahrer bei Straßenverkehrstätigkeiten im Sinne der Verordnung (EG) Nr. 561/2006 des Europäischen Parlaments und des Rates vom 15. März 2006 zur Harmonisierung bestimmter Sozialvorschriften im Straßenverkehr und zur Änderung der Verordnungen (EWG) Nr. 3821/85 und (EG) Nr. 2135/98 des Rates sowie zur Aufhebung der Verordnung (EWG) Nr. 3820/85 des Rates (ABl. EG Nr. L 102 S. 1) oder des Europäischen Übereinkommens über die Arbeit des im internationalen Straßenverkehr beschäftigten Fahrpersonals (AETR) vom 1. Juli 1970 (BGBl. II 1974 S. 1473) in ihren jeweiligen Fassungen gelten die Vorschriften dieses Gesetzes, soweit nicht die folgenden Absätze abweichende Regelungen enthalten. Die Vorschriften der Verordnung (EG) Nr. 561/2006 und des AETR bleiben unberührt.

(2) Eine Woche im Sinne dieser Vorschriften ist der Zeitraum von Montag 0 Uhr bis Sonntag 24 Uhr.

(3) Abweichend von § 2 Abs. 1 ist keine Arbeitszeit:

1. die Zeit, während derer sich ein Arbeitnehmer am Arbeitsplatz bereithalten muss, um seine Tätigkeit aufzunehmen,
2. die Zeit, während derer sich ein Arbeitnehmer bereithalten muss, um seine Tätigkeit auf Anweisung aufnehmen zu können, ohne sich an seinem Arbeitsplatz aufhalten zu müssen;
3. für Arbeitnehmer, die sich beim Fahren abwechseln, die während der Fahrt neben dem Fahrer oder in einer Schlafkabine verbrachte Zeit.

Für die Zeiten nach Satz 1 Nr. 1 und 2 gilt dies nur, wenn der Zeitraum und dessen voraussichtliche Dauer im Voraus, spätestens unmittelbar vor Beginn des betreffenden Zeitraums bekannt ist. Die in Satz 1 genannten Zeiten sind keine Ruhezeiten. Die in Satz 1 Nr. 1 und 2 genannten Zeiten sind keine Ruhepausen.

(4) Die Arbeitszeit darf 48 Stunden wöchentlich nicht überschreiten. Sie kann auf bis zu 60 Stunden verlängert werden, wenn innerhalb von vier Kalendermonaten oder 16 Wochen im Durchschnitt 48 Stunden wöchentlich nicht überschritten werden.

(5) Die Ruhezeiten bestimmen sich nach den Vorschriften der Europäischen Gemeinschaften für Kraftfahrer und Beifahrer sowie nach dem AETR. Dies gilt auch für Auszubildende und Praktikanten.

(6) In einem Tarifvertrag oder auf Grund eines Tarifvertrags in einer Betriebs- oder Dienstvereinbarung kann zugelassen werden,

1. nähere Einzelheiten zu den in Absatz 3 Satz 1 Nr. 1, 2 und Satz 2 genannten Voraussetzungen zu regeln,
2. abweichend von Absatz 4 sowie den §§ 3 und 6 Abs. 2 die Arbeitszeit festzulegen, wenn objektive, technische oder arbeitszeitorganisatorische Gründe vorliegen. Dabei

darf die Arbeitszeit 48 Stunden wöchentlich im Durchschnitt von sechs Kalendermonaten nicht überschreiten.

§ 7 Abs. 1 Nr. 2 und Abs. 2a gilt nicht. § 7 Abs. 3 gilt entsprechend.

(7) Der Arbeitgeber ist verpflichtet, die Arbeitszeit der Arbeitnehmer aufzuzeichnen. Die Aufzeichnungen sind mindestens zwei Jahre aufzubewahren. Der Arbeitgeber hat dem Arbeitnehmer auf Verlangen eine Kopie der Aufzeichnungen seiner Arbeitszeit auszuhändigen.

(8) Zur Berechnung der Arbeitszeit fordert der Arbeitgeber den Arbeitnehmer schriftlich auf, ihm eine Aufstellung der bei einem anderen Arbeitgeber geleisteten Arbeitszeit vorzulegen. Der Arbeitnehmer legt diese Angaben schriftlich vor.

Siebter Abschnitt Straf- und Bußgeldvorschriften

§ 22 Bußgeldvorschriften

(1) Ordnungswidrig handelt, wer als Arbeitgeber vorsätzlich oder fahrlässig

1. entgegen §§ 3, 6 Abs. 2 oder § 21a Abs. 4, jeweils auch in Verbindung mit § 11 Abs. 2, einen Arbeitnehmer über die Grenzen der Arbeitszeit hinaus beschäftigt,
2. entgegen § 4 Ruhepausen nicht, nicht mit der vorgeschriebenen Mindestdauer oder nicht rechtzeitig gewährt,
3. entgegen § 5 Abs. 1 die Mindestruhezeit nicht gewährt oder entgegen § 5 Abs. 2 die Verkürzung der Ruhezeit durch Verlängerung einer anderen Ruhezeit nicht oder nicht rechtzeitig ausgleicht,
4. einer Rechtsverordnung nach § 8 Satz 1, § 13 Abs. 1 oder 2 oder § 24 zuwiderhandelt, soweit sie für einen bestimmten Tatbestand auf diese Bußgeldvorschrift verweist,
5. entgegen § 9 Abs. 1 einen Arbeitnehmer an Sonn- oder Feiertagen beschäftigt,
6. entgegen § 11 Abs. 1 einen Arbeitnehmer an allen Sonntagen beschäftigt oder entgegen § 11 Abs. 3 einen Ersatzruhetag nicht oder nicht rechtzeitig gewährt,
7. einer vollziehbaren Anordnung nach § 13 Abs. 3 Nr. 2 zuwiderhandelt,
8. entgegen § 16 Abs. 1 die dort bezeichnete Auslage oder den dort bezeichneten Aushang nicht vornimmt,
9. entgegen § 16 Abs. 2 oder § 21a Abs. 7 Aufzeichnungen nicht oder nicht richtig erstellt oder nicht für die vorgeschriebene Dauer aufbewahrt oder
10. entgegen § 17 Abs. 4 eine Auskunft nicht, nicht richtig oder nicht vollständig erteilt, Unterlagen nicht oder nicht vollständig vorlegt oder nicht einsendet oder entgegen § 17 Abs. 5 Satz 2 eine Maßnahme nicht gestattet.

(2) Die Ordnungswidrigkeit kann in den Fällen des Absatzes 1 Nr. 1 bis 7, 9 und 10 mit einer Geldbuße bis zu fünfzehntausend Euro, in den Fällen des Absatzes 1 Nr. 8 mit einer Geldbuße bis zu zweitausendfünfhundert Euro geahndet werden.

§ 23 Strafvorschriften

(1) Wer eine der in § 22 Abs. 1 Nr. 1 bis 3, 5 bis 7 bezeichneten Handlungen

1. vorsätzlich begeht und dadurch Gesundheit oder Arbeitskraft eines Arbeitnehmers gefährdet oder
2. beharrlich wiederholt, wird mit Freiheitsstrafe bis zu einem Jahr oder mit Geldstrafe bestraft.

(2) Wer in den Fällen des Absatzes 1 Nr. 1 die Gefahr fahrlässig verursacht, wird mit Freiheitsstrafe bis zu sechs Monaten oder mit Geldstrafe bis zu 180 Tagessätzen bestraft.

Achter Abschnitt Schlußvorschriften

§ 24 Umsetzung von zwischenstaatlichen Vereinbarungen und Rechtsakten der EG

Die Bundesregierung kann mit Zustimmung des Bundesrates zur Erfüllung von Verpflichtungen aus zwischenstaatlichen Vereinbarungen oder zur Umsetzung von Rechtsakten des Rates oder der Kommission der Europäischen Gemeinschaften, die Sachbereiche dieses Gesetzes betreffen, Rechtsverordnungen nach diesem Gesetz erlassen.

§ 25 Übergangsregelung für Tarifverträge

Enthält ein am 1. Januar 2004 bestehender oder nachwirkender Tarifvertrag abweichende Regelungen nach § 7 Abs. 1 oder 2 oder § 12 Satz 1, die den in diesen Vorschriften festgelegten Höchstrahmen überschreiten, bleiben diese tarifvertraglichen Bestimmungen bis zum 31. Dezember 2006 unberührt. Tarifverträgen nach Satz 1 stehen durch Tarifvertrag zugelassene Betriebsvereinbarungen sowie Regelungen nach § 7 Abs. 4 gleich.

§ 26 (weggefallen)

Bundesdatenschutzgesetz (BDSG) (Auszug)

Ausfertigungsdatum: 20.12.1990, Stand: Neugefasst durch Bek. v. 14.1.2003 I 66; Zuletzt geändert durch Art. 1 G v. 14.8.2009 I 2814

Erster Abschnitt Allgemeine und gemeinsame Bestimmungen

§ 1 Zweck und Anwendungsbereich des Gesetzes

(1) Zweck dieses Gesetzes ist es, den Einzelnen davor zu schützen, dass er durch den Umgang mit seinen personenbezogenen Daten in seinem Persönlichkeitsrecht beeinträchtigt wird.

(2) Dieses Gesetz gilt für die Erhebung, Verarbeitung und Nutzung personenbezogener Daten durch

1. öffentliche Stellen des Bundes,

2. öffentliche Stellen der Länder, soweit der Datenschutz nicht durch Landesgesetz geregelt ist und soweit sie

    a) Bundesrecht ausführen oder
    b) als Organe der Rechtspflege tätig werden und es sich nicht um Verwaltungsangelegenheiten handelt,

3. nicht-öffentliche Stellen, soweit sie die Daten unter Einsatz von Datenverarbeitungsanlagen verarbeiten, nutzen oder dafür erheben oder die Daten in oder aus nicht automatisierten Dateien verarbeiten, nutzen oder dafür erheben, es sei denn, die Erhebung, Verarbeitung oder Nutzung der Daten erfolgt ausschließlich für persönliche oder familiäre Tätigkeiten.

(3) Soweit andere Rechtsvorschriften des Bundes auf personenbezogene Daten einschließlich deren Veröffentlichung anzuwenden sind, gehen sie den Vorschriften dieses Gesetzes vor. Die Verpflichtung zur Wahrung gesetzlicher Geheimhaltungspflichten oder von Berufs- oder besonderen Amtsgeheimnissen, die nicht auf gesetzlichen Vorschriften beruhen, bleibt unberührt.

(4) Die Vorschriften dieses Gesetzes gehen denen des Verwaltungsverfahrensgesetzes vor, soweit bei der Ermittlung des Sachverhalts personenbezogene Daten verarbeitet werden.

(5) Dieses Gesetz findet keine Anwendung, sofern eine in einem anderen Mitgliedstaat der Europäischen Union oder in einem anderen Vertragsstaat des Abkommens über den Europäischen Wirtschaftsraum belegene verantwortliche Stelle personenbezogene Daten im Inland erhebt, verarbeitet oder nutzt, es sei denn, dies erfolgt durch eine Niederlassung im Inland. Dieses Gesetz findet Anwendung, sofern eine verantwortliche Stelle, die nicht in einem Mitgliedstaat der Europäischen Union oder in einem anderen Vertragsstaat des Abkommens über den Europäischen Wirtschaftsraum belegen ist, personenbezogene Daten im

Inland erhebt, verarbeitet oder nutzt. Soweit die verantwortliche Stelle nach diesem Gesetz zu nennen ist, sind auch Angaben über im Inland ansässige Vertreter zu machen. Die Sätze 2 und 3 gelten nicht, sofern Datenträger nur zum Zweck des Transits durch das Inland eingesetzt werden. § 38 Abs. 1 Satz 1 bleibt unberührt.

§ 2 Öffentliche und nicht-öffentliche Stellen

(1) Öffentliche Stellen des Bundes sind die Behörden, die Organe der Rechtspflege und andere öffentlich-rechtlich organisierte Einrichtungen des Bundes, der bundesunmittelbaren Körperschaften, Anstalten und Stiftungen des öffentlichen Rechts

sowie deren Vereinigungen ungeachtet ihrer Rechtsform. Als öffentliche Stellen gelten die aus dem Sondervermögen Deutsche Bundespost durch Gesetz hervorgegangenen Unternehmen, solange ihnen ein ausschließliches Recht nach dem Postgesetz zusteht.

(2) Öffentliche Stellen der Länder sind die Behörden, die Organe der Rechtspflege und andere öffentlich-rechtlich organisierte Einrichtungen eines Landes, einer Gemeinde, eines Gemeindeverbandes und sonstiger der Aufsicht des Landes unterstehender juristischer Personen des öffentlichen Rechts sowie deren Vereinigungen ungeachtet ihrer Rechtsform.

(3) Vereinigungen des privaten Rechts von öffentlichen Stellen des Bundes und der Länder, die Aufgaben der öffentlichen Verwaltung wahrnehmen, gelten ungeachtet der Beteiligung nicht-öffentlicher Stellen als öffentliche Stellen des Bundes, wenn

1. sie über den Bereich eines Landes hinaus tätig werden oder
2. dem Bund die absolute Mehrheit der Anteile gehört oder die absolute Mehrheit der Stimmen zusteht.

Andernfalls gelten sie als öffentliche Stellen der Länder.

(4) Nicht-öffentliche Stellen sind natürliche und juristische Personen, Gesellschaften und andere Personenvereinigungen des privaten Rechts, soweit sie nicht unter die Absätze 1 bis 3 fallen. Nimmt eine nicht-öffentliche Stelle hoheitliche Aufgaben der öffentlichen Verwaltung wahr, ist sie insoweit öffentliche Stelle im Sinne dieses Gesetzes.

§ 3 Weitere Begriffsbestimmungen

(1) Personenbezogene Daten sind Einzelangaben über persönliche oder sachliche Verhältnisse einer bestimmten oder bestimmbaren natürlichen Person (Betroffener).

(2) Automatisierte Verarbeitung ist die Erhebung, Verarbeitung oder Nutzung personenbezogener Daten unter Einsatz von Datenverarbeitungsanlagen. Eine nicht automatisierte Datei ist jede nicht automatisierte Sammlung personenbezogener Daten, die gleichartig aufgebaut ist und nach bestimmten Merkmalen zugänglich ist und ausgewertet werden kann.

(3) Erheben ist das Beschaffen von Daten über den Betroffenen.

(4) Verarbeiten ist das Speichern, Verändern, Übermitteln, Sperren und Löschen personenbezogener Daten. Im Einzelnen ist, ungeachtet der dabei angewendeten Verfahren:

1. Speichern das Erfassen, Aufnehmen oder Aufbewahren personenbezogener Daten auf einem Datenträger zum Zwecke ihrer weiteren Verarbeitung oder Nutzung,

2. Verändern das inhaltliche Umgestalten gespeicherter personenbezogener Daten,

3. Übermitteln das Bekanntgeben gespeicherter oder durch Datenverarbeitung gewonnener personenbezogener Daten an einen Dritten in der Weise, dass

    a) die Daten an den Dritten weitergegeben werden oder
    b) der Dritte zur Einsicht oder zum Abruf bereitgehaltene Daten einsieht oder abruft,

4. Sperren das Kennzeichnen gespeicherter personenbezogener Daten, um ihre weitere Verarbeitung oder Nutzung einzuschränken,

5. Löschen das Unkenntlichmachen gespeicherter personenbezogener Daten.

(5) Nutzen ist jede Verwendung personenbezogener Daten, soweit es sich nicht um Verarbeitung handelt.

(6) Anonymisieren ist das Verändern personenbezogener Daten derart, dass die Einzelangaben über persönliche oder sachliche Verhältnisse nicht mehr oder nur mit einem unverhältnismäßig großen Aufwand an Zeit, Kosten und Arbeitskraft einer bestimmten oder bestimmbaren natürlichen Person zugeordnet werden können.

(6a) Pseudonymisieren ist das Ersetzen des Namens und anderer Identifikationsmerkmale durch ein Kennzeichen zu dem Zweck, die Bestimmung des Betroffenen auszuschließen oder wesentlich zu erschweren.

(7) Verantwortliche Stelle ist jede Person oder Stelle, die personenbezogene Daten für sich selbst erhebt, verarbeitet oder nutzt oder dies durch andere im Auftrag vornehmen lässt.

(8) Empfänger ist jede Person oder Stelle, die Daten erhält. Dritter ist jede Person oder Stelle außerhalb der verantwortlichen Stelle. Dritte sind nicht der Betroffene sowie Personen und Stellen, die im Inland, in einem anderen Mitgliedstaat der Europäischen Union oder in einem anderen Vertragsstaat des Abkommens über den Europäischen Wirtschaftsraum personenbezogene Daten im Auftrag erheben, verarbeiten oder nutzen.

(9) Besondere Arten personenbezogener Daten sind Angaben über die rassische und ethnische Herkunft, politische Meinungen, religiöse oder philosophische Überzeugungen, Gewerkschaftszugehörigkeit, Gesundheit oder Sexualleben.

(10) Mobile personenbezogene Speicher- und Verarbeitungsmedien sind Datenträger,

1. die an den Betroffenen ausgegeben werden,
2. auf denen personenbezogene Daten über die Speicherung hinaus durch die ausgebende oder eine andere Stelle automatisiert verarbeitet werden können und

3. bei denen der Betroffene diese Verarbeitung nur durch den Gebrauch des Mediums beeinflussen kann.

(11) Beschäftigte sind:

1. Arbeitnehmerinnen und Arbeitnehmer,
2. zu ihrer Berufsbildung Beschäftigte,
3. Teilnehmerinnen und Teilnehmer an Leistungen zur Teilhabe am Arbeitsleben sowie an Abklärungen der beruflichen Eignung oder Arbeitserprobung (Rehabilitandinnen und Rehabilitanden),
4. in anerkannten Werkstätten für behinderte Menschen Beschäftigte,
5. nach dem Jugendfreiwilligendienstegesetz Beschäftigte,
6. Personen, die wegen ihrer wirtschaftlichen Unselbständigkeit als arbeitnehmerähnliche Personen anzusehen sind; zu diesen gehören auch die in Heimarbeit Beschäftigten und die ihnen Gleichgestellten,
7. Bewerberinnen und Bewerber für ein Beschäftigungsverhältnis sowie Personen, deren Beschäftigungsverhältnis beendet ist,
8. Beamtinnen, Beamte, Richterinnen und Richter des Bundes, Soldatinnen und Soldaten sowie Zivildienstleistende.

§ 3a Datenvermeidung und Datensparsamkeit

Die Erhebung, Verarbeitung und Nutzung personenbezogener Daten und die Auswahl und Gestaltung von Datenverarbeitungssystemen sind an dem Ziel auszurichten, so wenig personenbezogene Daten wie möglich zu erheben, zu verarbeiten oder zu nutzen. Insbesondere sind personenbezogene Daten zu anonymisieren oder zu pseudonymisieren, soweit dies nach dem Verwendungszweck möglich ist und keinen im Verhältnis zu dem angestrebten Schutzzweck unverhältnismäßigen Aufwand erfordert.

§ 4 Zulässigkeit der Datenerhebung, -verarbeitung und -nutzung

(1) Die Erhebung, Verarbeitung und Nutzung personenbezogener Daten sind nur zulässig, soweit dieses Gesetz oder eine andere Rechtsvorschrift dies erlaubt oder anordnet oder der Betroffene eingewilligt hat.

(2) Personenbezogene Daten sind beim Betroffenen zu erheben. Ohne seine Mitwirkung dürfen sie nur erhoben werden, wenn

1. eine Rechtsvorschrift dies vorsieht oder zwingend voraussetzt oder

2. a) die zu erfüllende Verwaltungsaufgabe ihrer Art nach oder der Geschäftszweck eine Erhebung bei anderen Personen oder Stellen erforderlich macht oder
   b) die Erhebung beim Betroffenen einen unverhältnismäßigen Aufwand erfordern würde

und keine Anhaltspunkte dafür bestehen, dass überwiegende schutzwürdige Interessen des Betroffenen beeinträchtigt werden.

(3) Werden personenbezogene Daten beim Betroffenen erhoben, so ist er, sofern er nicht bereits auf andere Weise Kenntnis erlangt hat, von der verantwortlichen Stelle über

1. die Identität der verantwortlichen Stelle,
2. die Zweckbestimmungen der Erhebung, Verarbeitung oder Nutzung und
3. die Kategorien von Empfängern nur, soweit der Betroffene nach den Umständen des Einzelfalles nicht mit der Übermittlung an diese rechnen muss,

zu unterrichten. Werden personenbezogene Daten beim Betroffenen aufgrund einer Rechtsvorschrift erhoben, die zur Auskunft verpflichtet, oder ist die Erteilung der Auskunft Voraussetzung für die Gewährung von Rechtsvorteilen, so ist der Betroffene hierauf, sonst auf die Freiwilligkeit seiner Angaben hinzuweisen. Soweit nach den Umständen des Einzelfalles erforderlich oder auf Verlangen, ist er über die Rechtsvorschrift und über die Folgen der Verweigerung von Angaben aufzuklären.

§ 4a Einwilligung

(1) Die Einwilligung ist nur wirksam, wenn sie auf der freien Entscheidung des Betroffenen beruht. Er ist auf den vorgesehenen Zweck der Erhebung, Verarbeitung oder Nutzung sowie, soweit nach den Umständen des Einzelfalles erforderlich oder auf Verlangen, auf die Folgen der Verweigerung der Einwilligung hinzuweisen. Die Einwilligung bedarf der Schriftform, soweit nicht wegen besonderer Umstände eine andere Form angemessen ist. Soll die Einwilligung zusammen mit anderen Erklärungen schriftlich erteilt werden, ist sie besonders hervorzuheben.

(2) Im Bereich der wissenschaftlichen Forschung liegt ein besonderer Umstand im Sinne von Absatz 1 Satz 3 auch dann vor, wenn durch die Schriftform der bestimmte Forschungszweck erheblich beeinträchtigt würde. In diesem Fall sind der Hinweis nach Absatz 1 Satz 2 und die Gründe, aus denen sich die erhebliche Beeinträchtigung des bestimmten Forschungszwecks ergibt, schriftlich festzuhalten.

(3) Soweit besondere Arten personenbezogener Daten (§ 3 Abs. 9) erhoben, verarbeitet oder genutzt werden, muss sich die Einwilligung darüber hinaus ausdrücklich auf diese Daten beziehen.

§ 4b Übermittlung personenbezogener Daten ins Ausland sowie an über- oder zwischenstaatliche Stellen

(1) Für die Übermittlung personenbezogener Daten an Stellen

1. in anderen Mitgliedstaaten der Europäischen Union,
2. in anderen Vertragsstaaten des Abkommens über den Europäischen Wirtschaftsraum oder
3. der Organe und Einrichtungen der Europäischen Gemeinschaften

gelten § 15 Abs. 1, § 16 Abs. 1 und §§ 28 bis 30a nach Maßgabe der für diese Übermittlung geltenden Gesetze und Vereinbarungen, soweit die Übermittlung im Rahmen von Tätigkeiten erfolgt, die ganz oder teilweise in den Anwendungsbereich des Rechts der Europäischen Gemeinschaften fallen.

(2) Für die Übermittlung personenbezogener Daten an Stellen nach Absatz 1, die nicht im Rahmen von Tätigkeiten erfolgt, die ganz oder teilweise in den Anwendungsbereich des Rechts der Europäischen Gemeinschaften fallen, sowie an sonstige ausländische oder über- oder zwischenstaatliche Stellen gilt Absatz 1 entsprechend. Die Übermittlung unterbleibt, soweit der Betroffene ein schutzwürdiges Interesse an dem Ausschluss der Übermittlung hat, insbesondere wenn bei den in Satz 1 genannten Stellen ein angemessenes Datenschutzniveau nicht gewährleistet ist. Satz 2 gilt nicht, wenn die Übermittlung zur Erfüllung eigener Aufgaben einer öffentlichen Stelle des Bundes aus zwingenden Gründen der Verteidigung oder der Erfüllung über- oder zwischenstaatlicher Verpflichtungen auf dem Gebiet der Krisenbewältigung oder Konfliktverhinderung oder für humanitäre Maßnahmen erforderlich ist.

(3) Die Angemessenheit des Schutzniveaus wird unter Berücksichtigung aller Umstände beurteilt, die bei einer Datenübermittlung oder einer Kategorie von Datenübermittlungen von Bedeutung sind; insbesondere können die Art der Daten, die Zweckbestimmung, die Dauer der geplanten Verarbeitung, das Herkunfts- und das Endbestimmungsland, die für den betreffenden Empfänger geltenden Rechtsnormen sowie die für ihn geltenden Standesregeln und Sicherheitsmaßnahmen herangezogen werden.

(4) In den Fällen des § 16 Abs. 1 Nr. 2 unterrichtet die übermittelnde Stelle den Betroffenen von der Übermittlung seiner Daten. Dies gilt nicht, wenn damit zu rechnen ist, dass er davon auf andere Weise Kenntnis erlangt, oder wenn die Unterrichtung die öffentliche Sicherheit gefährden oder sonst dem Wohl des Bundes oder eines Landes Nachteile bereiten würde.

(5) Die Verantwortung für die Zulässigkeit der Übermittlung trägt die übermittelnde Stelle.

(6) Die Stelle, an die die Daten übermittelt werden, ist auf den Zweck hinzuweisen, zu dessen Erfüllung die Daten übermittelt werden.

§ 4c Ausnahmen

(1) Im Rahmen von Tätigkeiten, die ganz oder teilweise in den Anwendungsbereich des Rechts der Europäischen Gemeinschaften fallen, ist eine Übermittlung personenbezogener Daten an andere als die in § 4b Abs. 1 genannten Stellen, auch wenn bei ihnen ein angemessenes Datenschutzniveau nicht gewährleistet ist, zulässig, sofern

1. der Betroffene seine Einwilligung gegeben hat,
2. die Übermittlung für die Erfüllung eines Vertrags zwischen dem Betroffenen und der verantwortlichen Stelle oder zur Durchführung von vorvertraglichen Maßnahmen, die auf Veranlassung des Betroffenen getroffen worden sind, erforderlich ist,

3. die Übermittlung zum Abschluss oder zur Erfüllung eines Vertrags erforderlich ist, der im Interesse des Betroffenen von der verantwortlichen Stelle mit einem Dritten geschlossen wurde oder geschlossen werden soll,

4. die Übermittlung für die Wahrung eines wichtigen öffentlichen Interesses oder zur Geltendmachung, Ausübung oder Verteidigung von Rechtsansprüchen vor Gericht erforderlich ist,

5. die Übermittlung für die Wahrung lebenswichtiger Interessen des Betroffenen erforderlich ist oder

6. die Übermittlung aus einem Register erfolgt, das zur Information der Öffentlichkeit bestimmt ist und entweder der gesamten Öffentlichkeit oder allen Personen, die ein berechtigtes Interesse nachweisen können, zur Einsichtnahme offen steht, soweit die gesetzlichen Voraussetzungen im Einzelfall gegeben sind.

Die Stelle, an die die Daten übermittelt werden, ist darauf hinzuweisen, dass die übermittelten Daten nur zu dem Zweck verarbeitet oder genutzt werden dürfen, zu dessen Erfüllung sie übermittelt werden.

(2) Unbeschadet des Absatzes 1 Satz 1 kann die zuständige Aufsichtsbehörde einzelne Übermittlungen oder bestimmte Arten von Übermittlungen personenbezogener Daten an andere als die in § 4b Abs. 1 genannten Stellen genehmigen, wenn die verantwortliche Stelle ausreichende Garantien hinsichtlich des Schutzes des Persönlichkeitsrechts und der Ausübung der damit verbundenen Rechte vorweist; die Garantien können sich insbesondere aus Vertragsklauseln oder verbindlichen Unternehmensregelungen ergeben. Bei den Post- und Telekommunikationsunternehmen ist der Bundesbeauftragte für den Datenschutz und die Informationsfreiheit zuständig. Sofern die Übermittlung durch öffentliche Stellen erfolgen soll, nehmen diese die Prüfung nach Satz 1 vor.

(3) Die Länder teilen dem Bund die nach Absatz 2 Satz 1 ergangenen Entscheidungen mit.

§ 4d Meldepflicht

(1) Verfahren automatisierter Verarbeitungen sind vor ihrer Inbetriebnahme von nichtöffentlichen verantwortlichen Stellen der zuständigen Aufsichtsbehörde und von öffentlichen verantwortlichen Stellen des Bundes sowie von den Post-und Telekommunikationsunternehmen dem Bundesbeauftragten für den Datenschutz und die Informationsfreiheit nach Maßgabe von § 4e zu melden.

(2) Die Meldepflicht entfällt, wenn die verantwortliche Stelle einen Beauftragten für den Datenschutz bestellt hat.

(3) Die Meldepflicht entfällt ferner, wenn die verantwortliche Stelle personenbezogene Daten für eigene Zwecke erhebt, verarbeitet oder nutzt, hierbei höchstens neun Personen mit der Erhebung, Verarbeitung oder Nutzung personenbezogener Daten beschäftigt und entweder eine Einwilligung des Betroffenen vorliegt oder die Erhebung, Verarbeitung oder Nutzung für die Begründung, Durchführung oder Beendigung eines rechtsgeschäftlichen oder rechtsgeschäftsähnlichen Schuldverhältnisses mit dem Betroffenen erforderlich ist.

(4) Die Absätze 2 und 3 gelten nicht, wenn es sich um automatisierte Verarbeitungen handelt, in denen geschäftsmäßig personenbezogene Daten von der jeweiligen Stelle

1. zum Zweck der Übermittlung,
2. zum Zweck der anonymisierten Übermittlung oder
3. für Zwecke der Markt- oder Meinungsforschung gespeichert werden.

(5) Soweit automatisierte Verarbeitungen besondere Risiken für die Rechte und Freiheiten der Betroffenen aufweisen, unterliegen sie der Prüfung vor Beginn der Verarbeitung (Vorabkontrolle). Eine Vorabkontrolle ist insbesondere durchzuführen, wenn

1. besondere Arten personenbezogener Daten (§ 3 Abs. 9) verarbeitet werden oder
2. die Verarbeitung personenbezogener Daten dazu bestimmt ist, die Persönlichkeit des Betroffenen zu bewerten einschließlich seiner Fähigkeiten, seiner Leistung oder seines Verhaltens,

es sei denn, dass eine gesetzliche Verpflichtung oder eine Einwilligung des Betroffenen vorliegt oder die Erhebung, Verarbeitung oder Nutzung für die Begründung, Durchführung oder Beendigung eines rechtsgeschäftlichen oder rechtsgeschäftsähnlichen Schuldverhältnisses mit dem Betroffenen erforderlich ist.

(6) Zuständig für die Vorabkontrolle ist der Beauftragte für den Datenschutz. Dieser nimmt die Vorabkontrolle nach Empfang der Übersicht nach § 4g Abs. 2 Satz 1 vor. Er hat sich in Zweifelsfällen an die Aufsichtsbehörde oder bei den Post- und Telekommunikationsunternehmen an den Bundesbeauftragten für den Datenschutz und die Informationsfreiheit zu wenden.

§ 4e Inhalt der Meldepflicht

Sofern Verfahren automatisierter Verarbeitungen meldepflichtig sind, sind folgende Angaben zu machen:

1. Name oder Firma der verantwortlichen Stelle,
2. Inhaber, Vorstände, Geschäftsführer oder sonstige gesetzliche oder nach der Verfassung des Unternehmens berufene Leiter und die mit der Leitung der Datenverarbeitung beauftragten Personen,
3. Anschrift der verantwortlichen Stelle,
4. Zweckbestimmungen der Datenerhebung, -verarbeitung oder -nutzung,
5. eine Beschreibung der betroffenen Personengruppen und der diesbezüglichen Daten oder Datenkategorien,
6. Empfänger oder Kategorien von Empfängern, denen die Daten mitgeteilt werden können,
7. Regelfristen für die Löschung der Daten,
8. eine geplante Datenübermittlung in Drittstaaten,
9. eine allgemeine Beschreibung, die es ermöglicht, vorläufig zu beurteilen, ob die Maßnahmen nach § 9 zur Gewährleistung der Sicherheit der Verarbeitung angemessen sind.

§ 4d Abs. 1 und 4 gilt für die Änderung der nach Satz 1 mitgeteilten Angaben sowie für den Zeitpunkt der Aufnahme und der Beendigung der meldepflichtigen Tätigkeit entsprechend.

§ 4f Beauftragter für den Datenschutz

(1) Öffentliche und nicht öffentliche Stellen, die personenbezogene Daten automatisiert verarbeiten, haben einen Beauftragten für den Datenschutz schriftlich zu bestellen. Nicht-öffentliche Stellen sind hierzu spätestens innerhalb eines Monats nach Aufnahme ihrer Tätigkeit verpflichtet. Das Gleiche gilt, wenn personenbezogene Daten auf andere Weise erhoben, verarbeitet oder genutzt werden und damit in der Regel mindestens 20 Personen beschäftigt sind. Die Sätze 1 und 2 gelten nicht für die nichtöffentlichen Stellen, die in der Regel höchstens neun Personen ständig mit der automatisierten Verarbeitung personenbezogener Daten beschäftigen. Soweit aufgrund der Struktur einer öffentlichen Stelle erforderlich, genügt die Bestellung eines Beauftragten für den Datenschutz für mehrere Bereiche. Soweit nicht-öffentliche Stellen automatisierte Verarbeitungen vornehmen, die einer Vorabkontrolle unterliegen, oder personenbezogene Daten geschäftsmäßig zum Zweck der Übermittlung, der anonymisierten Übermittlung oder für Zwecke der Markt- oder Meinungsforschung automatisiert verarbeiten, haben sie unabhängig von der Anzahl der mit der automatisierten Verarbeitung beschäftigten Personen einen Beauftragten für den Datenschutz zu bestellen.

(2) Zum Beauftragten für den Datenschutz darf nur bestellt werden, wer die zur Erfüllung seiner Aufgaben erforderliche Fachkunde und Zuverlässigkeit besitzt. Das Maß der erforderlichen Fachkunde bestimmt sich insbesondere nach dem Umfang der Datenverarbeitung der verantwortlichen Stelle und dem Schutzbedarf der personenbezogenen Daten, die die verantwortliche Stelle erhebt oder verwendet. Zum Beauftragten für den Datenschutz kann auch eine Person außerhalb der verantwortlichen Stelle bestellt werden; die Kontrolle erstreckt sich auch auf personenbezogene Daten, die einem Berufs- oder besonderen Amtsgeheimnis, insbesondere dem Steuergeheimnis nach § 30 der Abgabenordnung, unterliegen. Öffentliche Stellen können mit Zustimmung ihrer Aufsichtsbehörde einen Bediensteten aus einer anderen öffentlichen Stelle zum Beauftragten für den Datenschutz bestellen.

(3) Der Beauftragte für den Datenschutz ist dem Leiter der öffentlichen oder nichtöffentlichen Stelle unmittelbar zu unterstellen. Er ist in Ausübung seiner Fachkunde auf dem Gebiet des Datenschutzes weisungsfrei. Er darf wegen der Erfüllung seiner Aufgaben nicht benachteiligt werden. Die Bestellung zum Beauftragten für den Datenschutz kann in entsprechender Anwendung von § 626 des Bürgerlichen Gesetzbuches, bei nicht-öffentlichen Stellen auch auf Verlangen der Aufsichtsbehörde, widerrufen werden. Ist nach Absatz 1 ein Beauftragter für den Datenschutz zu bestellen, so ist die Kündigung des Arbeitsverhältnisses unzulässig, es sei denn, dass Tatsachen vorliegen, welche die verantwortliche Stelle zur Kündigung aus wichtigem Grund ohne Einhaltung einer Kündigungsfrist berechtigen. Nach der Abberufung als Beauftragter für den Datenschutz ist die Kündigung innerhalb eines Jahres nach der Beendigung der Bestellung unzulässig, es sei denn, dass die verantwortliche Stelle zur Kündigung aus wichtigem Grund ohne Einhaltung einer Kündigungsfrist

berechtigt ist. Zur Erhaltung der zur Erfüllung seiner Aufgaben erforderlichen Fachkunde hat die verantwortliche Stelle dem Beauftragten für den Datenschutz die Teilnahme an Fort- und Weiterbildungsveranstaltungen zu ermöglichen und deren Kosten zu übernehmen.

(4) Der Beauftragte für den Datenschutz ist zur Verschwiegenheit über die Identität des Betroffenen sowie über Umstände, die Rückschlüsse auf den Betroffenen zulassen, verpflichtet, soweit er nicht davon durch den Betroffenen befreit wird.

(4a) Soweit der Beauftragte für den Datenschutz bei seiner Tätigkeit Kenntnis von Daten erhält, für die dem Leiter oder einer bei der öffentlichen oder nichtöffentlichen Stelle beschäftigten Person aus beruflichen Gründen ein Zeugnisverweigerungsrecht zusteht, steht dieses Recht auch dem Beauftragten für den Datenschutz und dessen Hilfspersonal zu. Über die Ausübung dieses Rechts entscheidet die Person, der das Zeugnisverweigerungsrecht aus beruflichen Gründen zusteht, es sei denn, dass diese Entscheidung in absehbarer Zeit nicht herbeigeführt werden kann. Soweit das Zeugnisverweigerungsrecht des Beauftragten für den Datenschutz reicht, unterliegen seine Akten und andere Schriftstücke einem Beschlagnahmeverbot.

(5) Die öffentlichen und nicht-öffentlichen Stellen haben den Beauftragten für den Datenschutz bei der Erfüllung seiner Aufgaben zu unterstützen und ihm insbesondere, soweit dies zur Erfüllung seiner Aufgaben erforderlich ist, Hilfspersonal sowie Räume, Einrichtungen, Geräte und Mittel zur Verfügung zu stellen. Betroffene können sich jederzeit an den Beauftragten für den Datenschutz wenden.

§ 4g Aufgaben des Beauftragten für den Datenschutz

(1) Der Beauftragte für den Datenschutz wirkt auf die Einhaltung dieses Gesetzes und anderer Vorschriften über den Datenschutz hin. Zu diesem Zweck kann sich der Beauftragte für den Datenschutz in Zweifelsfällen an die für die Datenschutzkontrolle bei der verantwortlichen Stelle zuständige Behörde wenden. Er kann die Beratung nach § 38 Abs. 1 Satz 2 in Anspruch nehmen. Er hat insbesondere

1. die ordnungsgemäße Anwendung der Datenverarbeitungsprogramme, mit deren Hilfe personenbezogene Daten verarbeitet werden sollen, zu überwachen; zu diesem Zweck ist er über Vorhaben der automatisierten Verarbeitung personenbezogener Daten rechtzeitig zu unterrichten,
2. die bei der Verarbeitung personenbezogener Daten tätigen Personen durch geeignete Maßnahmen mit den Vorschriften dieses Gesetzes sowie anderen Vorschriften über den Datenschutz und mit den jeweiligen besonderen Erfordernissen des Datenschutzes vertraut zu machen.

(2) Dem Beauftragten für den Datenschutz ist von der verantwortlichen Stelle eine Übersicht über die in § 4e Satz 1 genannten Angaben sowie über zugriffsberechtigte Personen zur Verfügung zu stellen. Der Beauftragte für den Datenschutz macht die Angaben nach § 4e Satz 1 Nr. 1 bis 8 auf Antrag jedermann in geeigneter Weise verfügbar.

(2a) Soweit bei einer nichtöffentlichen Stelle keine Verpflichtung zur Bestellung eines Beauftragten für den Datenschutz besteht, hat der Leiter der nichtöffentlichen Stelle die Erfüllung der Aufgaben nach den Absätzen 1 und 2 in anderer Weise sicherzustellen.

(3) Auf die in § 6 Abs. 2 Satz 4 genannten Behörden findet Absatz 2 Satz 2 keine Anwendung. Absatz 1 Satz 2 findet mit der Maßgabe Anwendung, dass der behördliche Beauftragte für den Datenschutz das Benehmen mit dem Behördenleiter herstellt; bei Unstimmigkeiten zwischen dem behördlichen Beauftragten für den Datenschutz und dem Behördenleiter entscheidet die oberste Bundesbehörde.

§ 5 Datengeheimnis

Den bei der Datenverarbeitung beschäftigten Personen ist untersagt, personenbezogene Daten unbefugt zu erheben, zu verarbeiten oder zu nutzen (Datengeheimnis). Diese Personen sind, soweit sie bei nicht-öffentlichen Stellen beschäftigt werden, bei der Aufnahme ihrer Tätigkeit auf das Datengeheimnis zu verpflichten. Das Datengeheimnis besteht auch nach Beendigung ihrer Tätigkeit fort.

§ 6 Unabdingbare Rechte des Betroffenen

(1) Die Rechte des Betroffenen auf Auskunft (§§ 19, 34) und auf Berichtigung, Löschung oder Sperrung (§§ 20, 35) können nicht durch Rechtsgeschäft ausgeschlossen oder beschränkt werden.

(2) Sind die Daten des Betroffenen automatisiert in der Weise gespeichert, dass mehrere Stellen speicherungsberechtigt sind, und ist der Betroffene nicht in der Lage festzustellen, welche Stelle die Daten gespeichert hat, so kann er sich an jede dieser Stellen wenden. Diese ist verpflichtet, das Vorbringen des Betroffenen an die Stelle, die die Daten gespeichert hat, weiterzuleiten. Der Betroffene ist über die Weiterleitung und jene Stelle zu unterrichten. Die in § 19 Abs. 3 genannten Stellen, die Behörden der Staatsanwaltschaft und der Polizei sowie öffentliche Stellen der Finanzverwaltung, soweit sie personenbezogene Daten in Erfüllung ihrer gesetzlichen Aufgaben im Anwendungsbereich der Abgabenordnung zur Überwachung und Prüfung speichern, können statt des Betroffenen den Bundesbeauftragten für den Datenschutz und die Informationsfreiheit unterrichten. In diesem Fall richtet sich das weitere Verfahren nach § 19 Abs. 6.

§ 6a Automatisierte Einzelentscheidung

(1) Entscheidungen, die für den Betroffenen eine rechtliche Folge nach sich ziehen oder ihn erheblich beeinträchtigen, dürfen nicht ausschließlich auf eine automatisierte Verarbeitung personenbezogener Daten gestützt werden, die der Bewertung einzelner Persönlichkeitsmerkmale dienen.

(2) Dies gilt nicht, wenn

1. die Entscheidung im Rahmen des Abschlusses oder der Erfüllung eines Vertragsverhältnisses oder eines sonstigen Rechtsverhältnisses ergeht und dem Begehren des Betroffenen stattgegeben wurde oder
2. die Wahrung der berechtigten Interessen des Betroffenen durch geeignete Maßnahmen gewährleistet und dem Betroffenen von der verantwortlichen Stelle die Tatsache des Vorliegens einer Entscheidung im Sinne des Absatzes 1 mitgeteilt wird. Als geeignete Maßnahme gilt insbesondere die Möglichkeit des Betroffenen, seinen Standpunkt geltend zu machen. Die verantwortliche Stelle ist verpflichtet, ihre Entscheidung erneut zu prüfen.

(3) Das Recht des Betroffenen auf Auskunft nach den §§ 19 und 34 erstreckt sich auch auf den logischen Aufbau der automatisierten Verarbeitung der ihn betreffenden Daten.

§ 6b Beobachtung öffentlich zugänglicher Räume mit optisch-elektronischen Einrichtungen

(1) Die Beobachtung öffentlich zugänglicher Räume mit optisch-elektronischen Einrichtungen (Videoüberwachung) ist nur zulässig, soweit sie

1. zur Aufgabenerfüllung öffentlicher Stellen,
2. zur Wahrnehmung des Hausrechts oder
3. zur Wahrnehmung berechtigter Interessen für konkret festgelegte Zwecke

erforderlich ist und keine Anhaltspunkte bestehen, dass schutzwürdige Interessen der Betroffenen überwiegen.

(2) Der Umstand der Beobachtung und die verantwortliche Stelle sind durch geeignete Maßnahmen erkennbar zu machen.

(3) Die Verarbeitung oder Nutzung von nach Absatz 1 erhobenen Daten ist zulässig, wenn sie zum Erreichen des verfolgten Zwecks erforderlich ist und keine Anhaltspunkte bestehen, dass schutzwürdige Interessen der Betroffenen überwiegen. Für einen anderen Zweck dürfen sie nur verarbeitet oder genutzt werden, soweit dies zur Abwehr von Gefahren für die staatliche und öffentliche Sicherheit sowie zur Verfolgung von Straftaten erforderlich ist.

(4) Werden durch Videoüberwachung erhobene Daten einer bestimmten Person zugeordnet, ist diese über eine Verarbeitung oder Nutzung entsprechend den §§ 19a und 33 zu benachrichtigen.

(5) Die Daten sind unverzüglich zu löschen, wenn sie zur Erreichung des Zwecks nicht mehr erforderlich sind oder schutzwürdige Interessen der Betroffenen einer weiteren Speicherung entgegenstehen.

§ 6c Mobile personenbezogene Speicher- und Verarbeitungsmedien

(1) Die Stelle, die ein mobiles personenbezogenes Speicher- und Verarbeitungsmedium ausgibt oder ein Verfahren zur automatisierten Verarbeitung personenbezogener Daten, das

ganz oder teilweise auf einem solchen Medium abläuft, auf das Medium aufbringt, ändert oder hierzu bereithält, muss den Betroffenen

1. über ihre Identität und Anschrift,
2. in allgemein verständlicher Form über die Funktionsweise des Mediums einschließlich der Art der zu verarbeitenden personenbezogenen Daten,
3. darüber, wie er seine Rechte nach den §§ 19, 20, 34 und 35 ausüben kann, und
4. über die bei Verlust oder Zerstörung des Mediums zu treffenden Maßnahmen unterrichten, soweit der Betroffene nicht bereits Kenntnis erlangt hat.

(2) Die nach Absatz 1 verpflichtete Stelle hat dafür Sorge zu tragen, dass die zur Wahrnehmung des Auskunftsrechts erforderlichen Geräte oder Einrichtungen in angemessenem Umfang zum unentgeltlichen Gebrauch zur Verfügung stehen.

(3) Kommunikationsvorgänge, die auf dem Medium eine Datenverarbeitung auslösen, müssen für den Betroffenen eindeutig erkennbar sein.

§ 7 Schadensersatz

Fügt eine verantwortliche Stelle dem Betroffenen durch eine nach diesem Gesetz oder nach anderen Vorschriften über den Datenschutz unzulässige oder unrichtige Erhebung, Verarbeitung oder Nutzung seiner personenbezogenen Daten einen Schaden zu, ist sie oder ihr Träger dem Betroffenen zum Schadensersatz verpflichtet. Die Ersatzpflicht entfällt, soweit die verantwortliche Stelle die nach den Umständen des Falles gebotene Sorgfalt beachtet hat.

§ 8 Schadensersatz bei automatisierter Datenverarbeitung durch öffentliche Stellen

(1) Fügt eine verantwortliche öffentliche Stelle dem Betroffenen durch eine nach diesem Gesetz oder nach anderen Vorschriften über den Datenschutz unzulässige oder unrichtige automatisierte Erhebung, Verarbeitung oder Nutzung seiner personenbezogenen Daten einen Schaden zu, ist ihr Träger dem Betroffenen unabhängig von einem Verschulden zum Schadensersatz verpflichtet.

(2) Bei einer schweren Verletzung des Persönlichkeitsrechts ist dem Betroffenen der Schaden, der nicht Vermögensschaden ist, angemessen in Geld zu ersetzen.

(3) Die Ansprüche nach den Absätzen 1 und 2 sind insgesamt auf einen Betrag von 130.000 Euro begrenzt. Ist auf Grund desselben Ereignisses an mehrere Personen Schadensersatz zu leisten, der insgesamt den Höchstbetrag von 130.000 Euro übersteigt, so verringern sich die einzelnen Schadensersatzleistungen in dem Verhältnis, in dem ihr Gesamtbetrag zu dem Höchstbetrag steht.

(4) Sind bei einer automatisierten Verarbeitung mehrere Stellen speicherungsberechtigt und ist der Geschädigte nicht in der Lage, die speichernde Stelle festzustellen, so haftet jede dieser Stellen.

(5) Hat bei der Entstehung des Schadens ein Verschulden des Betroffenen mitgewirkt, gilt § 254 des Bürgerlichen Gesetzbuchs.

(6) Auf die Verjährung finden die für unerlaubte Handlungen geltenden Verjährungsvorschriften des Bürgerlichen Gesetzbuchs entsprechende Anwendung.

§ 9 Technische und organisatorische Maßnahmen

Öffentliche und nicht-öffentliche Stellen, die selbst oder im Auftrag personenbezogene Daten erheben, verarbeiten oder nutzen, haben die technischen und organisatorischen Maßnahmen zu treffen, die erforderlich sind, um die Ausführung der Vorschriften dieses Gesetzes, insbesondere die in der Anlage zu diesem Gesetz genannten Anforderungen, zu gewährleisten. Erforderlich sind Maßnahmen nur, wenn ihr Aufwand in einem angemessenen Verhältnis zu dem angestrebten Schutzzweck steht.

§ 9a Datenschutzaudit

Zur Verbesserung des Datenschutzes und der Datensicherheit können Anbieter von Datenverarbeitungssystemen und -programmen und datenverarbeitende Stellen ihr Datenschutzkonzept sowie ihre technischen Einrichtungen durch unabhängige und zugelassene Gutachter prüfen und bewerten lassen sowie das Ergebnis der Prüfung veröffentlichen. Die näheren Anforderungen an die Prüfung und Bewertung, das Verfahren sowie die Auswahl und Zulassung der Gutachter werden durch besonderes Gesetz geregelt.

§ 10 Einrichtung automatisierter Abrufverfahren

(1) Die Einrichtung eines automatisierten Verfahrens, das die Übermittlung personenbezogener Daten durch Abruf ermöglicht, ist zulässig, soweit dieses Verfahren unter Berücksichtigung der schutzwürdigen Interessen der Betroffenen und der Aufgaben oder Geschäftszwecke der beteiligten Stellen angemessen ist. Die Vorschriften über die Zulässigkeit des einzelnen Abrufs bleiben unberührt.

(2) Die beteiligten Stellen haben zu gewährleisten, dass die Zulässigkeit des Abrufverfahrens kontrolliert werden kann. Hierzu haben sie schriftlich festzulegen:

1. Anlass und Zweck des Abrufverfahrens,
2. Dritte, an die übermittelt wird,
3. Art der zu übermittelnden Daten,
4. nach § 9 erforderliche technische und organisatorische Maßnahmen.

Im öffentlichen Bereich können die erforderlichen Festlegungen auch durch die Fachaufsichtsbehörden getroffen werden.

(3) Über die Einrichtung von Abrufverfahren ist in Fällen, in denen die in § 12 Abs. 1 genannten Stellen beteiligt sind, der Bundesbeauftragte für den Datenschutz und die Informationsfreiheit unter Mitteilung der Festlegungen nach Absatz 2 zu unterrichten. Die Einrichtung von Abrufverfahren, bei denen die in § 6 Abs. 2 und in § 19 Abs. 3 genannten Stellen

beteiligt sind, ist nur zulässig, wenn das für die speichernde und die abrufende Stelle jeweils zuständige Bundes- oder Landesministerium zugestimmt hat.

(4) Die Verantwortung für die Zulässigkeit des einzelnen Abrufs trägt der Dritte, an den übermittelt wird. Die speichernde Stelle prüft die Zulässigkeit der Abrufe nur, wenn dazu Anlass besteht. Die speichernde Stelle hat zu gewährleisten, dass die Übermittlung personenbezogener Daten zumindest durch geeignete Stichprobenverfahren festgestellt und überprüft werden kann. Wird ein Gesamtbestand personenbezogener Daten abgerufen oder übermittelt (Stapelverarbeitung), so bezieht sich die Gewährleistung der Feststellung und Überprüfung nur auf die Zulässigkeit des Abrufes oder der Übermittlung des Gesamtbestandes.

(5) Die Absätze 1 bis 4 gelten nicht für den Abruf allgemein zugänglicher Daten. Allgemein zugänglich sind Daten, die jedermann, sei es ohne oder nach vorheriger Anmeldung Zulassung oder Entrichtung eines Entgelts, nutzen kann.

§ 11 Erhebung, Verarbeitung oder Nutzung personenbezogener Daten im Auftrag

(1) Werden personenbezogene Daten im Auftrag durch andere Stellen erhoben, verarbeitet oder genutzt, ist der Auftraggeber für die Einhaltung der Vorschriften dieses Gesetzes und anderer Vorschriften über den Datenschutz verantwortlich. Die in den §§ 6, 7 und 8 genannten Rechte sind ihm gegenüber geltend zu machen.

(2) Der Auftragnehmer ist unter besonderer Berücksichtigung der Eignung der von ihm getroffenen technischen und organisatorischen Maßnahmen sorgfältig auszuwählen. Der Auftrag ist schriftlich zu erteilen, wobei insbesondere im Einzelnen festzulegen sind:

1. der Gegenstand und die Dauer des Auftrags,
2. der Umfang, die Art und der Zweck der vorgesehenen Erhebung, Verarbeitung oder Nutzung von Daten, die Art der Daten und der Kreis der Betroffenen,
3. die nach § 9 zu treffenden technischen und organisatorischen Maßnahmen,
4. die Berichtigung, Löschung und Sperrung von Daten,
5. die nach Absatz 4 bestehenden Pflichten des Auftragnehmers, insbesondere die von ihm vorzunehmenden Kontrollen,
6. die etwaige Berechtigung zur Begründung von Unterauftragsverhältnissen,
7. die Kontrollrechte des Auftraggebers und die entsprechenden Duldungs- und Mitwirkungspflichten des Auftragnehmers,
8. mitzuteilende Verstöße des Auftragnehmers oder der bei ihm beschäftigten Personen gegen Vorschriften zum Schutz personenbezogener Daten oder gegen die im Auftrag getroffenen Festlegungen,
9. der Umfang der Weisungsbefugnisse, die sich der Auftraggeber gegenüber dem Auftragnehmer vorbehält,
10. die Rückgabe überlassener Datenträger und die Löschung beim Auftragnehmer gespeicherter Daten nach Beendigung des Auftrags.

Er kann bei öffentlichen Stellen auch durch die Fachaufsichtsbehörde erteilt werden. Der Auftraggeber hat sich vor Beginn der Datenverarbeitung und sodann regelmäßig von der Einhaltung der beim Auftragnehmer getroffenen technischen und organisatorischen Maßnahmen zu überzeugen. Das Ergebnis ist zu dokumentieren.

(3) Der Auftragnehmer darf die Daten nur im Rahmen der Weisungen des Auftraggebers erheben, verarbeiten oder nutzen. Ist er der Ansicht, dass eine Weisung des Auftraggebers gegen dieses Gesetz oder andere Vorschriften über den Datenschutz verstößt, hat er den Auftraggeber unverzüglich darauf hinzuweisen.

(4) Für den Auftragnehmer gelten neben den §§ 5, 9, 43 Abs. 1 Nr. 2, 10 und 11, Abs. 2 Nr. 1 bis 3 und Abs. 3 sowie § 44 nur die Vorschriften über die Datenschutzkontrolle oder die Aufsicht, und zwar für

1. a) öffentliche Stellen,
   b) nicht-öffentliche Stellen, bei denen der öffentlichen Hand die Mehrheit der Anteile gehört oder die Mehrheit der Stimmen zusteht und der Auftraggeber eine öffentliche Stelle ist,

   die §§ 18, 24 bis 26 oder die entsprechenden Vorschriften der Datenschutzgesetze der Länder,

2. die übrigen nicht-öffentlichen Stellen, soweit sie personenbezogene Daten im Auftrag als Dienstleistungsunternehmen geschäftsmäßig erheben, verarbeiten oder nutzen, die §§ 4f, 4g und 38.

(5) Die Absätze 1 bis 4 gelten entsprechend, wenn die Prüfung oder Wartung automatisierter Verfahren oder von Datenverarbeitungsanlagen durch andere Stellen im Auftrag vorgenommen wird und dabei ein Zugriff auf personenbezogene Daten nicht ausgeschlossen werden kann.

Zweiter Abschnitt Datenverarbeitung der öffentlichen Stellen

…

Dritter Abschnitt Datenverarbeitung nicht-öffentlicher Stellen und öffentlich-rechtlicher Wettbewerbsunternehmen

Erster Unterabschnitt Rechtsgrundlagen der Datenverarbeitung

§ 27 Anwendungsbereich

(1) Die Vorschriften dieses Abschnittes finden Anwendung, soweit personenbezogene Daten unter Einsatz von Datenverarbeitungsanlagen verarbeitet, genutzt oder dafür erhoben werden oder die Daten in oder aus nicht automatisierten Dateien verarbeitet, genutzt oder dafür erhoben werden durch

1. nicht-öffentliche Stellen,

2. a)   öffentliche Stellen des Bundes, soweit sie als öffentlich-rechtliche Unternehmen am Wettbewerb teilnehmen,

   b)   öffentliche Stellen der Länder, soweit sie als öffentlich-rechtliche Unternehmen am Wettbewerb teilnehmen, Bundesrecht ausführen und der Datenschutz nicht durch Landesgesetz geregelt ist.

Dies gilt nicht, wenn die Erhebung, Verarbeitung oder Nutzung der Daten ausschließlich für persönliche oder familiäre Tätigkeiten erfolgt. In den Fällen der Nummer 2 Buchstabe a gelten anstelle des § 38 die §§ 18, 21 und 24 bis 26.

(2) Die Vorschriften dieses Abschnittes gelten nicht für die Verarbeitung und Nutzung personenbezogener Daten außerhalb von nicht automatisierten Dateien, soweit es sich nicht um personenbezogene Daten handelt, die offensichtlich aus einer automatisierten Verarbeitung entnommen worden sind.

§ 28 Datenerhebung und -speicherung für eigene Geschäftszwecke

(1) Das Erheben, Speichern, Verändern oder Übermitteln personenbezogener Daten oder ihre Nutzung als Mittel für die Erfüllung eigener Geschäftszwecke ist zulässig

1. wenn es für die Begründung, Durchführung oder Beendigung eines rechtsgeschäftlichen oder rechtsgeschäftsähnlichen Schuldverhältnisses mit dem Betroffenen erforderlich ist,

2. soweit es zur Wahrung berechtigter Interessen der verantwortlichen Stelle erforderlich ist und kein Grund zu der Annahme besteht, dass das schutzwürdige Interesse des Betroffenen an dem Ausschluss der Verarbeitung oder Nutzung überwiegt, oder

3. wenn die Daten allgemein zugänglich sind oder die verantwortliche Stelle sie veröffentlichen dürfte, es sei denn, dass das schutzwürdige Interesse des Betroffenen an dem Ausschluss der Verarbeitung oder Nutzung gegenüber dem berechtigten Interesse der verantwortlichen Stelle offensichtlich überwiegt.

Bei der Erhebung personenbezogener Daten sind die Zwecke, für die die Daten verarbeitet oder genutzt werden sollen, konkret festzulegen.

(2) Die Übermittlung oder Nutzung für einen anderen Zweck ist zulässig

1. unter den Voraussetzungen des Absatzes 1 Satz 1 Nummer 2 oder Nummer 3,

2. soweit es erforderlich ist, a) zur Wahrung berechtigter Interessen eines Dritten oder b) zur Abwehr von Gefahren für die staatliche oder öffentliche Sicherheit oder zur

3. Verfolgung von Straftaten und kein Grund zu der Annahme besteht, dass der Betroffene ein schutzwürdiges Interesse an dem Ausschluss der Übermittlung oder Nutzung hat, oder

4. wenn es im Interesse einer Forschungseinrichtung zur Durchführung wissenschaftlicher Forschung erforderlich ist, das wissenschaftliche Interesse an der Durchführung des Forschungsvorhabens das Interesse des Betroffenen an dem Ausschluss der

Zweckänderung erheblich überwiegt und der Zweck der Forschung auf andere Weise nicht oder nur mit unverhältnismäßigem Aufwand erreicht werden kann.

(3) Die Verarbeitung oder Nutzung personenbezogener Daten für Zwecke des Adresshandels oder der Werbung ist zulässig, soweit der Betroffene eingewilligt hat und im Falle einer nicht schriftlich erteilten Einwilligung die verantwortliche Stelle nach Absatz 3a verfährt. Darüber hinaus ist die Verarbeitung oder Nutzung personenbezogener Daten zulässig, soweit es sich um listenmäßig oder sonst zusammengefasste Daten über Angehörige einer Personengruppe handelt, die sich auf die Zugehörigkeit des Betroffenen zu dieser Personengruppe, seine Berufs-, Branchen- oder Geschäftsbezeichnung, seinen Namen, Titel, akademischen Grad, seine Anschrift und sein Geburtsjahr beschränken, und die Verarbeitung oder Nutzung erforderlich ist

1. für Zwecke der Werbung für eigene Angebote der verantwortlichen Stelle, die diese Daten mit Ausnahme der Angaben zur Gruppenzugehörigkeit beim Betroffenen nach Absatz 1 Satz 1 Nummer 1 oder aus allgemein zugänglichen Adress-, Rufnummern-, Branchen- oder vergleichbaren Verzeichnissen erhoben hat,
2. für Zwecke der Werbung im Hinblick auf die berufliche Tätigkeit des Betroffenen und unter seiner beruflichen Anschrift oder
3. für Zwecke der Werbung für Spenden, die nach § 10b Absatz 1 und § 34g des Einkommensteuergesetzes steuerbegünstigt sind.

Für Zwecke nach Satz 2 Nummer 1 darf die verantwortliche Stelle zu den dort genannten Daten weitere Daten hinzuspeichern. Zusammengefasste personenbezogene Daten nach Satz 2 dürfen auch dann für Zwecke der Werbung übermittelt werden, wenn die Übermittlung nach Maßgabe des § 34 Absatz 1a Satz 1 gespeichert wird; in diesem Fall muss die Stelle, die die Daten erstmalig erhoben hat, aus der Werbung eindeutig hervorgehen. Unabhängig vom Vorliegen der Voraussetzungen des Satzes 2 dürfen personenbezogene Daten für Zwecke der Werbung für fremde Angebote genutzt werden, wenn für den Betroffenen bei der Ansprache zum Zwecke der Werbung die für die Nutzung der Daten verantwortliche Stelle eindeutig erkennbar ist. Eine Verarbeitung oder Nutzung nach den Sätzen 2 bis 4 ist nur zulässig, soweit schutzwürdige Interessen des Betroffenen nicht entgegenstehen. Nach den Sätzen 1, 2 und 4 übermittelte Daten dürfen nur für den Zweck verarbeitet oder genutzt werden, für den sie übermittelt worden sind.

(3a) Wird die Einwilligung nach § 4a Absatz 1 Satz 3 in anderer Form als der Schriftform erteilt, hat die verantwortliche Stelle dem Betroffenen den Inhalt der Einwilligung schriftlich zu bestätigen, es sei denn, dass die Einwilligung elektronisch erklärt wird und die verantwortliche Stelle sicherstellt, dass die Einwilligung protokolliert wird und der Betroffene deren Inhalt jederzeit abrufen und die Einwilligung jederzeit mit Wirkung für die Zukunft widerrufen kann. Soll die Einwilligung zusammen mit anderen Erklärungen schriftlich erteilt werden, ist sie in drucktechnisch deutlicher Gestaltung besonders hervorzuheben.

(3b) Die verantwortliche Stelle darf den Abschluss eines Vertrags nicht von einer Einwilligung des Betroffenen nach Absatz 3 Satz 1 abhängig machen, wenn dem Betroffenen ein anderer Zugang zu gleichwertigen vertraglichen Leistungen ohne die Einwilligung nicht oder nicht in zumutbarer Weise möglich ist. Eine unter solchen Umständen erteilte Einwilligung ist unwirksam.

(4) Widerspricht der Betroffene bei der verantwortlichen Stelle der Verarbeitung oder Nutzung seiner Daten für Zwecke der Werbung oder der Markt- oder Meinungsforschung, ist eine Verarbeitung oder Nutzung für diese Zwecke unzulässig. Der Betroffene ist bei der Ansprache zum Zweck der Werbung oder der Markt- oder Meinungsforschung und in den Fällen des Absatzes 1 Satz 1 Nummer 1 auch bei Begründung des rechtsgeschäftlichen oder rechtsgeschäftsähnlichen Schuldverhältnisses über die verantwortliche Stelle sowie über das Widerspruchsrecht nach Satz 1 zu unterrichten; soweit der Ansprechende personenbezogene Daten des Betroffenen nutzt, die bei einer ihm nicht bekannten Stelle gespeichert sind, hat er auch sicherzustellen, dass der Betroffene Kenntnis über die Herkunft der Daten erhalten kann. Widerspricht der Betroffene bei dem Dritten, dem die Daten im Rahmen der Zwecke nach Absatz 3 übermittelt worden sind, der Verarbeitung oder Nutzung für Zwecke der Werbung oder der Markt- oder Meinungsforschung, hat dieser die Daten für diese Zwecke zu sperren. In den Fällen des Absatzes 1 Satz 1 Nummer 1 darf für den Widerspruch keine strengere Form verlangt werden als für die Begründung des rechtsgeschäftlichen oder rechtsgeschäftsähnlichen Schuldverhältnisses.

(5) Der Dritte, dem die Daten übermittelt worden sind, darf diese nur für den Zweck verarbeiten oder nutzen, zu dessen Erfüllung sie ihm übermittelt werden. Eine Verarbeitung oder Nutzung für andere Zwecke ist nicht-öffentlichen Stellen nur unter den Voraussetzungen der Absätze 2 und 3 und öffentlichen Stellen nur unter den Voraussetzungen des § 14 Abs. 2 erlaubt. Die übermittelnde Stelle hat ihn darauf hinzuweisen.

(6) Das Erheben, Verarbeiten und Nutzen von besonderen Arten personenbezogener Daten (§ 3 Abs. 9) für eigene Geschäftszwecke ist zulässig, soweit nicht der Betroffene nach Maßgabe des § 4a Abs. 3 eingewilligt hat, wenn

1. dies zum Schutz lebenswichtiger Interessen des Betroffenen oder eines Dritten erforderlich ist, sofern der Betroffene aus physischen oder rechtlichen Gründen außerstande ist, seine Einwilligung zu geben,
2. es sich um Daten handelt, die der Betroffene offenkundig öffentlich gemacht hat,
3. dies zur Geltendmachung, Ausübung oder Verteidigung rechtlicher Ansprüche erforderlich ist und kein Grund zu der Annahme besteht, dass das schutzwürdige Interesse des Betroffenen an dem Ausschluss der Erhebung, Verarbeitung oder Nutzung überwiegt, oder
4. dies zur Durchführung wissenschaftlicher Forschung erforderlich ist, das wissenschaftliche Interesse an der Durchführung des Forschungsvorhabens das Interesse des Betroffenen an dem Ausschluss der Erhebung, Verarbeitung und Nutzung erheblich überwiegt und der Zweck der Forschung auf andere Weise nicht oder nur mit unverhältnismäßigem Aufwand erreicht werden kann.

(7) Das Erheben von besonderen Arten personenbezogener Daten (§ 3 Abs. 9) ist ferner zulässig, wenn dies zum Zweck der Gesundheitsvorsorge, der medizinischen Diagnostik, der Gesundheitsversorgung oder Behandlung oder für die Verwaltung von Gesundheitsdiensten erforderlich ist und die Verarbeitung dieser Daten durch ärztliches Personal oder durch sonstige Personen erfolgt, die einer entsprechenden Geheimhaltungspflicht unterliegen. Die Verarbeitung und Nutzung von Daten zu den in Satz 1 genannten Zwecken richtet sich nach den für die in Satz 1 genannten Personen geltenden Geheimhaltungspflichten. Werden zu einem in Satz 1 genannten Zweck Daten über die Gesundheit von Personen durch Angehörige eines anderen als in § 203 Abs. 1 und 3 des Strafgesetzbuches genannten Berufes, dessen Ausübung die Feststellung, Heilung oder Linderung von Krankheiten oder die Herstellung oder den Vertrieb von Hilfsmitteln mit sich bringt, erhoben, verarbeitet oder genutzt, ist dies nur unter den Voraussetzungen zulässig, unter denen ein Arzt selbst hierzu befugt wäre.

(8) Für einen anderen Zweck dürfen die besonderen Arten personenbezogener Daten (§ 3 Abs. 9) nur unter den Voraussetzungen des Absatzes 6 Nr. 1 bis 4 oder des Absatzes 7 Satz 1 übermittelt oder genutzt werden. Eine Übermittlung oder Nutzung ist auch zulässig, wenn dies zur Abwehr von erheblichen Gefahren für die staatliche und öffentliche Sicherheit sowie zur Verfolgung von Straftaten von erheblicher Bedeutung erforderlich ist.

(9) Organisationen, die politisch, philosophisch, religiös oder gewerkschaftlich ausgerichtet sind und keinen Erwerbszweck verfolgen, dürfen besondere Arten personenbezogener Daten (§ 3 Abs. 9) erheben, verarbeiten oder nutzen, soweit dies für die Tätigkeit der Organisation erforderlich ist. Dies gilt nur für personenbezogene Daten ihrer Mitglieder oder von Personen, die im Zusammenhang mit deren Tätigkeitszweck regelmäßig Kontakte mit ihr unterhalten. Die Übermittlung dieser personenbezogenen Daten an Personen oder Stellen außerhalb der Organisation ist nur unter den Voraussetzungen des § 4a Abs. 3 zulässig. Absatz 2 Nummer 2 Buchstabe b gilt entsprechend.

§ 29 Geschäftsmäßige Datenerhebung und -speicherung zum Zweck der Übermittlung

(1) Das geschäftsmäßige Erheben, Speichern oder Verändern personenbezogener Daten zum Zweck der Übermittlung, insbesondere wenn dies der Werbung, der Tätigkeit von Auskunfteien oder dem Adresshandel dient, ist zulässig, wenn

1. kein Grund zu der Annahme besteht, dass der Betroffene ein schutzwürdiges Interesse an dem Ausschluss der Erhebung, Speicherung oder Veränderung hat, oder
2. die Daten aus allgemein zugänglichen Quellen entnommen werden können oder die verantwortliche Stelle sie veröffentlichen dürfte, es sei denn, dass das schutzwürdige Interesse des Betroffenen an dem Ausschluss der Erhebung, Speicherung oder Veränderung offensichtlich überwiegt.

§ 28 Absatz 1 Satz 2 und Absatz 3 bis 3b ist anzuwenden.

(2) Die Übermittlung im Rahmen der Zwecke nach Absatz 1 ist zulässig, wenn

1. der Dritte, dem die Daten übermittelt werden, ein berechtigtes Interesse an ihrer Kenntnis glaubhaft dargelegt hat und
2. kein Grund zu der Annahme besteht, dass der Betroffene ein schutzwürdiges Interesse an dem Ausschluss der Übermittlung hat.

§ 28 Absatz 3 bis 3b gilt entsprechend. Bei der Übermittlung nach Nummer 1 sind die Gründe für das Vorliegen eines berechtigten Interesses und die Art und Weise ihrer glaubhaften Darlegung von der übermittelnden Stelle aufzuzeichnen. Bei der Übermittlung im automatisierten Abrufverfahren obliegt die Aufzeichnungspflicht dem Dritten, dem die Daten übermittelt werden.

(3) Die Aufnahme personenbezogener Daten in elektronische oder gedruckte Adress-, Rufnummern-, Branchen- oder vergleichbare Verzeichnisse hat zu unterbleiben, wenn der entgegenstehende Wille des Betroffenen aus dem zugrunde liegenden elektronischen oder gedruckten Verzeichnis oder Register ersichtlich ist. Der Empfänger der Daten hat sicherzustellen, dass Kennzeichnungen aus elektronischen oder gedruckten Verzeichnissen oder Registern bei der Übernahme in Verzeichnisse oder Register übernommen werden.

(4) Für die Verarbeitung oder Nutzung der übermittelten Daten gilt § 28 Abs. 4 und 5.

(5) § 28 Abs. 6 bis 9 gilt entsprechend.

§ 30 Geschäftsmäßige Datenerhebung und -speicherung zum Zweck der Übermittlung in anonymisierter Form

(1) Werden personenbezogene Daten geschäftsmäßig erhoben und gespeichert, um sie in anonymisierter Form zu übermitteln, sind die Merkmale gesondert zu speichern, mit denen Einzelangaben über persönliche oder sachliche Verhältnisse einer bestimmten oder bestimmbaren natürlichen Person zugeordnet werden können. Diese Merkmale dürfen mit den Einzelangaben nur zusammengeführt werden, soweit dies für die Erfüllung des Zwecks der Speicherung oder zu wissenschaftlichen Zwecken erforderlich ist.

(2) Die Veränderung personenbezogener Daten ist zulässig, wenn

1. kein Grund zu der Annahme besteht, dass der Betroffene ein schutzwürdiges Interesse an dem Ausschluss der Veränderung hat, oder
2. die Daten aus allgemein zugänglichen Quellen entnommen werden können oder die verantwortliche Stelle sie veröffentlichen dürfte, soweit nicht das schutzwürdige Interesse des Betroffenen an dem Ausschluss der Veränderung offensichtlich überwiegt.

(3) Die personenbezogenen Daten sind zu löschen, wenn ihre Speicherung unzulässig ist.

(4) § 29 gilt nicht.

(5) § 28 Abs. 6 bis 9 gilt entsprechend.

§ 30a Geschäftsmäßige Datenerhebung und -speicherung für Zwecke der Markt- oder Meinungsforschung

(1) Das geschäftsmäßige Erheben, Verarbeiten oder Nutzen personenbezogener Daten für Zwecke der Markt- oder Meinungsforschung ist zulässig, wenn

1. kein Grund zu der Annahme besteht, dass der Betroffene ein schutzwürdiges Interesse an dem Ausschluss der Erhebung, Verarbeitung oder Nutzung hat, oder
2. die Daten aus allgemein zugänglichen Quellen entnommen werden können oder die verantwortliche Stelle sie veröffentlichen dürfte und das schutzwürdige Interesse des Betroffenen an dem Ausschluss der Erhebung, Verarbeitung oder Nutzung gegenüber dem Interesse der verantwortlichen Stelle nicht offensichtlich überwiegt.

Besondere Arten personenbezogener Daten (§ 3 Absatz 9) dürfen nur für ein bestimmtes Forschungsvorhaben erhoben, verarbeitet oder genutzt werden.

(2) Für Zwecke der Markt- oder Meinungsforschung erhobene oder gespeicherte personenbezogene Daten dürfen nur für diese Zwecke verarbeitet oder genutzt werden. Daten, die nicht aus allgemein zugänglichen Quellen entnommen worden sind und die die verantwortliche Stelle auch nicht veröffentlichen darf, dürfen nur für das Forschungsvorhaben verarbeitet oder genutzt werden, für das sie erhoben worden sind. Für einen anderen Zweck dürfen sie nur verarbeitet oder genutzt werden, wenn sie zuvor so anonymisiert werden, dass ein Personenbezug nicht mehr hergestellt werden kann.

(3) Die personenbezogenen Daten sind zu anonymisieren, sobald dies nach dem Zweck des Forschungsvorhabens, für das die Daten erhoben worden sind, möglich ist. Bis dahin sind die Merkmale gesondert zu speichern, mit denen Einzelangaben über persönliche oder sachliche Verhältnisse einer bestimmten oder bestimmbaren Person zugeordnet werden

können. Diese Merkmale dürfen mit den Einzelangaben nur zusammengeführt werden, soweit dies nach dem Zweck des Forschungsvorhabens erforderlich ist.

(4) § 29 gilt nicht.

(5) § 28 Absatz 4 und 6 bis 9 gilt entsprechend.

§ 31 Besondere Zweckbindung

Personenbezogene Daten, die ausschließlich zu Zwecken der Datenschutzkontrolle, der Datensicherung oder zur Sicherstellung eines ordnungsgemäßen Betriebes einer Datenverarbeitungsanlage gespeichert werden, dürfen nur für diese Zwecke verwendet werden.

§ 32 Datenerhebung, -verarbeitung und -nutzung für Zwecke des Beschäftigungsverhältnisses

(1) Personenbezogene Daten eines Beschäftigten dürfen für Zwecke des Beschäftigungsverhältnisses erhoben, verarbeitet oder genutzt werden, wenn dies für die Entscheidung über die Begründung eines Beschäftigungsverhältnisses oder nach Begründung des Be-

schäftigungsverhältnisses für dessen Durchführung oder Beendigung erforderlich ist. Zur Aufdeckung von Straftaten dürfen personenbezogene Daten eines Beschäftigten nur dann erhoben, verarbeitet oder genutzt werden, wenn zu dokumentierende tatsächliche Anhaltspunkte den Verdacht begründen, dass der Betroffene im Beschäftigungsverhältnis eine Straftat begangen hat, die Erhebung, Verarbeitung oder Nutzung zur Aufdeckung erforderlich ist und das schutzwürdige Interesse des Beschäftigten an dem Ausschluss der Erhebung, Verarbeitung oder Nutzung nicht überwiegt, insbesondere Art und Ausmaß im Hinblick auf den Anlass nicht unverhältnismäßig sind.

(2) Absatz 1 ist auch anzuwenden, wenn personenbezogene Daten erhoben, verarbeitet oder genutzt werden, ohne dass sie automatisiert verarbeitet oder in oder aus einer nicht automatisierten Datei verarbeitet, genutzt oder für die Verarbeitung oder Nutzung in einer solchen Datei erhoben werden.

(3) Die Beteiligungsrechte der Interessenvertretungen der Beschäftigten bleiben unberührt.

Zweiter Unterabschnitt Rechte des Betroffenen

§ 33 Benachrichtigung des Betroffenen

(1) Werden erstmals personenbezogene Daten für eigene Zwecke ohne Kenntnis des Betroffenen gespeichert, ist der Betroffene von der Speicherung, der Art der Daten, der Zweckbestimmung der Erhebung, Verarbeitung oder Nutzung und der Identität der verantwortlichen Stelle zu benachrichtigen. Werden personenbezogene Daten geschäftsmäßig zum Zweck der Übermittlung ohne Kenntnis des Betroffenen gespeichert, ist der Betroffene von der erstmaligen Übermittlung und der Art der übermittelten Daten zu benachrichtigen. Der Betroffene ist in den Fällen der Sätze 1 und 2 auch über die Kategorien von Empfängern zu unterrichten, soweit er nach den Umständen des Einzelfalles nicht mit der Übermittlung an diese rechnen muss.

(2) Eine Pflicht zur Benachrichtigung besteht nicht, wenn

1. der Betroffene auf andere Weise Kenntnis von der Speicherung oder der Übermittlung erlangt hat,

2. die Daten nur deshalb gespeichert sind, weil sie aufgrund gesetzlicher, satzungsmäßiger oder vertraglicher Aufbewahrungsvorschriften nicht gelöscht werden dürfen oder ausschließlich der Datensicherung oder der Datenschutzkontrolle dienen und eine Benachrichtigung einen unverhältnismäßigen Aufwand erfordern würde,

3. die Daten nach einer Rechtsvorschrift oder ihrem Wesen nach, namentlich wegen des überwiegenden rechtlichen Interesses eines Dritten, geheimgehalten werden müssen,

4. die Speicherung oder Übermittlung durch Gesetz ausdrücklich vorgesehen ist,

5. die Speicherung oder Übermittlung für Zwecke der wissenschaftlichen Forschung erforderlich ist und eine Benachrichtigung einen unverhältnismäßigen Aufwand erfordern würde,

6. die zuständige öffentliche Stelle gegenüber der verantwortlichen Stelle festgestellt hat, dass das Bekanntwerden der Daten die öffentliche Sicherheit oder Ordnung gefährden oder sonst dem Wohle des Bundes oder eines Landes Nachteile bereiten würde,

7. die Daten für eigene Zwecke gespeichert sind und

    a) aus allgemein zugänglichen Quellen entnommen sind und eine Benachrichtigung wegen der Vielzahl der betroffenen Fälle unverhältnismäßig ist, oder

    b) die Benachrichtigung die Geschäftszwecke der verantwortlichen Stelle erheblich gefährden würde, es sei denn, dass das Interesse an der Benachrichtigung die Gefährdung überwiegt,

8. die Daten geschäftsmäßig zum Zweck der Übermittlung gespeichert sind und

    a) aus allgemein zugänglichen Quellen entnommen sind, soweit sie sich auf diejenigen Personen beziehen, die diese Daten veröffentlicht haben, oder

    b) es sich um listenmäßig oder sonst zusammengefasste Daten handelt (§ 29 Absatz 2 Satz 2)

    und eine Benachrichtigung wegen der Vielzahl der betroffenen Fälle unverhältnismäßig ist,

9. aus allgemein zugänglichen Quellen entnommene Daten geschäftsmäßig für Zwecke der Markt- oder Meinungsforschung gespeichert sind und eine Benachrichtigung wegen der Vielzahl der betroffenen Fälle unverhältnismäßig ist.

Die verantwortliche Stelle legt schriftlich fest, unter welchen Voraussetzungen von einer Benachrichtigung nach Satz 1 Nr. 2 bis 7 abgesehen wird.

§ 34 Auskunft an den Betroffenen

(1) Der Betroffene kann Auskunft verlangen über

1. die zu seiner Person gespeicherten Daten, auch soweit sie sich auf die Herkunft dieser Daten beziehen,
2. Empfänger oder Kategorien von Empfängern, an die Daten weitergegeben werden, und
3. den Zweck der Speicherung.

Er soll die Art der personenbezogenen Daten, über die Auskunft erteilt werden soll, näher bezeichnen. Werden die personenbezogenen Daten geschäftsmäßig zum Zweck der Übermittlung gespeichert, kann der Betroffene über Herkunft und Empfänger nur Auskunft verlangen, sofern nicht das Interesse an der Wahrung des Geschäftsgeheimnisses überwiegt. In diesem Fall ist Auskunft über Herkunft und Empfänger auch dann zu erteilen, wenn diese Angaben nicht gespeichert sind.

(2) Der Betroffene kann von Stellen, die geschäftsmäßig personenbezogene Daten zum Zwecke der Auskunftserteilung speichern, Auskunft über seine personenbezogenen Daten verlangen, auch wenn sie weder in einer automatisierten Verarbeitung noch in einer nicht

automatisierten Datei gespeichert sind. Auskunft über Herkunft und Empfänger kann der Betroffene nur verlangen, sofern nicht das Interesse an der Wahrung des Geschäftsgeheimnisses überwiegt.

(3) Die Auskunft wird schriftlich erteilt, soweit nicht wegen der besonderen Umstände eine andere Form der Auskunftserteilung angemessen ist.

(4) Eine Pflicht zur Auskunftserteilung besteht nicht, wenn der Betroffene nach § 33 Abs. 2 Satz 1 Nr. 2, 3 und 5 bis 7 nicht zu benachrichtigen ist.

(5) Die Auskunft ist unentgeltlich. Werden die personenbezogenen Daten geschäftsmäßig zum Zweck der Übermittlung gespeichert, kann jedoch ein Entgelt verlangt werden,

wenn der Betroffene die Auskunft gegenüber Dritten zu wirtschaftlichen Zwecken nutzen kann. Das Entgelt darf über die durch die Auskunftserteilung entstandenen direkt zurechenbaren Kosten nicht hinausgehen. Ein Entgelt kann in den Fällen nicht verlangt werden, in denen besondere Umstände die Annahme rechtfertigen, dass Daten unrichtig oder unzulässig gespeichert werden, oder in denen die Auskunft ergibt, dass die Daten zu berichtigen oder unter der Voraussetzung des § 35 Abs. 2 Satz 2 Nr. 1 zu löschen sind.

(6) Ist die Auskunftserteilung nicht unentgeltlich, ist dem Betroffenen die Möglichkeit zu geben, sich im Rahmen seines Auskunftsanspruchs persönlich Kenntnis über die ihn betreffenden Daten und Angaben zu verschaffen. Er ist hierauf in geeigneter Weise hinzuweisen.

§ 35 Berichtigung, Löschung und Sperrung von Daten

(1) Personenbezogene Daten sind zu berichtigen, wenn sie unrichtig sind.

(2) Personenbezogene Daten können außer in den Fällen des Absatzes 3 Nr. 1 und 2 jederzeit gelöscht werden. Personenbezogene Daten sind zu löschen, wenn

1. ihre Speicherung unzulässig ist,
2. es sich um Daten über die rassische oder ethnische Herkunft, politische Meinungen, religiöse oder philosophische Überzeugungen oder die Gewerkschaftszugehörigkeit, über Gesundheit oder das Sexualleben, strafbare Handlungen oder Ordnungswidrigkeiten handelt und ihre Richtigkeit von der verantwortlichen Stelle nicht bewiesen werden kann,
3. sie für eigene Zwecke verarbeitet werden, sobald ihre Kenntnis für die Erfüllung des Zwecks der Speicherung nicht mehr erforderlich ist, oder
4. sie geschäftsmäßig zum Zweck der Übermittlung verarbeitet werden und eine Prüfung jeweils am Ende des vierten Kalenderjahres beginnend mit ihrer erstmaligen Speicherung ergibt, dass eine längerwährende Speicherung nicht erforderlich ist.

(3) An die Stelle einer Löschung tritt eine Sperrung, soweit

1. im Fall des Absatzes 2 Nr. 3 einer Löschung gesetzliche, satzungsmäßige oder vertragliche Aufbewahrungsfristen entgegenstehen,

2. Grund zu der Annahme besteht, dass durch eine Löschung schutzwürdige Interessen des Betroffenen beeinträchtigt würden, oder

3. eine Löschung wegen der besonderen Art der Speicherung nicht oder nur mit unverhältnismäßig hohem Aufwand möglich ist.

(4) Personenbezogene Daten sind ferner zu sperren, soweit ihre Richtigkeit vom Betroffenen bestritten wird und sich weder die Richtigkeit noch die Unrichtigkeit feststellen lässt.

(5) Personenbezogene Daten dürfen nicht für eine automatisierte Verarbeitung oder Verarbeitung in nicht automatisierten Dateien erhoben, verarbeitet oder genutzt werden, soweit der Betroffene dieser bei der verantwortlichen Stelle widerspricht und eine Prüfung ergibt, dass das schutzwürdige Interesse des Betroffenen wegen seiner besonderen persönlichen Situation das Interesse der verantwortlichen Stelle an dieser Erhebung, Verarbeitung oder Nutzung überwiegt. Satz 1 gilt nicht, wenn eine Rechtsvorschrift zur Erhebung, Verarbeitung oder Nutzung verpflichtet.

(6) Personenbezogene Daten, die unrichtig sind oder deren Richtigkeit bestritten wird, müssen bei der geschäftsmäßigen Datenspeicherung zum Zweck der Übermittlung außer in den Fällen des Absatzes 2 Nr. 2 nicht berichtigt, gesperrt oder gelöscht werden, wenn sie aus allgemein zugänglichen Quellen entnommen und zu Dokumentationszwecken gespeichert sind. Auf Verlangen des Betroffenen ist diesen Daten für die Dauer der Speicherung seine Gegendarstellung beizufügen. Die Daten dürfen nicht ohne diese Gegendarstellung übermittelt werden.

(7) Von der Berichtigung unrichtiger Daten, der Sperrung bestrittener Daten sowie der Löschung oder Sperrung wegen Unzulässigkeit der Speicherung sind die Stellen zu verständigen, denen im Rahmen einer Datenübermittlung diese Daten zur Speicherung weitergegeben werden, wenn dies keinen unverhältnismäßigen Aufwand erfordert und schutzwürdige Interessen des Betroffenen nicht entgegenstehen.

(8) Gesperrte Daten dürfen ohne Einwilligung des Betroffenen nur übermittelt oder genutzt werden, wenn

1. es zu wissenschaftlichen Zwecken, zur Behebung einer bestehenden Beweisnot oder aus sonstigen im überwiegenden Interesse der verantwortlichen Stelle oder eines Dritten liegenden Gründen unerläßlich ist und

2. die Daten hierfür übermittelt oder genutzt werden dürften, wenn sie nicht gesperrt wären.

Dritter Unterabschnitt Aufsichtsbehörde

§§ 36 und 37

(weggefallen)

§ 38 Aufsichtsbehörde

(1) Die Aufsichtsbehörde kontrolliert die Ausführung dieses Gesetzes sowie anderer Vorschriften über den Datenschutz, soweit diese die automatisierte Verarbeitung personenbezogener Daten oder die Verarbeitung oder Nutzung personenbezogener Daten in oder aus nicht automatisierten Dateien regeln einschließlich des Rechts der Mitgliedstaaten in den Fällen des § 1 Abs. 5. Sie berät und unterstützt die Beauftragten für den Datenschutz und die verantwortlichen Stellen mit Rücksicht auf deren typische Bedürfnisse. Die Aufsichtsbehörde darf die von ihr gespeicherten Daten nur für Zwecke der Aufsicht verarbeiten und nutzen; § 14 Abs. 2 Nr. 1 bis 3, 6 und 7 gilt entsprechend. Insbesondere darf die Aufsichtsbehörde zum Zweck der Aufsicht Daten an andere Aufsichtsbehörden übermitteln. Sie leistet den Aufsichtsbehörden anderer Mitgliedstaaten der Europäischen Union auf Ersuchen ergänzende Hilfe (Amtshilfe). Stellt die Aufsichtsbehörde einen Verstoß gegen dieses Gesetz oder andere Vorschriften über den Datenschutz fest, so ist sie befugt, die Betroffenen hierüber zu unterrichten, den Verstoß bei den für die Verfolgung oder Ahndung zuständigen Stellen anzuzeigen sowie bei schwerwiegenden Verstößen die Gewerbeaufsichtsbehörde zur Durchführung gewerberechtlicher Maßnahmen zu unterrichten. Sie veröffentlicht regelmäßig, spätestens alle zwei Jahre, einen Tätigkeitsbericht. § 21 Satz 1 und § 23 Abs. 5 Satz 4 bis 7 gelten entsprechend.

(2) Die Aufsichtsbehörde führt ein Register der nach § 4d meldepflichtigen automatisierten Verarbeitungen mit den Angaben nach § 4e Satz 1. Das Register kann von jedem eingesehen werden. Das Einsichtsrecht erstreckt sich nicht auf die Angaben nach § 4e Satz 1 Nr. 9 sowie auf die Angabe der zugriffsberechtigten Personen.

(3) Die der Kontrolle unterliegenden Stellen sowie die mit deren Leitung beauftragten Personen haben der Aufsichtsbehörde auf Verlangen die für die Erfüllung ihrer Aufgaben erforderlichen Auskünfte unverzüglich zu erteilen. Der Auskunftspflichtige kann die Auskunft auf solche Fragen verweigern, deren Beantwortung ihn selbst oder einen der in § 383 Abs. 1 Nr. 1 bis 3 der Zivilprozessordnung bezeichneten Angehörigen der Gefahr strafgerichtlicher Verfolgung oder eines Verfahrens nach dem Gesetz über Ordnungswidrigkeiten aussetzen würde. Der Auskunftspflichtige ist darauf hinzuweisen.

(4) Die von der Aufsichtsbehörde mit der Kontrolle beauftragten Personen sind befugt, soweit es zur Erfüllung der der Aufsichtsbehörde übertragenen Aufgaben erforderlich ist, während der Betriebs- und Geschäftszeiten Grundstücke und Geschäftsräume der Stelle zu betreten und dort Prüfungen und Besichtigungen vorzunehmen. Sie können geschäftliche Unterlagen, insbesondere die Übersicht nach § 4g Abs. 2 Satz 1 sowie die gespeicherten personenbezogenen Daten und die Datenverarbeitungsprogramme, einsehen. § 24 Abs. 6 gilt entsprechend. Der Auskunftspflichtige hat diese Maßnahmen zu dulden.

(5) Zur Gewährleistung der Einhaltung dieses Gesetzes und anderer Vorschriften über den Datenschutz kann die Aufsichtsbehörde Maßnahmen zur Beseitigung festgestellter Verstöße bei der Erhebung, Verarbeitung oder Nutzung personenbezogener Daten oder technischer oder organisatorischer Mängel anordnen. Bei schwerwiegenden Verstößen oder Män-

geln, insbesondere solchen, die mit einer besonderen Gefährdung des Persönlichkeitsrechts verbunden sind, kann sie die Erhebung, Verarbeitung oder Nutzung oder den Einsatz einzelner Verfahren untersagen, wenn die Verstöße oder Mängel entgegen der Anordnung nach Satz 1 und trotz der Verhängung eines Zwangsgeldes nicht in angemessener Zeit beseitigt werden. Sie kann die Abberufung des Beauftragten für den Datenschutz verlangen, wenn er die zur Erfüllung seiner Aufgaben erforderliche Fachkunde und Zuverlässigkeit nicht besitzt.

(6) Die Landesregierungen oder die von ihnen ermächtigten Stellen bestimmen die für die Kontrolle der Durchführung des Datenschutzes im Anwendungsbereich dieses Abschnittes zuständigen Aufsichtsbehörden.

(7) Die Anwendung der Gewerbeordnung auf die den Vorschriften dieses Abschnittes unterliegenden Gewerbebetriebe bleibt unberührt.

§ 38a Verhaltensregeln zur Förderung der Durchführung datenschutzrechtlicher Regelungen

(1) Berufsverbände und andere Vereinigungen, die bestimmte Gruppen von verantwortlichen Stellen vertreten, können Entwürfe für Verhaltensregeln zur Förderung der Durchführung von datenschutzrechtlichen Regelungen der zuständigen Aufsichtsbehörde unterbreiten.

(2) Die Aufsichtsbehörde überprüft die Vereinbarkeit der ihr unterbreiteten Entwürfe mit dem geltenden Datenschutzrecht.

Vierter Abschnitt Sondervorschriften

…

Fünfter Abschnitt Schlussvorschriften

§ 43 Bußgeldvorschriften

(1) Ordnungswidrig handelt, wer vorsätzlich oder fahrlässig

1. entgegen § 4d Abs. 1, auch in Verbindung mit § 4e Satz 2, eine Meldung nicht, nicht richtig, nicht vollständig oder nicht rechtzeitig macht,

2. entgegen § 4f Abs. 1 Satz 1 oder 2, jeweils auch in Verbindung mit Satz 3 und 6, einen Beauftragten für den Datenschutz nicht, nicht in der vorgeschriebenen Weise oder nicht rechtzeitig bestellt,

   2a. entgegen § 10 Absatz 4 Satz 3 nicht gewährleistet, dass die Datenübermittlung festgestellt und überprüft werden kann,

   2b. entgegen § 11 Absatz 2 Satz 2 einen Auftrag nicht richtig, nicht vollständig oder nicht in der vorgeschriebenen Weise erteilt oder entgegen § 11 Absatz 2 Satz 4 sich nicht vor Beginn der Datenverarbeitung von der Einhaltung der beim Auftragnehmer getroffenen technischen und organisatorischen Maßnahmen überzeugt,

3. entgegen § 28 Abs. 4 Satz 2 den Betroffenen nicht, nicht richtig oder nicht rechtzeitig unterrichtet oder nicht sicherstellt, dass der Betroffene Kenntnis erhalten kann,

3a. entgegen § 28 Absatz 4 Satz 4 eine strengere Form verlangt,

4. entgegen § 28 Abs. 5 Satz 2 personenbezogene Daten übermittelt oder nutzt,

5. entgegen § 29 Abs. 2 Satz 3 oder 4 die dort bezeichneten Gründe oder die Art und Weise ihrer glaubhaften Darlegung nicht aufzeichnet,

6. entgegen § 29 Abs. 3 Satz 1 personenbezogene Daten in elektronische oder gedruckte Adress-, Rufnummern-, Branchen- oder vergleichbare Verzeichnisse aufnimmt,

7. entgegen § 29 Abs. 3 Satz 2 die Übernahme von Kennzeichnungen nicht sicherstellt,

8. entgegen § 33 Abs. 1 den Betroffenen nicht, nicht richtig oder nicht vollständig benachrichtigt,

9. entgegen § 35 Abs. 6 Satz 3 Daten ohne Gegendarstellung übermittelt,

10. entgegen § 38 Abs. 3 Satz 1 oder Abs. 4 Satz 1 eine Auskunft nicht, nicht richtig, nicht vollständig oder nicht rechtzeitig erteilt oder eine Maßnahme nicht duldet oder

11. einer vollziehbaren Anordnung nach § 38 Abs. 5 Satz 1 zuwiderhandelt.

(2) Ordnungswidrig handelt, wer vorsätzlich oder fahrlässig

1. unbefugt personenbezogene Daten, die nicht allgemein zugänglich sind, erhebt oder verarbeitet,

2. unbefugt personenbezogene Daten, die nicht allgemein zugänglich sind, zum Abruf mittels automatisierten Verfahrens bereithält,

3. unbefugt personenbezogene Daten, die nicht allgemein zugänglich sind, abruft oder sich oder einem anderen aus automatisierten Verarbeitungen oder nicht automatisierten Dateien verschafft,

4. die Übermittlung von personenbezogenen Daten, die nicht allgemein zugänglich sind, durch unrichtige Angaben erschleicht,

5. entgegen § 16 Abs. 4 Satz 1, § 28 Abs. 5 Satz 1, auch in Verbindung mit § 29 Abs. 4, § 39 Abs. 1 Satz 1 oder § 40 Abs. 1, die übermittelten Daten für andere Zwecke nutzt,

5a. entgegen § 28 Absatz 3b den Abschluss eines Vertrages von der Einwilligung des Betroffenen abhängig macht,

5b. entgegen § 28 Absatz 4 Satz 1 Daten für Zwecke der Werbung oder der Markt- oder Meinungsforschung verarbeitet oder nutzt,

6. entgegen § 30 Absatz 1 Satz 2, § 30a Absatz 3 Satz 3 oder § 40 Absatz 2 Satz 3 ein dort genanntes Merkmal mit einer Einzelangabe zusammenführt oder

7. entgegen § 42a Satz 1 eine Mitteilung nicht, nicht richtig, nicht vollständig oder nicht rechtzeitig macht.

(3) Die Ordnungswidrigkeit kann im Fall des Absatzes 1 mit einer Geldbuße bis zu fünfzigtausend Euro, in den Fällen des Absatzes 2 mit einer Geldbuße bis zu dreihunderttausend Euro geahndet werden. Die Geldbuße soll den wirtschaftlichen Vorteil, den der Täter aus der Ordnungswidrigkeit gezogen hat, übersteigen. Reichen die in Satz 1 genannten Beträge hierfür nicht aus, so können sie überschritten werden.

§ 44 Strafvorschriften

(1) Wer eine in § 43 Abs. 2 bezeichnete vorsätzliche Handlung gegen Entgelt oder in der Absicht, sich oder einen anderen zu bereichern oder einen anderen zu schädigen, begeht, wird mit Freiheitsstrafe bis zu zwei Jahren oder mit Geldstrafe bestraft.

(2) Die Tat wird nur auf Antrag verfolgt. Antragsberechtigt sind der Betroffene, die verantwortliche Stelle, der Bundesbeauftragte für den Datenschutz und die Informationsfreiheit und die Aufsichtsbehörde.

Sechster Abschnitt Übergangsvorschriften

§ 45 Laufende Verwendungen

Erhebungen, Verarbeitungen oder Nutzungen personenbezogener Daten, die am 23. Mai 2001 bereits begonnen haben, sind binnen drei Jahren nach diesem Zeitpunkt mit den Vorschriften dieses Gesetzes in Übereinstimmung zu bringen. Soweit Vorschriften dieses Gesetzes in Rechtsvorschriften außerhalb des Anwendungsbereichs der Richtlinie 95/46/EG des Europäischen Parlaments und des Rates vom 24. Oktober 1995 zum Schutz natürlicher Personen bei der Verarbeitung personenbezogener Daten und zum freien Datenverkehr zur Anwendung gelangen, sind Erhebungen, Verarbeitungen oder Nutzungen personenbezogener Daten, die am 23. Mai 2001 bereits begonnen haben, binnen fünf Jahren nach diesem Zeitpunkt mit den Vorschriften dieses Gesetzes in Übereinstimmung zu bringen.

§ 46 Weitergeltung von Begriffsbestimmungen

(1) Wird in besonderen Rechtsvorschriften des Bundes der Begriff Datei verwendet, ist Datei

1. eine Sammlung personenbezogener Daten, die durch automatisierte Verfahren nach bestimmten Merkmalen ausgewertet werden kann (automatisierte Datei), oder
2. jede sonstige Sammlung personenbezogener Daten, die gleichartig aufgebaut ist und nach bestimmten Merkmalen geordnet, umgeordnet und ausgewertet werden kann (nicht automatisierte Datei).

Nicht hierzu gehören Akten und Aktensammlungen, es sei denn, dass sie durch automatisierte Verfahren umgeordnet und ausgewertet werden können.

(2) Wird in besonderen Rechtsvorschriften des Bundes der Begriff Akte verwendet, ist Akte jede amtlichen oder dienstlichen Zwecken dienende Unterlage, die nicht dem Dateibegriff des Absatzes 1 unterfällt; dazu zählen auch Bild-und Tonträger. Nicht hierunter fallen Vorentwürfe und Notizen, die nicht Bestandteil eines Vorgangs werden sollen.

(3) Wird in besonderen Rechtsvorschriften des Bundes der Begriff Empfänger verwendet, ist Empfänger jede Person oder Stelle außerhalb der verantwortlichen Stelle. Empfänger sind nicht der Betroffene sowie Personen und Stellen, die im Inland, in einem anderen Mitgliedstaat der Europäischen Union oder in einem anderen Vertragsstaat des Abkommens über den Europäischen Wirtschaftsraum personenbezogene Daten im Auftrag erheben, verarbeiten oder nutzen.

§ 47 Übergangsregelung

Für die Verarbeitung und Nutzung vor dem 1. September 2009 erhobener oder gespeicherter Daten ist § 28 in der bis dahin geltenden Fassung weiter anzuwenden

1. für Zwecke der Markt-oder Meinungsforschung bis zum 31. August 2010,
2. für Zwecke der Werbung bis zum 31. August 2012.

§ 48 Bericht der Bundesregierung

Die Bundesregierung berichtet dem Bundestag

1. bis zum 31. Dezember 2012 über die Auswirkungen der §§ 30a und 42a,
2. bis zum 31. Dezember 2014 über die Auswirkungen der Änderungen der §§ 28 und 29.

Sofern sich aus Sicht der Bundesregierung gesetzgeberische Maßnahmen empfehlen, soll der Bericht einen Vorschlag enthalten.

Anlage (zu § 9 Satz 1)

Werden personenbezogene Daten automatisiert verarbeitet oder genutzt, ist die innerbehördliche oder innerbetriebliche Organisation so zu gestalten, dass sie den besonderen Anforderungen des Datenschutzes gerecht wird. Dabei sind insbesondere Maßnahmen zu treffen, die je nach der Art der zu schützenden personenbezogenen Daten oder Datenkategorien geeignet sind,

1. Unbefugten den Zutritt zu Datenverarbeitungsanlagen, mit denen personenbezogene Daten verarbeitet oder genutzt werden, zu verwehren (Zutrittskontrolle),
2. zu verhindern, dass Datenverarbeitungssysteme von Unbefugten genutzt werden können (Zugangskontrolle),
3. zu gewährleisten, dass die zur Benutzung eines Datenverarbeitungssystems Berechtigten ausschließlich auf die ihrer Zugriffsberechtigung unterliegenden Daten zugreifen können, und dass personenbezogene Daten bei der Verarbeitung, Nutzung und nach der Speicherung nicht unbefugt gelesen, kopiert, verändert oder entfernt werden können (Zugriffskontrolle),

4. zu gewährleisten, dass personenbezogene Daten bei der elektronischen Übertragung oder während ihres Transports oder ihrer Speicherung auf Datenträger nicht unbefugt gelesen, kopiert, verändert oder entfernt werden können, und dass überprüft und festgestellt werden kann, an welche Stellen eine Übermittlung personenbezogener Daten durch Einrichtungen zur Datenübertragung vorgesehen ist (Weitergabekontrolle),

5. zu gewährleisten, dass nachträglich überprüft und festgestellt werden kann, ob und von wem personenbezogene Daten in Datenverarbeitungssysteme eingegeben, verändert oder entfernt worden sind (Eingabekontrolle),

6. zu gewährleisten, dass personenbezogene Daten, die im Auftrag verarbeitet werden, nur entsprechend den Weisungen des Auftraggebers verarbeitet werden können (Auftragskontrolle),

7. zu gewährleisten, dass personenbezogene Daten gegen zufällige Zerstörung oder Verlust geschützt sind (Verfügbarkeitskontrolle),

8. zu gewährleisten, dass zu unterschiedlichen Zwecken erhobene Daten getrennt verarbeitet werden können.

Eine Maßnahme nach Satz 2 Nummer 2 bis 4 ist insbesondere die Verwendung von dem Stand der Technik entsprechenden Verschlüsselungsverfahren.

Mindesturlaubsgesetz für Arbeitnehmer (Bundesurlaubsgesetz) BUrlG

Ausfertigungsdatum: 08.01.1963, Stand: Zuletzt geändert durch Art. 7 G v. 7.5.2002 I 1529

§ 1 Urlaubsanspruch

Jeder Arbeitnehmer hat in jedem Kalenderjahr Anspruch auf bezahlten Erholungsurlaub.

§ 2 Geltungsbereich

Arbeitnehmer im Sinne des Gesetzes sind Arbeiter und Angestellte sowie die zu ihrer Berufsausbildung Beschäftigten. Als Arbeitnehmer gelten auch Personen, die wegen ihrer wirtschaftlichen Unselbständigkeit als arbeitnehmerähnliche Personen anzusehen sind; für den Bereich der Heimarbeit gilt § 12.

§ 3 Dauer des Urlaubs

(1) Der Urlaub beträgt jährlich mindestens 24 Werktage.

(2) Als Werktage gelten alle Kalendertage, die nicht Sonn- oder gesetzliche Feiertage sind.

§ 4 Wartezeit

Der volle Urlaubsanspruch wird erstmalig nach sechsmonatigem Bestehen des Arbeitsverhältnisses erworben.

§ 5 Teilurlaub

(1) Anspruch auf ein Zwölftel des Jahresurlaubs für jeden vollen Monat des Bestehens des Arbeitsverhältnisses hat der Arbeitnehmer

a)   für Zeiten eines Kalenderjahrs, für die er wegen Nichterfüllung der Wartezeit in diesem Kalenderjahr keinen vollen Urlaubsanspruch erwirbt;

b)   wenn er vor erfüllter Wartezeit aus dem Arbeitsverhältnis ausscheidet;

c)   wenn er nach erfüllter Wartezeit in der ersten Hälfte eines Kalenderjahrs aus dem Arbeitsverhältnis ausscheidet.

(2) Bruchteile von Urlaubstagen, die mindestens einen halben Tag ergeben, sind auf volle Urlaubstage aufzurunden.

(3) Hat der Arbeitnehmer im Falle des Absatzes 1 Buchstabe c bereits Urlaub über den ihm zustehenden Umfang hinaus erhalten, so kann das dafür gezahlte Urlaubsentgelt nicht zurückgefordert werden.

§ 6 Ausschluß von Doppelansprüchen

(1) Der Anspruch auf Urlaub besteht nicht, soweit dem Arbeitnehmer für das laufende Kalenderjahr bereits von einem früheren Arbeitgeber Urlaub gewährt worden ist.

(2) Der Arbeitgeber ist verpflichtet, bei Beendigung des Arbeitsverhältnisses dem Arbeitnehmer eine Bescheinigung über den im laufenden Kalenderjahr gewährten oder abgegoltenen Urlaub auszuhändigen.

§ 7 Zeitpunkt, Übertragbarkeit und Abgeltung des Urlaubs

(1) Bei der zeitlichen Festlegung des Urlaubs sind die Urlaubswünsche des Arbeitnehmers zu berücksichtigen, es sei denn, daß ihrer Berücksichtigung dringende betriebliche Belange oder Urlaubswünsche anderer Arbeitnehmer, die unter sozialen Gesichtspunkten den Vorrang verdienen, entgegenstehen. Der Urlaub ist zu gewähren, wenn der Arbeitnehmer dies im Anschluß an eine Maßnahme der medizinischen Vorsorge oder Rehabilitation verlangt.

(2) Der Urlaub ist zusammenhängend zu gewähren, es sei denn, daß dringende betriebliche oder in der Person des Arbeitnehmers liegende Gründe eine Teilung des Urlaubs erforderlich machen. Kann der Urlaub aus diesen Gründen nicht zusammenhängend gewährt werden, und hat der Arbeitnehmer Anspruch auf Urlaub von mehr als zwölf Werktagen, so muß einer der Urlaubsteile mindestens zwölf aufeinanderfolgende Werktage umfassen.

(3) Der Urlaub muß im laufenden Kalenderjahr gewährt und genommen werden. Eine Übertragung des Urlaubs auf das nächste Kalenderjahr ist nur statthaft, wenn dringende betriebliche oder in der Person des Arbeitnehmers liegende Gründe dies rechtfertigen. Im Fall der Übertragung muß der Urlaub in den ersten drei Monaten des folgenden Kalenderjahrs gewährt und genommen werden. Auf Verlangen des Arbeitnehmers ist ein nach § 5 Abs. 1 Buchstabe a entstehender Teilurlaub jedoch auf das nächste Kalenderjahr zu übertragen.

(4) Kann der Urlaub wegen Beendigung des Arbeitsverhältnisses ganz oder teilweise nicht mehr gewährt werden, so ist er abzugelten.

§ 8 Erwerbstätigkeit während des Urlaubs

Während des Urlaubs darf der Arbeitnehmer keine dem Urlaubszweck widersprechende Erwerbstätigkeit leisten.

§ 9 Erkrankung während des Urlaubs

Erkrankt ein Arbeitnehmer während des Urlaubs, so werden die durch ärztliches Zeugnis nachgewiesenen Tage der Arbeitsunfähigkeit auf den Jahresurlaub nicht angerechnet.

§ 10 Maßnahmen der medizinischen Vorsorge oder Rehabilitation

Maßnahmen der medizinischen Vorsorge oder Rehabilitation dürfen nicht auf den Urlaub angerechnet werden, soweit ein Anspruch auf Fortzahlung des Arbeitsentgelts nach den gesetzlichen Vorschriften über die Entgeltfortzahlung im Krankheitsfall besteht.

§ 11 Urlaubsentgelt

(1) Das Urlaubsentgelt bemißt sich nach dem durchschnittlichen Arbeitsverdienst, das der Arbeitnehmer in den letzten dreizehn Wochen vor dem Beginn des Urlaubs erhalten hat, mit Ausnahme des zusätzlich für Überstunden gezahlten Arbeitsverdienstes. Bei Verdiensterhöhungen nicht nur vorübergehender Natur, die während des Berechnungszeitraums oder des Urlaubs eintreten, ist von dem erhöhten Verdienst auszugehen. Verdienstkürzungen, die im Berechnungszeitraum infolge von Kurzarbeit, Arbeitsausfällen oder unverschuldeter Arbeitsversäumnis eintreten, bleiben für die

Berechnung des Urlaubsentgelts außer Betracht. Zum Arbeitsentgelt gehörende Sachbezüge, die während des Urlaubs nicht weitergewährt werden, sind für die Dauer des Urlaubs angemessen in bar abzugelten.

(2) Das Urlaubsentgelt ist vor Antritt des Urlaubs auszuzahlen.

§ 12 Urlaub im Bereich der Heimarbeit

Für die in Heimarbeit Beschäftigten und die ihnen nach § 1 Abs. 2 Buchstaben a bis c des Heimarbeitsgesetzes Gleichgestellten, für die die Urlaubsregelung nicht ausdrücklich von der Gleichstellung ausgenommen ist, gelten die vorstehenden Bestimmungen mit Ausnahme der §§ 4 bis 6, 7 Abs. 3 und 4 und § 11 nach Maßgabe der folgenden Bestimmungen:

1. Heimarbeiter (§ 1 Abs. 1 Buchstabe a des Heimarbeitsgesetzes) und nach § 1 Abs. 2 Buchstabe a des Heimarbeitsgesetzes Gleichgestellte erhalten von ihrem Auftraggeber oder, falls sie von einem Zwischenmeister beschäftigt werden, von diesem bei einem Anspruch auf 24 Werktage ein Urlaubsentgelt von 9,1 vom Hundert des in der Zeit vom 1. Mai bis zum 30. April des folgenden Jahres oder bis zur Beendigung des Beschäftigungsverhältnisses verdienten Arbeitsentgelts vor Abzug der Steuern und Sozialversicherungsbeiträge ohne Unkostenzuschlag und ohne die für den Lohnausfall an Feiertagen, den Arbeitsausfall infolge Krankheit und den Urlaub zu leistenden Zahlungen.

2. War der Anspruchsberechtigte im Berechnungszeitraum nicht ständig beschäftigt, so brauchen unbeschadet des Anspruches auf Urlaubsentgelt nach Nummer 1 nur so viele Urlaubstage gegeben zu werden, wie durchschnittliche Tagesverdienste, die er in der Regel erzielt hat, in dem Urlaubsentgelt nach Nummer 1 enthalten sind.

3. Das Urlaubsentgelt für die in Nummer 1 bezeichneten Personen soll erst bei der letzten Entgeltzahlung vor Antritt des Urlaubs ausgezahlt werden.

4. Hausgewerbetreibende (§ 1 Abs. 1 Buchstabe b des Heimarbeitsgesetzes) und nach § 1 Abs. 2 Buchstaben b und c des Heimarbeitsgesetzes Gleichgestellte erhalten von ihrem Auftraggeber oder, falls sie von einem Zwischenmeister beschäftigt werden, von diesem als eigenes Urlaubsentgelt und zur Sicherung der Urlaubsansprüche der von ihnen Beschäftigten einen Betrag von 9,1 vom Hundert des an sie ausgezahlten Arbeitsentgelts vor Abzug der Steuern und Sozialversicherungsbeiträge ohne Unkostenzuschlag

und ohne die für den Lohnausfall an Feiertagen, den Arbeitsausfall infolge Krankheit und den Urlaub zu leistenden Zahlungen.

5. Zwischenmeister, die den in Heimarbeit Beschäftigten nach § 1 Abs. 2 Buchstabe d des Heimarbeitsgesetzes gleichgestellt sind, haben gegen ihren Auftraggeber Anspruch auf die von ihnen nach den Nummern 1 und 4 nachweislich zu zahlenden Beträge.

6. Die Beträge nach den Nummern 1, 4 und 5 sind gesondert im Entgeltbeleg auszuweisen.

7. Durch Tarifvertrag kann bestimmt werden, daß Heimarbeiter (§ 1 Abs. 1 Buchstabe a des Heimarbeitsgesetzes), die nur für einen Auftraggeber tätig sind und tariflich allgemein wie Betriebsarbeiter behandelt werden, Urlaub nach den allgemeinen Urlaubsbestimmungen erhalten.

8. Auf die in den Nummern 1, 4 und 5 vorgesehenen Beträge finden die §§ 23 bis 25, 27 und 28 und auf die in den Nummern 1 und 4 vorgesehenen Beträge außerdem § 21 Abs. 2 des Heimarbeitsgesetzes entsprechende Anwendung. Für die Urlaubsansprüche der fremden Hilfskräfte der in Nummer 4 genannten Personen gilt § 26 des Heimarbeitsgesetzes entsprechend.

§ 13 Unabdingbarkeit

(1) Von den vorstehenden Vorschriften mit Ausnahme der §§ 1, 2 und 3 Abs. 1 kann in Tarifverträgen abgewichen werden. Die abweichenden Bestimmungen haben zwischen nichttarifgebundenen Arbeitgebern und Arbeitnehmern Geltung, wenn zwischen diesen die Anwendung der einschlägigen tariflichen Urlaubsregelung vereinbart ist. Im übrigen kann, abgesehen von § 7 Abs. 2 Satz 2, von den Bestimmungen dieses Gesetzes nicht zuungunsten des Arbeitnehmers abgewichen werden.

(2) Für das Baugewerbe oder sonstige Wirtschaftszweige, in denen als Folge häufigen Ortswechsels der von den Betrieben zu leistenden Arbeit Arbeitsverhältnisse von kürzerer Dauer als einem Jahr in erheblichem Umfange üblich sind, kann durch Tarifvertrag von den vorstehenden Vorschriften über die in Absatz 1 Satz 1 vorgesehene Grenze hinaus abgewichen werden, soweit dies zur Sicherung eines zusammenhängenden Jahresurlaubs für alle Arbeitnehmer erforderlich ist. Absatz 1 Satz 2 findet entsprechende Anwendung.

(3) Für den Bereich der Deutsche Bahn Aktiengesellschaft sowie einer gemäß § 2 Abs. 1 und § 3 Abs. 3 des Deutsche Bahn Gründungsgesetzes vom 27. Dezember 1993 (BGBl. I S. 2378, 2386) ausgegliederten Gesellschaft und für den Bereich der Nachfolgeunternehmen der Deutschen Bundespost kann von der Vorschrift über das Kalenderjahr als Urlaubsjahr (§ 1) in Tarifverträgen abgewichen werden.

§ 14 Berlin-Klausel

Dieses Gesetz gilt nach Maßgabe des § 13 Abs. 1 des Dritten Überleitungsgesetzes vom 4. Januar 1952 (Bundesgesetzbl. I S. 1) auch im Land Berlin.

§ 15 Änderung und Aufhebung von Gesetzen

(1) Unberührt bleiben die urlaubsrechtlichen Bestimmungen des Arbeitsplatzschutzgesetzes vom 30. März 1957 (Bundesgesetzbl. I S. 293), geändert durch Gesetz vom 22. März 1962 (Bundesgesetzbl. I S. 169), des Neunten Buches Sozialgesetzbuch des Jugendarbeitsschutzgesetzes vom 9. August 1960 (Bundesgesetzbl. I S. 665), geändert durch Gesetz vom 20. Juli 1962 (Bundesgesetzbl. I S. 449), und des Seemannsgesetzes vom 26. Juli 1957 (Bundesgesetzbl. II S. 713), geändert durch Gesetz vom 25. August 1961 (Bundesgesetzbl. II S. 1391), jedoch wird a) und b) ...

(2) Mit dem Inkrafttreten dieses Gesetzes treten die landesrechtlichen Vorschriften über den Erholungsurlaub außer Kraft. In Kraft bleiben jedoch die landesrechtlichen Bestimmungen über den Urlaub für Opfer des Nationalsozialismus und für solche Arbeitnehmer, die geistig oder körperlich in ihrer Erwerbsfähigkeit behindert sind.

§ 15a Übergangsvorschrift

Befindet sich der Arbeitnehmer von einem Tag nach dem 9. Dezember 1998 bis zum 1. Januar 1999 oder darüber hinaus in einer Maßnahme der medizinischen Vorsorge oder Rehabilitation, sind für diesen Zeitraum die seit dem 1. Januar 1999 geltenden Vorschriften maßgebend, es sei denn, daß diese für den Arbeitnehmer ungünstiger sind.

§ 16 Inkrafttreten

Dieses Gesetz tritt mit Wirkung vom 1. Januar 1963 in Kraft.

Kündigungsschutzgesetz (KSchG)

Ausfertigungsdatum: 10.08.1951, Stand: Neugefasst durch Bek. v. 25.8.1969 I 1317
zuletzt geändert durch Art. 3 G v. 26.3.2008 I 444

Erster Abschnitt Allgemeiner Kündigungsschutz

§ 1 Sozial ungerechtfertigte Kündigungen

(1) Die Kündigung des Arbeitsverhältnisses gegenüber einem Arbeitnehmer, dessen Arbeitsverhältnis in demselben Betrieb oder Unternehmen ohne Unterbrechung länger als sechs Monate bestanden hat, ist rechtsunwirksam, wenn sie sozial ungerechtfertigt ist.

(2) Sozial ungerechtfertigt ist die Kündigung, wenn sie nicht durch Gründe, die in der Person oder in dem Verhalten des Arbeitnehmers liegen, oder durch dringende betriebliche Erfordernisse, die einer Weiterbeschäftigung des Arbeitnehmers in diesem Betrieb entgegenstehen, bedingt ist. Die Kündigung ist auch sozial ungerechtfertigt, wenn

1. in Betrieben des privaten Rechts

    a) die Kündigung gegen eine Richtlinie nach § 95 des Betriebsverfassungsgesetzes verstößt,

    b) der Arbeitnehmer an einem anderen Arbeitsplatz in demselben Betrieb oder in einem anderen Betrieb des Unternehmens weiterbeschäftigt werden kann

    und der Betriebsrat oder eine andere nach dem Betriebsverfassungsgesetz insoweit zuständige Vertretung der Arbeitnehmer aus einem dieser Gründe der Kündigung innerhalb der Frist des § 102 Abs. 2 Satz 1 des Betriebsverfassungsgesetzes schriftlich widersprochen hat,

2. in Betrieben und Verwaltungen des öffentlichen Rechts

    a) die Kündigung gegen eine Richtlinie über die personelle Auswahl bei Kündigungen verstößt,

    b) der Arbeitnehmer an einem anderen Arbeitsplatz in derselben Dienststelle oder in einer anderen Dienststelle desselben Verwaltungszweigs an demselben Dienstort einschließlich seines Einzugsgebiets weiterbeschäftigt werden kann

    und die zuständige Personalvertretung aus einem dieser Gründe fristgerecht gegen die Kündigung Einwendungen erhoben hat, es sei denn, daß die Stufenvertretung in der Verhandlung mit der übergeordneten Dienststelle die Einwendungen nicht aufrechterhalten hat.

Satz 2 gilt entsprechend, wenn die Weiterbeschäftigung des Arbeitnehmers nach zumutbaren Umschulungs- oder Fortbildungsmaßnahmen oder eine Weiterbeschäftigung des Arbeitnehmers unter geänderten Arbeitsbedingungen möglich ist und der Arbeitnehmer sein

Einverständnis hiermit erklärt hat. Der Arbeitgeber hat die Tatsachen zu beweisen, die die Kündigung bedingen.

(3) Ist einem Arbeitnehmer aus dringenden betrieblichen Erfordernissen im Sinne des Absatzes 2 gekündigt worden, so ist die Kündigung trotzdem sozial ungerechtfertigt, wenn der Arbeitgeber bei der Auswahl des Arbeitnehmers die Dauer der Betriebszugehörigkeit, das Lebensalter, die Unterhaltspflichten und die Schwerbehinderung des Arbeitnehmers nicht oder nicht ausreichend berücksichtigt hat; auf Verlangen des Arbeitnehmers hat der Arbeitgeber dem Arbeitnehmer die Gründe anzugeben, die zu der getroffenen sozialen Auswahl geführt haben. In die soziale Auswahl nach Satz 1 sind Arbeitnehmer nicht einzubeziehen, deren Weiterbeschäftigung, insbesondere wegen ihrer Kenntnisse, Fähigkeiten und Leistungen oder zur Sicherung einer ausgewogenen Personalstruktur des Betriebes, im berechtigten betrieblichen Interesse liegt. Der Arbeitnehmer hat die Tatsachen zu beweisen, die die Kündigung als sozial ungerechtfertigt im Sinne des Satzes 1 erscheinen lassen.

(4) Ist in einem Tarifvertrag, in einer Betriebsvereinbarung nach § 95 des Betriebsverfassungsgesetzes oder in einer entsprechenden Richtlinie nach den Personalvertretungsgesetzen festgelegt, wie die sozialen Gesichtspunkte nach Absatz 3 Satz 1 im Verhältnis zueinander zu bewerten sind, so kann die Bewertung nur auf grobe Fehlerhaftigkeit überprüft werden.

(5) Sind bei einer Kündigung auf Grund einer Betriebsänderung nach § 111 des Betriebsverfassungsgesetzes die Arbeitnehmer, denen gekündigt werden soll, in einem Interessenausgleich zwischen Arbeitgeber und Betriebsrat namentlich bezeichnet, so wird vermutet, dass die Kündigung durch dringende betriebliche Erfordernisse im Sinne des Absatzes 2 bedingt ist. Die soziale Auswahl der Arbeitnehmer kann nur auf grobe Fehlerhaftigkeit überprüft werden. Die Sätze 1 und 2 gelten nicht, soweit sich die Sachlage nach Zustandekommen des Interessenausgleichs wesentlich geändert hat. Der Interessenausgleich nach Satz 1 ersetzt die Stellungnahme des Betriebsrates nach § 17 Abs. 3 Satz 2.

§ 1a Abfindungsanspruch bei betriebsbedingter Kündigung

(1) Kündigt der Arbeitgeber wegen dringender betrieblicher Erfordernisse nach § 1 Abs. 2 Satz 1 und erhebt der Arbeitnehmer bis zum Ablauf der Frist des § 4 Satz 1 keine Klage auf Feststellung, dass das Arbeitsverhältnis durch die Kündigung nicht aufgelöst ist, hat der Arbeitnehmer mit dem Ablauf der Kündigungsfrist Anspruch auf eine Abfindung. Der Anspruch setzt den Hinweis des Arbeitgebers in der Kündigungserklärung voraus, dass die Kündigung auf dringende betriebliche Erfordernisse gestützt ist und der Arbeitnehmer bei Verstreichenlassen der Klagefrist die Abfindung beanspruchen kann.

(2) Die Höhe der Abfindung beträgt 0,5 Monatsverdienste für jedes Jahr des Bestehens des Arbeitsverhältnisses. § 10 Abs. 3 gilt entsprechend. Bei der Ermittlung der Dauer des Arbeitsverhältnisses ist ein Zeitraum von mehr als sechs Monaten auf ein volles Jahr aufzurunden.

§ 2 Änderungskündigung

Kündigt der Arbeitgeber das Arbeitsverhältnis und bietet er dem Arbeitnehmer im Zusammenhang mit der Kündigung die Fortsetzung des Arbeitsverhältnisses zu geänderten Arbeitsbedingungen an, so kann der Arbeitnehmer dieses Angebot unter dem Vorbehalt annehmen, daß die Änderung der Arbeitsbedingungen nicht sozial ungerechtfertigt ist (§ 1 Abs. 2 Satz 1 bis 3, Abs. 3 Satz 1 und 2). Diesen Vorbehalt muß der Arbeitnehmer dem Arbeitgeber innerhalb der Kündigungsfrist, spätestens jedoch innerhalb von drei Wochen nach Zugang der Kündigung erklären.

§ 3 Kündigungseinspruch

Hält der Arbeitnehmer eine Kündigung für sozial ungerechtfertigt, so kann er binnen einer Woche nach der Kündigung Einspruch beim Betriebsrat einlegen. Erachtet der Betriebsrat den Einspruch für begründet, so hat er zu versuchen, eine Verständigung

mit dem Arbeitgeber herbeizuführen. Er hat seine Stellungnahme zu dem Einspruch dem Arbeitnehmer und dem Arbeitgeber auf Verlangen schriftlich mitzuteilen.

§ 4 Anrufung des Arbeitsgerichts

Will ein Arbeitnehmer geltend machen, dass eine Kündigung sozial ungerechtfertigt oder aus anderen Gründen rechtsunwirksam ist, so muss er innerhalb von drei Wochen nach Zugang der schriftlichen Kündigung Klage beim Arbeitsgericht auf Feststellung erheben, dass das Arbeitsverhältnis durch die Kündigung nicht aufgelöst ist. Im Falle des § 2 ist die Klage auf Feststellung zu erheben, daß die Änderung der Arbeitsbedingungen sozial ungerechtfertigt oder aus anderen Gründen rechtsunwirksam ist. Hat der Arbeitnehmer Einspruch beim Betriebsrat eingelegt (§ 3), so soll er der Klage die Stellungnahme des Betriebsrats beifügen. Soweit die Kündigung der Zustimmung einer Behörde bedarf, läuft die Frist zur Anrufung des Arbeitsgerichts erst von der Bekanntgabe der Entscheidung der Behörde an den Arbeitnehmer ab.

§ 5 Zulassung verspäteter Klagen

(1) War ein Arbeitnehmer nach erfolgter Kündigung trotz Anwendung aller ihm nach Lage der Umstände zuzumutenden Sorgfalt verhindert, die Klage innerhalb von drei Wochen nach Zugang der schriftlichen Kündigung zu erheben, so ist auf seinen Antrag die Klage nachträglich zuzulassen. Gleiches gilt, wenn eine Frau von ihrer Schwangerschaft aus einem von ihr nicht zu vertretenden Grund erst nach Ablauf der Frist des § 4 Satz 1 Kenntnis erlangt hat.

(2) Mit dem Antrag ist die Klageerhebung zu verbinden; ist die Klage bereits eingereicht, so ist auf sie im Antrag Bezug zu nehmen. Der Antrag muß ferner die Angabe der die nachträgliche Zulassung begründenden Tatsachen und der Mittel für deren Glaubhaftmachung enthalten.

(3) Der Antrag ist nur innerhalb von zwei Wochen nach Behebung des Hindernisses zulässig. Nach Ablauf von sechs Monaten, vom Ende der versäumten Frist an gerechnet, kann der Antrag nicht mehr gestellt werden.

(4) Das Verfahren über den Antrag auf nachträgliche Zulassung ist mit dem Verfahren über die Klage zu verbinden. Das Arbeitsgericht kann das Verfahren zunächst auf die Verhandlung und Entscheidung über den Antrag beschränken. In diesem Fall ergeht die Entscheidung durch Zwischenurteil, das wie ein Endurteil angefochten werden kann.

(5) Hat das Arbeitsgericht über einen Antrag auf nachträgliche Klagezulassung nicht entschieden oder wird ein solcher Antrag erstmals vor dem Landesarbeitsgericht gestellt, entscheidet hierüber die Kammer des Landesarbeitsgerichts. Absatz 4 gilt entsprechend.

§ 6 Verlängerte Anrufungsfrist

Hat ein Arbeitnehmer innerhalb von drei Wochen nach Zugang der schriftlichen Kündigung im Klagewege geltend gemacht, dass eine rechtswirksame Kündigung nicht vorliege, so kann er sich in diesem Verfahren bis zum Schluss der mündlichen Verhandlung erster Instanz zur Begründung der Unwirksamkeit der Kündigung auch auf innerhalb der Klagefrist nicht geltend gemachte Gründe berufen. Das Arbeitsgericht soll ihn hierauf hinweisen.

§ 7 Wirksamwerden der Kündigung

Wird die Rechtsunwirksamkeit einer Kündigung nicht rechtzeitig geltend gemacht (§ 4 Satz 1, §§ 5 und 6), so gilt die Kündigung als von Anfang an rechtswirksam; ein vom Arbeitnehmer nach § 2 erklärter Vorbehalt erlischt.

§ 8 Wiederherstellung der früheren Arbeitsbedingungen

Stellt das Gericht im Falle des § 2 fest, daß die Änderung der Arbeitsbedingungen sozial ungerechtfertigt ist, so gilt die Änderungskündigung als von Anfang an rechtsunwirksam.

§ 9 Auflösung des Arbeitsverhältnisses durch Urteil des Gerichts, Abfindung des Arbeitnehmers

(1) Stellt das Gericht fest, daß das Arbeitsverhältnis durch die Kündigung nicht aufgelöst ist, ist jedoch dem Arbeitnehmer die Fortsetzung des Arbeitsverhältnisses nicht zuzumuten, so hat das Gericht auf Antrag des Arbeitnehmers das Arbeitsverhältnis aufzulösen und den Arbeitgeber zur Zahlung einer angemessenen Abfindung zu verurteilen. Die gleiche Entscheidung hat das Gericht auf Antrag des Arbeitgebers zu treffen, wenn Gründe vorliegen, die eine den Betriebszwecken dienliche weitere Zusammenarbeit zwischen Arbeitgeber und Arbeitnehmer nicht erwarten lassen. Arbeitnehmer und Arbeitgeber können den Antrag auf Auflösung des Arbeitsverhältnisses bis zum Schluß der letzten mündlichen Verhandlung in der Berufungsinstanz stellen.

(2) Das Gericht hat für die Auflösung des Arbeitsverhältnisses den Zeitpunkt festzusetzen, an dem es bei sozial gerechtfertigter Kündigung geendet hätte.

§ 10 Höhe der Abfindung

(1) Als Abfindung ist ein Betrag bis zu zwölf Monatsverdiensten festzusetzen.

(2) Hat der Arbeitnehmer das fünfzigste Lebensjahr vollendet und hat das Arbeitsverhältnis mindestens fünfzehn Jahre bestanden, so ist ein Betrag bis zu fünfzehn Monatsverdiensten, hat der Arbeitnehmer das fünfundfünfzigste Lebensjahr vollendet und hat das Arbeitsverhältnis mindestens zwanzig Jahre bestanden, so ist ein Betrag bis zu achtzehn Monatsverdiensten festzusetzen. Dies gilt nicht, wenn der Arbeitnehmer in dem Zeitpunkt, den das Gericht nach § 9 Abs. 2 für die Auflösung des Arbeitsverhältnisses festsetzt, das in der Vorschrift des Sechsten Buches Sozialgesetzbuch über die Regelaltersrente bezeichnete Lebensalter erreicht hat.

(3) Als Monatsverdienst gilt, was dem Arbeitnehmer bei der für ihn maßgebenden regelmäßigen Arbeitszeit in dem Monat, in dem das Arbeitsverhältnis endet (§ 9 Abs. 2), an Geld und Sachbezügen zusteht.

§ 11 Anrechnung auf entgangenen Zwischenverdienst

Besteht nach der Entscheidung des Gerichts das Arbeitsverhältnis fort, so muß sich der Arbeitnehmer auf das Arbeitsentgelt, das ihm der Arbeitgeber für die Zeit nach der Entlassung schuldet, anrechnen lassen,

1. was er durch anderweitige Arbeit verdient hat,
2. was er hätte verdienen können, wenn er es nicht böswillig unterlassen hätte, eine ihm zumutbare Arbeit anzunehmen,
3. was ihm an öffentlich-rechtlichen Leistungen infolge Arbeitslosigkeit aus der Sozialversicherung, der Arbeitslosenversicherung, der Sicherung des Lebensunterhalts nach dem Zweiten Buch Sozialgesetzbuch oder der Sozialhilfe für die Zwischenzeit gezahlt worden ist. Diese Beträge hat der Arbeitgeber der Stelle zu erstatten, die sie geleistet hat.

§ 12 Neues Arbeitsverhältnis des Arbeitnehmers, Auflösung des alten Arbeitsverhältnisses

Besteht nach der Entscheidung des Gerichts das Arbeitsverhältnis fort, ist jedoch der Arbeitnehmer inzwischen ein neues Arbeitsverhältnis eingegangen, so kann er binnen einer Woche nach der Rechtskraft des Urteils durch Erklärung gegenüber dem alten Arbeitgeber die Fortsetzung des Arbeitsverhältnisses bei diesem verweigern. Die Frist wird auch durch eine vor ihrem Ablauf zur Post gegebene schriftliche Erklärung gewahrt. Mit dem Zugang der Erklärung erlischt das Arbeitsverhältnis. Macht der Arbeitnehmer von seinem Verweigerungsrecht Gebrauch, so ist ihm entgangener Verdienst nur für die Zeit zwischen der Entlassung und dem Tag des Eintritts in das neue Arbeitsverhältnis zu gewähren. § 11 findet entsprechende Anwendung.

§ 13 Außerordentliche, sittenwidrige und sonstige Kündigungen

(1) Die Vorschriften über das Recht zur außerordentlichen Kündigung eines Arbeitsverhältnisses werden durch das vorliegende Gesetz nicht berührt. Die Rechtsunwirksamkeit einer außerordentlichen Kündigung kann jedoch nur nach Maßgabe des § 4 Satz 1 und der §§ 5 bis 7 geltend gemacht werden. Stellt das Gericht fest, dass die außerordentliche Kündigung unbegründet ist, ist jedoch dem Arbeitnehmer die Fortsetzung des Arbeitsverhältnisses nicht zuzumuten, so hat auf seinen Antrag das Gericht das Arbeitsverhältnis aufzulösen und den Arbeitgeber zur Zahlung einer angemessenen Abfindung zu verurteilen. Das Gericht hat für die Auflösung des Arbeitsverhältnisses den Zeitpunkt festzulegen, zu dem die außerordentliche Kündigung ausgesprochen wurde. Die Vorschriften der §§ 10 bis 12 gelten entsprechend.

(2) Verstößt eine Kündigung gegen die guten Sitten, so finden die Vorschriften des § 9 Abs. 1 Satz 1 und Abs. 2 und der §§ 10 bis 12 entsprechende Anwendung.

(3) Im Übrigen finden die Vorschriften dieses Abschnitts mit Ausnahme der §§ 4 bis 7 auf eine Kündigung, die bereits aus anderen als den in § 1 Abs. 2 und 3 bezeichneten Gründen rechtsunwirksam ist, keine Anwendung.

§ 14 Angestellte in leitender Stellung

(1) Die Vorschriften dieses Abschnitts gelten nicht

1. in Betrieben einer juristischen Person für die Mitglieder des Organs, das zur gesetzlichen Vertretung der juristischen Person berufen ist,
2. in Betrieben einer Personengesamtheit für die durch Gesetz, Satzung oder Gesellschaftsvertrag zur Vertretung der Personengesamtheit berufenen Personen.

(2) Auf Geschäftsführer, Betriebsleiter und ähnliche leitende Angestellte, soweit diese zur selbständigen Einstellung oder Entlassung von Arbeitnehmern berechtigt sind, finden die Vorschriften dieses Abschnitts mit Ausnahme des § 3 Anwendung. § 9 Abs. 1 Satz 2 findet mit der Maßgabe Anwendung, daß der Antrag des Arbeitgebers auf Auflösung des Arbeitsverhältnisses keiner Begründung bedarf.

Zweiter Abschnitt Kündigungsschutz im Rahmen der Betriebsverfassung und Personalvertretung

§ 15 Unzulässigkeit der Kündigung

(1) Die Kündigung eines Mitglieds eines Betriebsrats, einer Jugend- und Auszubildendenvertretung, einer Bordvertretung oder eines Seebetriebsrats ist unzulässig, es sei denn, daß Tatsachen vorliegen, die den Arbeitgeber zur Kündigung aus wichtigem Grund ohne Einhaltung einer Kündigungsfrist berechtigen, und daß die nach § 103 des Betriebsverfassungsgesetzes erforderliche Zustimmung vorliegt oder durch gerichtliche Entscheidung ersetzt ist. Nach Beendigung der Amtszeit ist die Kündigung eines Mitglieds eines Betriebsrats, einer Jugend- und Auszubildendenvertretung oder eines Seebetriebsrats

innerhalb eines Jahres, die Kündigung eines Mitglieds einer Bordvertretung innerhalb von sechs Monaten, jeweils vom Zeitpunkt der Beendigung der Amtszeit an gerechnet, unzulässig, es sei denn, daß Tatsachen vorliegen, die den Arbeitgeber zur Kündigung aus wichtigem Grund ohne Einhaltung einer Kündigungsfrist berechtigen; dies gilt nicht, wenn die Beendigung der Mitgliedschaft auf einer gerichtlichen Entscheidung beruht.

(2) Die Kündigung eines Mitglieds einer Personalvertretung, einer Jugend- und Auszubildendenvertretung oder einer Jugendvertretung ist unzulässig, es sei denn, daß Tatsachen vorliegen, die den Arbeitgeber zur Kündigung aus wichtigem Grund ohne Einhaltung einer Kündigungsfrist berechtigen, und daß die nach dem Personalvertretungsrecht erforderliche Zustimmung vorliegt oder durch gerichtliche Entscheidung ersetzt ist. Nach Beendigung der Amtszeit der in Satz 1 genannten Personen ist ihre Kündigung innerhalb eines Jahres, vom Zeitpunkt der Beendigung der Amtszeit an gerechnet, unzulässig, es sei denn, daß Tatsachen vorliegen, die den Arbeitgeber zur Kündigung aus wichtigem Grund ohne Einhaltung einer Kündigungsfrist berechtigen; dies gilt nicht, wenn die Beendigung der Mitgliedschaft auf einer gerichtlichen Entscheidung beruht.

(3) Die Kündigung eines Mitglieds eines Wahlvorstands ist vom Zeitpunkt seiner Bestellung an, die Kündigung eines Wahlbewerbers vom Zeitpunkt der Aufstellung des Wahlvorschlags an, jeweils bis zur Bekanntgabe des Wahlergebnisses unzulässig, es sei denn, daß Tatsachen vorliegen, die den Arbeitgeber zur Kündigung aus wichtigem Grund ohne Einhaltung einer Kündigungsfrist berechtigen, und daß die nach § 103 des Betriebsverfassungsgesetzes oder nach dem Personalvertretungsrecht erforderliche Zustimmung vorliegt oder durch eine gerichtliche Entscheidung ersetzt ist. Innerhalb von sechs Monaten nach Bekanntgabe des Wahlergebnisses ist die Kündigung unzulässig, es sei denn, daß Tatsachen vorliegen, die den Arbeitgeber zur Kündigung aus wichtigem Grund ohne Einhaltung einer Kündigungsfrist berechtigen; dies gilt nicht für Mitglieder des Wahlvorstands, wenn dieser durch gerichtliche Entscheidung durch einen anderen Wahlvorstand ersetzt worden ist.

(3a) Die Kündigung eines Arbeitnehmers, der zu einer Betriebs-, Wahl- oder Bordversammlung nach § 17 Abs. 3, § 17a Nr. 3 Satz 2, § 115 Abs. 2 Nr. 8 Satz 1 des Betriebsverfassungsgesetzes einlädt oder die Bestellung eines Wahlvorstands nach § 16 Abs. 2 Satz 1, § 17 Abs. 4, § 17a Nr. 4, § 63 Abs. 3, § 115 Abs. 2 Nr. 8 Satz 2 oder § 116 Abs. 2 Nr. 7 Satz 5 des Betriebsverfassungsgesetzes beantragt, ist vom Zeitpunkt der Einladung oder Antragstellung an bis zur Bekanntgabe des Wahlergebnisses unzulässig, es sei denn, dass Tatsachen vorliegen, die den Arbeitgeber zur Kündigung aus wichtigem Grund ohne Einhaltung einer Kündigungsfrist berechtigen; der Kündigungsschutz gilt für die ersten drei in der Einladung oder Antragstellung aufgeführten Arbeitnehmer. Wird ein Betriebsrat, eine Jugend- und Auszubildendenvertretung, eine Bordvertretung oder ein Seebetriebsrat nicht gewählt, besteht der Kündigungsschutz nach Satz 1 vom Zeitpunkt der Einladung oder Antragstellung an drei Monate.

(4) Wird der Betrieb stillgelegt, so ist die Kündigung der in den Absätzen 1 bis 3 genannten Personen frühestens zum Zeitpunkt der Stillegung zulässig, es sei denn, daß ihre Kündigung zu einem früheren Zeitpunkt durch zwingende betriebliche Erfordernisse bedingt ist.

(5) Wird eine der in den Absätzen 1 bis 3 genannten Personen in einer Betriebsabteilung beschäftigt, die stillgelegt wird, so ist sie in eine andere Betriebsabteilung zu übernehmen. Ist dies aus betrieblichen Gründen nicht möglich, so findet auf ihre Kündigung die Vorschrift des Absatzes 4 über die Kündigung bei Stillegung des Betriebs sinngemäß Anwendung.

§ 16 Neues Arbeitsverhältnis, Auflösung des alten Arbeitsverhältnisses

Stellt das Gericht die Unwirksamkeit der Kündigung einer der in § 15 Abs. 1 bis 3a genannten Personen fest, so kann diese Person, falls sie inzwischen ein neues Arbeitsverhältnis eingegangen ist, binnen einer Woche nach Rechtskraft des Urteils durch Erklärung gegenüber dem alten Arbeitgeber die Weiterbeschäftigung bei diesem verweigern. Im übrigen finden die Vorschriften des § 11 und des § 12 Satz 2 bis 4 entsprechende Anwendung.

Dritter Abschnitt Anzeigepflichtige Entlassungen

§ 17 Anzeigepflicht

(1) Der Arbeitgeber ist verpflichtet, der Agentur für Arbeit Anzeige zu erstatten, bevor er

1. in Betrieben mit in der Regel mehr als 20 und weniger als 60 Arbeitnehmern mehr als 5 Arbeitnehmer,
2. in Betrieben mit in der Regel mindestens 60 und weniger als 500 Arbeitnehmern 10 vom Hundert der im Betrieb regelmäßig beschäftigten Arbeitnehmer oder aber mehr als 25 Arbeitnehmer,
3. in Betrieben mit in der Regel mindestens 500 Arbeitnehmern mindestens 30 Arbeitnehmer

innerhalb von 30 Kalendertagen entläßt. Den Entlassungen stehen andere Beendigungen des Arbeitsverhältnisses gleich, die vom Arbeitgeber veranlaßt werden.

(2) Beabsichtigt der Arbeitgeber, nach Absatz 1 anzeigepflichtige Entlassungen vorzunehmen, hat er dem Betriebsrat rechtzeitig die zweckdienlichen Auskünfte zu erteilen und ihn schriftlich insbesondere zu unterrichten über

1. die Gründe für die geplanten Entlassungen,
2. die Zahl und die Berufsgruppen der zu entlassenden Arbeitnehmer,
3. die Zahl und die Berufsgruppen der in der Regel beschäftigten Arbeitnehmer,
4. den Zeitraum, in dem die Entlassungen vorgenommen werden sollen,
5. die vorgesehenen Kriterien für die Auswahl der zu entlassenden Arbeitnehmer,
6. die für die Berechnung etwaiger Abfindungen vorgesehenen Kriterien.

Arbeitgeber und Betriebsrat haben insbesondere die Möglichkeiten zu beraten, Entlassungen zu vermeiden oder einzuschränken und ihre Folgen zu mildern.

(3) Der Arbeitgeber hat gleichzeitig der Agentur für Arbeit eine Abschrift der Mitteilung an den Betriebsrat zuzuleiten; sie muß zumindest die in Absatz 2 Satz 1 Nr. 1 bis 5 vorgeschriebenen Angaben enthalten. Die Anzeige nach Absatz 1 ist schriftlich unter Beifügung der Stellungnahme des Betriebsrats zu den Entlassungen zu erstatten. Liegt eine Stellungnahme des Betriebsrats nicht vor, so ist die Anzeige wirksam, wenn der Arbeitgeber glaubhaft macht, daß er den Betriebsrat mindestens zwei Wochen vor Erstattung der Anzeige nach Absatz 2 Satz 1 unterrichtet hat, und er den Stand der Beratungen darlegt. Die Anzeige muß Angaben über den Namen des Arbeitgebers, den Sitz und die Art des Betriebes enthalten, ferner die Gründe für die geplanten Entlassungen, die Zahl und die Berufsgruppen der zu entlassenden und der in der Regel beschäftigten Arbeitnehmer, den Zeitraum, in dem die Entlassungen vorgenommen werden sollen und die vorgesehenen Kriterien für die Auswahl der zu entlassenden Arbeitnehmer. In der Anzeige sollen ferner im Einvernehmen mit dem Betriebsrat für die Arbeitsvermittlung Angaben über Geschlecht, Alter, Beruf und Staatsangehörigkeit der zu entlassenden Arbeitnehmer gemacht werden. Der Arbeitgeber hat dem Betriebsrat eine Abschrift der Anzeige zuzuleiten. Der Betriebsrat kann gegenüber der Agentur für Arbeit weitere Stellungnahmen abgeben. Er hat dem Arbeitgeber eine Abschrift der Stellungnahme zuzuleiten.

(3a) Die Auskunfts-, Beratungs- und Anzeigepflichten nach den Absätzen 1 bis 3 gelten auch dann, wenn die Entscheidung über die Entlassungen von einem den Arbeitgeber beherrschenden Unternehmen getroffen wurde. Der Arbeitgeber kann sich nicht darauf berufen, daß das für die Entlassungen verantwortliche Unternehmen die notwendigen Auskünfte nicht übermittelt hat.

(4) Das Recht zur fristlosen Entlassung bleibt unberührt. Fristlose Entlassungen werden bei Berechnung der Mindestzahl der Entlassungen nach Absatz 1 nicht mitgerechnet.

(5) Als Arbeitnehmer im Sinne dieser Vorschrift gelten nicht

1. in Betrieben einer juristischen Person die Mitglieder des Organs, das zur gesetzlichen Vertretung der juristischen Person berufen ist,
2. in Betrieben einer Personengesamtheit die durch Gesetz, Satzung oder Gesellschaftsvertrag zur Vertretung der Personengesamtheit berufenen Personen,
3. Geschäftsführer, Betriebsleiter und ähnliche leitende Personen, soweit diese zur selbständigen Einstellung oder Entlassung von Arbeitnehmern berechtigt sind.

§ 18 Entlassungssperre

(1) Entlassungen, die nach § 17 anzuzeigen sind, werden vor Ablauf eines Monats nach Eingang der Anzeige bei der Agentur für Arbeit nur mit deren Zustimmung wirksam; die Zustimmung kann auch rückwirkend bis zum Tage der Antragstellung erteilt werden.

(2) Die Agentur für Arbeit kann im Einzelfall bestimmen, daß die Entlassungen nicht vor Ablauf von längstens zwei Monaten nach Eingang der Anzeige wirksam werden.

(3) (weggefallen)

(4) Soweit die Entlassungen nicht innerhalb von 90 Tagen nach dem Zeitpunkt, zu dem sie nach den Absätzen 1 und 2 zulässig sind, durchgeführt werden, bedarf es unter den Voraussetzungen des § 17 Abs. 1 einer erneuten Anzeige.

§ 19 Zulässigkeit von Kurzarbeit

(1) Ist der Arbeitgeber nicht in der Lage, die Arbeitnehmer bis zu dem in § 18 Abs. 1 und 2 bezeichneten Zeitpunkt voll zu beschäftigen, so kann die Bundesagentur für Arbeit zulassen, daß der Arbeitgeber für die Zwischenzeit Kurzarbeit einführt.

(2) Der Arbeitgeber ist im Falle der Kurzarbeit berechtigt, Lohn oder Gehalt der mit verkürzter Arbeitszeit beschäftigten Arbeitnehmer entsprechend zu kürzen; die Kürzung des Arbeitsentgelts wird jedoch erst von dem Zeitpunkt an wirksam, an dem das Arbeitsverhältnis nach den allgemeinen gesetzlichen oder den vereinbarten Bestimmungen enden würde.

(3) Tarifvertragliche Bestimmungen über die Einführung, das Ausmaß und die Bezahlung von Kurzarbeit werden durch die Absätze 1 und 2 nicht berührt.

§ 20 Entscheidungen der Agentur für Arbeit

(1) Die Entscheidungen der Agentur für Arbeit nach § 18 Abs. 1 und 2 trifft deren Geschäftsführung oder ein Ausschuß (Entscheidungsträger). Die Geschäftsführung darf nur dann entscheiden, wenn die Zahl der Entlassungen weniger als 50 beträgt.

(2) Der Ausschuß setzt sich aus dem Geschäftsführer, der Geschäftsführerin oder dem oder der Vorsitzenden der Geschäftsführung der Agentur für Arbeit oder einem von ihm oder ihr beauftragten Angehörigen der Agentur für Arbeit als Vorsitzenden und je zwei Vertretern der Arbeitnehmer, der Arbeitgeber und der öffentlichen Körperschaften zusammen, die von dem Verwaltungsausschuss der Agentur für Arbeit benannt werden. Er trifft seine Entscheidungen mit Stimmenmehrheit.

(3) Der Entscheidungsträger hat vor seiner Entscheidung von Arbeitgeber und den Betriebsrat anzuhören. Dem Entscheidungsträger sind, insbesondere vom Arbeitgeber und Betriebsrat, die von ihm für die Beurteilung des Falles erforderlich gehaltenen Auskünfte zu erteilen.

(4) Der Entscheidungsträger hat sowohl das Interesse des Arbeitgebers als auch das der zu entlassenden Arbeitnehmer, das öffentliche Interesse und die Lage des gesamten Arbeitsmarktes unter besonderer Beachtung des Wirtschaftszweiges, dem der Betrieb angehört, zu berücksichtigen.

§ 21 Entscheidungen der Zentrale der Bundesagentur für Arbeit

Für Betriebe, die zum Geschäftsbereich des Bundesministers für Verkehr oder des Bundesministers für Post und Telekommunikation gehören, trifft, wenn mehr als 500 Arbeitnehmer entlassen werden sollen, ein gemäß § 20 Abs. 1 bei der Zentrale der Bundesagentur für Arbeit zu bildender Ausschuß die Entscheidungen nach § 18 Abs. 1 und 2. Der zuständige Bundesminister kann zwei Vertreter mit beratender Stimme in den Ausschuß entsenden. Die Anzeigen nach § 17 sind in diesem Falle an die Zentrale der Bundesagentur für Arbeit zu erstatten. Im übrigen gilt § 20 Abs. 1 bis 3 entsprechend.

§ 22 Ausnahmebetriebe

(1) Auf Saisonbetriebe und Kampagne-Betriebe finden die Vorschriften dieses Abschnitts bei Entlassungen, die durch diese Eigenart der Betriebe bedingt sind, keine Anwendung.

(2) Keine Saisonbetriebe oder Kampagne-Betriebe sind Betriebe des Baugewerbes, in denen die ganzjährige Beschäftigung nach dem Dritten Buch Sozialgesetzbuch gefördert wird. Das Bundesministerium für Arbeit und Soziales wird ermächtigt, durch Rechtsverordnung Vorschriften zu erlassen, welche Betriebe als Saisonbetriebe oder Kampagne-Betriebe im Sinne des Absatzes 1 gelten.

Vierter Abschnitt Schlußbestimmungen

§ 23 Geltungsbereich

(1) Die Vorschriften des Ersten und Zweiten Abschnitts gelten für Betriebe und Verwaltungen des privaten und des öffentlichen Rechts, vorbehaltlich der Vorschriften des § 24 für die Seeschiffahrts-, Binnenschiffahrts- und Luftverkehrsbetriebe. Die Vorschriften des Ersten Abschnitts gelten mit Ausnahme der §§ 4 bis 7 und des § 13 Abs. 1 Satz 1 und 2 nicht für Betriebe und Verwaltungen, in denen in der Regel fünf oder weniger Arbeitnehmer ausschließlich der zu ihrer Berufsbildung Beschäftigten beschäftigt werden. In Betrieben und Verwaltungen, in denen in der Regel zehn oder weniger Arbeitnehmer ausschließlich der zu ihrer Berufsbildung Beschäftigten beschäftigt werden, gelten die Vorschriften des Ersten Abschnitts mit Ausnahme der §§ 4 bis 7 und des § 13 Abs. 1 Satz 1 und 2 nicht für Arbeitnehmer, deren Arbeitsverhältnis nach dem 31. Dezember 2003 begonnen hat; diese Arbeitnehmer sind bei der Feststellung der Zahl der beschäftigten Arbeitnehmer nach Satz 2 bis zur Beschäftigung von in der Regel zehn Arbeitnehmern nicht zu berücksichtigen. Bei der Feststellung der Zahl der beschäftigten Arbeitnehmer nach den Sätzen 2 und 3 sind teilzeitbeschäftigte Arbeitnehmer mit einer regelmäßigen wöchentlichen Arbeitszeit von nicht mehr als 20 Stunden mit 0,5 und nicht mehr als 30 Stunden mit 0,75 zu berücksichtigen.

(2) Die Vorschriften des Dritten Abschnitts gelten für Betriebe und Verwaltungen des privaten Rechts sowie für Betriebe, die von einer öffentlichen Verwaltung geführt werden, soweit sie wirtschaftliche Zwecke verfolgen. Sie gelten nicht für Seeschiffe und ihre Besatzung.

§ 24 Anwendung des Gesetzes auf Betriebe der Schiffahrt und des Luftverkehrs

(1) Die Vorschriften des Ersten und Zweiten Abschnitts finden nach Maßgabe der Absätze 2 bis 5 auf Arbeitsverhältnisse der Besatzung von Seeschiffen, Binnenschiffen und Luftfahrzeugen Anwendung. Als Betrieb im Sinne dieses Gesetzes gilt jeweils die Gesamtheit

der Seeschiffe oder der Binnenschiffe eines Schiffahrtsbetriebs oder der Luftfahrzeuge eines Luftverkehrsbetriebs.

(2) Dauert die erste Reise eines Besatzungsmitglieds im Dienst einer Reederei oder eines Luftverkehrsbetriebs länger als sechs Monate, so verlängert sich die Sechsmonatsfrist des § 1 Abs. 1 bis drei Tage nach Beendigung dieser Reise.

(3) Die Klage nach § 4 ist binnen drei Wochen, nachdem das Besatzungsmitglied zum Sitz des Betriebs zurückgekehrt ist, zu erheben, spätestens jedoch binnen sechs Wochen nach Zugang der Kündigung. Wird die Kündigung während der Fahrt des Schiffes oder des Luftfahrzeugs ausgesprochen, so beginnt die sechswöchige Frist nicht vor dem Tage, an dem das Schiff oder das Luftfahrzeug einen deutschen Hafen oder Liegeplatz erreicht. An die Stelle der Dreiwochenfrist in § 6 treten die hier in den Sätzen 1 und 2 bestimmten Fristen.

(4) Für Klagen der Kapitäne und der Besatzungsmitglieder im Sinne der §§ 2 und 3 des Seemannsgesetzes nach § 4 dieses Gesetzes tritt an die Stelle des Arbeitsgerichts das Gericht, das für Streitigkeiten aus dem Arbeitsverhältnis dieser Personen zuständig ist. Soweit in Vorschriften des Seemannsgesetzes für die Streitigkeiten aus dem Arbeitsverhältnis Zuständigkeiten des Seemannsamts begründet sind, finden die Vorschriften auf Streitigkeiten über Ansprüche aus diesem Gesetz keine Anwendung.

(5) Der Kündigungsschutz des Ersten Abschnitts gilt, abweichend von § 14, auch für den Kapitän und die übrigen als leitende Angestellte im Sinne des § 14 anzusehenden Angehörigen der Besatzung.

§ 25 Kündigung in Arbeitskämpfen

Die Vorschriften dieses Gesetzes finden keine Anwendung auf Kündigungen und Entlassungen, die lediglich als Maßnahmen in wirtschaftlichen Kämpfen zwischen Arbeitgebern und Arbeitnehmern vorgenommen werden.

§ 25a Berlin-Klausel

Dieses Gesetz gilt nach Maßgabe des § 13 Abs. 1 des Dritten Überleitungsgesetzes auch im Land Berlin. Rechtsverordnungen, die auf Grund dieses Gesetzes erlassen werden, gelten im Land Berlin nach § 14 des Dritten Überleitungsgesetzes.

§ 26 Inkrafttreten

Dieses Gesetz tritt am Tag nach seiner Verkündung in Kraft.

BGB - § 622 Kündigungsfristen bei Arbeitsverhältnissen

(1) Das Arbeitsverhältnis eines Arbeiters oder eines Angestellten (Arbeitnehmers) kann mit einer Frist von vier Wochen zum Fünfzehnten oder zum Ende eines Kalendermonats gekündigt werden.

(2) Für eine Kündigung durch den Arbeitgeber beträgt die Kündigungsfrist, wenn das Arbeitsverhältnis in dem Betrieb oder Unternehmen

1. zwei Jahre bestanden hat, einen Monat zum Ende eines Kalendermonats,
2. fünf Jahre bestanden hat, zwei Monate zum Ende eines Kalendermonats,
3. acht Jahre bestanden hat, drei Monate zum Ende eines Kalendermonats,
4. zehn Jahre bestanden hat, vier Monate zum Ende eines Kalendermonats,
5. zwölf Jahre bestanden hat, fünf Monate zum Ende eines Kalendermonats,
6. 15 Jahre bestanden hat, sechs Monate zum Ende eines Kalendermonats,
7. 20 Jahre bestanden hat, sieben Monate zum Ende eines Kalendermonats.

Bei der Berechnung der Beschäftigungsdauer werden Zeiten, die vor der Vollendung des 25. Lebensjahrs des Arbeitnehmers liegen, nicht berücksichtigt.

(3) Während einer vereinbarten Probezeit, längstens für die Dauer von sechs Monaten, kann das Arbeitsverhältnis mit einer Frist von zwei Wochen gekündigt werden.

(4) Von den Absätzen 1 bis 3 abweichende Regelungen können durch Tarifvertrag vereinbart werden. Im Geltungsbereich eines solchen Tarifvertrags gelten die abweichenden

tarifvertraglichen Bestimmungen zwischen nicht tarifgebundenen Arbeitgebern und Arbeitnehmern, wenn ihre Anwendung zwischen ihnen vereinbart ist.

(5) Einzelvertraglich kann eine kürzere als die in Absatz 1 genannte Kündigungsfrist nur vereinbart werden,

1. wenn ein Arbeitnehmer zur vorübergehenden Aushilfe eingestellt ist; dies gilt nicht, wenn das Arbeitsverhältnis über die Zeit von drei Monaten hinaus fortgesetzt wird;
2. wenn der Arbeitgeber in der Regel nicht mehr als 20 Arbeitnehmer ausschließlich der zu ihrer Berufsbildung Beschäftigten beschäftigt und die Kündigungsfrist vier Wochen nicht unterschreitet.

Bei der Feststellung der Zahl der beschäftigten Arbeitnehmer sind teilzeitbeschäftigte Arbeitnehmer mit einer regelmäßigen wöchentlichen Arbeitszeit von nicht mehr als 20

Stunden mit 0,5 und nicht mehr als 30 Stunden mit 0,75 zu berücksichtigen. Die einzelvertragliche Vereinbarung längerer als der in den Absätzen 1 bis 3 genannten Kündigungsfristen bleibt hiervon unberührt.

(6) Für die Kündigung des Arbeitsverhältnisses durch den Arbeitnehmer darf keine längere Frist vereinbart werden als für die Kündigung durch den Arbeitgeber.

Gesetz über den Nachweis der für ein Arbeitsverhältnis geltenden wesentlichen Bedingungen (Nachweisgesetz - NachwG)

Ausfertigungsdatum: 20.07.1995, Stand: Zuletzt geändert durch Art. 32 G v. 13. 7.2001 I 1542

§ 1 Anwendungsbereich

Dieses Gesetz gilt für alle Arbeitnehmer, es sei denn, daß sie nur zur vorübergehenden Aushilfe von höchstens einem Monat eingestellt werden.

§ 2 Nachweispflicht

(1) Der Arbeitgeber hat spätestens einen Monat nach dem vereinbarten Beginn des Arbeitsverhältnisses die wesentlichen Vertragsbedingungen schriftlich niederzulegen, die Niederschrift zu unterzeichnen und dem Arbeitnehmer auszuhändigen. In die Niederschrift sind mindestens aufzunehmen:

1. der Name und die Anschrift der Vertragsparteien,
2. der Zeitpunkt des Beginns des Arbeitsverhältnisses,
3. bei befristeten Arbeitsverhältnissen: die vorhersehbare Dauer des Arbeitsverhältnisses,
4. der Arbeitsort oder, falls der Arbeitnehmer nicht nur an einem bestimmten Arbeitsort tätig sein soll, ein Hinweis darauf, daß der Arbeitnehmer an verschiedenen Orten beschäftigt werden kann,
5. eine kurze Charakterisierung oder Beschreibung der vom Arbeitnehmer zu leistenden Tätigkeit,
6. die Zusammensetzung und die Höhe des Arbeitsentgelts einschließlich der Zuschläge, der Zulagen, Prämien und Sonderzahlungen sowie anderer Bestandteile des Arbeitsentgelts und deren Fälligkeit,
7. die vereinbarte Arbeitszeit,
8. die Dauer des jährlichen Erholungsurlaubs,
9. die Fristen für die Kündigung des Arbeitsverhältnisses,
10. ein in allgemeiner Form gehaltener Hinweis auf die Tarifverträge, Betriebs- oder Dienstvereinbarungen, die auf das Arbeitsverhältnis anzuwenden sind.

Der Nachweis der wesentlichen Vertragsbedingungen in elektronischer Form ist ausgeschlossen. Bei Arbeitnehmern, die eine geringfügige Beschäftigung nach § 8 Abs. 1 Nr. 1 des Vierten Buches Sozialgesetzbuch ausüben, ist außerdem der Hinweis aufzunehmen, daß der Arbeitnehmer in der gesetzlichen Rentenversicherung die Stellung eines versicherungspflichtigen Arbeitnehmers erwerben kann, wenn er nach § 5 Abs. 2 Satz 2 des Sechsten Buches Sozialgesetzbuch auf die Versicherungsfreiheit durch Erklärung gegenüber dem Arbeitgeber verzichtet.

(2) Hat der Arbeitnehmer seine Arbeitsleistung länger als einen Monat außerhalb der Bundesrepublik Deutschland zu erbringen, so muß die Niederschrift dem Arbeitnehmer vor seiner Abreise ausgehändigt werden und folgende zusätzliche Angaben enthalten:

1. die Dauer der im Ausland auszuübenden Tätigkeit,
2. die Währung, in der das Arbeitsentgelt ausgezahlt wird,
3. ein zusätzliches mit dem Auslandsaufenthalt verbundenes Arbeitsentgelt und damit verbundene zusätzliche Sachleistungen,
4. die vereinbarten Bedingungen für die Rückkehr des Arbeitnehmers.

(3) Die Angaben nach Absatz 1 Satz 2 Nr. 6 bis 9 und Absatz 2 Nr. 2 und 3 können ersetzt werden durch einen Hinweis auf die einschlägigen Tarifverträge, Betriebs- oder Dienstvereinbarungen und ähnlichen Regelungen, die für das Arbeitsverhältnis gelten. Ist in den Fällen des Absatzes 1 Satz 2 Nr. 8 und 9 die jeweilige gesetzliche Regelung maßgebend, so kann hierauf verwiesen werden.

(4) Wenn dem Arbeitnehmer ein schriftlicher Arbeitsvertrag ausgehändigt worden ist, entfällt die Verpflichtung nach den Absätzen 1 und 2, soweit der Vertrag die in den Absätzen 1 bis 3 geforderten Angaben enthält.

§ 3 Änderung der Angaben

Eine Änderung der wesentlichen Vertragsbedingungen ist dem Arbeitnehmer spätestens einen Monat nach der Änderung schriftlich mitzuteilen. Satz 1 gilt nicht bei einer Änderung der gesetzlichen Vorschriften, Tarifverträge, Betriebs- oder Dienstvereinbarungen und ähnlichen Regelungen, die für das Arbeitsverhältnis gelten.

§ 4 Übergangsvorschrift

Hat das Arbeitsverhältnis bereits bei Inkrafttreten dieses Gesetzes bestanden, so ist dem Arbeitnehmer auf sein Verlangen innerhalb von zwei Monaten eine Niederschrift im Sinne des § 2 auszuhändigen. Soweit eine früher ausgestellte Niederschrift oder ein schriftlicher Arbeitsvertrag die nach diesem Gesetz erforderlichen Angaben enthält, entfällt diese Verpflichtung.

§ 5 Unabdingbarkeit

Von den Vorschriften dieses Gesetzes kann nicht zuungunsten des Arbeitnehmers abgewichen werden.

Gesetz über Teilzeitarbeit und befristete Arbeitsverträge (Teilzeit-und Befristungsgesetz - TzBfG)

Ausfertigungsdatum: 21.12.2000, Stand: Zuletzt geändert durch Art. 1 G v. 19.4.2007 I 538

Erster Abschnitt Allgemeine Vorschriften

§ 1 Zielsetzung

Ziel des Gesetzes ist, Teilzeitarbeit zu fördern, die Voraussetzungen für die Zulässigkeit befristeter Arbeitsverträge festzulegen und die Diskriminierung von teilzeitbeschäftigten und befristet beschäftigten Arbeitnehmern zu verhindern.

§ 2 Begriff des teilzeitbeschäftigten Arbeitnehmers

(1) Teilzeitbeschäftigt ist ein Arbeitnehmer, dessen regelmäßige Wochenarbeitszeit kürzer ist als die eines vergleichbaren vollzeitbeschäftigten Arbeitnehmers. Ist eine regelmäßige Wochenarbeitszeit nicht vereinbart, so ist ein Arbeitnehmer teilzeitbeschäftigt, wenn seine regelmäßige Arbeitszeit im Durchschnitt eines bis zu einem Jahr reichenden Beschäftigungszeitraums unter der eines vergleichbaren vollzeitbeschäftigten Arbeitnehmers liegt. Vergleichbar ist ein vollzeitbeschäftigter Arbeitnehmer des Betriebes mit derselben Art des Arbeitsverhältnisses und der gleichen oder einer ähnlichen Tätigkeit. Gibt es im Betrieb keinen vergleichbaren vollzeitbeschäftigten Arbeitnehmer, so ist der vergleichbare vollzeitbeschäftigte Arbeitnehmer auf Grund des anwendbaren Tarifvertrages zu bestimmen; in allen anderen Fällen ist darauf abzustellen, wer im jeweiligen Wirtschaftszweig üblicherweise als vergleichbarer vollzeitbeschäftigter Arbeitnehmer anzusehen ist.

(2) Teilzeitbeschäftigt ist auch ein Arbeitnehmer, der eine geringfügige Beschäftigung nach § 8 Abs. 1 Nr. 1 des Vierten Buches Sozialgesetzbuch ausübt.

§ 3 Begriff des befristet beschäftigten Arbeitnehmers

(1) Befristet beschäftigt ist ein Arbeitnehmer mit einem auf bestimmte Zeit geschlossenen Arbeitsvertrag. Ein auf bestimmte Zeit geschlossener Arbeitsvertrag (befristeter Arbeitsvertrag) liegt vor, wenn seine Dauer kalendermäßig bestimmt ist (kalendermäßig befristeter Arbeitsvertrag) oder sich aus Art, Zweck oder Beschaffenheit der Arbeitsleistung ergibt (zweckbefristeter Arbeitsvertrag).

(2) Vergleichbar ist ein unbefristet beschäftigter Arbeitnehmer des Betriebes mit der gleichen oder einer ähnlichen Tätigkeit. Gibt es im Betrieb keinen vergleichbaren unbefristet beschäftigten Arbeitnehmer, so ist der vergleichbare unbefristet beschäftigte Arbeitnehmer auf Grund des anwendbaren Tarifvertrages zu bestimmen; in allen anderen Fällen ist darauf abzustellen, wer im jeweiligen Wirtschaftszweig üblicherweise als vergleichbarer unbefristet beschäftigter Arbeitnehmer anzusehen ist.

§ 4 Verbot der Diskriminierung

(1) Ein teilzeitbeschäftigter Arbeitnehmer darf wegen der Teilzeitarbeit nicht schlechter behandelt werden als ein vergleichbarer vollzeitbeschäftigter Arbeitnehmer, es sei denn, dass sachliche Gründe eine unterschiedliche Behandlung rechtfertigen. Einem teilzeitbeschäftigten Arbeitnehmer ist Arbeitsentgelt oder eine andere teilbare geldwerte Leistung mindestens in dem Umfang zu gewähren, der dem Anteil seiner Arbeitszeit an der Arbeitszeit eines vergleichbaren vollzeitbeschäftigten Arbeitnehmers entspricht.

(2) Ein befristet beschäftigter Arbeitnehmer darf wegen der Befristung des Arbeitsvertrages nicht schlechter behandelt werden, als ein vergleichbarer unbefristet beschäftigter Arbeitnehmer, es sei denn, dass sachliche Gründe eine unterschiedliche Behandlung rechtfertigen. Einem befristet beschäftigten Arbeitnehmer ist Arbeitsentgelt oder eine andere teilbare geldwerte Leistung, die für einen bestimmten Bemessungszeitraum gewährt wird, mindestens in dem Umfang zu gewähren, der dem Anteil seiner Beschäftigungsdauer am Bemessungszeitraum entspricht. Sind bestimmte Beschäftigungsbedingungen von der Dauer des Bestehens des Arbeitsverhältnisses in demselben Betrieb oder Unternehmen abhängig, so sind für befristet beschäftigte Arbeitnehmer dieselben Zeiten zu berücksichtigen wie für unbefristet beschäftigte Arbeitnehmer, es sei denn, dass eine unterschiedliche Berücksichtigung aus sachlichen Gründen gerechtfertigt ist.

§ 5 Benachteiligungsverbot

Der Arbeitgeber darf einen Arbeitnehmer nicht wegen der Inanspruchnahme von Rechten nach diesem Gesetz benachteiligen.

Zweiter Abschnitt Teilzeitarbeit

§ 6 Förderung von Teilzeitarbeit

Der Arbeitgeber hat den Arbeitnehmern, auch in leitenden Positionen, Teilzeitarbeit nach Maßgabe dieses Gesetzes zu ermöglichen.

§ 7 Ausschreibung; Information über freie Arbeitsplätze

(1) Der Arbeitgeber hat einen Arbeitsplatz, den er öffentlich oder innerhalb des Betriebes ausschreibt, auch als Teilzeitarbeitsplatz auszuschreiben, wenn sich der Arbeitsplatz hierfür eignet.

(2) Der Arbeitgeber hat einen Arbeitnehmer, der ihm den Wunsch nach einer Veränderung von Dauer und Lage seiner vertraglich vereinbarten Arbeitszeit angezeigt hat, über entsprechende Arbeitsplätze zu informieren, die im Betrieb oder Unternehmen besetzt werden sollen.

(3) Der Arbeitgeber hat die Arbeitnehmervertretung über Teilzeitarbeit im Betrieb und Unternehmen zu informieren, insbesondere über vorhandene oder geplante Teilzeitarbeitsplätze und über die Umwandlung von Teilzeitarbeitsplätzen in Vollzeitarbeitsplätze oder

umgekehrt. Der Arbeitnehmervertretung sind auf Verlangen die erforderlichen Unterlagen zur Verfügung zu stellen; § 92 des Betriebsverfassungsgesetzes bleibt unberührt.

§ 8 Verringerung der Arbeitszeit

(1) Ein Arbeitnehmer, dessen Arbeitsverhältnis länger als sechs Monate bestanden hat, kann verlangen, dass seine vertraglich vereinbarte Arbeitszeit verringert wird.

(2) Der Arbeitnehmer muss die Verringerung seiner Arbeitszeit und den Umfang der Verringerung spätestens drei Monate vor deren Beginn geltend machen. Er soll dabei die gewünschte Verteilung der Arbeitszeit angeben.

(3) Der Arbeitgeber hat mit dem Arbeitnehmer die gewünschte Verringerung der Arbeitszeit mit dem Ziel zu erörtern, zu einer Vereinbarung zu gelangen. Er hat mit dem Arbeitnehmer Einvernehmen über die von ihm festzulegende Verteilung der Arbeitszeit zu erzielen.

(4) Der Arbeitgeber hat der Verringerung der Arbeitszeit zuzustimmen und ihre Verteilung entsprechend den Wünschen des Arbeitnehmers festzulegen, soweit betriebliche Gründe nicht entgegenstehen. Ein betrieblicher Grund liegt insbesondere vor, wenn die Verringerung der Arbeitszeit die Organisation, den Arbeitsablauf oder die Sicherheit im Betrieb wesentlich beeinträchtigt oder unverhältnismäßige Kosten verursacht. Die Ablehnungsgründe können durch Tarifvertrag festgelegt werden. Im Geltungsbereich eines solchen Tarifvertrages können nicht tarifgebundene Arbeitgeber und Arbeitnehmer die Anwendung der tariflichen Regelungen über die Ablehnungsgründe vereinbaren.

(5) Die Entscheidung über die Verringerung der Arbeitszeit und ihre Verteilung hat der Arbeitgeber dem Arbeitnehmer spätestens einen Monat vor dem gewünschten Beginn der Verringerung schriftlich mitzuteilen. Haben sich Arbeitgeber und Arbeitnehmer nicht nach Absatz 3 Satz 1 über die Verringerung der Arbeitszeit geeinigt und hat der Arbeitgeber die Arbeitszeitverringerung nicht spätestens einen Monat vor deren gewünschtem Beginn schriftlich abgelehnt, verringert sich die Arbeitszeit in dem vom Arbeitnehmer gewünschten Umfang. Haben Arbeitgeber und Arbeitnehmer über die Verteilung der Arbeitszeit kein Einvernehmen nach Absatz 3 Satz 2 erzielt und hat der Arbeitgeber nicht spätestens einen Monat vor dem gewünschten Beginn der Arbeitszeitverringerung die gewünschte Verteilung der Arbeitszeit schriftlich abgelehnt, gilt die Verteilung der Arbeitszeit entsprechend den Wünschen des Arbeitnehmers als festgelegt. Der Arbeitgeber kann die nach Satz 3 oder Absatz 3 Satz 2 festgelegte Verteilung der Arbeitszeit wieder ändern, wenn das betriebliche Interesse daran das Interesse des Arbeitnehmers an der Beibehaltung erheblich überwiegt und der Arbeitgeber die Änderung spätestens einen Monat vorher angekündigt hat.

(6) Der Arbeitnehmer kann eine erneute Verringerung der Arbeitszeit frühestens nach Ablauf von zwei Jahren verlangen, nachdem der Arbeitgeber einer Verringerung zugestimmt oder sie berechtigt abgelehnt hat.

(7) Für den Anspruch auf Verringerung der Arbeitszeit gilt die Voraussetzung, dass der Arbeitgeber, unabhängig von der Anzahl der Personen in Berufsbildung, in der Regel mehr als 15 Arbeitnehmer beschäftigt.

§ 9 Verlängerung der Arbeitszeit

Der Arbeitgeber hat einen teilzeitbeschäftigten Arbeitnehmer, der ihm den Wunsch nach einer Verlängerung seiner vertraglich vereinbarten Arbeitszeit angezeigt hat, bei der Besetzung eines entsprechenden freien Arbeitsplatzes bei gleicher Eignung bevorzugt zu berücksichtigen, es sei denn, dass dringende betriebliche Gründe oder Arbeitszeitwünsche anderer teilzeitbeschäftigter Arbeitnehmer entgegenstehen.

§ 10 Aus- und Weiterbildung

Der Arbeitgeber hat Sorge zu tragen, dass auch teilzeitbeschäftigte Arbeitnehmer an Aus- und Weiterbildungsmaßnahmen zur Förderung der beruflichen Entwicklung und Mobilität teilnehmen können, es sei denn, dass dringende betriebliche Gründe oder Aus- und Weiterbildungswünsche anderer teilzeit- oder vollzeitbeschäftigter Arbeitnehmer entgegenstehen.

§ 11 Kündigungsverbot

Die Kündigung eines Arbeitsverhältnisses wegen der Weigerung eines Arbeitnehmers, von einem Vollzeit- in ein Teilzeitarbeitsverhältnis oder umgekehrt zu wechseln, ist unwirksam. Das Recht zur Kündigung des Arbeitsverhältnisses aus anderen Gründen bleibt unberührt.

§ 12 Arbeit auf Abruf

(1) Arbeitgeber und Arbeitnehmer können vereinbaren, dass der Arbeitnehmer seine Arbeitsleistung entsprechend dem Arbeitsanfall zu erbringen hat (Arbeit auf Abruf). Die Vereinbarung muss eine bestimmte Dauer der wöchentlichen und täglichen Arbeitszeit festlegen. Wenn die Dauer der wöchentlichen Arbeitszeit nicht festgelegt ist, gilt eine Arbeitszeit von zehn Stunden als vereinbart. Wenn die Dauer der täglichen Arbeitszeit nicht festgelegt ist, hat der Arbeitgeber die Arbeitsleistung des Arbeitnehmers jeweils für mindestens drei aufeinander folgende Stunden in Anspruch zu nehmen.

(2) Der Arbeitnehmer ist nur zur Arbeitsleistung verpflichtet, wenn der Arbeitgeber ihm die Lage seiner Arbeitszeit jeweils mindestens vier Tage im Voraus mitteilt.

(3) Durch Tarifvertrag kann von den Absätzen 1 und 2 auch zuungunsten des Arbeitnehmers abgewichen werden, wenn der Tarifvertrag Regelungen über die tägliche und wöchentliche Arbeitszeit und die Vorankündigungsfrist vorsieht. Im Geltungsbereich eines solchen Tarifvertrages können nicht tarifgebundene Arbeitgeber und Arbeitnehmer die Anwendung der tariflichen Regelungen über die Arbeit auf Abruf vereinbaren.

§ 13 Arbeitsplatzteilung

(1) Arbeitgeber und Arbeitnehmer können vereinbaren, dass mehrere Arbeitnehmer sich die Arbeitszeit an einem Arbeitsplatz teilen (Arbeitsplatzteilung). Ist einer dieser Arbeitnehmer

an der Arbeitsleistung verhindert, sind die anderen Arbeitnehmer zur Vertretung verpflichtet, wenn sie der Vertretung im Einzelfall zugestimmt haben. Eine Pflicht zur Vertretung besteht auch, wenn der Arbeitsvertrag bei Vorliegen dringender betrieblicher Gründe eine Vertretung vorsieht und diese im Einzelfall zumutbar ist.

(2) Scheidet ein Arbeitnehmer aus der Arbeitsplatzteilung aus, so ist die darauf gestützte Kündigung des Arbeitsverhältnisses eines anderen in die Arbeitsplatzteilung einbezogenen Arbeitnehmers durch den Arbeitgeber unwirksam. Das Recht zur Änderungskündigung aus diesem Anlass und zur Kündigung des Arbeitsverhältnisses aus anderen Gründen bleibt unberührt.

(3) Die Absätze 1 und 2 sind entsprechend anzuwenden, wenn sich Gruppen von Arbeitnehmern auf bestimmten Arbeitsplätzen in festgelegten Zeitabschnitten abwechseln, ohne dass eine Arbeitsplatzteilung im Sinne des Absatzes 1 vorliegt.

(4) Durch Tarifvertrag kann von den Absätzen 1 und 3 auch zuungunsten des Arbeitnehmers abgewichen werden, wenn der Tarifvertrag Regelungen über die Vertretung der Arbeitnehmer enthält. Im Geltungsbereich eines solchen Tarifvertrages können nicht tarifgebundene Arbeitgeber und Arbeitnehmer die Anwendung der tariflichen Regelungen über die Arbeitsplatzteilung vereinbaren.

Dritter Abschnitt Befristete Arbeitsverträge

§ 14 Zulässigkeit der Befristung

(1) Die Befristung eines Arbeitsvertrages ist zulässig, wenn sie durch einen sachlichen Grund gerechtfertigt ist. Ein sachlicher Grund liegt insbesondere vor, wenn

1. der betriebliche Bedarf an der Arbeitsleistung nur vorübergehend besteht,
2. die Befristung im Anschluss an eine Ausbildung oder ein Studium erfolgt, um den Übergang des Arbeitnehmers in eine Anschlussbeschäftigung zu erleichtern,
3. der Arbeitnehmer zur Vertretung eines anderen Arbeitnehmers beschäftigt wird,
4. die Eigenart der Arbeitsleistung die Befristung rechtfertigt,
5. die Befristung zur Erprobung erfolgt,
6. in der Person des Arbeitnehmers liegende Gründe die Befristung rechtfertigen,
7. der Arbeitnehmer aus Haushaltsmitteln vergütet wird, die haushaltsrechtlich für eine befristete Beschäftigung bestimmt sind, und er entsprechend beschäftigt wird oder
8. die Befristung auf einem gerichtlichen Vergleich beruht.

(2) Die kalendermäßige Befristung eines Arbeitsvertrages ohne Vorliegen eines sachlichen Grundes ist bis zur Dauer von zwei Jahren zulässig; bis zu dieser Gesamtdauer von zwei Jahren ist auch die höchstens dreimalige Verlängerung eines kalendermäßig befristeten Arbeitsvertrages zulässig. Eine Befristung nach Satz 1 ist nicht zulässig, wenn mit demselben Arbeitgeber bereits zuvor ein befristetes oder unbefristetes Arbeitsverhältnis bestanden hat. Durch Tarifvertrag kann die Anzahl der Verlängerungen oder die Höchstdauer der Befristung abweichend von Satz 1 festgelegt werden. Im Geltungsbereich eines solchen

Tarifvertrages können nicht tarifgebundene Arbeitgeber und Arbeitnehmer die Anwendung der tariflichen Regelungen vereinbaren.

(2a) In den ersten vier Jahren nach der Gründung eines Unternehmens ist die kalendermäßige Befristung eines Arbeitsvertrages ohne Vorliegen eines sachlichen Grundes bis zur Dauer von vier Jahren zulässig; bis zu dieser Gesamtdauer von vier Jahren ist auch die mehrfache Verlängerung eines kalendermäßig befristeten Arbeitsvertrages zulässig. Dies gilt nicht für Neugründungen im Zusammenhang mit der rechtlichen Umstrukturierung von Unternehmen und Konzernen. Maßgebend für den Zeitpunkt der Gründung des Unternehmens ist die Aufnahme einer Erwerbstätigkeit, die nach § 138 der Abgabenordnung der Gemeinde oder dem Finanzamt mitzuteilen ist. Auf die Befristung eines Arbeitsvertrages nach Satz 1 findet Absatz 2 Satz 2 bis 4 entsprechende Anwendung.

(3) Die kalendermäßige Befristung eines Arbeitsvertrages ohne Vorliegen eines sachlichen Grundes ist bis zu einer Dauer von fünf Jahren zulässig, wenn der Arbeitnehmer bei Beginn des befristeten Arbeitsverhältnisses das 52. Lebensjahr vollendet hat und unmittelbar vor Beginn des befristeten Arbeitsverhältnisses mindestens vier Monate beschäftigungslos im Sinne des § 119 Abs. 1 Nr. 1 des Dritten Buches Sozialgesetzbuch gewesen ist, Transfer-kurzarbeitergeld bezogen oder an einer öffentlich geförderten Beschäftigungsmaßnahme nach dem Zweiten oder Dritten Buch Sozialgesetzbuch teilgenommen hat. Bis zu der Gesamtdauer von fünf Jahren ist auch die mehrfache Verlängerung des Arbeitsvertrages zulässig.

(4) Die Befristung eines Arbeitsvertrages bedarf zu ihrer Wirksamkeit der Schriftform.

§ 15 Ende des befristeten Arbeitsvertrages

(1) Ein kalendermäßig befristeter Arbeitsvertrag endet mit Ablauf der vereinbarten Zeit.

(2) Ein zweckbefristeter Arbeitsvertrag endet mit Erreichen des Zwecks, frühestens jedoch zwei Wochen nach Zugang der schriftlichen Unterrichtung des Arbeitnehmers durch den Arbeitgeber über den Zeitpunkt der Zweckerreichung.

(3) Ein befristetes Arbeitsverhältnis unterliegt nur dann der ordentlichen Kündigung, wenn dies einzelvertraglich oder im anwendbaren Tarifvertrag vereinbart ist.

(4) Ist das Arbeitsverhältnis für die Lebenszeit einer Person oder für längere Zeit als fünf Jahre eingegangen, so kann es von dem Arbeitnehmer nach Ablauf von fünf Jahren gekündigt werden. Die Kündigungsfrist beträgt sechs Monate.

(5) Wird das Arbeitsverhältnis nach Ablauf der Zeit, für die es eingegangen ist, oder nach Zweckerreichung mit Wissen des Arbeitgebers fortgesetzt, so gilt es als auf unbestimmte Zeit verlängert, wenn der Arbeitgeber nicht unverzüglich widerspricht oder dem Arbeitnehmer die Zweckerreichung nicht unverzüglich mitteilt.

§ 16 Folgen unwirksamer Befristung

Ist die Befristung rechtsunwirksam, so gilt der befristete Arbeitsvertrag als auf unbestimmte Zeit geschlossen; er kann vom Arbeitgeber frühestens zum vereinbarten Ende ordentlich gekündigt werden, sofern nicht nach § 15 Abs. 3 die ordentliche Kündigung zu einem früheren Zeitpunkt möglich ist. Ist die Befristung nur wegen des Mangels der Schriftform unwirksam, kann der Arbeitsvertrag auch vor dem vereinbarten Ende ordentlich gekündigt werden.

§ 17 Anrufung des Arbeitsgerichts

Will der Arbeitnehmer geltend machen, dass die Befristung eines Arbeitsvertrages rechtsunwirksam ist, so muss er innerhalb von drei Wochen nach dem vereinbarten Ende des befristeten Arbeitsvertrages Klage beim Arbeitsgericht auf Feststellung erheben, dass das Arbeitsverhältnis auf Grund der Befristung nicht beendet ist. Die §§ 5 bis 7 des Kündigungsschutzgesetzes gelten entsprechend. Wird das Arbeitsverhältnis nach dem vereinbarten Ende fortgesetzt, so beginnt die Frist nach Satz 1 mit dem Zugang der schriftlichen Erklärung des Arbeitgebers, dass das Arbeitsverhältnis auf Grund der Befristung beendet sei.

§ 18 Information über unbefristete Arbeitsplätze

Der Arbeitgeber hat die befristet beschäftigten Arbeitnehmer über entsprechende unbefristete Arbeitsplätze zu informieren, die besetzt werden sollen. Die Information kann durch allgemeine Bekanntgabe an geeigneter, den Arbeitnehmern zugänglicher Stelle im Betrieb und Unternehmen erfolgen.

§ 19 Aus- und Weiterbildung

Der Arbeitgeber hat Sorge zu tragen, dass auch befristet beschäftigte Arbeitnehmer an angemessenen Aus- und Weiterbildungsmaßnahmen zur Förderung der beruflichen Entwicklung und Mobilität teilnehmen können, es sei denn, dass dringende betriebliche Gründe oder Aus-und Weiterbildungswünsche anderer Arbeitnehmer entgegenstehen.

§ 20 Information der Arbeitnehmervertretung

Der Arbeitgeber hat die Arbeitnehmervertretung über die Anzahl der befristet beschäftigten Arbeitnehmer und ihren Anteil an der Gesamtbelegschaft des Betriebes und des Unternehmens zu informieren.

§ 21 Auflösend bedingte Arbeitsverträge

Wird der Arbeitsvertrag unter einer auflösenden Bedingung geschlossen, gelten § 4 Abs. 2, § 5, § 14 Abs. 1 und 4, § 15 Abs. 2, 3 und 5 sowie die §§ 16 bis 20 entsprechend.

Vierter Abschnitt Gemeinsame Vorschriften

§ 22 Abweichende Vereinbarungen

(1) Außer in den Fällen des § 12 Abs. 3, § 13 Abs. 4 und § 14 Abs. 2 Satz 3 und 4 kann von den Vorschriften dieses Gesetzes nicht zuungunsten des Arbeitnehmers abgewichen werden.

(2) Enthält ein Tarifvertrag für den öffentlichen Dienst Bestimmungen im Sinne des § 8 Abs. 4 Satz 3 und 4, § 12 Abs. 3, § 13 Abs. 4, § 14 Abs. 2 Satz 3 und 4 oder § 15 Abs. 3, so gelten diese Bestimmungen auch zwischen nicht tarifgebundenen Arbeitgebern und Arbeitnehmern außerhalb des öffentlichen Dienstes, wenn die Anwendung der für den öffentlichen Dienst geltenden tarifvertraglichen Bestimmungen zwischen ihnen vereinbart ist und die Arbeitgeber die Kosten des Betriebes überwiegend mit Zuwendungen im Sinne des Haushaltsrechts decken.

§ 23 Besondere gesetzliche Regelungen

Besondere Regelungen über Teilzeitarbeit und über die Befristung von Arbeitsverträgen nach anderen gesetzlichen Vorschriften bleiben unberührt.

Stichwortverzeichnis

Interessante Links im Internet

PDK-Azubis im Netz	
Alle Achtung – Personaldienstleistungskaufmann/-frau	www.alle-achtung.info
Personaldienstleistungskaufleute bei XING	www.xing.com/net/pdlk
PDK-Azubi.de – Informationsplattform von LexisNexis (kostenpflichtig)	www.pdk-azubi.de

Weiterführende Informationen	
Arbeitgeberverband Mittelständischer Personaldienstleister e.V. AMP	www.amp-info.de
Bundesverband Zeitarbeit Personal-Dienstleistungen e.V. BZA	www.bza.de
Interessenverband Deutscher Zeitarbeitsunternehmen e.V. iGZ	www.ig-zeitarbeit.de
Fachverband Personalberatung im Bundesverband Deutscher Unternehmensberater BDU	www.bdu.de
Bundesverband Personalvermittlung e.V. BPV	www.bpv-info.de
Bundesverband für Verbände der privaten Arbeitsvermittler BVVA	www.bvva.de
European Confederation of Private Employment Agencies	www.euro-ciett.org
Verwaltungsberufsgenossenschaft VBG – Zeitarbeit	www.vbg.de/zeitarbeit

Autor und Verlag	
Rainer Moitz	www.moitz.eu
VPRM Verlag Personal, Recht, Management	www.vprm.de

Weitere Titel aus der Reihe: Schriften zur Zeitarbeit

ISBN 978-3-941388-18-5
€ 24,80

*Erhältlich im Buchhandel oder
unter www.vprm.de*

Reuter

Arbeitsschutz für Leiharbeitnehmer

Leiharbeitnehmer haben bedingt durch vergleichsweise häufige Arbeitgeberwechsel verbunden mit kurzen Überlassungsdauern ein zwei- bis dreifach erhöhtes Unfallrisiko. Der Arbeitsschutz spielt daher eine außerordentlich bedeutende Rolle.

Das im Bereich der Arbeitnehmerüberlassung vorzufindende Dreiecksverhältnis zwischen Verleiher, Entleiher und Leiharbeitnehmer birgt hinsichtlich des Arbeitsschutzes deutliche Gefahrenpotentiale, da sich die arbeitsschutzrechtlichen Verantwortungsbereiche für den Leiharbeiter nur schwer abgrenzen lassen. Dieses Buch will Licht in die „arbeitsschutzrechtliche Grauzone" bringen und die gegenseitigen Rechte und Pflichten der Parteien näher bestimmen. Der Autor untersucht die individual- und kollektivrechtlichen Schutzvorschriften und stellt die hier relevante Rechtsprechung zusammen.

Das Buch richtet sich gleichermaßen an Personalverantwortliche in Unternehmen, Zeitarbeitsunternehmen und Leiharbeitnehmer und bietet eine praktische Orientierungshilfe in allen Fragen des Arbeitsschutzes.

ISBN 978-3-941388-19-2
€ 24,80

*Erhältlich im Buchhandel oder
unter www.vprm.de*

Kraschinski

Sozialverträgliche Gestaltung der Arbeitnehmerüberlassung

Wird ein Arbeitnehmer von seinem Arbeitgeber an einen Dritten zur Erbringung von Arbeitsleistung überlassen, handelt es sich um Leiharbeit. Dieser grundlegende Unterschied zu anderen Beschäftigungsformen verbunden mit dem stetigen Wachstum der Leiharbeitsbranche ist seit jeher Ausgangspunkt für kontroverse Diskussionen über Vor- und Nachteile von Leiharbeit sowie über Chancen und Risiken.

In diesem Buch werden der rechtliche Rahmen der Arbeitnehmerüberlassung, die Entwicklungen des Leiharbeitsmarktes sowie die individuellen Arbeitsbedingungen eines Leiharbeitnehmers betrachtet. Anhand dessen werden sozial- und wirtschaftspolitische Risiken und Probleme der Leiharbeit aufgezeigt und Möglichkeiten zur sozialverträglichen Gestaltung dargelegt. Dabei werden die mit der Leiharbeit verbundenen Chancen nicht außer Acht gelassen, sondern als eine Gestaltungsmöglichkeit betrachtet.

Aktuelle Informationen finden Sie auch unter www.vprm.de

Weitere Titel aus der Reihe: Schriften zur Zeitarbeit

ISBN 978-3-941388-04-8
€ 24,80

Erhältlich im Buchhandel oder
unter www.vprm.de

Dreher

Die betriebsverfassungsrechtliche Stellung von Leiharbeitnehmern

Dieses Buch behandelt betriebsverfassungsrechtliche Probleme, die sich an der Schnittstelle zwischen Betriebsverfassungsrecht und Arbeitnehmerüberlassung ergeben.

Durch die für die Arbeitnehmerüberlassung typische Aufspaltung der Arbeitgeberbefugnisse zwischen Ver- und Entleiher im Dreiecksverhältnis ergeben sich zahlreiche betriebsverfassungsrechtliche Fragestellungen, welche die Individualrechte der Leiharbeitnehmer und die Mitwirkungs- und Mitbestimmungsrechte der Betriebsräte in beiden Betrieben betreffen. Es hängt von der individualrechtlichen Einordnung ab, welche betriebsverfassungsrechtlichen Rechte dem Beschäftigten zustehen und welcher Betriebsrat für die Wahrnehmung der Mitbestimmungsrechte letztendlich zuständig ist.

Diese Fragestellungen werden in diesem Buch aufgegriffen, mit dem Ziel die Beteiligungsrechte der Betriebsräte im Ver- und Entleiherbetrieb zu ermitteln und Handlungsempfehlungen abzugeben.

ISBN 978-3-941388-20-8
€ 24,80

Erhältlich im Buchhandel oder
unter www.vprm.de

Fabritius

Konzerninterne Arbeitnehmerüberlassung im Krankenhaus

Seit der Änderung der gesetzlichen Rahmenbedingungen der Arbeitnehmerüberlassung und der damit verbundenen Liberalisierung stehen den Unternehmen neue Möglichkeiten für den Einsatz von Leiharbeitnehmern offen. Vor diesem Hintergrund haben sich neue Formen von Arbeitnehmerüberlassung entwickelt – so auch die hier thematisierte konzerninterne Arbeitnehmerüberlassung. Bei dieser wird ein konzerneigenes Verleihunternehmen, meist als Personal-Service-Gesellschaft bezeichnet, gegründet. Zwecks Senkung der Personalkosten überlässt diese sodann Leiharbeitnehmer an die konzernzugehörigen Unternehmen.
Insbesondere beschäftigt sich die Autorin mit der Diskussion um die Zulässigkeit einer Personal-Service-Gesellschaft zum Zweck der Personalkostensenkung.
Aufgrund der allgemeinen Darstellung der rechtlichen Rahmenbedingungen der konzerninternen Arbeitnehmerüberlassung richtet sich dieses Buch nicht nur speziell an den Krankenhaussektor, sondern auch an andere Branchen.

Aktuelle Informationen finden Sie auch unter www.vprm.de

Weitere Titel aus der Reihe: Schriften zur Zeitarbeit

ISBN 978-3-941388-28-4
€ 24,80

*Erhältlich im Buchhandel oder
unter www.vprm.de*

Kellner
Arbeitsschutzmanagementsysteme in der Zeitarbeit

Einführung und Organisation eines Arbeitsschutzmanagementsystems am Beispiel der Firma ARO Personalservice GmbH

Dieses Buch richtet sich an Unternehmen, die ihren Arbeitsschutz systematisch organisieren wollen, um damit einen Wettbewerbsvorteil zu generieren. Guter Arbeitsschutz führt zu einer hohen Qualität der Arbeit, fördert die Produktivität, die Leistungsfähigkeit und die Leistungsbereitschaft der Beschäftigten. Gerade für den wirtschaftlichen Erfolg der Zeitarbeitsunternehmen und für die Sicherung der Arbeitsplätze sind gesunde Mitarbeiter eine wesentliche Voraussetzung.

Eine funktionierende Arbeitsschutzorganisation ist von entscheidender Bedeutung für die Wirksamkeit des Arbeits- und Gesundheitsschutzes jedes Unternehmens.

Die ARO Personalservice GmbH in Gelsenkirchen erhielt das Zertifikat für „Arbeitsschutz mit System" (AMS) im April 2009. Durch die gesetzliche Unfallversicherung VBG hat das Zeitarbeitsunternehmen sein Arbeitsschutzmanagementsystem nach nationalen und internationalen Standards prüfen lassen. Eine spätere Anpassung an das SCC/SCP-Zertifikat ist geplant.

ISBN 978-3-941388-29-1
€ 24,80

*Erhältlich im Buchhandel oder
unter www.vprm.de*

Hosenberg
Mindestlohn in der Zeitarbeitsbranche

Für kaum eine andere Branche wird die Frage der Mindestlohneinführung ähnlich intensiv diskutiert. Der Titel vermittelt einen Überblick über die derzeitige Lohn- und Tarifsituation in der Zeitarbeitsbranche und stellt mögliche Wege zur Einführung eines Mindestlohnes dar. Dabei werden die verfassungsrechtlichen und europarechtlichen Aspekte der Mindestlohneinführung beleuchtet. Zudem wird die für die weitere Entwicklung der Branche bedeutende Frage erörtert, in welcher Höhe ein etwaiger Mindestlohn unter Berücksichtigung internationaler und nationaler Vergleichsgrößen angesetzt werden sollte.

Das Buch leistet einen Beitrag, die Diskussion über die Einführung eines Mindestlohns in der Zeitarbeitsbranche wissenschaftlich fundiert voranzutreiben und bietet zugleich interessierten Praktikern einen Überblick über die wirtschaftlichen und rechtlichen Rahmenbedingungen der Branche.

Aktuelle Informationen finden Sie auch unter www.vprm.de